القصة القصيرة السودانية

قضايا ورؤى

القصة القصيرة السودانية

قضايا ورؤى

وقائع ملتقى الشارقة للسرد – الدورة السابعة عشرة

المشاركون

أحمد عوض خضر	أبو طالب محمد
عامر محمد أحمد	بثينة خضر مكي
عز الدين ميرغني	عبد الغني كرم الله
مجذوب عيدروس	عماد محمد بابكر أحمد
محمد خلف الله سليمان	محمد الخير حامد
محمود محمد حسن	محمد مهدي بشرى
ملكة الفاضل	مصطفى الصاوي
نادر السماني	منصور الصويم
نعمات كرم الله	نبيل غالي

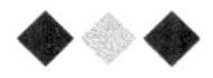

إعـــداد:

عبد الفتاح صبري

إصدارات دائرة الثقافة، حكومة الشارقة 2022 م

الناشر: دائرة الثقافة ـ حكومة الشارقة ـ الإمارات العربية المتحدة

الهاتف: +971 6 5123333

البُرَّاق: +971 6 5123303

الموقع الإليكتروني: www.sdc.gov.ae

البريد الإليكتروني: sdc@sdc.gov.ae

813.0099624
م ش. ق
ملتقى الشارقة للسرد (17 : 2021 : الشارقة، الإمارات العربية المتحدة)
القصة القصيرة السودانية : قضايا ورؤى : وقائع ملتقى الشارقة السابع عشر للسرد/ إعداد عبدالفتاح
صبري . ـ الشارقة، الإمارات العربية المتحدة : دائرة الثقافة، 2022.
436 ص؛ 21X14 سم.
1 – القصص العربية القصيرة – السودان – تاريخ ونقد
2 – السرد الأدبي (أدب عربي)
أ – العنوان
ب – صبري، عبدالفتاح
ISBN: 9789948826347

توطئة

انعقد ملتقى الشارقة للسرد، في دورته السابعة عشرة، بالعاصمة السودانية، الخرطوم، تأكيداً لدوره في إشاعة أكبر للفائدة، وإشراك لأكبر عدد من النقاد والأدباء والكتّاب العرب، وفق انتقالاته في المدن العربية، طبقاً لرؤية وتوجيهات صاحب السمو الشيخ الدكتور سلطان بن محمد القاسمي، عضو المجلس الأعلى حاكم الشارقة.

ولقد جاء اختيار عنوان «القصة القصيرة السودانية ــ قضايا ورؤى» متسقاً مع الجغرافيا المكانية، واستكشافاً لهذه الساحة الأدبية العربية الثرية والغنية بالإبداع، والمكتنزة بالمبدعين والكتّاب الذين يمتلكون التنوع والثراء.

ولقد اهتم العنوان بالكشف عن قضايا القصة القصيرة السودانية، وتقديمها للساحة العربية الأوسع، والتي تتطلع لمعرفة المزيد عن نشأتها وتطورها، من خلال محاور محددة، للوقوف على سحرها وتجليات التجريب والإبداع، وتماسّها مع التقنيات الفنية، والشكل القصصي، ومنصات التواصل الاجتماعي؛ لمعرفة المنجز القصصي السوداني.

ولقد شارك أكاديميون وأدباء ونقاد وكتّاب قصة سودانيون في إثراء محاور الملتقى برؤاهم وخلاصة تجاربهم، وألقوا مسبار البحث على مكامن الإبداع القصصي السوداني، فقدموا شهاداتهم الفنية، وتوقفوا على تاريخ القصة السودانية وتطورها ومؤسسيها، ومن أغنى مسيرتها من كتّاب وكاتبات، وفتحوا أفق فنياتها عبر تاريخها الطويل.. كما قدموا رؤى وأفكاراً ودراسات تخدم الباحثين العرب والقراء والمهتمين بهذا الفن السردي الجميل، بما يخدم المكتبة العربية.

ملتقى السرد السابع عشر قدم الجديد عن القصة القصيرة في السودان، ومشهديتها الفنية الراهنة. وفي هذا الكتاب الذي تقدمه دائرة الثقافة استكمالاً للفائدة وتعميمها وتوثيقها؛ ليكون إصداراً لخدمة المكتبة الوطنية والعربية؛ للمساهمة في خدمة المطلعين والباحثين، وإثراء للثقافة والمعرفة العربية؛ فدائرة الثقافة لا تألو جهداً في خدمة المشروع النهضوي الثقافي العربي؛ بوصفها جزءاً من مشروع الشارقة النهضوي الباعث للثقافة، والمحافظ عليها متألقة ومزدهرة.

مدخل:

راهن القصة القصيرة
في السودان

القصة السودانية القصيرة
من التأسيس إلى التجنيس ومسار التحولات

د. مصطفى الصاوي

1 – مدخل:

تسعى هذه الدراسة لمعالجة راهن القصة السودانية القصيرة، ومن البداهة تأكيد أن لهذا الراهن تراكمات وصيرورة اجتماعية وتاريخية، أفضت إليه يتحتم الإشارة بإيجاز إليها، تتمثل في أطوارها الفنية، وأبرز رموزها، لذا اتبعت منهجاً طولياً يوازن بين المدخل التاريخي ورصد السمات الفنية.

2 – الأصــول:

يمكن للباحث تأصيل فـن القصة في الأدب الشعبي الثر، والذي يتضمن الحكايات الشعبية بأنماطها المختلفة مثل حكايات البطولة، والحكايات الخرافيـة، وأحاجـي الحـب والغـرام، كل ما سبق شكل وجـدان القاص السوداني، وترددت أصـداء تلك الحكايـات في القصة

بشكلها الاصطلاحـي لدى الـرواد، كمـا فعـل كل من: محمد عثمان هاشم، وضرار صالح، عندما استلهما حكاية تاجوج والمحـلـق، وهما من جيل الرواد.

3 – المرحلة الجنينية:

شهدت فتـرة الثلاثينـيـات من القرن الماضي في السودان، بواكير القصة السودانية، وتلك الفتـرة اتسـمت بالتململ الوطني القومـي، ومجابهة المستعمر الإنجليزي، وكانت مؤشراً ثقافياً عميق الدلالة على البحث، والنهضة الفكرية والأدبيـة، وتبلـورت فيها يقظـة اجتماعية ناهضـة اتسمت بالصراع بين القديم والجديد، والتطلـع لأفكـار جديدة، ونـادى بتلك الأفكار خريجو المدارس الثقافية، وكلية غـردون التذكاريـة، وأدت مجلتا: الفجر، والنهضة، دوراً رائـداً في ذلك المجال، وتبارى الـرواد في نشر نتاجهم القصصي، ومن أميز تلك الأصوات: عبدالحليم محمد، والسيد الفيل، وحسن أحمد يسن، ومحمد عشري الصديق، وعرفـات محمد عبد الله، ومحمد أحمد محجـوب، ومعاويـة محمد نـور.

تمايزت أساليب الـرواد في معالجتهم لفن القصـة، واختلفت رؤاهم الفنية وعَبّر إنتاجهم القصصي عن الواقع والوقائع التي عاشـوا في ظلالها تلك الأوضاع بما تميزت من صراع اجتماعي حاد، وعشائرية ضاربة بجذور عميقة وتقاليد قديمة سعـوا للانعتاق منها؛ لأنها تناقض أحلامهم الجديدة باعتبارهم الطبقة المتعلمـة والمُستنيرة، ويجـدر الإشـارة إلى معاوية نـور في هذا السياق

باعتباره قاصاً متميزاً وناقداً أيضاً، وقد «فرق معاوية في إنتاجه بين القصة القصيرة والصورة القصصية، فقد سمى أعماله الأدبية بـ(صور وأقاصيص سودانية)، فوضع في القصص (المكان) و(ابن عمه) و(أيمان) وغيرها، بينما وضع في الصور (في الخرطوم خواطر وذكريات مخزونة) و(أم درمان: مدينة السراب)»[1].

والقصة في هذا الطور تشعبت بالرغبة في مجابهة المستعمر وإصلاح المجتمع، هذا وطغت ثيمات (الحب، والموت، والزواج)، ورأى حليم اليازجي في الأشكال الفنية التي اجترت «وأفادت الأقصوصة السودانية من تجربة الفن القصصي في مصر، وسوريا، ولبنان، لا بل كانت في أول نشأتها متأثرة بها... والتزمت منذ البداية بقواعد الأقصوصة من حبكة واختيار الحادثة ووحدة الأثر والتركيز والاقتصاد في التعبير، والعناية ما أمكن بحبكة العقدة، ورسم الشخصية والعناية بالموقف»[2].

ولكن مختار عجوبة خالف ذلك الرأي بقوله: «يمثل كتاب مجلة النهضة الرواد الأول في كتابة القصة القصيرة السودانية، والريادة هنا أستخدمها بتحفظ شديد، حيث إن هؤلاء الكتاب يرسخون قواعد القصة القصيرة، ولم يطوروها، فما كتبوه كان محدوداً، كما أنهم لم يحاولوا أبداً أن يخلقوا تياراً أدبياً جديداً في الأدب السوداني»[3]. وبين الخلافين يبقى العنصر الأهم، والذي يسمو فوق تزيد اليازجي في إضفاء طابع العمل الفني المتكامل، وتحجيم عجوبة لإنجازاتهم في مسار تطور القصة السودانية حتى كاد ينفي ريادتهم، ويبقى دورهم باعتبار بلورتهم لشكل

فني طُــرح في المجـلّات الأدبيــة معبراً عن المشكل الاجتماعي حينها، ورُاصداً لإرهاصات الحِراك الاجتماعي بنزعته الإصلاحية، ثم وعيهم بالهوية السودانية، والدفاع عنها، وتأكيدها كتيار مصادم للاستعمار، إن البنـى الفنية والأشكال الأدبيــة مترابطــة بالضرورة مع صيــرورة البنيات والأشكال الاجتماعية «ترابط الأشكال بشكل غير مباشر بالوقائـع الاجتماعيـة أكثر من ارتبـاط المضامين بها، ومن البديهي افتراض صيـرورة داخليـة النمـو لهذه الأشكال»[4].

4 – في اتجاه النضج:

بـدأ هذا الاتجاه عنـد بعض الـرواد، منهم معاوية محمد نور ومحمد عشري الصديق وغيرهما، إذ اتخذت أساليبهم مسارات مختلفة اتسمـت بالمعرفة والنضـج، وعلى رأسهـم معاوية محمد نـور، الذي كتب عن أصول الفن القصصي، وأزعم أن الفجر الحقيقي للقصة السودانية تبلور من هذا الطور، ومضى على خط التطور لتنبثق تجلياته في الأربعينيات من القرن الماضي، مرتبطة بالمتغيرات العالمية وتداعيات الحـرب العالمية الثانية، موجـة الغـلاء التي سـادت العالـم، مما أثر في حركة النشر، وتوقفت كل من مجلتي النهضة والفجر، وانشغل الكتّاب بالسياسي، ونهض عبء الصراع على مؤتمر الخريجين، وشهدت نهاية الحرب العالمية الثانية تطلـع السودانيين لنيل استقلالهم، وتبلورت رؤى الأحزاب السودانية، وبرزت طبقـات اجتماعية جديدة كالعمـال والمزارعين، وتضخـم حجمها في الحياة السودانية، وهكذا نجد أن ظاهرة القصة السودانية

القصيرة على خط التحـول التاريخـي والمعترك السوسيوثقافـي، بل شكل ناطقـاً رسمياً باسم البرجوازيـة الصغيرة، وباتـت هي «الشكل المطابق لمجتمعنا المتشتت»[5]. امتد هذا التطور تصاعدياً حتى حقبة الستينيات من القصة التي تتسكع في دروب الغرام، إلى الواقعية، مع اختلاف أساليبهم، وبرز كل من عثمـان علي نور، وخليل الحاج، وأبو بكر خالد، وتحولت الثيمات والأماكن وهمـوم القصة القصيرة، ويكفـي أن نهاية الخمسينيات قد شهدت مولد مجلة متخصصة (مجلة القصة) لتستوعب كتابات الزبير علي، وخوجلي شكر الله، وعثمان علي نور، وصلاح أحمد إبراهيم، وبشير الطيب، ومصطفى سند، وعبد الله علي إبراهيم، وهكذا ومن منظور عام، تمرحلت أطوار القصة في هذا الطور الواسع لتمتد وتتضمن:

أ ـ السرد التسجيلـي وشخصيـات بائعـات الهـوى «ومضت أيام قلائـل، ونفيسـة في مدينـة أخرى... وإذا بهـا تتزعـم العواهـر»[6] والقصة للكاتب (أبو حجاج) بعنوان (التجربة).

ب ـ حضور الطبقات الفقيرة كسمة للتنويع الاجتماعي، وخير نموذج لذلك قصص خوجلي شكر الله، قصة (الحادث)، إذ يصـدم العربجي (الحوذي) أحمد بإحدى السيارات، ويختلط دمه بدم الحصان، وفي ذات الاتجاه «حجر مـات، لقد سقط أثنـاء العمل...... يكفي أنه من عمال الطلبـة المؤقتين. كان يبلغ من العمر نحو أربعين عامـاً... له زوجة وأربعة أطفـال يسكنـون سوياً في حجرة تسمى بيتاً»[7].

جـ ـ سيطر الهاجـس الاجتماعي على هذه الفترة الممتدة ضمن

النص القصصي، أشير إلى عثمان علي نور في مجموعته (الوجـه الآخر للمدينة)، وإن تدثر في بعض قصص المجموعة بهموم الوطن «لم تـر في حياتها جمعاً أكبر منـه.. ومضى سيـل البشر.... الناس ديل ماشين وين؟ لازم القصر..... كان الهدير يهز أركان القصر هـزاً»⁽⁸⁾ .

وتطول القائمة ملكة الدار محمد، وحسن نجيلة، ومصطفى سند، والنور عثمان، وإبراهيم الشوس، وعلي المك.

د – تعاظمت ظاهرة القصيدة في هذا السياق الممتد من جراء الخيبات السياسية، انقلاب عبود 1958م، انهيار أحـلام الوطن الكبير الديمقراطي والعدالة الاجتماعية والحريات العامة «تراجع بعض كتاب القصة إلى ذواتهم، وبقـي البعـض الآخر متمسكاً بالواقعية الاشتراكية، فأعلوا من قيم الحرية والإنسانية وحياة البسطاء والكادحين»⁽⁹⁾ .

هـ – تجاوزت بعض مجموعات الكتّاب القصصية حالة التقرير والصـور القصصية، والتشخيص الباهـت، وتجاوزت الخيبات الاجتماعية والسياسية والـذوات المحبطة صوب آفاق جديدة في بناء الشخصيات والثيمات، وعنصري الزمان والمكان في نسق جديد، ومن ذلك (ريش البغـاء) لعيسى الحلـو، و(الصعود إلى أسفل المدينة) لعلي المـك، وظهرت أساليب مُغايرة وآليات واستراتيجيات فنية تمثلت في الآتي:

1 – الاستخدام المقتصد للغة.

2 – تنويع الأبنية القصصية.

3 – الحضور الثقافي والفني للمكان.

4 – تنويع أساليب السرد.

شكل التمرحل السابق، بما احتوى من أطوار، بدايات للتحول وارتياد آفاق جديدة.

5 – مسار التحولات:

حدثت متغيرات عديدة على المستوى السياسي، حينما قاد جعفر النميري في 1969/5/25م انقلاباً على النظام التعددي، فأعلن الأحكام العرفية، وقيد الحريات، وصادر الصحف، وأحكم قبضته على البلاد بتنظيم سياسي فوقي، واتخذ النظام شكلاً دموياً؛ لذا تفاقمت الهجرات إلى خارج البلاد، بحثاً عن العمل والاستقرار، وعلى المستوى الاقتصادي كان الانفتاح، فنمت طبقات طفيلية أثرت على حساب الشعب السوداني، كل تلك الظواهر أحدثت تأثيراً عنيفاً في القصة، فظهر جيل متمرد انهارت أحلامهم وتبددت، وتعمق إحساسهم بالخيبة بدلاً عن الزهو الذي نشؤوا على ذاكرته باللاءات الثلاثة، وكان الإحباط أيضاً بأثر القمع والتشريد والإعدامات الجائرة والفوارق الطبقية الحادة، وتكرر هذا المشهد السياسي بعد انتفاضة مارس أبريل 1986م، التي أجهضت بانقلاب عسكري أكثر قسوة من غيره، إضافة إلى التدني الاقتصادي، وغياب الحريات العامة، وتفشي مظاهر القمع والتشريد والسجون وبيوت الأشباح (منازل

للتعذيب خارج القانون)، تصاعدت الهجرات مرة أخرى، واحتوت أعداداً كثيرة من الأدباء والمبدعين، وترتب عليها وجود أدب سوداني بالمناحي، وفي ظل هذه المناخـات السياسية والاجتماعية تخلصت مسارات التحولات، وبرز على خط التطور هذا كتابات:

أ – بشرى الفاضل في (حكاية البنت التي طارت عصافيرها)، وفي مجموعاته اللاحقة ذات النزوع الفانتازي والتهكم والسخرية.

ب – أحمد الفضل، والذي أصبح حريصاً على تجديد أدواته وتنويعُها، وارتكز على التاريخ، والأسطورة، والمزاوجة بين المتخيل والواقع.

جـ – صدر الكاتب محمد الفكي عبد الرحيم عن رؤية تنبثق من القرية مع روح شعبية صميمة، خاصة أسلوب السرد في القص الشعبي.

د – وانصب اهتمام محمد المهدي بشرى، ومحمد عثمان عبد النبي، على واقعية فنية هادفة تفضح وتعري.

هـ – وتميز أحمد المصطفى الحاج في قصصه المنشورة بالملاحق الأدبية، باجتراح شخصيات جاذبة واهتمامه بالمكان، وتأثيره في الشخصيـات. وفي ذات المنحى بـرز محمد خلف الله سليمان، ولكن في اتجاه مغاير حيث استخدم المنامـات، والإرث الصوفي، والتناص مع كتاب (طبقات ود ضيف الله) الـذي حفل بكرامات الأولياء والصالحين، ومن الذين أثروا هذه المرحلة إلا أنهم توقفـوا فترة عن الكتابة، هاشم محجوب بنموذجيته المغايرة للشخصيات، ولغته

الشاعرية في القص، ومن ذلك (قصة الطائـر الأزرق)، و(من حيث شرب الـورد)، وأيضاً محجوب شعراني في قصته (اليـود).

الطور الأخير تبدت مساراته، وشواغله الفنية ومرجعياته منذ منتصف الثمانينيات وحتى الراهن، وانبثقت كتابات قصصية محاولــة تأسيس منجز جمالــي مغايــر، وسمــات فنية تعبر عن رؤيتها للكون واجتراح تقنيـات جديدة في القص، ومن هؤلاء عبد الماجد عليش في (حسن روكي)، ومحمد خلف الله في (المغني والجوقـة و(هوامش من سيرة حمال نوبي)، وعبد العزيز بركـة ساكـن في (على هامش الأرصفة) و(امـرأة من كمبـو كديـس)، وجمال غلاب في (فاكهة مهملــة) و(حكايات متسكعة)، وإستيلا قايتانو في (زهور ذابلة)، وجون أوليو أوكج في (إضـاءات علـى جسـد المـوت)، وشكّلت منشورات نادي القصة إضافة نوعية إلى هذا التراكـم في المشهد الراهن بإصدار: أفق أول، وأفق ثانٍ، إضافـة إلى سلسلة من التواصـل الثقافي لمجموعـة من الكتّاب، أشير إلى محسن خالد في (كلب السجان)، وأحمد الملك في (نورا ذات الضفائر)، وعبد الغني كرم الله في (آلام ظهر حادة)، وتطول القائمة عبر النشر بالصحف، والنشر في المواقع الإلكترونيـة: منصور الصويـم، وأحمد أبو حازم، وسـارة الجاك، وأميمة عبد الله، وعلي عيسى، وطارق الطيب، إذاً ما سمات هذا المشهد، على تباين كتّابه وكاتباته، وخصوصية كل واحد منهم أو منهن؟ أوجز القول:

1 – استخدام الفانتاستيك.

2 – التعويل علي القص الشفاهي (توظيف الموروث الشعبي).

3 – الانكفاء على الذات.

4 – تجاوز نظرية الأجناس الأدبية.

5 – تفتيت الحدث وفك تراتبية الحبكة.

ولعل أهم مميزاتهم تكمن في بروز الهامش كخلفية للمشهد القصصي، وإعادة صياغة الأماكن وفق رؤية مستمدة من واقعية القـاع، من نماذج ذلك قصة (كل شيء ها هنا يعلى) لإستيلا قايتانو، و(الكمبو) لمها الرشيد، و(امرأة من كمبو كديس) لعبد العزيز بركة ساكن، ومن جانب ثانٍ نجد ملامح لغوية عامة سادت بينهم، أهمها:

1 – محاولة الثورة على اللغة، وذلك بكسر أنساقهـا، وتجاوز قواعدها، وتبـدى ذلك من إدخـال (ال) على الفعل و(ال) من علامات الاسم، ولم يرد هذا الاستخدام إلا شـذوذاً (وما أنت بالحكم الترضى حكومتـه)، ومحاوره في بعض النصوص (المتاريس التناطح السماء)، وفي موقع ثانٍ (ثم أعطاها رأسه الما يزال متروباً).

2 – توظيف التغيرات الاصطلاحية (أنا أبطى والنجم) و(الوزارة بغضها وغضيضها).

3 – هيمنة العنف اللغوي على الجديد من نصوص الدراسة، بالإكثار من مفردات السب والشتائم (بنفسه صرصور، روح جعـران)، وفي موقع ثان (الوقعة تتحداني.... لكنها مقرفة).

4 – إحياء المفردات القديمة (إنه يناير الوحشي عليه اللعنة)، وأيضاً (وقفت فتاة الخـدر).

5 – عدم العناية بسلامة النحو والصرف والتراكيب اللغوية الصحيحة، من نماذجها (هي عجوزة)، وفي القرآن الكريم (عجوز عقيم)، وفي موضع ثان (يكسبهم حسب الاعتقاد السائد قدرة فائقة في الفجــاع) يعني (المُضاجعــة)، وأيضاً (السرير الغير مرتـب)، يقصد (السرير غير المرتب)، و(صور الآخريات عاقات)، يقصد (مُعاقات).

6 – في النصوص صور قصصية مشرفة منها ما عني بالصورة الصوتية (ينفتح الباب الحالي والمرهف كالأنين)، أو إبـراز الأبعـاد الحركية (هبط يتراكض في المحطة.... تلفت في كل الجهات).

وبالإجمال فإن تلك النصوص المُشار إليها، وهي نصــوص جماعية: أفـق أول، مجموعة قصصية، نادي القصة، وأفق ثان، توسلت بالقص الواقعي النقدي، والفانتازيا، واستلهمت بنى القص الشعبي، إضافة إلى تقنيات الحلم، وتقنية فصل داخل قصة، والسؤال بصـدد هذا التراكم: هل قدم أي أشكال جديدة؟ هل ثمــة إضافات فنية مفارقـة أدت إلى تحـولات في الشكل والدلالة؟ هل تشكل خلخلـة للبنيـة القصصية التقليدية بوحداتها الأرسطية الموبسانية؟ إن الكلمة الأخيرة تبقــى للحظـة التاريخية والسياق الاجتماعي والثقافي. إن كتاباً مثل الراحل علي المك، والراحل إبراهيم إسحق، والأستاذ عيسى الحلو، على اختـلاف أساليبهم القصصية ولغاتهـم، يتمايزون، فالقصة عند علي المك محكمة الصنع تحتفي بالمكانية وتحولاتها، وتعتني بشخصيات الطبقة المأزومة وأزماتها، وبصدد إبراهيم إسحق فإنه اتخذ من نصوصه القصصية أهميـة استثنائيـة، إذ تعبر عن نسق

يفتقد حضـوره الثقافي، وسعي لتأكيد هويتـه بحصـر، واستدعاء الملامح الأساسية لذلك الحضور: الذات الآخر، أما عيسى الحلو فما فتئ يشاكس الشكل التقليدي، ويتجاوز سيمترية السـرد.

تستمر القصة السودانية القصيرة على خط التطور، علماً بأن ماري لويـز برات تذكر أن القصة «القصيرة نـوع غير مستقر وغير مألوف، إذا قورنت بالرواية التي تعد النوع المعياري السائد في النثر القصصي»(10). وأضيـف بأن القصة القصيرة ليس لها شكل جوهري، كما هو معلوم فإن عدم الاستقرار الفني يربط أولاً بها كجنس أدبي مـراوغ، وثانياً يرتبط بعدم الاستقرار الاجتماعي والسياسي والفكري، وأزعم في هذا الصـدد أن الواقعيـة بتنويعاتها المختلفة هي السمـة الغالبـة على القصة السودانية القصيرة، والقاسم المشترك الأعظم الذي نهضت عليه، مع التأكيد على زئبقية المُصطلح، وتباين تجليات الواقعية، كما أشرت آنفاً من نقدية وواقعية قاع، وتجاوزاً لإغراء النمذجة المدرسية يعـول الباحث على اجتراحـات كتّابها المغايـرة، وحساسيتهم الجديدة، ومغامرات الشكل لديهم توسيعاً لمداخل الدراسة على النحو التالي:

– التجربة في القصة القصيرة لدى فيصل مصطفى:

تـرى فاليري شـو في القصة القصيرة أنها «توفيق بين المتناقضات، يتفاعل بين التوترات والمقولات المتضادة، قصيرة لكنها رنانة، مكتوبة بكثافة الشعر، مصنوعة من كلمات سوداء على صفحة بيضاء، لكنها تومض باللون والحركة، مكتوبة لكنها تحاكي

الكلام الإنساني.. يبدو أن العامل الوحيد المشترك فيها، هو التوازن الذي تسعى إليه»[11]، وتمثلت ملامح هذه التجربة في:

1 – تجاوز الكاتب أفقياً على الســـطور بنســـق كتابة الشـــعر (الشكل الرأسي):

* على حافة جرف هار.

* كلا الطرفين ضالعان في تعقيدها.

* يساومان.

* يحسبان أن الحق حليفهما.

* بينما الإعصار هديره يعدم الآذان.

* وكل يسعى حثيثاً لإقصاء الآخر؟!!

إن طبيعة القصة القصيرة لا تعرف السكون، والجمـود، إن كاتب القصة القصيرة يختار الزاوية التي تمكنـه من رؤية الحيـاة والكون، وتنسيق إبداعه، والكاتب لتجربته الطويلة والممتدة منذ سن الستينيات وحتى الراهـن، صاحب التراكم كمي قصصـي وروائي أهله لارتياد هذه التجربة. ففي القصة القصيرة لا يوجـد شيء ينظر إليه على أنه قالـب جوهري، كاتب القصة القصيرة يختار دائماً الزاوية التي يتناول الحياة منها، اختيار يقوم به يحتوي على إمكانية قالب جديد[12].

2 ــ هيمنت على نصوصه الجمالية اللغوية كعنصرٍ طاغٍ:

* يبعثر الصور.

* يحدد الأخيلة.

* يرسم خطوطاً متقاطعة.

* يشكل أبعاداً متداخلة.

* تتباعد.

* تتقارب.

* تتماسك.

* تلتهب[13].

* تنفجر.

حينما تلقي الجمالية بظلالها على النـص يتراجع النـص النثـري لحساب الشعـر، ويصير الهاجس الأساسي الشغف باللغة والدوران في فلك النص كإبداع لغوي محض، فالكاتب «الذي يهدف إلى الجمال المحض في القصة القصيرة بطريقة أفضل»[14].

3 ــ الغنائية:

تضمنت هذه النصوص السرديـة الكلي للـراوي في جل نصـوص المتن، ما مكّنه من التمرد والتماهي في الشخصيات الأخرى، وهذه النصوص لا تسعى مطلقاً لتمثيل الحياة الإنسانية، بقدر ما تسعى إلى

تكثيفهـا، ويلاحظ فيهـا الإيقـاع، والمجــاز، والتشبيهات، والثنائيات اللغوية المُتضـادة من هذا:

* ثمة رؤية.

* ثمة رؤى.

* ثمة بصر.

* ثمة بصيرة.

* بين الرؤية والرؤى[15].

4 – بناء الشخصية:

أ – ينهض بناء الشخصية في هذه التجربة على التشخيص الباهت، فهي بلا أسماء، وأشار إليها بالضمائر (هي، هو،..) وباتت جزءاً من أسلوب الكاتب، وكذلك التداخل بين صوت الراوي وصوتها، واستبطـان الشخصية لذاتها كحالـة وتغيرات «داخلية وتداعيات، شخصيات فيصل مصطفى فيهم أجزاء متناثرة منه، إذ تتبدى فيها قضايا المثقف المهموم بأشكال الهوية والمنفعل بقضايا الحرب والسلام، وهموم الاغتراب والوطن.

* يظل متنازعاً.

* بين التغيير السلمي والعسكري.

* تتخايل الصفحات الوضاءة سراباً»[16].

ب ـ اشتغـال المُتفاعلات النصيـة في نصوص محمد خلف الله:

يكشف محمد خلف الله في نصوصـه (المغني والجوقة)، و(هوامش من سيرة حمال نوبي) عن شغفه بالنصوص الموازية، وإضافتها في سرده، مما يضفي على النص التشذر، والتداخـل، مما أتاح له إثـراء مغامراتـه النصية، وخلخلة الشكل، وتكسير البنية السردية الخطية. تقيم (المغني والجوقة) علاقة تداخل مع النص المُصاحب لها، وهو كتاب (طبقـات ود ضيـف الله) في النصوص الموسومة بـ(ملوك ورهـان وجسـد) و(القـداس)، ففي الأخير يستصحب سيرة الشيخ (حسن ود حسونة)، وهي من أطوار نصوص الطبقات وتحـف بالكرامـات التي تتضمن إحياء الموتى وإبراء ذوي العاهات وارتحالاته «هـذا الولـد يحـط بغتـة في سكـوت المدينـة... وحيداً كنت في الطرقـات ووجهي تعكسـه مرايـا حلاقي ظلال الأشجار، أرى صاحبي ويراني ضيعت صورتي فيه»[17]. وفي موضع ثانٍ «قال ياكوفي كنت في الخلوة راقداً، رأيت نجمة في السماء فتعلقت بها روحي، وخرجت من جسدي وطارت فخرقـت السموات السبـع: سمعتُ صرير الأقلام، ثم رجعت فوقفت في جزيرة من البحر المالح، فجاءني رجل لابـس كساءيـن من صـوف ومشى معي خطوتين، دخلت خلوتي فوجدت ياكوفي جثتي في الجبيبة»، النص من كتاب الطبقات، يواصل سرده «أشقُّ شارع الرشيد والشارع نصل حاد وثاقب... جاء صوت طـوق عنقي وسمعت دبيب العسكر، والخـوف جثة غطاهـا رجال بالـزي الرسمي» يتيح اشتغال الكاتب

على كتاب الطبقات واستعادته من الحكاية التي تداخل معها موظفاً ديناميتها لتغذية الدلالة وتنشيط الذاكرة الجماعية، وإذا نظرنا بعمق في النص المحــاذي ليس فقط كبنيــة مستغلة، بل بنية نصية مدمجة ذات ثراء دلالي يفجرها في السياق الآتي «جثة غطاها رجال بالزي الرسمي»[18] وفي اتجاه ثانٍ تتبدى (ميتانصية) في العلاقة التي تربط نصاً بنص آخر دون أن يكون هناك بالضرورة استشهاد محدود بوضع هذه العلاقة، وعلى هذا فقد هربت النصوص من موطنها إلى مصادر لا يُسميها «أغدق عليّ الخليفة بعطاياه حتى لا أمــدح غيــره»[19].

وكذلك الاتكاء على حكم الشيخ فرح ود تكتوك «ومـات الأمير... ومـات الشيخ نفسـه، الزمن وحده كان كفيـلاً بحل المعادلـة»[20].

وفي اتجـاه ثالـث ودون الإشارة إلى النـص الغائب بأشكاله المختلفة، وظـف عتبة العنوان لإضاءة نصوصه وإدماج المتلقي، والسيطرة على توقعاته، من ذلك عناوين (أحوال حوار الشيخ). وكذلك (طاء،... واو.... سين) والمعروف ولع المتصوفة بأسرار الحروف وترميزها، أما أهم تجلٍّ للميتانصية فقد تبدى في استخدام لغة المتصوفة «يخرج في العتمة ليصلي ويصطلي فيصير ناراً تتطهر فيها الفراشـات لتبلـغ لـب السـر، نور محض سرى الخراب إلى القلوب التي اعتمرت بالعشق، ونفت الأغيار، التصقت بالذات، وتقربت من الصفـات، عرفت عارفها، ومعروفها وعرفانها»[21]. تضجُّ هذه اللغة بالكشـف والمكاشفـة والوجد الصوفي، وأخيراً تتجلى مغامراته القصصية في المعمارية النصية، وتخلُّق وتشكُّل

النصوص، وتعددت مصادرها من التاريخ، وكتب التصوف، وبناء نصوصه على استراتيجية التكثيف والاقتصاد اللغوي، وبالإجمال ارتكز على المحاذاة النصية الدينية، والصوفية، والحكائية، والمحاذي الشعري، وشكلت بنيات نصية مستقلة ومتكاملة أحدثت عمليات تحويل بعد إدماجها في نصه الجديد والمغاير بانفتاحه واشتغاله عليها، وأصبحت رافداً أساسياً في رؤيته الفنية وسماتها الجمالية، ونجده في مجموعة (هوامش من سيرة حمال نوبي) يتجه صوب القصة القصيرة جداً تحت عنوان (ثلاثي محاولات للخروج عن النص)، ترى هل هو خروج عن النص، أم خروج عن التنسيق، أم ارتياد آفاق تجريب شكل جديد: «في قاعة الدرس قال المعلم للتلاميذ (ارسموا رحماً) وعندما أكمل الرسم، تكور أحد التلاميذ داخله، ولم يخرج»[22]. اعتمد النص ترابط البنية التركيبية واختزال زمن الحكاية والاقتصاد اللغوي.

جـ ــ بشرى الفاضل وتنويعات الشكل:

تتنوع أشكال القص لدى بشرى، ويحاول فيها اجتراح أشكال مختلفة تفي بالمحمول الدلالي الذي يصدر عنه لتوصيل رسالته الفنية، ويسعى القص الواقعي إلى تجاوز الواقعية البسيطة والتصوير الفوتوغرافي، إلى أفق أعمق يجسد مأساة الإنسان المهمش، ويلاحظ هذا في قصص (قبيل الغروب) و(دمعة بالبصل) و(كالو يتناول إفطاره في السماء) و(ساقية جحا)، تتطلب القصص من الواقع الخارجي حادثة، شخصية متخيلة أو حقيقية، ثم تتداعى

ملامـح الحدث لتتصدر القصة تاركة للقارئ استنتاج ما جرى «كانت هناك طفلة يستطيع الأمـي أن يحصـي ضلوعها دون عناء كان يعولها شقيقها فيما مضى على الكفـاف في زمن الجفـاف»، وهكذا تتواتـر اجتراحاته في (ملهـوف) و(انفصـال)، وطبقاً لهاشم ميرغني؛ هذا «انحياز للعادي ليس على مستوى الدلالة فحسب، بل على مستوى المفردة، وصياغة الجملة، أي على المستوى البنائي». وفيها وظـف التوريـة بما يتضمن ثنائيـة ظاهر وباطـن، التقاء الساكنين، بالطبع نحن إزاء مفهوم نحوي على مستوى آخر من يسكـن البيت، تلك الـروح الكوميدية تحديداً كوميديا الشخصية ماثلـة في نصوص شخصية (السرة) رسمها اعتماداً على مظهرها، والتناقض بين المظهر والمخدر، ويوظف التلاعب اللفظي «يتكلم عن الدنيا المقلبنة وإذا وجد فرصة مقلبنا»، ومن سويعاتـه أيضاً القص الفانتـازي كشكل تعبيري لنقل تجربته الإبداعية وكسر الرتابة التي هيمنت على ذائقة المتلقي والأخير «يمتزج فيه الطبيعـي ويجعل المتلقي يتردد بين تفسرين للأحداث، وهذا التردد يشكل العنصر الأساسي للفانتاستيك من خلال بحثه عن مفاجآت لعالمنا العادي والمألوف» [23].

وأما خصائص القص الفانتازي في أعماله فتتمثل في:

1 – الانمساخ والتحول (عبد القوم الرأسي) «كان ذلك الجسد متعامداً في أعمـاق النيل المنسبة، ثم توطـد وهو هيـكل عظمي كوتد صلـب».

2 – أنسنة الحيوانات (باذل وباذلة).

3 – أنسنة مظاهر الطبيعة (تهيأ البحر للحرب فنام طلباً للراحة خمسين شهراً) وتبقى في هذا الصدد الإشارة إلي حلقة القصة القصيرة باعتبارها تنويعاً من تنويعـات أشكاله القصصية، وهي «مجموعة من القصص القصيرة التي ترتبط أحداثها بالأخريات إلى درجة يتعدل معها فهم القارئ لكل قصة من خلال فهمه للقصص الأخرى»[24]. وفيها يعتمد الكاتب على:

1 – الاعتماد على بطل محوري (محمود طيفور).

2 – الوحدة المكانية (مدينة القصبة).

3 – تكرار الثيمات مع إضافة عناصر جديدة لكل ثيمة في القصة اللاحقة، فتنشأ صورة كلية في ذهن القارئ مثلاً قصة (جيـم حـاء خـاء) توضح الملامح الاجتماعية الأساسية كحياة البطـل المحوري (محمود طيفـور) ومضى على درب تنويع الأشكال والصور للقصة القصيرة جداً، وهي شكل جديد ناتج عن وعي حديث، ولعل أبرز مظاهر حداثته تتمثل في الإخفـاء ودعـوة المتلقي للمشاركة في إنتاج المعنـى، وهي مبثوثة في مجموعـات، وفيها رهانـات علـى حداثـة السـرد وأهـم عناصرهـا تتمثل في النقـاط التالية:

1 – البدء بلحظة قمة الحدث.

2 – اختزال الوقائع وتكثيف السرد.

3 – افتقارها إلى الحوار.

4 – استثمار التكثيف الشعري «كانت هناك بقرة ذبحوا بعلها

أمام عينها، فجرت مفتوحة العينين لاهثة، جرت، وجرت تسعة أيام بلياليها حتى صادفها قوم ففرحوا بها وذبحوها على عجل».

نموذج آخر «خرج جدي البصير النابـه عبيد ود نقد، رأسه مشغول بهمـوم الناس والأرض، غرق حتى أذنيـه في مفصل التفاصيل ــ حط قاربه في شجرة الدوم، واستظل بوارفها. خمس دومات سقطت فوق رأسـه لم يمـت جدي بفعل كدمـات الدومات، لكنه لم يكتشف قانون الجاذبية!! كدمة ظاهرة بقيت لعدة أيام في مقدمة رأسه»[25] .

5 ــ يتبوأ السارد فيها موقعاً مركزياً.

د ــ عبد الماجد عليش وتنويعاته النصية:

تتمثل رهانات عليش على التنويع في الشكل القصصي، ومن ذلك:

1 ــ الخبر، وأحاديث المجالس (النميمة)، كما في (شجرة نسب) و(الأصيل)، وتنهـض التقنيـة على خبر يحكيه السارد المضمن في الحكي، ومن ثم يتوالى سرد آخرين، وتتسع مادة الحكي «مولانا الحسن الهادي ولد الفكي.. كل هذه المصائب تجيـء من أدخال الغرباء وسط العوائـل، نحن في هذا المكان لنا أكثر من مائة عام ــ لم ينفتح مثل هذا الحديث».

2 ــ السيرة القصصية: في سرد حسن روكسي اتكأ على ملامـح سيرته الذاتية، خصوصاً في نصوص (تخزينة) و(الملطوم)

و(حسن روكسي)، وفيها يستخرج تجربته عندما عمل باليمن، وقبلها محاولاتـــه الهجـرة إلى أوروبا، وفيها يتقابل الســارد والمسرود، أو الراوي والشخصية القصصية.

3 ــ السرد التسجيلي والتوثيقي: وهذا هو النمط الغالـب في مجموعـــة (حسن روكسي) و(المجالس) و(صورة وعفريتة)، وهنا يتدفق السرد على فضاء المساحة الطباعية (المتن)، ومن ثم ينتقل إلى الهامش شارحـاً، أو مؤكـــداً بقصاصات صحفية، أو تقديم إفادات، واضعاً القارئ إزاء نصين؛ إبداعي (قصص) وتوثيقي (خبر) محاكم، (خبري صحفـي) ومن نماذج ذلك «تأكد من عجز، عن إكمال القهوة التي ما عادت مُستساغة ما بين لسان، ومُستقر مزاج» [26]. ونجـد في الهامش: «إفادة المجهر السياسي 2017/10/30م ضبطت مباحث شرطة أمن المجتمع شاباً يعمل كبائعة شاي لمدة شهرين وهو متشبه بالنساء» [27].

4 ــ تقنية الكولاج: وهو هنا إدخــال أكثر من أسلوب فني أو غيره في المسرود مثل العمود الصحفي، والمقال الصحفي، وإفادات شفوية، ويتبدى بجلاء في قصة (صورة وعفريتة) «سألت المرسال الذي أرسله عمي يطلب حضوري عن تمام صحته، فأكد تمامها عدا رفضه لمغادرة فراشه والخروج من غرفته، كان باب المنزل مفتوحاً، وفي الصالة الطويلة كانت ثابتة في مكانها على جدران الصالة كل الصور للأهل الذين غادروا الحياة» [28].

ينتقل السرد بالمتن إلى الهامش معنوياً صوت «الصورة فيها محاولة لتحدي الموت بالإصرار على الحضور الدائم كنفي

للغياب»[29]. والشاهد أن تلك الهوامش تشكل في جوهرها نصاً في حد ذاته لتقديمه تاريخ الاستوديوهات، وقضايا ملكية الصورة، والعلاقة بين العفريتة والأصل ومن صاحبها «مشيت في الشارع الذي فيه محلات تصوير، واجهة المحلات مطلية بألوان عديدة... تمهلت أنظر عبر الزجاج: صور التخرج والشهادة بين اليدين... صور الفنانين... الضباط ولاعبو الكرة... صور الزواج»[30].

إذاً المقال الصحفي، الصورة الفوتوغرافية، الخبر.. إلخ، كلها مبثوثات في النص عبر تقنية المتن والهامش، وهي جميعها هنا تنهض بأهم وظائف القصة القصيرة خطورة وقيمة فنية، وهي وظيفة الكشف والتنوير وتترك لقارئ القصة مجالاً واسعاً لحل اللغز الذي عليه نهض بناء النص بطرفيه (المتن والهامش)، وربما يجعله مُشاركاً في إنتاج المعنى.

لا يمكن حصر ذلك المشهد في اتساعه وتراكم نصوصه، بيد أنه من الممكن إجمال صورته المشهدية العامة وأهم عناصرها التي تجلت في:

1 – الانتقال من الوصف الخارجي إلى التصوير الداخلي.

2 – والوصف المعمق وتقطيع السرد لمزيد من الوحدات، مركبة مرقمة أو معنونة.

3 – الارتكاز على الوحدة الموضوعية.

4 – إشراك القارئ في إنتاج المعنى.

5 – خلخلة العلاقات المنطقية الواقعية بين الأشياء، وبروز تجليات الفانتاستك.

6 – توظيف التراث الشعبي (حكايات شعبية، نوادر، شخصيات... إلخ).

7 – تجاوز الأشكال التقليدية، يمكن الإشارة إلى لمياء شمت في مجموعتها (وَمض) وهي كاتبة جديدة «مثل غالب الكتابات الجديدة ليس هناك صوت واحد مركزي في هذه القصص، بل ثمة أكثر من متحدث ومن صوت تتناغم وتتحاور»[31].

واتسمت المجموعة لعبد الماجد عبد الرحمن بـ:

1 – استخدام استراتيجية عنونة فعالة من عدة وجوه، الكبسلة والتركيز.

2 – وضع كلمات أو تراكيب لغوية أو مواقف شخصيات ذات دلالات ومعانٍ ورؤى تبدو على السطوح متنافرة، وذلك بقصد اكتشاف مستويات التلاقي والتقارب حسب الرؤية السرد – شعرية.

والشاهد أن هذه المجموعة تبين الخروج عن إطار القصة القصيرة إلى القصة القصيرة جداً، لتضعنا مع مغامرة شكل أخرى ليس كجزء من مجموعة تضم القصة القصيرة، والقصة القصيرة جداً، بل أصبحت نوعاً سردياً قائماً بحد ذاته، وهذا ما يجده القارئ في مجموعة (خرطوم الجن): «ملأت رأسي بها، صار خفيفاً، ارتفعت خطوتي عن الأرض، طرقت سقف المدينة وأنا أترسم»[32]. ويلاحظ التكثيف، والدهشة والإدهاش، والإبهام، والاقتصاد،

واختيار عنوان يحفظ للخاتمة صدمتها (بنزين الأجنحة)، سردت ما سبق لأنه داخل في صميم التحولات.

الخلاصــة:

1 – سعت الدراسة لتبيان تطور القصة القصيرة السودانية حتى تجنيسها، ووازنت بين رصد التطور التاريخي وتبيان جماليات الفن القصصي في مساراته.

2 – منذ بدايات عصر النهضة الأدبية في ثلاثينيات القرن الماضي، تبدت حركة ثقافية نشطة متجاوبة مع أبعاد سياسية، وأفرزت وعياً وطنياً، وتجلى معه إبداعات ثقافية؛ مجلة النهضة، ومجلة الفجر، وجريدة حضارة السودان.

3 – نتج عما سبق بدايات القصة القصيرة وشكلها الكلاسيكي حتى فترة الأربعينيات التي شهدت مسارات وتحول حتى منتصف الخمسينيات، حيث صدرت مجلة القصة القصيرة.

4 – استمر الخط التصاعدي هذا مروراً بحقب مختلفة وأجيال متباينة، والشاهد أن هذا التراكم أفضى إلى ما يلي:

أ – بروز أشكال جديدة ومغامرات فنية أدت إلى وضوح تجارب جديدة.

ب – لا يمكن إقفال مسارات التحولات التي ارتبط بعضها برموز مهمة في السرد القصصي السوداني.

ففي المرحلة الجنينية نذكر عبد الحليم محمد والسيّد الفيل، وصولاً إلى اتجاه النضج لدى معاوية محمد نور ومحمد أحمد محجوب، وأعقب ذلك ما سمّاه الدارس مرحلة بداية التحولات، والتي استوعبت أكثر من جيل عثمان علي نور، وأبو بكر خالد، وخوجلي شكر الله، وملكة الدار محمد.

جـ ـ برزت أصوات مميزة، واهتمت بروح الحكي وإبداعاته، ولعبت مجلة الخرطوم ومجلة الثقافة السودانية والروابط الأدبية (رابطة الجزيرة ـ رابطة سنار والمنتديات الأدبية) دوراً مهماً في بروز أسماء وتيارات مختلفة، نجم عن هذا الوضع الراهن للقصة القصيرة السودانية، وشكلت أهم ملامحها:

أ ـ شعرية القص.

ب ـ تفتيت الحبكة والتحرر من الأحداث.

جـ ـ تفتيت اللغة وتوسيع دلالاتها، وطبقاً لذلك اشتغلت الدراسة على أربعة نماذج لمغامرات الشكل: فيصل مصطفى، وبشري الفاضل، ومحمد خلف الله، وعبد الماجد عليش، إضافة إلى رصد القصة القصيرة جداً لدى لمياء شمت، وحسام الدين صالح في مجموعته (خرطوم الجن)، أخيراً لا تزعم هذه الدراسة أنها أوفت وكفت، بل هي إضاءات لنشأة وتطور القصة القصيرة السودانية لتبيان مسيرة تحولاتها حتى الراهن.

الهوامش:

1 – ينظر هاشم ميرغني: بنية الخطاب السردي في القصة القصيرة، مطابع صك العملة، الخرطوم 2008م، ص 287.

2 – حليم اليازجي: السودان والحركة الأدبية، الجامعة اللبنانية، بيروت 1985م، ص 859.

3 – مختـار عجوبـة: القصة الحديثة في السـودان، دار التأليف والنشـر، جامعة الخرطوم 1972م، ص 5.

4 – جاك دوبوا: نحو نقد أدبي سوسـيولوجي، ترجمة: قمري البشير، مجلة آفاق، عدد 10 يوليو 1982م، ص 42.

5 – عبـد الله العروي: الايديولوجيـة المغربية المعاصرة، ترجمة: محمد عتباني، دار الحقيقة، بيروت، ص 279.

6 – مختار عجوبة: نماذج من القصة القصيرة السـودانية، دار التأليف والنشـر، جامعة الخرطوم 1972م، ص 24.

7 – محمد سـعيد معـروف: مات حجر وقصص أخـرى، ط 2، الطابع: المؤلف، 1998م، ص 2.

8 – عثمان محمد نور: الوجه الآخر للمدينة، مطابع النيل، دون تاريخ، ص 9.

9 – مختـار عجوبـة: القصة الحديثة في السـودان، دار التأليف والنشـر، جامعة الخرطوم 1972م، ص 10.

10 – مـاري لويـز برات، القصة القصيرة بين الطـول والقصر، ترجمة: محمود عياد، مجلة فصول، المجلد 2، ع 4، 1982م، ص 47.

11 – المقولة لـ (فاليري شـو) والنقل مـن خيري دومة، تداخل الأنواع في القصة

القصيرة المصرية، الهيئة العامة للكتاب، القاهرة 1998م، ص 76.

12 – فرانك أوكونور، الصوت المنفرد، مقالات في القصة القصيرة، ترجمة: محمود الربيعي، دار الكاتب العربي، القاهرة 1969م.

13 – فيصل مصطفى، انشقاق، نصوص سردية، دار المصورات، الخرطوم 2015م، ص 19.

14 – إدجار ألان بو، مراجعة لـ(قصص محكية) ترجمة: محمد سليمان، مجلة علاقات (سعودية)، النادي الثقافي، جدة، مارس 1992م، ص 107.

15 – فيصل مصطفى، انشقاق، نصوص سردية، دار المصورات، الخرطوم 2015م، ص 20.

16 – المصدر السابق، ص 42.

17 – المصدر السابق، ص 77.

18 – المصدر السابق، ص 71.

19 – المصدر السابق، ص 24.

20 – محمد خلف الله سليمان، هوامش من سيرة جمال نوبي. دار عزة للطباعة والنشر، الخرطوم 2002م، ص 48.

21 – المصدر السابق.

22 – ينظر: المقدمة التي كتبها هاشم ميرغني، قصص بشرى الفاضل، الحضارة للنشر، القاهرة، ص 140.

23 – شعيب خليفي: شعرية الرواية الفانتاستيكية، المجلس الأعلى للثقافة، القاهرة 1997م، ص 109.

24 – خيري دومة: تداخل الأنواع في القصة المصرية، الهيئة العامة للكتاب 1998م، ص 251.

25 – بشرى الفاضل: قصص بشرى الفاضل (ثلاث مجموعات)، الحضارة للنشر، القاهرة 2009م، ص 95.

26 – عبد الماجد عليش: صورة وعفريتة، المصورات 2018م، ص 88.

27 – المصدر نفسه.

28 – عبد الماجد عليش: صورة وعفريتة، المصورات 2018م، ص 88.

29 – المصدر السابق نفسه.

30 – المصدر السابق، ص 86.

31 – انظـر، لمياء شـمت، وَمض، قصـص قصيرة، دار المصـورات (وميض الومضات مقدمة كتبها) عبد الماجد عبد الرحمن.

32 – حسـام الدين صالح، خرطوم الجن (قصص)، أوراق للنشـر، القاهرة، ص 131.

القصة السودانية من التأسيس إلى التجنيس
(قراءة وتعقيب)

محمد خلف الله سليمان

بذلت الدراسة جهداً كبيراً في الإحاطة بعوالم مختلفة ومتباينة لحقب متتالية من الكتابة القصصية، وتناولت الدراسة عدداً من التجارب التي أثّرت في مسيرة القصة القصيرة السودانية وأثرتها، خاصةً أن للكتابة في السودان جذورها العميقة، إذ تشير العديد من الدراسات إلى أن الملك السوداني)أركاماني(الذي عاش في القرن الثاني قبل الميلاد، هو المؤسس الأول للدولة المدنية في السودان، حيث بدأ السودانيون في تطوير أساليبهم الحياتية، واخترعوا تبعاً لذلك الكتابة المروية، وقاموا بتدوين حياتهم اليومية، وازدهرت في ذلك العصر العلوم والمعارف الإنسانية المختلفة، كما ذكر ذلك الباحث عادل الأمين.

كما مرت مصادر التراث الشعبي المكتوب بأدوار شتى، أبرزها دور الرواة والمؤرخين الأوائل منذ العصور القديمة إلى نحو 1810 ميلادية، وهذه المدونات يغلب عليها الأقوال الإخبارية ولمحات

عن الممارسات والمعتقدات الشعبية التي نجدها فيما كتبه ابن سليم الأسواني والمسعودي وابن فضل الله العمري وابن سعيد والمقريزي، وبعض هؤلاء كانوا من الرحالة الذين كتبوا عن مشاهداتهم وانطباعاتهم في هذه البلاد مثل: روبيني (1522م – 1523م)، وبروس (1769م – 1772م)، وفي أعقاب ذلك قام العالم الراوي السوداني الشيخ محمد ضيف الله الجعلي المتوفى سنة (1224هـ – 1809م) بتأليف كتاب الطبقات في سير الأولياء والعلماء السودانيين الذين عاشوا في عهد ملوك سنار (مملكة الفونج 1505م – 1820م) ويعد هذا الكتاب مصدراً مهماً وملهماً للتراث الشعبي السوداني، وقد أشار د. عبد المجيد عابدين في كتابه (القصة الشعبية في السودان) إلى هذا التراث باعتباره مادة خصبة للذين يدرسون النواحي التاريخية والسيكولوجية، ولمن يمارسون الكتابة الإبداعية كذلك.

قدمت الدراسة استعراضاً للقصة القصيرة السودانية وأطوارها وسماتها وأبرز أصواتها.

رصدت الدراسة مراحل الكتابة القصصية المختلفة، وتوقفت في بعض محطاتها، ولم تغفل الواقع السياسي والاجتماعي الذي صدرت إبانه هذه الأعمال، وقد شهدت فترة الثلاثينيات من القرن الماضي بواكير القصة القصيرة السودانية، وكان لبعض المجلات الأدبية الصادرة آنذاك دور رائد مثل: مجلتي (النهضة) و(الفجر)، وقد تمايزت الأساليب الفنية في معالجة القصة، واختلفت طرائق كتابها الفنية، وعبّر إنتاجهم القصصي عن الواقع والوقائع التي عايشوها في ظل صراع اجتماعي حاد، وتتبدى مظاهر النضج لدى جيل الرواد

في قصص معاوية محمد نور، ومحمد العشري الصديق، إذ اتخذت أساليبهما مسارات مختلفة اتسمت بالمعرفة النظرية لفن القصة القصيرة، كما يشير إلى ذلك الناقد د. مصطفى محمد أحمد الصاوي.

في نهاية الخمسينيات صدرت مجلة القصة المتخصصة، والتي استوعبت نتاج الخمسينيات والستينيات، وبرزت أصوات: الزبير علي، وخوجلي شكر الله، وصلاح أحمد إبراهيم، وعثمان علي نور، ونشر فيها الشاعر النور عثمان أبكر قصته (في وجه بكائها)، وكذلك علي الملك، وعثمان الحوري، وعبد الله حامد الأمين، والطيب صالح، وجمال عبد الملك (ابن خلدون) رائد قصة (الخيال العلمي)، وقد اقتفى أثره الكاتب أحمد الطيب عبد المكرم بقصة (سكان الكواكب) في مجموعته القصصية (الرصيف) سبتمبر 2015م، منشورات مركز عبد الكريم ميرغني.

من الدراسات المبكرة التي تناولت القصة القصيرة ما كتبه الدكتور إحسان عباس في هذه المجلة في أكتوبر 1960م (أعوام من عمر الأقصوصة السودانية 1930م – 1936م)، حيث أوضح «أن القصة السودانية قد وجدت سبيلها إلى الوجود عندما كان الأدب السوداني عامة يسير في مرحلة ناهضة تريد له الانفلات من قيود التقليد، وتنادي بضرورة اعتماده على التجربة واتصاله بالحياة، وتدعو الأدب ليتغذى من طبيعة البلاد وشخصياتها، وكانت الثيمة الأبرز لهذه الأقاصيص هي الحب، وأبرز من كتب في تلك الفترة: عبد الحليم محمد، عبد الله عمر أبو شمة، السيد الفيل، وحسن أحمد يس وأبي حجاج»[1].

كما كتب د. إحسان عباس مقدمة المجموعة القصصية المشتركة (البرجوازية الصغيرة) لعلي المك وصلاح أحمد إبراهيم، ولاحظ وجود عنصر السخرية لدى الكاتبين، وتصوير يقظة الأمة والأحاسيس الشعبية الأصيلة.

نشرت مجلة القصة أيضاً في عددها العاشر أكتوبر 1960م قصة (نخلة على الجدول) للطيب صالح، وتناولها بالنقد الأستاذ حامد حمداي ــ في عددها الحادي عشر نوفمبر 1960م ــ وأشار إلى «أن القصة تحتشد بالكثير من المآخذ والمبالغة والحشو، ويعتمد الكاتب على التفصيلات الدقيقة دون أن يكون لها أثر مباشر أو غير مباشر في بناء القصة»[2].

كذلك ظهرت قصص ملكة الدار محمد وأصدرت أسماء بنت الشمالية أول مجموعة قصصية لكاتبة سودانية 1960م (أحلام عذراء)، كما أشار إلى ذلك الناقد نبيل غالي.

بعد اندلاع ثورة 21 أكتوبر 1964م المجيدة ــ كما يشير إلى ذلك الدكتور مصطفى الصاوي ــ ازدهرت الحياة الثقافية من خلال المنتديات الأدبية والتظاهرات الثقافية والمسرحية، فقامت جماعة (أبادماك)، ولمعت أصوات ذات أساليب تعبيرية في فن القص ارتادت آفاقاً جديدة في بناء الشخصيات وتقنيات الكتابة مثل: بشير الطيب، وعيسى الحلو (ريش الببغاء 1963م)، ومحمود محمد مدني، الذي تناثرت قصصه القصيرة في الصحف اليومية (الأطفال يشعلون الحرائق ويفغرون أفواههم دهشة) و(الحياة بين يافطتين) المنشورة

بمجلة الآداب العدد الرابع أبريل 1975م، ولم يصدر مجموعة قصصية، إنما اكتفى بروايتيه (جابر الطوربيد) و(الدم في نخاع الوردة)، وروايات أخرى لم تنشر.

كما برز صوت إبراهيم إسحق ليؤسس لتخييل جديد وبناء عالم سردي متماسك، مسترشداً بأعمال شولوخوف وجيمس جويس، ووليم فوكنر أشهر روائيي حقبة عشرينيات القرن الماضي، حيث تجري أحداث معظم قصصه في الجنوب الأمريكي، إذ استخدم فوكنر تقنية تيار الوعي، وكان يصف بالتفصيل تدفق الأفكار في عقول شخصياته، يبدو أن قصص فوكنر غير المألوفة، وأسلوبه المعقد لفت نظر الأستاذ إبراهيم لأعماله الإبداعية، حيث استخدم ممثلو هذا الاتجاه أماكن جغرافية معينة كخلفية لأعمالهم.

انخرط إبراهيم إسحق في عملية التخييل مستهدياً بالعديد من الكتّاب الذين أوردناهم آنفاً وغيرهم، كما أن اطلاعه على الكثير من الإرث الإنساني سمح له بتشكيل مشروعه الإبداعي، منوعاً من خلاله في وسائل السرد، مستفيداً من مأثوره النوعي الثر المتمثل في قراءاته الدؤوبة وعنايته بأدق التفاصيل، فيما أسماه «الدكة» – عالمه السردي – عبر ما يعرفه من علاقات قيمية لآل كباشي.

يحول إبراهيم إسحق «الدكة» بمحليتها إلى سردية كونية، موظفاً معايشته ومشاهداته لهذا الواقع ليستجلي الحكمة في أبعادها الفلسفية العميقة، حيث تمثل اقتباساته أو (الأبغرافيات) التي تتصدر أعماله إضافة وإضاءة للنص بالتحامها المباشر به، وهي تشي بعمق ارتباط وعيه النقدي بكتاباته.

كذلك ظهرت الروابط الأدبية امتداداً لجماعة أصدقاء عطبرة في الخمسينيات، وجماعة مجلة الوجود بقيادة بشير الطيب، والندوة الأدبية التي رعاها عبد الله حامد الأمين، فظهرت رابطة سنار الأدبية، ورابطة الجزيرة للآداب والفنون، ورابطة أدباء الجامعة، ومدرسة الغابة والصحراء.

كان لكل ذلك أثره في المشهد القصصي السبعيني في السودان، فظهرت نصوص قصصية تخالف القصة الستينية بنية ودلالة، وكان الانفتاح الكبير على الذات والتوغل في كهوفها السرية واستنطاق المخبوء والمهمّش والمسكوت عنه، وتقلصت سلطة الأيديولوجيا على النص، وتغيرت طبيعة العلاقة مع المتلقي الذي أصبح مطالباً بالتيقظ لتوترات النص، وإكمال ثغراته والمشاركة في إنتاجه، وظهرت جماليات اللغة وتفجير كل طاقاتها السحرية المخبوءة، وبرزت الأسماء القصصية التي أضاءت سماء المشهد السبعيني: عثمان أحمدون (الخنازير والنيون)، وبشرى الفاضل (حكاية البنت التي طارت عصافيرها، ذيل هاهينا مخزن أحزان، حملة عبد القيوم الانتقامية)، ومحمد عبد الله عجيمي، ومحمد المهدي بشرى (الغزالة التي زوزت بنا)، محجوب شعراني (ذاكرة الصوداء والأسفنج) (أ.ب.ج)، وعثمان علي الفكي (غزل ماسح أحذية) و(إنسان في الزمن الأبيض)، وسامي يوسف الذي غيبه الموت عام 1974م، ونشرت مصلحة الثقافة مجموعته (نمو تحت قطرات الدم)، وهاشم محجوب (من حيث شرب الورد، الطائر الأزرق)، وهاشم كرار (تلك الأشياء)، وأحمد المصطفى الحاج (كلاب السيجة، وعلى

الذين في الخارج مراعاة فروق الوقت، الإطار، الكترابة وسكين الفراغ)، وسعد الدين إبراهيم (باب السنط، ولشجرة النخيل وظيفة أخرى)، ومحمد عثمان عبد النبي (المسكيت غابة في منازل القمر الخرطومي)، وحسن أبو كدوك المتنازع بين الشعر والقصة، وعادل بدوي (ربما بت الشيخ هي... أو ربما).

وقد أعقبت هذه الفترة وما بعدها العديد من الدراسات حول القصة القصيرة في السودان، نذكر منها دراسات البروفيسور محمد المهدي بشرى (قصة القصة القصيرة في السبعينيات) و(قصة الفجيعة والكارثة) نشرتا في مجلة الثقافة السودانية، وضمهما كتابه (الشمعة والظلام مقالات ودراسات في القصة القصيرة والرواية في السودان)، وأوضح «أن القصة في السودان تعاني من بعض الأدواء، فما تزال القصة هي قصة المدينة وهمومها، قصة البرجوازية وإحباطاتها»[3]، مضيفاً أنها لم تتناول تلك الفضاءات التي ارتادتها القصة في العالم العربي والغربي كالبحر والصحراء.

وكتب عيسى الحلو (القصة السودانية القصيرة، فترة الستينيات ومطلع السبعينيات، رصد التطور الزمني والنوعي)، مبيّناً أن «القصة الجديدة استخدمت المونولوج وتيار الشعور والمونتاج السينمائي، إلى جانب الجمل القصيرة المتوترة، كما تخلصت من التركيب المنطقي الذي يقود إلى أحداث مطردة، مما أدى إلى ظهور القصة (الإسكتش) والقصة الحالة (mood)»[4].

أما معاوية البلال فقد كتب عن (الانسيابية كظاهرة في القصة

السودانية الحديثة)، ويعرف ظاهرة الانسيابية بأنها «البنية التي تلبست لغة النص السردي الحداثي، وصارت جزءاً أصيلاً منه، والانسيابية كمصطلح يشير إلى اللغة التي تنفجر مفرداتها بالإيحاء والتحفيز»[5]، وقام بتحليل بعض القصص القصيرة الحديثة في ضوء ذلك.

تناول مجذوب عيدروس (قصة الستينيات... الصورة والإطار)، كما قدم دراسة عن (الشكل والتجاوز في قصة السبعينيات)، كذلك أحمد الطيب عبد المكرم ودراسته (الملمح الاجتماعي في القصة القصيرة)، إضافة إلى إسهامات نبيل غالي المتعددة، وعامر محمد أحمد حسين ود. أحمد الصادق أحمد في (كشف أحوال الكتابة)، وعبد المنعم عجب الفيا والقائمة تطول.

وصدرت من قبل نماذج ومختارات مثل (القصة الحديثة في السودان) مختار عجوبة، (مختارات من الأدب السوداني) علي المك، ثم تلتها (المقاعد الأمامية) محمد المهدي بشرى، (غابة صغيرة) نصار الحاج، إضافة إلى مجموعة (تيجان الحكي) التي أعدها (إلكترونياً) الكاتب النابه محمد الخير حامد.

يقول هاشم ميرغني: «انفتحت القصة الثمانينية على عوالم أوسع، واستجابت لحساسية العصر، وللتطور الكبير الذي حدث في حقل الدراسات النقدية مرسخاً لحرية الكتابة، واللعب الحر باللغة، وظهر نوع من التمرد على نمط القصة السبعينية»[6].

حفلت حقبة الثمانينيات والتسعينيات وما تلاها بأسماء عديدة من

كتاب السرد: أحمد الفضل أحمد، مبارك الصادق، حسن الجزولي، عادل القصاص، يحيى فضل الله العوض، زهاء الطاهر، صابر جمعة، إبراهيم جعفر، عوضية يوسف، سعاد عبد التام، سلمى الشيخ سلامة، عبد العزيز بركة ساكن، بثينة خضر مكي، ملكة الفاضل، فاطمة السنوسي، مازن مصطفى، محسن خالد، أمير تاج السر، طارق الطيب، محمد الحسن البكري، منصور الصويم، عبد الغني كرم الله، مجاهد بشير، عبد الحفيظ مريود، سارة الجاك، أميمة عبد الله، رانيا مأمون، الهادي راضي، أحمد الملك، أحمد المتوكل، إستيلا قاتيانو، عثمان شنقر، جمال طه غلاب، ناجي البدوي.

تجدر الإشارة إلى أن التحقيب هنا مجرد فعل إجرائي، لأن عطاء بعض الأصوات قد تواصل منذ الخمسينيات إلى عقودٍ لاحقة.

كذلك علينا ألا نغفل جهود كل من عبد القادر محمد إبراهيم وأحمد المصطفى الحاج ومحمد المهدي بشرى والفنان التشكيلي حسن موسى في الكتابة للأطفال، وتقديمهم لنماذج مضيئة في هذا المجال.

اهتدت القصة القصيرة ــ في راهنها ــ بالدراسات الحديثة، حيث إن الأدب لا يمكن أن يكون شيئاً آخر سوى ضرب من التوسع والتطبيق لبعض حيازات الكلام، وفيما يتعلق بجدل الشكل والمضمون فإن «الشكل الأدبي ليس وعاء للتجربة، ولكنه التجربة ذاتها، وقد تشكّلت بهذا النسق المعين، ومن هنا فإن الشكل نفسه رؤية وموقف ولا تجوز محاكمته من منطلق انفصاله التي ينطوي عليها أو المضمون الذي يقدمه أو العالم الذي يتشكّل عبر عناصره وأدواته»[7].

كما تلعب البداية أو العتبة النصية وموقع الراوي واستخدام

الضمائر دوراً مهماً في فهم تشكل النص الإبداعي، وتقود النص ودلالاته من الغموض إلى توسيع دائرة المعنى وإضاءته.

يقول ميشال بوتور (بحوث في الرواية الجديدة): إن «دراسة هذا النوع من البناءات والاستعمال القياسي للضمائر المركبة يتيحان لنا أن نضع الكلام في أفواه مجموعات بشرية، هي مظاهر للحقيقة الإنسانية، ويتيحان لنا أيضاً إلقاء الضوء على المادة السردية بصورة واضحة أي إظهار علاقتها مع كاتبها وقارئها والعالم الذي تظهر وسطه والعلاقات بين الأشخاص وخباياهم النفسية وغير ذلك»[8].

فالراوي مثلاً عند عادل القصاص وأقرانه فرد مهموم بقضايا كونية وإنسانية واجتماعية كبرى، ومستسلم في ذات الوقت لنزواته ورغباته الجسدية المكبوتة والشخصيات الثانوية – الهامشية – التي تتراءى لنا هي التي تمجدها هذه النصوص، وهي الملصق الذي يعلن عن هوية هذه الكتابة وانتمائها.

أسهم نادي القصة السوداني برفد المشهد ببعض إصداراته، (دروب جديدة – أفق أول وأفق ثانٍ) ومن أصواته محمد خير عبد الله، وأحمد أبو حازم، وأحمد عوض، وأحمد ضحية، ومحمد خير عبد الله، وعاصم الصويم، وهاشم ميرغني، وإبراهيم البكري، وأماني أبو سليم، وجمال همت، ومنصور الصويم، وناجي بدوي، وفائز حسن العوض، والغالي صالح، وأصدر النادي صحيفة تعنى بالسرد.

في (حكائية المتعاطين في ناديهم القص) تناول الأستاذ إبراهيم إسحق مجموعة قصص نادي القصة السوداني (دروب جديدة –

أفق أول) طارحاً أن نهج تقييم الكاتب لأعمال رفاقه قد ظل سائداً في المجالات النقدية منذ القرن السابع عشر، ويقول إبراهيم إسحق «ولسبب كون معظم هؤلاء الكتّاب اختاروا تدبيج لغة الحوار في قصصهم بالعربية الفصحى، يصير من الصعب جداً تحديد مواقع المدن التي يكتبون عنها على خرائط الجغرافيا الثقافية السودانية، خاصة وأنهم في الغالب لا يشيرون إلى معالم تكوينية محددة، إلّا نتفاً كالإشارة إلى النيل هنا وهناك، والنيل ينتظم في مدن سودانية كُثر».

وبعد أن يستعرض عدداً من القصص القصيرة التي يسود بعضها التيار الفانتازي يقول: «فليتفهم كتابنا الجدد هذا الجانب مني ويعذروني، لكني أيضاً أود أن أطمئنهم، فقد تمتعت ولا أزال أتمتع بفانتازيا من طراز المسخ لكافكا، فكل الذي أطلبه من الآخرين بالنهج الفانتازي هو أن يضعوني في افتراض إلزامي قوي منذ البداية، بحيث أخرج به عن نطاق الواقعية وقيودها، ثم لهم أن يطوّفوا بي مع خيالهم الجموح إلى دنيوات قصية وغير منطقية، كما يفعل جلفر المهم أن تكون هناك رسالة تستحق السفر وتحمل الأهوال في سبيل نيلها»[9].

كذاك أسهمت جائزة الطيب صالح للقصة القصيرة التي ينظمها مركز عبد الكريم ميرغني في بروز العديد من الأصوات، نذكر منها على سبيل المثال لا الحصر: صباح سنهوري، الطيب عبد السلام، إبراهيم عبد الغني، منجد أحمد مصطفى، مروة فضل المولى، إبراهيم جعفر يوسف، عبد الحفيظ عبد الله عبد الحفيظ، ومهند الدابي.

من الملاحظ أن عدداً من هذه الأصوات قد استهوتها الرواية وأغوتها، فانصرف بعضهم عن القصة القصيرة.

تأثرت القصة القصيرة بما وفرته وسائط الاتصال الحديثة من معارف ومعلومات، وكما يقول الناقد شوقي بدر يوسف: «إن ما شهده العالم من ناحية ثورة الاتصالات، قد انعكست خطوطه العريضة على كل مناحي الحياة سياسياً واقتصادياً وأدبياً، وقد حُظيت فنون السرد في مجالي الرواية والقصة القصيرة على قدر كبير من تأثير الوسائط من ناحيتي الشكل والمضمون»[10].

وكذلك استفادت القصة من الدراسات النقدية الحديثة وما طرأ من تطور مناهج ونظريات النقد الأدبي الحديث؛ لأنها من المفاتيح المهمة في سبر أغوار النص والغوص في مجاهيله.

فأصل كل القصص كما يقول باراغاس: «ينبع من تجربة من يبتكرها، والحياة المَعِيشة هي الينبوع الذي يسقي القصص المتخيلة، وهذا لا يعني، بكل تأكيد أن يكون النص سيرة ذاتية مستترة لمؤلفها، بل يعني بصورة أدق أنه يمكن العثور في كل قصة حتى في أكثر قصص التخييل تحرراً وانطلاقاً على نقطة انطلاق من بذرة حميمية مرتبطة بجملة من التجارب الحياتية لمن صاغها»[11].

بالطبع لا نستطيع أن نجمل خصائص مشتركة لكل الأجيال، أو الإحاطة بكل الأعمال القصصية، ولكن حاولنا الوقوف عند بعض الأصوات بتبيان تميزها بقراءة موازية وخجولة لدراسة الدكتور مصطفى محمد أحمد الصاوي.

وأختم بقول أستاذنا الراحل عيسى الحلو: «وأخيراً...أرجو أن نفسح الطريق للقادمين الجدد... هل نفعل؟».

الهوامش:

1 – أعوام من عمر الأقصوصة السودانية (1930م – 1936م) إحسان عباس، مجلة القصة، العدد العاشر، السنة الأولى، أكتوبر 1960م، ص 7.

2 – عددنا الماضي في رأي، حامد حمداي، مجلة القصة، العدد الحادي عشر، السنة الأولى، نوفمبر 1960م، ص 28.

3 – محمد المهدي بشرى، الشمعة والظلام، مقالات ودراسات في القصة القصيرة والرواية السودانية، حصاد للطباعة، 2004م.

4 – القصة السودانية القصيرة (1) فترة الستينيات ومطلع الثمانينيات، رصد التطور الزمني والنوعي، عيسى الحلو، مجلة الخرطوم، الهيئة القومية للثقافة والفنون، العدد الخامس، فبراير 1994م، ص 88.

5 – الانسيابية كظاهرة في القصة السودانية القصيرة الحديثة، معاوية البلال، مجلة الخرطوم، الهيئة القومية للثقافة والفنون، العدد المزدوج الثامن والتاسع، مايو، يونيو 1994م، ص 31.

6 – المشهد الثقافي في السودان: القصة القصيرة (2)، دراسة، هاشم ميرغني، صحيفة المدينة السعودية، 4 يونيو 2004م.

7 – الخصائص البنائية للأقصوصة، صبري حافظ، مجلة فصول، الهيئة المصرية العامة للكتاب، يوليو، سبتمبر 1982م.

8 – ميشال بوتور، بحوث في الرواية الجديدة، ترجمة: فريد أنطونيوس، منشورات عويدات، بيروت، باريس، الطبعة الثالثة، 1986م.

9 – حكائية المتعاطين في ناديهم القص، إبراهيم إسحق، جريدة الخرطوم، مدارات ثقافية، 12 أبريل 2005م.

10 – تأثير وسائط الاتصال الحديثة على رواية الخيال العلمي والفانتازيا، بحث،

شوقي بدر يوسف، ملتقى القاهرة الدولي السابع للإبداع الروائي العربي (الرواية في عصر المعلومات)، القاهرة 20 ــ 24 أبريل 2019م.

11 ــ ماريو بارغاس يوسا، رسائل إلى روائي شاب، ترجمة: صالح علماني، دار المدى للثقافة والنشر، دمشق، الطبعة الثانية، 2010م.

الفصل الأول:

سحر وتجليات المكان
في القصة القصيرة السودانية

سحر وتجليات المكان
(قراءة في نماذج مختارة)

مجذوب عيدروس

تهدف هذه الدراسة إلى قراءة في نماذج مختارة من القصة القصيرة السودانية، وهي تخطو بثبات نحو إكمال قرن من الزمان، وهي التي بدأت في ثلاثينيات القرن الماضي، إلى أن أصبحت ثاني جنس أدبي يزاحم الشعر في الصحف والمجلات، وفي دور النشر، وليتوج ذلك بإصدار مجلة القصة السودانية للأستاذ عثمان علي نور، الذي ترأس تحريرها في عامي 1960م – 1961م.

والحديث عن المكان في القصة القصيرة السودانية، والتي نتفق إجرائياً على أنها جنس أدبي قائم بذاته.. وقد عانت الحركة الأدبية العربية – والسودانية ضمنها – من خلط المصطلحات، وعدم التمييز بين الأجناس الأدبية وحتى الفنية. وكلمة الرواية كانت تعني عند الكثيرين المسرحية، وبعض الكتاب يخلطون بين القصة القصيرة والرواية، كما لاحظ ذلك الناقد معاوية البلال في نقده للكاتب مصطفى عوض الله بشارة، ويستشهد معاوية بالناقد الروسي إيخنباوم:

«إن القصة والرواية ليسا شكلين مختلفين نوعياً فحسب، ولكنهما متناقضان أيضاً. فالرواية شكل توليفي، سواء تطورت عبر مجموعة من القصص أو تركبت بإدماج المادة الأخلاقية والسلوكية فيها، أما الأقصوصة فإنها شكل أساسي وأولي وتستقي الرواية مادتها من التاريخ والترحال، أما القصة فإنها تستمد عالمها من الحكايات والنوادر. فالخلاف إذن خلاف في المنهج والأساس»[1]. ويستند البلال إلى قول الناقد صبري حافظ: «تستطيع القصة القصيرة أن تشيع في العمل درجة عالية من التركيز والكثافة والشاعرية، وأن تحافظ على المناخ الفني وعلى مدى العمل القصصي بصورة لا تقدر عليها الكثير من الروايات الجيدة»[2].

ولكننا هنا نقر مع د. سعيد يقطين بأننا: «نميز بين القصة القصيرة والرواية باعتبارهما نوعين مختلفين لكل واحد منهما قواعده ووجوده وحدوده، ولكن لا أحد يستطيع إنكار، كما أتصور، كون القصة هي في آن واحد أم الرواية وأختها. فهي أمها لأن الرواية لا يمكن أن تتشكل إلا من رحم القصة القصيرة جنسياً، وهي أختها عندما تستقل كل منهما بذاتها نوعياً، فالرواية حسب هذا التصور تتغذى من أمها، ولكنها تزاحمها المكانة حين تصبح أختها، وتلك هي النوعية التي تقتضي تقارب الأنواع وتداخلها واستقلاليتها عن بعضها، إلى الدرجة التي يصير معها كل نوع قابلاً لأن يحجب الآخر، أو يجعله يختفي حتى وهو يتغذى منه أو يستفيد مما يمده به من نسغ للبقاء والاستمرار»[3].

ولعل الانتباه المبكر لضرورة أن يعبر الأدب السوداني عن البيئة

السودانية، وهي دعوة كان أول من دعا إليها الشاعر والناقد حمزة الملك طنبل: «نريد أن يكون لنا كيان أدبي عظيم، نريد أن يقال عندما يقرأ شعرنا من هم خارج السودان: إن ناحية التفكير في هذه القصيدة (روحها) تدل على أنها لشاعر سوداني. هذا المنظر الطبيعي الجليل الذي يصفه الشاعر موجود في السودان. هذه الحالة التي يصفها الشاعر هي حالة السودان. هذا الجمال الذي يهيم به الشاعر هو جمال نساء السودان. نبات هذه الروضة (أو هذه الغابة) التي يصفها الشاعر ينمو في السودان»[4].

وقد كان الحديث آنذاك يقتصر على الشعر ونقده، ولكن كان هناك في ذات الوقت ناقد وقاص سوداني، درس في آداب الجامعة الأمريكية في بيروت، وأقام في القاهرة والخرطوم، كان متقدماً على رصفائه من النقاد العرب، بل والأوروبيين في التفاتته المبكرة إلى أهمية المكان في القصة، فقد كتب معاوية محمد نور في جريدة مصر العدد 1032 بتاريخ 11 نوفمبر 1931م: «حينما فرغت من كتابة هذه القصة رأيت واجباً علي أن أعين القارئ العربي على فهمها، لأن هذا الضرب من التأليف القصصي حديث العهد في أوروبا نفسها، وهو آخر طور من تطورات القصة التحليلية، وفيه ولا شك صعوبة للقارئ»[5].

وبهذا يكون معاوية محمد نور من أوائل الكتاب الذين أشاروا إلى المكان وأهميته، ونبه إلى أعمال مارسيل بروست وكاترين مانسفيلد وفرجينيا وولف.. وسبق في الإشارة إلى القصة السيكولوجية، وكان من أوائل الكتاب العرب الذين أشاروا إلى الأدب الروسي، خاصة

روايات دوستويفسكي، ونبه إلى أن القصة بشكلها التقليدي إلى زوال: «هذا النوع من القصص ليس من مهمته تصوير المجتمع، ولا النقد الاجتماعي، ولا استجاشة الإحساس والعطف القوي على الخلائق، وليس من مهمته أن يحكي حياة، وإنما هو يتناول التفاعلات الداخلية في عملية الإحساس والتفكير عند شخص من الأشخاص، ويربط كل ذلك بموسيقا الروح واتجاه الوعي»[6].

ولعله كان سابقاً في الإشارة إلى اتجاه الوعي – تيار الوعي – ، وطبق ذلك في قصة المكان وهو يمهد لها نظرياً، ونقرأ المونولوج الداخلي: «ما معنى كل ذلك!.. معناه... معناه... معناه... نعم معناه أن الإنسان لا يموت أبداً، وأن ما يسميه موتاً هو في واقع الأمر تغيير لشكل الحياة. إننا نحن والسماء والأرض والأمكنة كلها إخوان وأولاد أعمام، وهذا هو سبب العطف والكلف بالمكان»[7].

وهنا أضاف معاوية للمكان بعداً فلسفياً على مستوى التنظير، وعلى صعيد التطبيق، فإن أقاصيص معاوية تدل على اهتمام بالمكان، ونتوقف هنا عند بعض عناوينها:

(في القطار.... في الخرطوم ذكريات محزونة... أم درمان مدينة السراب والحنين... و(المكان)؛ التي وصفها بأنها قصة تحليلية. ومن ثم بعد مرحلة معاوية دخلت القصة القصيرة في مراحل أخرى بدأت برومانسية مقلدة لما شاع في الشرق العربي عند جبران خليل جبران والمنفلوطي.. إلخ).

ثم جاءت الواقعية التي ظلت ذاكرتها وأيضاً في لاوعيها تختزن

صيحة حمزة الملك طنبل (اصدقوا وكفى)، وضرورة التعبير عن البيئة السودانية. وقد عبرت عن هذا في قراءة لتجربة عثمان علي نور القصصية (كاتب في مرحلة الانتقال) واستشهدت فيها بقول محمد أحمد محجوب، في العدد الأول من مجلة القصة السودانية: «وقد بدأت في السنوات الأخيرة بوادر اهتمام بدعم القصة السودانية معبرة عن واقع حالنا، إلا أن هذه المحاولات لا تزال في بدايتها، ينقصها التوفر على دراسة المجتمع السوداني دراسة تحليلية. فالقصة في جوهرها مادة وأسلوب وإخراج فني والقصاص الذي يريد أن يحتل مكانه اللائق به عليه أولاً أن يجد المادة لقصصه. هذه المادة لا يجدها إلا إذا درس مجتمعه، وكان دقيق الملاحظة لحركات الناس وسلوكهم وطرق تعبيرهم ونفسياتهم، وملماً بالأثر الاقتصادي على المجتمع وما يخلفه من آثار في نفوس شتى الشخصيات، وبهذا وحده يستطيع القصاص أن يخلق شخصياته التي قد تكون صورة مطلقة للشخصيات التي درسها في المجتمع، وقد تكون مزيجاً من كل أولئك»[8].

ونقول هنا أيضاً إن عثمان علي نور كان كاتب مرحلة الانتقال التي مرت بالمجتمع السوداني: تكوين المدينة السودانية والتعايش بين قيم القرية وقيم المدينة، وهو عند عثمان علي نور انتقال من قيم ريفية إلى سلوكيات المدينة الكبيرة.

وفي تلك الفترة مع صعود نجم اليسار السوداني في خمسينيات القرن الماضي كان سؤال المتلقي والناقد أيضاً، ماذا تقول القصة أو القصيدة أو المسرحية؟ أما كيف تقول هذا، فهذا شأن آخر، ولم

يزل هذا السؤال مطروحاً. وفي أواخر الخمسينيات وبداية الستينيات بدأ تململ عدد من الكتاب من ضيق الأفق الذي اتسمت به الواقعية الاشتراكية، وقد تناول ذلك الأستاذ إبراهيم إسحق حينما أشار إلى ما كتبته من نقد لتجارب بعض كتاب الواقعية الاشتراكية، وخشونتها في التعامل مع الفن القصصي، وفقر اللغة وعدم الاهتمام بتقنيات الكتابة السردية (في مجلة الثقافة السودانية العدد الرابع أغسطس 1977م).

ولعل تغييب الناقد معاوية محمد نور، ما عدا إشارات هنا أو هناك، عن المشهد النقدي العربي غمط حقه في التعريف المبكر، سابقاً أقرانه بمارسيل بروست وفرجينيا وولف وت إس إليوت، كما أشار إلى ذلك الدكتور محمد عبد الحي في كتابته عن معاوية نور ونقد الرومانتيكيين العرب في الثلاثينيات[9].

وكذلك ريادته في الحديث عن تيار الوعي، والقصة السيكولوجية وإشاراته أيضاً إلى جيمس جويس وهنري جيمس وألدوس هكسلي وجورج إليوت وكتابته عن الأخوة كرامازوف واعتبارها نموذج الأدب العالمي.. ثم كتابته عن طرق دراسة الأدب، وحصرها في ثلاثة اتجاهات رئيسية، هي الطريقة التاريخية والطريقة النفسية والطريقة الثالثة: «وهي أهم من كل ما عداها، هي هذه الطريقة الفنية التي تعنى بالقطعة الفنية وتحاول تحليلها وفهمها ودرس عناصرها»[10].

وفي الدراسة حول سحر المكان وتجلياته في القصة القصيرة السودانية، نجد هذا الحرص في بعض الكتابات على إضافة وصف العمل بأنه قصة سودانية تمييزاً لها عن غيرها، وإسباغ الهوية الوطنية على العمل الإبداعي – رواية سودانية قصص سودانية – وفي الشعر

خرج جيلي عبد الرحمن وتاج السر الحسن بديوان مشترك عام 1956م (قصائد من السودان)، وظاهرة العمل المشترك كانت واضحة في القصص القصيرة، فقد صدرت مجموعة (البرجوازية الصغيرة) لصلاح أحمد إبراهيم وعلي المك، و(النازحان والشتاء) للزبير علي وخوجلي شكر الله، و(حياة صغيرة) لأبو بكر خالد والطيب زروق، و(بوابة قوس قزح) لحسن الجزولي ومصطفى مدثر، وقبل هؤلاء في عام 1946م صدر العمل المشترك (موت دنيا) لمحمد أحمد محجوب وعبد الحليم محمد.

هذا الوعي الذي ترسب في أعماق كتاب السرد في السودان بضرورة إبراز المكان السوداني ــ بكل تجلياته ــ الغابة والصحراء والنيل وفروعه والجبال والبحر الأحمر، وحقول وسهول الوسط والغرب والشرق. وفي القصة القصيرة بزغت دومة ود حامد، المكان المتخيل والواقعي في آن واحد عند الطيب صالح الذي حظي باهتمام نقدي كبير داخل السودان وخارجه.

وكنا قد أشرنا إلى ظهور جيل جديد من كتاب القصة القصيرة، ما اصطلح على تسميته بجيل الستينيات الذي واكبه بعض من بدؤوا الكتابة في خمسينيات القرن العشرين الميلادي، كعلي المك والطيب رزوق، وكلاهما قد أسهم بقدر في دفع مسيرة القصة إلى الأمام، وظلا وفيين لهذا الفن رغم اتجاه الآخرين لكتابة الرواية، وقد قال جابر عصفور عن هذا الزمان إنه زمن الرواية، وقلنا هنا في العقود الأخيرة إننا نشهد انفجاراً روائياً زاحم القصة القصيرة وزحزحها عن مكانها من حيث الاهتمام النقدي، واتساع دائرة القراءة وسط جمهور المثقفين.

- إبراهيم إسحق.. حكايات وأساطير ولغة جديدة:

تولدت مع كتابات إبراهيم إسحق الباكرة (حدث في القرية) التفاتة إلى تلك البقعة في غرب السودان – دارفور – بإرثها التاريخي وتاريخها الزاهر، وتراثها الشعبي بحكاياته وأساطيره، ولغته المحكية التي لها خصوصيتها.

والسرد عند إبراهيم إسحق مرتبط بالمكان، وبحكايات وأحداث، سواء في رواياته أو قصصه القصيرة.. (حدث في القرية) و(أخبار البنت مياكايا) و(وبـال على كليمندو) على صعيد الروايات، أما القصص التي احتوتها مجموعاته الثلاث (ناس من كافا) و(حكايات من الحلالات) و(عرضحالات كباشية)، فإنها تهتم اهتماماً بيناً بالمكان. ففي القصص التي تلت فترة الواقعية وتجارب جيل الرواد، ولد جيل جديد من القصاصين نذكر منهم: عيسى الحلو وعثمان الحوري ومحمود محمد مدني ومحجوب شعراني، وكان رائدهم بشير الطيب الذي أسس مجلة الوجود في الستينيات، وهذا الجيل قد شق طريقاً آخر غير طريق الواقعيين، فقد افتتن بعضهم بما كتب في بيروت الستينيات من ترجمات ومؤلفات قدمتها دار الآداب، إضافة إلى مجلة الآداب التي كرست جهدها بالترويج للفلسفة الوجودية وكتابات كولن ويلسون.

تميزت الستينيات ببزوغ نجم الطيب صالح عربياً، ثم عالمياً، في الرواية وفي قصصه القصيرة التي احتوتها مجموعته (دومة ود حامد)، وتلتها (الرجل القبرصي)، و(يوم مبارك على شاطئ أم

باب)، وفيها كان للمكان مكانة سامقة، لا باعتباره ديكوراً للحدث القصصي، ولكنه جزء من البناء السردي.

وسنجد أن كتاب القصة السودانية ممن جايلوا الطيب لفترات طويلة قد احتفوا في قصصهم بالمكان. والقصة القصيرة بطبيعتها لا تحتمل الإسهاب في الوصف، وسرد التفاصيل، بل هي تعتمد على التكثيف والإيحاء وتركز على الشخصية في تفاعلها مع المكان، وعناصر الطبيعة والأبعاد النفسية للعلاقة القائمة بين الشخوص والأمكنة. المكان يثير في النفس خواطر شتى، ويستدعي ذكريات لشخوص القصة، وتعود إلى عوالم الطفولة، وإلى العلاقة بالأسلاف.

– إبراهيم إسحق: بئر أولاد أبو قطاطي:

العنوان هنا إحالة إلى البئر – ولها اسمها – فهي مثل قولنا منزل أولاد فلان، أو مزرعة فلان. وفي ما يمكن أن نسميه عتبات النص (الزهرة التي في يدي ذبلت عند منعطف الممر الضيق. نهض الجدار على وجهي مباغتاً بين الأشجار. لمحت نهاية الغابة، حيث ظننت أن لا نهاية فيها، ها قد أدركتني ساعة الاختيار) تيلار دي شاردا[11].

وتبدأ القصة بجملة موحية – تقدم المكان وتبدأ بالواو – أي الجملة مشيرة إلى تداعيات السارد:

»وهكذا سكنت في المداين. من الذي كان يبلغ مصطفى في مرقد عظامه الكليلة عند جبانة السمرايات، يؤكد له بأن ابن ابنك أكمل تلك الدراسة التي أسعدتك كثيراً. جالس الفتيات على الأدراج سنيناً طوالاً،

ولبس سرابيل كالقطران وأخذ القروش في الظل البارد وبها سكن في البقعة في بيت متين البنيان»[12].

هذا المقطع الافتتاحي يسرد جملة من أحداث وقعت للسارد بعد وفاة جده مصطفى الذي كان سعيداً بدخول حفيده المدرسة. والحفيد في تداعيه واستعادته لذكرى جده الذي ترقد عظامه في المقبرة، يتمنى لو أن جده عرف ما حدث للحفيد من انتقال في مراحل الدراسة، حيث في التعليم العالي عرف لأول مرة الاختلاط بين الجنسين، وأنه بفضل هذه الدراسة أصبح ممن يجلسون في الظل البارد، ويكسبون دخلاً محترماً. سكن به بيتاً في البقعة، والبقعة المباركة اسم أطلقه محمد أحمد المهدي على مدينة أم درمان التي اتخذها عاصمة لدولته في أواخر القرن التاسع عشر الميلادي.. ويتردد صداها حتى الآن في الغناء السوداني.

الإشارة المضمرة هنا إلى سبل كسب العيش في الريف، الرعي والزراعة وهما حرفتان تمارسان تحت وهج الشمس، وفيهما مكابدة وشقاء وعناء، وفي مقابل ذلك الجلوس في الظل البارد (الغرف المكيفة) والمال الوفير، وهذه إشارة إلى المكان الذي يحدده الوضع الطبقي.

والمنزل في البقعة متين البنيان، والإشارة المضمرة إلى مساكن أهل الريف المستقرين والرحل التي تفتقر إلى المتانة، وتتسم بالهشاشة في مواجهة تحديات الطبيعة من شمس محرقة وعواصف وأمطار وشتاء قاس.

في هذا المكان/ المكتب ينعم بمال وفير نتيجة جهد في مناخ طيب لا يقارن بشقاء الراعي والعامل الزراعي في الريف. وبهذا انتقل

الحفيد من بيئة ريفية إلى بيئة البقعة، وهذا المنزل متين البنيان دلالة على وضعه الاجتماعي في مستقره.

يحقق هنا إبراهيم إسحق ما عناه غاستون باشلار في الحديث عن الحجرة أو البيت: «انطلاقاً من رؤيتنا الفلسفية للأدب والشعر فإننا نقرأ الحجرة ونكتب الحجرة أو نقرأ البيت.. إنك تشعر بأنك تود أن تروي كل شيء عن حجرتك، وأن تثير اهتمام القارئ بنفسك، في حين أنك فتحت باباً لحلم اليقظة. إن قيم الألفة تمتلك جاذبية تجعل القارئ يتوقف عن قراءة حجرتك: إنه يرى حجرته مرة أخرى»[13].

ولكننا نرى في بيت السارد المتين البنيان ليس الإحساس بالألفة فحسب، ولكنه إحساس ممزوج بالفخر والتباهي.

فإبراهيم إسحق الذي عرف بدقته واختزاله، ركز القول على وصف البيت، وتمنى لو أن جده المتوفى أدرك العز والوضع الاجتماعي والطبقي الذي آل إليه في البقعة التي هي محط آمال كثير من أهل الريف، الذين استوطنوها، ابتسمت الأقدار لبعضهم، وهمشت آخرين.

وفجأة وهو جالس على كرسي عصر ذلك اليوم – ومن خلال صياحه – نفهم أن هناك حدثاً مهماً انتزعه من تلك الجلسة الهادئة.

جاء ثلاثة من أولاد القرعان يرطنون، أمام الراوي وجماعته: «نتجارى كل وجهة في البيوت نفتش على سلبة، أهلي سلبة، وابن المساكين هناك في القاع المكتوم المتخمر بأوصال المشارب المهملة عاطلة منذ الأزل. يموت علينا في حينا نتصارخ، يا عم شيبون يا سيد

خضر يا عم عبدون، يا أولاد المك. ود الناس وقع فوق بيركم الحقونا سلبة. يا ناس سلبة»» [14].

هناك إحساس لدى بعض سكان البقعة أن الآخرين جاؤوا من أريافهم ليزاحموا سكان البقعة: «حينها تماماً يصرخ عبد الغفار من ورائي يلفتني فزعاً إلى رهط النسوة الشحمات تركن طريقهن على الشارع يصعدن على رابية البئر يتقولن في..

– يا حجات؟ البير ده خطر ما تقربنو. الواطة دي ذاتا..

يتلكأن. ماذا يحضر أمثالي وعبد الغفار من أريافهم يؤجرون منزلاً، فيتظاهرون بهذه العجلة أنهم أهل لرعاية مصالح الحارة التي كانت قائمة هاهنا منذ الأبد، وما قبله. حينما لم يتدفق الغرباء على هكذا، ولا ملؤوا الساحق والماحق، واستنفدوا الرغيف وزحموا الطرقات ثم أخفوا التموين» (قصة بئر أولاد أبو قطاطي، ص 90).

وتتكرر النداءات «يا عم مقداد – يا شيخ مالك يا حاجة زمزم الولية وقعت يا ناس... أولاد المك يقتلون الناس في بئرهم كالشرك – بالطلاقات الغلاظ يقسم أن لم يدفن أم أم البير وأبوهو معاهو وشيخ أبو قطاطي ذاتو ما يكون ود أبوهو». وفي القصة عودة إلى علاقة الجد بالحفيد، وقد تناولها من قبل الطيب صالح في روايته، وكذلك عبد الرحمن مجيد الربيعي في مملكة الجد (مجموعة ذاكرة المدينة)، وأحمد الفضل أحمد في رجل شفاف (مجموعة رجل شفاف).

«أحضرت كرسياً لعم عبدون فجلس. لو يعلم جدي مصطفى بأن ابن ابنه قد اتخذ من البطاحين والجعليين والريافة والدناقلة

والجموعية وما عداهم أعماماً لمات عجباً، مرتين يكون ما يبقى لي إلا الهدندوة»، والبقعة تجمع الجميع، وكذلك تجمع الأنصار والميرغنية (بقعة الميرغني، بقعة المهدي). وفي القصة تداعيات، تمثلها قراءة للأصفهاني، والمباهلة واليهود والنصارى ونجران.. وإشارة إلى اجتماع سكان الحارة.

وفي القصة تنقلات بين البقعة والريف الذي قدم منه الراوي، بين زمان الحفيد وزمان الجد ومكانه في القبر (السمرايات) والدكة التي لم يبرحها بعض أهلها، كما أن سكان الحلة حاضرون في ذهنه وهو في البقعة، وهي صورة أخرى لثنائية الريف والمدينة عند معظم كتاب السرد السودانيين.

وربما تثير كتابات إبراهيم إسحق وعيسى الحلو وأحمد الفضل أحمد ومحمد خلف الله سليمان وأحمد مصطفى الحاج ومبارك الصادق ومحمد الفكي عبد الرحيم وعلي المك وغيرهم، أسئلة حول الدور الذي يلعبه المكان في القصة، فهو في كثير من قصص هؤلاء جزء من البناء الفني للقصة لا غنى عنه لكي تتماسك القصة، ويكون لديها ذلك القدر من الصدق الفني الضروري لبناء عالم قصصي، ينسجم مع وعي المتلقي، ويساعد على إكمال عملية القراءة، التي لا تكتمل إلا بالإيهام واقتناع القارئ واندماجه في أجواء القصة.

– مرايا المكان في قصص لعيسى الحلو:

عالجت في مقالات أربعة نشرت بصحيفة السودان الحديث أوائل

التسعينيات، قصة عيسى الحلو (المرايا)، وللقصة دلالات كثيرة سأعود إليها في ثنايا هذه الدراسة، ولكن ستكون البداية قراءة لقصة يتحول فيها المكان الذي كان ينظر إليه بعض النقاد وبعض كتّاب القصة، إنه بمثابة ديكور أو خلفية للأحداث، التي يمكن أن تقع في أي مكان، إلا أن الإحساس الذي تولد عند كتاب القصة السودانية ـ ولتحري الدقة ـ نقول إن الغالبية منهم، وقد شغلتهم طوال عقود من الزمان قضية الهوية، واندماج بعضهم في الحركة السياسية، منذ أيام النضال ضد الاستعمار، لتأخذ الكتابة عندهم بعداً سياسياً واجتماعياً، وإن كان هذا لن يقف عائقاً عندهم للخروج من المباشرة والهتافية التي لجأ إليها بعض الأدباء (شعراء وكتاب قصة)، ولكنها أخرجتهم من السياق.. فالنقد منذ الثمانينيات خرج على القيود التي أورثتها له مرحلة الاهتمام بالمضمون دون الشكل، ولكن دخول مناهج النقد الحديثة، واهتمامها بالنص وجماليات الكتابة السردية، وتقنياتها، أسهم في إبراز رؤيا جديدة للأعمال الإبداعية، واستدعى الأمر إعادة قراءة النصوص وفق منهج حداثي، يعتمد على القراءة المعمقة للنص.

وفي قصة «الحديقة التي أحبت البستاني العجوز الذي يرعاها»، وهذا يعيد إلى الذاكرة القول «هذه أولى تصورات المكان عندي. أن يصبح مكان القصة أو القصيدة هوية تاريخية ووطنية، وأن يحمل طموحات الأديب الثقافية بأن يجعله أمام امتحان ثقافي مع العصر، وأن يتحول لدى الأديب الفعل في المكان فعلاً في (الحبح) عن الشخصية المستقبلية والمتطلعة إلى الواقع، كما لو كان قدرها المرتبطة فيه»[15].

ولكننا مع قصة عيسى الحلو نرى ذلك التلاحم بين العجوز والحديقة. وهي هنا – أي الحديقة – بمثابة الابن الذي يرعاه والده العجوز.

سيرة العجوز في هذه القصة تدعو للريبة، فسيرته يشوبها الغموض. العجوز في غيبوبته في المستشفى، كانت تجلس سميرة «كانت الفتاة طاقة للحياة.. وفيض نشاط ونسق يشهد للدنيا بنبل القصد وتحت تأثير هذا الإلهام كان العجوز يرعى حديقته».

كان حنان الفتاة سميرة يشمل العجوز بالرعاية في دفق من أنوثة ناضجة. شيء كان مثل الأمومة والعشق معاً، ولأن بنيان القصة يقوم على بنية المكان – الحديقة، «كان العجوز في احتضاره معلقاً على شجرة الحياة والموت، فكانت أيام عمره الماضية عصافير بأعلى الأغصان تشقشق، ثم تضج الشجرة كلها بالأفراح والأحزان والأشـواق»، «فكان العجوز محمولاً فوق أرجوحة الاحتضار.. وكانت روح أحمد سالم تطلع.. ترتفع وتحلق في بطء.. يقودها ويرشدها ملاك الموت الجميل قبل أن يقطفها من الغصن كتفاحة لم يئن أوان جنيها بعد».

وفي كثير من قصص عيسى الحلو عوالم غرائبية تقترب من حكايات الأساطير.. لم ينخرط منذ الستينيات في الواقع الاجتماعي والمشهد السياسي.. وحتى حينما عاد في رواياته الأخيرة لوقائع من تاريخ السودان، احتفظ بهذه الأجواء التي يختلط فيها الواقع بالمتخيل، والحقائق بالأساطير.. واستخدم تقنية المرايا في بعض قصصه القصيرة وفي رواياته.

«أما ذكريات العجوز فقد تدافعت كالأشباح من ذلك المكان الغريب الممتلئ بتماثيل كان يصنعها العجوز من معجون أوراق الصحف القديمة، حيث يخبئها في صناديق حديدية محكمة الإغلاق، فكان هذا المكان الذي تحجبه أشجار الليمون والحناء الكثيفة المظلمة طلسماً، مما جعل المكان تحت ظلامه المسود وغموضه خزانة لحفظ ماضي العجوز».

«كانت لحظة الاحتضار غيمة أسطورية تحيط بسرير العجوز، وتحاصر كل المكان».

والحديقة التي تظل حاضرة في ذهن المتلقي بتفرّدها وتميزها، وعشقها المتبادل مع العجوز ــ علاقة حميمة ــ كوالد فمن عاداته «أن يستنبت ورداً في حديقته ويهجن البذور، لتوليد سلالات غير معهودة من قبل، فيحصل على مزيج فريد من السلالات.. ورود وأزاهير جديدة الأريج واللون. وقد نجح قبل مرضه بأيام قليلة في أن يحصل على شجرة كاملة من الورد الأسود الليلي. وفي المرات السابقة حصل على مجموعة كاملة من أشجار تلد أغصانها باقات من الزنابق والأزاهير ذات ألوان مختلفة في ذات الغصن الواحد ومن ذات الشجرة الواحدة.. فكانت الأشجار تفوح بعطور مختلفة، هكذا صنع العجوز وأسس مكانه الأسطوري في الحديقة ــ وفي تماثيله الورقية ــ وفي علاقته الملتبسة مع سميرة. ولإكمال صورة المكان الأسطوري يعود الوعي ويغيب. وفي ظلمة هذا النفق يجري نهر الأحداث. تبرق الأشياء في معانيها المخزونة في غرفة الذكرى.. تبرق في وهجها.. وهي أشتات من قطع الزجاج والمرايا. قطع

صغيرة كانت تجمعها البنت سميرة، إذ تلاعب بها الشمس. تعرض سميرة قطع الزجاج والمرايا للشمس. وترسل الشمس خيوطها إلى المرايا، ويمتلئ قلب سميرة بالشمس فتصبح شمساً صغيرة، وعندما كان العجوز ينظر في عيني البنت، كان يرى كل الشموس التي عرفت الحب ذات يوم»[16].

أحكم عيسى بناء قصته الأسطوري، بمكانها وبأحمد سالم الضلع الثالث في علاقة العجوز وسميرة..

«وطوال السبعة أيام التي أتمها العجوز في الهذيان والاحتضار.. لم يفتقده أحد.. سوى حديقة موحشة وسوى المرايا، أما البنت سميرة التي ما زالت تجلس إلى جانبه فقد افتقدته كما تفتقد الحديقة البستاني الذي يرعاها».

والحديقة كأي كائن إنساني تشعر بالفقد، وتصبح بعد أن أسبغ عليها جمالاً أسطورياً بعد رحيله (حديقة موحشة) تفتقد ذلك العجوز الذي خلق منها مكاناً أسطورياً.

تطورت تقنية المرايا في قصته (قصر المرايا)، والتي أصبحت هاجساً يؤرق الكاتب، فعاد في روايته الأخيرة (نسيان ما لم يحدث) إلى قصر المرايا من جديد.. وهذه الرواية موضع للدرس في مكان آخر، ولكن لزمت الإشارة إلى عناوين في ثنايا الرواية (قصر المرايا بين التذكر والنسيان.. بين الحضور والغياب)، (الذاكرات وقصر المرايا)، (قصر المرايا والرواة)، ولعل إفادة عيسى الحلو من بعض قصصه القصيرة وتحويلها إلى روايات كما في (عجوز فوق

الأرجوحة) الأمر الذي أشارت إليه الكاتبة وفاء طه من قبل.. تتكرر هنا مع (قصر المرايا). وفي عتبات نص قصر المرايا:

مدخل:

(هناك أحلام تشبه الكتابة.. هناك كتابة تشبه الأحلام) أمبرتو إيكو [17] ــ عن رواية وشم الوردة.

اعتمدت القصة على تقنية تعدد الأصوات، وكما في قصة (الحديقة التي أحبت البستاني العجوز الذي يرعاها) فإن المكان قد صار جزءاً أساسياً في السرد «تكمن أهمية المكان ليس باعتباره أحد مكونات العمل الفني فحسب، بل لأنه الحاوي لتلك الأحداث ونموها. وتحرك الشخصيات وتقلباتها، ونسج العلاقات وتطورها، وإبراز الرؤية وتعميقها» [18].

قصر المرايا مكان تتحدث عنه بهجة ساكنيه كقصر، ولكن للآخرين رأي آخر، هو عندها «قصر صغير بديع مكون من غرفة واحدة تلحق بها صالة ومطبخ، وتحيط بالقصر أربع حدائق من الجهات كافة. ويسوره سياج حديدي رمادي اللون. كتبنا اسمينا.. حليم وبهجة على بطاقة مضيئة عند البوابة. وعند البوابة كانت العصافير تأتي من كل مكان لتغني في مرح ذلك النشيد الذي ينطلق كالرصاصة النارية نحو هدفه ولا يعود إلى مصدره أبداً» [19].

«كان معارفنا والجيران يسخرون ويتهمونني على الخصوص بالجنون.. فما القصر عندهم إلا بيت صغير بني من الآجر الأحمر

المخلوط بالحصى كشأن كل بيوت أم درمان القديمة منذ عهد الخليفة التعائشي»[20].

وتستطرد بهجة: «ولكن بيتنا هو حقيقة واضحة لكل ذي بصيرة.. قصر عال يتأرجح وسط السراب يذهب ويجيء غيمة كبيرة من البخار ويتصاعد في علو السماوات الزرقاء متشكلاً بألوان الفجر والضحى والمساء، ويتأكد في صلابة مع الأصيل، وحينما يؤذن الأذان ينبثق القصر مثل زهرة وينكشف البهاء فتكشف الرؤيا جدراناً من الماء الشفيف الممطر، ويأتلق كله قصراً من الزجاج الكريستال ومن المرايا بحيرة من الجمال الصافي، ويتأكد حقيقة في ظلال الزوال»[21].

المكان هو الذي يشد مفاصل القصة إلى بعضها بعضاً، وهو مكان أسطوري بامتياز، وإن كان قد وضعه الكاتب على خور أبي عنجة في أم درمان. والمكان بجماله الأسطوري، والراوي في القصة له دوره في إضاءة المشهد وفي انسياب السرد، وهو أحد الأصوات المتداخلة في القصة: «ما زال القصر مضاءً يذهب ويجيء وسط الأفق. في شكل التماعات سريعة متقطعة في صور الاحتمال والإمكان والاستفادة. وعندما يرتعش الأصيل يضاء القصر باللون البرتقالي في الموقع قرب خور أبي عنجة.. وبعد برهة يرحل القصر مثل سحابة الجنوب»[22]. بنى عيسى الحلو أسطورة قصر المرايا في أم درمان، وكشف عما يقول النقاد إنه شعرية السرد، والتحليق بالخيال الذي يمزج الواقع بالأساطير والأحلام والأوهام. ولعل تكثيف الرؤيا حول هذا القصر كان عاملاً أساسياً في تماسك السرد، وفتح المجال

للغة الشعرية التي أتقنها عيسى الحلو منذ بواكيره في (ريش الببغاء) – مجموعته الأولى الصادرة عام 1967م – ولا يمكن قراءة نصوص عيسى الحلو دون النظر في الجغرافيا المحيطة بأعماله السردية، خاصة في العقود الثلاثة الأخيرة.

سحر المكان وتجليات النهر:

أحمد الفضل أحمد، قاص صدرت له حتى الآن ثلاث مجموعات قصصية هي: (رجل شفاف) و(محطة الأبواب) و(مسافات الحلم والمنفى)، ورواية (تداعيات في زمن الرحيل – هجرة أبناء حامد).. وله عشرات القصص المنشورة في الملاحق الثقافية في صحف ومجلات سودانية وعربية.

في مجموعته المسماة (مسافات الحلم والمنفى) تلفت النظر القصة الأولى في المجموعة (ذلك النهر الطروب الأسيان)، وقد وقع خطأ هنا.. باستبدال كلمة النهر بالزمن، ولكن السياق يقود مباشرة إلى النهر. وجاءت القصة في لغة شعرية موحية تكثفت فيها الرؤى، وشعرية السرد هي التي استوقفت عدداً من النقاد الذين التفتوا باكراً إلى أعماله والتفتوا أيضاً والتفتوا إلى أنه يقول شيئاً مختلفاً ومنهم يوسف عيدابي، ومحمد المهدي بشرى، وعبد الوهاب حين الخليفة، وغيرهم. ونحن هنا نركز على أهمية المكان، كانت له قصة بعنوان (سبحات النهر الحزين)، ثم جاءت بعد ذلك قصة (ذلك النهر الطروب الأسيان) «يقل إيراد النهر من المنابع والسدود في هذا الوقت حتى كأن النهر ذلك المارد الجبار قناة ضامرة من القنوات الفرعية. هذا النهر الملول

يتقلب كما يشاء يأتي بالرمل والحصى ويأخذ من الطين الغربي من جهة لأخرى يهدم هنا ويشيد هناك»[23].

النهر في هذه القصة كائن متحرك يأتي بأفعال الهدم والبناء.

«إلى أين ذهب الطين؟ هناك تحت الجسر المشاد حديثاً جزائر صغيرة من الرمل، وفي الضفة الغربية كان قد تراكم الطين وامتد اللسان الخصيب حتى جرف النهر في زمن التحاريق. مع الفيضان يطمح فوق السواقي والمتاريس من زكائب الرمل والطين، ويتعدى كل ذلك إلى الطريق العمومي»[24].

ويؤكد ما ذهبنا إليه من وجود فاعل للمكان ما ذهب إليه د. أحمد صادق أحمد: «ثمة شواهد عديدة لما أشرنا إليه من ملامح سرديات أحمد الفضل ويجدها القارئ بطعم ولون ونكهة المكان وأهله من قعر متونه السردية كما يقول أستاذنا ــ أحد كهنة الكتابة السردية محمد عثمان عبد النبي ــ وسرعان ما تجد الكلام/ اللغة بأفق شعرية المكان تضيء المكان حتى قعره، ومثلما أقول في بعض الأحيان إن اللغة تصير كاشفة لذات المكان، مثلاً ما جاء في (ذلك النهر الطروب الأسيان) النص الأول في هذه المجموعة:

و(هكذا يندغم الزمان والمكان، وقد حملتهما لغة أحمد الفضل وهناً على وهن، وكشفتهما بإيقاع سريع عن آخرهما، وهذا يحتمل عدة قراءات، بل يمكن القول إنه مفتوح على القراءة فصيغته السردية جاءت مفتوحة على عدة أزمنة، إلا أن المكان واحد وبالتأكيد ذاكرته واحدة، فتح النص أيضاً على بضع ثيمات حددت هوية النص

والرأي، بل والذات الكاتبة نفسها ومواقفها من العالم، وهذه الجغرافيا التي تنتمي لها وبحب جميعنا. هذا ما صاغه الأستاذ في معظم هذه النصوص)»[25].

وتتعدد الأمكنة في قصص أحمد الفضل ومن بيئة جنوب السودان بغاباته وأنهاره وطبيعته البكر استلهم أسطورة دينق ونجينق، وفي الشمال الأوسط استلهم محطة الأبواب، والأبواب هذه اسم قديم للمنطقة التي كانت حاضرة للحضارة المروية، والمكان هنا يمكن أن يكون ثابتاً أو متحركاً ـ فالنهر في جريانه متحرك، والمعدية في رحلتها تتحرك بين ضفتي النيل ـ أما الأراضي الزراعية فهي ثابتة، ولكنها تموج بالحركة، والمزارعون يجدّون في عملهم وطلمبات الماء والدواب، وكل شيء يوحي بالحركة.

«استدارت المعدية في دورة شبه دائرية حول جزيرة الرمل التي طفت فوق وجه الماء في عقدين من الزمان وفلقت النهر لرافدين.. رافد عميق سريع.. ورافد هادئ ضحل. كان صوت الهدام يرتطم ينحر بين الضفتين. يأخذ الطين والشجر والحيوان والناس على غفلة تذوب الأرض كالملح ثم تترسب عند الضفة الأخرى، أو ترتكز في الجزيرة يحوزها المالكون من جديد ويقيسون المساحات» وهي ظاهرة الجزر المتنقلة المعروفة على طول مجرى النيل.

هذا المكان على النيل لا يظل آمناً تماماً، فقد هجمت من التلال والصحراء أعداد فلكية من الجرذان. وفشلت محاولات التصدي لها بالشراك وتسميم حبوب الغلال، وهي تسرح نهاراً دون حذر من القطط المنكمشة المذعورة.

76

وبعيداً عن النهر جاءت قصة أحمد الفضل (وقائع ما جرى في الحي الغربي). في هذا الحي الذي يقع في أطراف المدينة: «لا يمكنك العبور ليلاً إلا أن تكون محصناً بالمعرفة مع الناس والدروب الشوهاء الطالعة لسقوف البيوت الصغيرة المكشوفة الفناء.

الطابع العام متشابه.. مساحات صغيرة.. رواكيب، حجرات متداخلة داكنة. رواكيب وضروات من القصب والنال.

في زمن الخريف وحل. تحتضن الجدران. جزيرة محاصرة هناك تصلها وجلبابك على كتفك».

بعد أن يعطي الصورة العامة للحي الذي وصفه كتاب السرد بقاع المدينة ـ أسفل المدينة ـ وكتاب الصحف بهامش المدينة والسكن العشوائي.. إلخ.. يجيء الكاتب إلى تفاصيل البيت.

«في منزل الطين كانت البوابة الواسعة متهدمة. وفي الداخل كانوا خمسة.. سعيد.. الشيخ.. بخيت.. خليل والناير..».

المنطقة تضج بالحركة والبيع والشراء.. لحوم وخضروات وسمك ناشف وحطب وفحم وبيارات وعلف حيوانات.

أقل اهتزازاً وأنت تسير مترنحاً.. تجد نفسك مبطوحاً واللكمات حواليك والأصابع تعابث جيبك.

في بيتها الذي تديره كان يحلو السمر للخمسة. وفي هذا الحي لا يوجد أثر للسلطة، ويعيش الناس حياتهم كما يحلو لهم دون تدخل فعلي، إلا إذا حدث اشتباك أو معركة. يجيء إلى هذا الحي من يودون السمر ومعاقرة الخمر المصنوعة محلياً، أو قضاء متعة.

والحي أيضاً جاذب للوافدين من خارج الحدود، ومن ضاقت بهم المدن والأرياف في أزمنة القحط والجماعة. والحي في عزلة تامة عما يجري حوله، ولا تجيئه إلا أصداء باهتة من العالم الخارجي.

عن المكان وحضوره في القصة السودانية:

تجليات المكان السوداني وسحره يتجليان في الشعر كما في الرواية والقصة.. وهناك نماذج كثيرة لهذا الاهتمام بالبعد المكاني (حملة الرايقة التفتيشية) لمصطفى مبارك، دقة الوصف وشاعرية اللغة عند عادل القصاص ومحمد محيي الدين (الرجوع من ضاحية المطر)، وكذلك (السير في الليالي المطيرة) لمبارك الصادق.

وحكايات الريف في أواسط السودان كما تتجلى عند محمد الفكي عبد الرحيم.. وعشرات الأسماء لكتاب القصة القصيرة، ذلك الفن الذي أنجبته ورعته الصحف والمجلات السودانية إلى أن زاحمت الرواية.

وهنا يستخدم الشعراء والقصاصون وغيرهم من الفنانين والمبدعين الصور الخاصة بالمكان من أجل إثارة أو تكوين حالات نفسية خاصة داخلنا. فالفن – كما يؤكد بعض الباحثين المعاصرين في سيكولوجية الفن – بطبيعته مكاني. وهو مثله في ذلك مثل الحياة يتطلب مكاناً معيناً يصبح ساحة للأحداث، «مكاناً يمكن تقديم التفاصيل والأحداث والصور والشخصيات فيه، ومن خلاله، مكاناً يمكن أن يصبح ساحة لتصوير الواقع أو إعادة إنتاجه فنياً، أو لإنتاج الأحداث الخيالية الخاصة التي يتطلبها العمل الفني فيه»[26].

«فالمكان إذن إضافة إلى خصائص الطبيعة والجغرافيا المميزة، لا بد أن ينظر إليه على أنه تكوينات أو بنى أو حالات معرفية ووجدانية تكون موجودة لدى الأفراد والجماعات، وتسهم على نحو واضح في تحقيق إحساسهم بالهوية الفردية والجماعية؛ وفي استمرارية وجود هذا الإحساس لديهم»[27].

وقد ارتبطت الكتابة الإبداعية في السودان بإشكالية الهوية من عقود، وكان تيار الغابة والصحراء بحث من خلال المكان السوداني عن النموذج العربي والإفريقي، وهو إرث حضاري يتنزل إلينا من إسهام السودان في كوش ونبتة ومروي في حضارة العالم إلى التكوين الأخير الذي تجسد في إبداعات الشعراء، وفي كتابات السرد، والذين تمكن رائدهم الطيب صالح من وضع اسم بلادهم بنيلها ونخيلها وقيم الريف وتفاعلها مع المدينة والعالم الخارجي، على خارطة الإبداع العربي والعالمي.

الهوامش:

1 – معاوية البلال، الكتابة في منتصف الدائرة، الشركة العالمية للطباعة والنشر، القاهرة، 2000م، ص 72 – 73.

2 – المرجع السابق، ص 73.

3 – د. سعيد يقطين، قضايا الرواية العربية الجديدة (الوجود والحدود)، رؤيا للنشر والتوزيع، القاهرة، 2010م، ص 65 – 66.

4 – حمزة الملك طنبل، الأدب السوداني وما يجب أن يكون عليه، المطبعة الرحمانية بمصر، 1928م، ص 51 – 52.

5 – معاوية محمد نور، قصص وخواطر، قسم التأليف والنشر جامعة الخرطوم، ص 51 – 52.

6 – المرجع السابق، ص 129.

7 – معاوية محمد نور، المرجع السابق، ص 126.

8 – مجذوب عيدروس، عثمان علي نور كاتب في مرحلة الانتقال – كتابات سودانية – كتاب غير دوري يصدر عن مركز الدراسات السودانية، القاهرة، ص 43.

9 – محمد عبد الحي، معاوية نور ونقد الرومانتيكيين العرب في الثلاثينيات، مجلة الدوحة، قطر، العدد 40 أبريل، 1979م.

10 – معاوية محمد نور – دراسات في الأدب والنقد – قسم التأليف والنشر جامعة الخرطوم، 1970م، ط 1، ص 39.

11 – إبراهيم إسحق، حكايات من الحلالات، هيئة الخرطوم للصحافة والنشر، سلسلة المائة كتاب، ص 87.

12 – المرجع السابق، ص 89.

13 – غاستون باشلار، جماليات المكان، ترجمة: غالب هلسا، المؤسسة الجامعية للدراسات والنشر والتوزيع، لبنان، 1984م، ص 43.

14 – إبراهيم إسحق، حكايات من الحلالات، ص 90.

15 – ياسين النصير، إشكالية المكان في النص الأدبي، دار الشؤون الثقافية العامة، وزارة الثقافة والإعلام، بغداد، 1986م، ص 18.

16 – عيسى الحلو، اختبئ لأبحث عنك، دار الأشقاء، الخرطوم 2000م، من الحديقة التي يرعاها البستاني العجوز، ص 111 – 112.

17 – المرجع السابق، أوردها الأستاذ (وشم الوردة) لكن الصحيح هي رواية اسم الوردة المشهورة.

18 – د. فهد حسين، السرد الخليجي النسوي – المرأة في الرواية نموذجاً – مسارات للنشر والتوزيع، ط 1، 2016م، ص 305.

19 – عيسى الحلو، رحلة الملاك اليومية، دار مدارك، الخرطوم، 2008م، ص 211.

20 – المرجع السابق، ص 211.

21 – المرجع السابق، ص 211 – 212.

22 – المرجع السابق، ص 222.

23 – أحمد الفضل أحمد، مسافات الحلم والمنفى، وزارة الثقافة، الخرطوم، 2016م، ص 7.

24 – المرجع السابق، ص 6، مقدمة د. أحمد صادق أحمد لمسافات الحلم والمنفى.

25 – أحمد الفضل أحمد، رجل شفاف، دار عزة للنشر والتوزيع، 2002م، ص 100.

26 – شاكر عبد الحميد، الوعي بالمكان ودلالاته في قصص محمد العمري، مجلة فصول – المجلد 13 العدد الرابع – شتاء 1995م، ص 249.

27 – المرجع السابق، ص 250.

جدلية الإنسان والمكان في القصة القصيرة جداً
فاطمة السنوسي نموذجاً

أحمد عوض خضر

يمثل المكان بدلالته ودوره السردي، حجر الزاوية فيما يصطلح عليه بالفضاء النصي، ويعتبر الفضاء وفقاً لنظريات السرد هو مسرح الإحالات المرجعية للكاتب أو المؤلف، ويمثل نموذج «كريماس» المعطى والدال، سواء للذات الكاتبة، أو المكان السردي، أو المتلقي المتفاعل، رؤية عملية في فهم السردية، ذلك النموذج الذي يقسّم النص السردي إلى مستويين؛ سطحي وعميق، ويفصّل فيهما ليبيّن الوحدات العاملية التي يتشكلان منها مثل المتحقق الذي تكمن وظيفته في المحافظة على قيم محددة وضمان استمرارها، فهو الموجّه في العمل السردي[1]، و«الفاعل»، أو البطل وفقاً لنظريات السرد الأولى، وبحسب (كريماس) هو بؤرة النموذج العملي.

ويعتبر المكان السردي إحدى الوحدات السردية، وإنّ هذه الوحدات التجريدية، هي سياق العمل السردي[2]، وقواعد ولادته

ونموّه، ثم إطلاقه في نطاق التداول، حيث تولد قيمته الجديدة منصبة في الدلالة التي يمنحها العمل السردي بوساطة جمالياته مجتمعة في العالم السرديّ، فالدلالة تخضع لنظام أو سلّم تراتبي، حيث «يفترض تكونها من وحدات تنتظم بينها علاقات تقابل أو اختلاف، فلا يتاح فهْم إحدى هذه الوحدات بمعزلٍ عن الوحدات الأخرى، وبدون معرفة نظم صلاتها بها..»، بمعنى أنّنا لا نبحث في المعطيات الدلالية المعجمية الملفوظة، ولا للوحدة البنائية بشكل يفصل بين هذه الوحدات ويجعلها جزراً متجاورة بشكل حيادي سلبي، بل نبحث في المعطى الدلالي بالاستناد إلى وحدة تكاملية بين الأدوار الفاعلية والأدوار الغرضية للمعطى السردي للكاتب.

إنّ ما يهيّئ اتصال الصور الموضوعة بعضها جنب بعض في خطاب واحد هو وجود معالم[3] عامة تدعى المعالم السياقية. وفي هذا الإطار ترى النظرية السردية (بالتحديد نظرية كريماس) أنّ المعالم المادية من الأشياء والأماكن هي مجرد «مسْندات» تابعة للمعالم الدالة على الإنسان في تنويعات شخصيته داخل الأعمال السردية «وتقسّم هذه المسندات بين متحرك وثابت، يحدّد الأول الوظائف فيما يحدد الآخر الأوصاف»[4]، وهكذا نقف حيال ما يمكن أن نقول عنه تقليلاً ــ إن لم نقل تهميشاً ــ في دور المكان في البنية السردية للقصة القصيرة جداً باعتبار الإيجاز.

في حين أنه، وفق النظرية نفسها، يمكن أن يكون المكان هو المعطى من خلال قيمه، أو من خلال سطوته، كما هو الحال عند قراءتنا له ولمعطيات تفسيره أو تأويله في «النص السردي»، وهو

(مكان) ما يتحول إلى قوة الفعل في لحظة من لحظات المسار السردي[5]، كما سنتلمس ذلك في هذه الدراسة.

وبدخولنا إلى عملية تفسير مفهوم المكان ومعالجة تفاصيل معطياته، يجابهنا ذلك التشعب المعرفي الذي يمكن أن يشكّل بإسقاطاته عاملاً مساعداً في توضيح المفهوم من جهة الكشف عن الدور البنائي له داخل النص السردي من جهة أخرى[6]، وهكذا نجد أنفسنا أمام تفسيرات متنوعة له، وهي:

– التفسير الفيزيائي للمكان.

– التفسير الفلسفي.

– التفسير الجغرافي.

– والتفسير النفسي، بما يشكّله من انعكاسات في الذات الفاعلة المتحركة في نسيج النصّ وأنساقه.

وبما يخص التفسير الفيزيائي.. لا نقف عند ما يؤسس له من كون المكان حيّزاً أو فضاء له أبعاده التقليدية الثلاثة، وإنّما نذهب باتجاه الإفادة من هذا التكوين وعلاقته بهندسة النص السردي؛ ولعل دخول الكتل والفضاءات أو المساحات في دلالات حافة تثير حركة سردية هو مقصود عدم الاكتفاء بحدود التعريف الفيزيائي للمكان.

أما من جهة الدلالة الجغرافية فسنلاحظ انعكاسها في تشتيت المشهد السردي أو في لملمته وخلق وحدته[7]. وفي هذا المجال نتلمس أشكالاً ثنائية ترسم جغرافية المكان من مثل: ممتد/ منتهٍ، قريب/ بعيد،

منفتح/ مغلق، منبسط/ مرتفع، ضخم/ ضئيل؛ وبناء على هذا الرسم (المكاني) تتولد قابلية الحركة ودافعيتها.. حيث ينظر إلى الفضاء مثلما ينظر إلى الزمن داخل بنية النص بوصفه برمجة مسبقة لمجموعة من الأحداث؛ بمعنى أنّ التفضيء «ليس سوى توصيف لسلسلة من الأماكن التي أسندت إليها مجموعة من المواصفات لكي تتحول إلى فضاء مؤثر في بنائية النص السردي، بالتالي جماليته أو شعريته.

وبهذا يعدّ الفضاء السردي خطاطة مسبقة للأحداث، وتحديداً لطبيعتها، فالفضاء يحدد نوعية الفعل، وليس مجرد إطار خالٍ تصبّ فيه التجارب الإنسانية»[8].

ونلاحظ في هذا السياق دور التحديد المكاني، المتجسّد لفظياً، في عمليات الوصل والوقف، مما يستخدم إطاراً يتضمن الخطط السردية وتسلسلاتها.. إنّ هذا الفضاء العام هو الذي تتحدّد فيه نقطتا البداية والنهاية التي ينتقل بينهما ــ الفاعل ــ فإنّهما تتسمان بحركة يحددها فضاء آخر هو الفضاء المحلي الموضعي الذي تتجلى فيه التحولات التركيبية وما ينجم عنها سردياً[9] ودلالياً.

ومن أمثلة هذا الفضاء المكاني الموضعي البيت، الجدار، المرعى، الخلاء، السوق، المقبرة، الطريق العام، المدرسة، المستشفى، السجن... وغيرها مما يرد في النص السردي عامة، وهي جميعاً ترتبط بالتخييل المرجعي ذي البعد النفسي أو الفلسفي، لتلعب دوراً في توجيه المكان نحو الفعل الحي، وهذا ما يعتبر إدخالاً في القيم السردية للأدب الجديد وخطابه الذي ارتبط بمتغيرات الواقع المعيش، حيث عمل الإبداع الحداثوي على تغيير آفاق الفن السردي وبنائه،

بالاتفاق مع نية تغيير العالم ورؤيته، حيث امتلك فن السرد رؤية جمالية قوامها إدراك دور الكلمة في رسم هذا التغيير المنشود، عبر خلق ذاكرة سردية جديدة[10] تستند إلى ما يعود للتراث الإنساني.

وتكشف مثل هذه الرؤية من خلال قصة قصيرة جداً، فضاءها اللامحدد مطلقاً، بل والمشار إليه إيماء، ويترك بقية التفاصيل للقارئ المشارك في إنتاج النص بالقراءة وفقاً للتخييل الخاص به.

ولذلك لا تقف هذه الرؤية عند حدود الجمع الآلي لسمات أدبية معينة، وأشير هنا إلى سمة الإيجاز أو التكثيف السردي للنص ليصل لمعانٍ كبيرة بأقل عدد من الكلمات.. بحسب تقنية الكتابة للقصة القصيرة جداً، ولكنها ــ أي القصة القصيرة جداً ــ أو الأدب الوجيز إذا جاز لنا اختزال التعبير، تضعنا أمام استكشاف ملامح علاقة تخييل من نوع خاص بين فن السرد والمتلقي أو القارئ المحتمل، سواء على مستوى التطورات التي تعتري النص المكثف على مستوى التطوير بالنسبة إلى القارئ، أو على مستوى البنية وتفاعلاتها الفنية. فالمكان السردي في القصة القصيرة جداً، وهنا فوق دلالتها المكانية إطار تاريخي زمني يرتبط بمجموعة من الدلالات المفهومية التجريدية التي تملؤها وقائع القصة بمعطيات ملموسة في حركة الحدث السردي، والبعد البصري لمشهدية المكان[11]، والذي أحياناً قد لا يذكره أو يشير إليه النص مطلقاً، ولكن ضمنياً يتخيل القارئ هذا المكان، ويعدّ هنا تشكيلاً مقصوداً من جهتين هما:

ــ جهة القيمة التصويرية بوصفها عاملاً سردياً فاعلاً.

ــ جهة القيمة الدلالية بوصفها نتاجاً تعبيرياً مشفّراً، أو محمّلاً

بالهوية التي أرادت القصة القصيرة جداً الإعلان عنها؛ تلك الهوية التي تعكس جدلية العلاقة (الصوفية) بين الإنسان والمكان عندما يتحول الإنسان إلى جزئية مكانية، ويتحول المكان إلى رمزية للإنسان.

إنّ الحديث عن جدلية هذه العلاقة هو حديث عن خصوصية في الهوية وخصوصية في الوجود، بخلافها تتملكنا كونية ذات قيمة ثابتة؛ وبمعنى تأكيدي فإنّ هذه الخصوصية في الهوية والوجود تحتّم بروز المكان فاعلاً حيوياً[12].. وهو الأمر الذي يمكن تلمسه في هذا العرض السريع لبعض أنماط المكان وأشكال ظهوره، ومن ثمّ الدور الذي يبدو في نطاق بنية سرد القصة القصيرة جداً والوجيز جداً في الوقت نفسه.

في مسار حياة الكائن البشري بين الـولادة والنضج يتشكل الوعي على خلفية مشهدية ترتبط بالذهن بالألفة بالتعود بالتكرار أو بخلافهم.. وأول مألوف مكاني هو المكان النسبي المتحرك الذي يمثله قرب الطفل من حضن والديه، وسرعان ما يألف الحجرة التي يعيش فيها، ثم البيت وزواياه، ويكفي سبباً لإثارة هذه الألفة أنّ البيت يوفر الحماية.. وكذا يوفر الحجاب الاجتماعي، ومن ثمّ فالبيت هو كما يقول ريلكه: «البيت، قطعة المرج، يا ضوء المساء، فجأة تكتسب وجهاً يكاد يكون إنسانياً أنت قريب منّا للغاية، تعانقنا ونعانقك»[13].

لكن الجمالية التي تميز القصة القصيرة جداً عن غيرها، وهي جمالية الإيجاز الفني التي تجعل لهذه القصة القصيرة جداً بنية سردية بالضرورة أولاً، وأنها قابلة للتأطير الجمالي السردي (العناصر الفنية للسرد) كما تعودنا عليها معيارياً إلى حد ما عند قراءة الرواية أو القصة القصيرة ثانياً، وثالثاً وأخيراً أن هذه القصة القصيرة جداً

يتشكل وجودها من خلال نصوصها، وأنّ ما يمكن أن يظهر على هذه النصوص من جماليات هو ما يكشف عن جمالياته، ربما مختلفة نوعاً ما، ومن ثم يمكن الحديث عن علامات جمالية عامة تنطلق من أو تتلاءم مع اختصار «قصة قصيرة جداً»[14].

ما يميز القصة القصيرة جداً كجنس أدبي أنها تستخدم اللغة من منظور التكثيف المفرط، فتغدو لغتها محدودة جداً من حيث عدد الكلمات، لكنها في الوقت نفسه لغة تحيل إلى عوالم وفضاءات شاسعة من خلال الإيحاءات والدلالات[15].

إن اللغة الشعرية هنا، لا تحتمل التفصيلات والشروح والحوارات، كما هو الحال في الرواية أو القصة القصيرة أو المقالة، أو ما إلى ذلك؛ فاللغة في القصة القصيرة جداً لغة إيجاز، وترميز، وإيحاء، وتأخير وتقديم فني إبداعي، وإيقاعي متعددة في عبارات محددة، إلى حد أن تصبح اللغة في مجملها استعارة أو مجازاً؛ بشرط ألا يخل هذا القصر ببنية القصة القصيرة جداً شبه المتكاملة، ولا يعني هذا التكثيف للغة أن تغدو القصة القصيرة جداً مجرد عبارات متناثرة؛ كأنها جمل مشتتة لا رابط بينها، أو أن تكون جملاً شعرية غير قابلة للسردنة؛ فمن يظن أن لغة القصة القصيرة جداً مجرد ومضة ومضات مفضية إلى الخاطرة أو قصيدة النثر، أو النص الهذياني المسترسل فحسب، فهو في الحقيقة لا يكتب قصة قصيرة جداً، ولا علاقة له بكتابتها من قريب أو بعيد، وهنا يمكن التفريق بيسر بين نصوص القصة القصيرة جداً، وغيرها من نصوص فضفاضة، لا تمتلك من القصة القصيرة جداً إلا شكلها أو تسميتها.

حينما نتوقف عند اللغة السردية في قصص الرائدة الدكتورة فاطمة السنوسي، وهي كاتبة وصحفية ومترجمة عملت بمجلة سودان ناو، وصحيفة السياسة السودانية، ومن ثم هاجرت إلى الولايات المتحدة الأمريكية، وتزور السودان على فترات متقطعة، وتعتبر هي أول من كتب هذا الضرب في السودان منذ منتصف سبعينيات القرن الماضي؛ واستمرت في كتابته حتى يومنا هذا[16].

نكتشف في قصصها تعددية في مستويات اللغة السردية، وهذه التعددية تنطلق من كون هذه القصص القصيرة جداً لفاطمة السنوسي قد ناقشت واستعرضت القضايا الإنسانية بمختلف أنواعها من الاجتماعي إلى السياسي والاقتصادي والفكري والقضايا المطلقة، وحتى المتحددة منها لموقف ما أو لكائن أو لمكان جغرافي[17].

ما أود التأكيد عليه أن نصوص فاطمة السنوسي كلونٍ سردي حجزت لها حيزاً وجمهوراً من القراء؛ بسبب إقبال القراء ودراسة النقاد لها، وهي موجودة بالفعل في الواقع الكتابي السوداني، بالرغم من أن الكاتبة لم تصدر أعمالها القصصية في كتاب حتى الآن، وأن كل أعمالها منشورة في الصحف والمجلات السودانية، وغيرها من مواقع التواصل الاجتماعي، وحتى المواقع الإلكترونية.

ونجد أن الكاتبة تمكنت من الاستفادة من تقنيات الاختزال وموسيقى الكلمة وقوة الفكرة التي تطرحها قصصها القصيرة جداً، مما ميزها عن غيرها من كتّاب هذا الضرب الذي بدأ يظهر فيه عدد من الكتاب السودانيين المتميزين.

الخطاب السردي لدى فاطمة السنوسي لا يخصّها ذاتاً بقدر ما يتشكّل في إطار واسع تجتمع فيه أنماط كثيرة من بنى ثقافية، ونفسية، واجتماعية، ومعرفيّة، فهو يعالج مادته اللغوية بوصفها مدوّنة نصية، كانت اللغة أداة تواصليّة، للتعبير عن المعاني وتحقيق مقاصد الخطاب.

عدّ كثير من النقاد فن القصة القصيرة جداً نتيجة حتمية للعولمة وعصر السرعة، وذلك لميولها نحو التكثيف والاختزال على مستوى الجملة، وقصر الحجم على مستوى المقطع كاملاً[18]، فجاء موحياً بإضماره محتشد الدلالة بحذفه، بشرط ألّا يؤثّر هذا في ظهور النزعة القصصية التي يجب أن يتمثّلها ليجنّس فناً قصصياً.

ولا تنزع هذه الدراسة البحثية، كثيراً نحو الإيغال في دراسات النقاد للقصة القصيرة جداً والتفريق والمقارنات بينها وبين بقية الأجناس المشابهة، بقدر ما تنزع للاحتفاء النقدي بالكاتبة فاطمة السنوسي بوصفها رائدة هذا الضرب الأدبي بالسودان من منظور جمالية وشعرية المكان في قصصها القصيرة جداً.

تثير دراسات هذا الجنس الأدبي كثيراً من الإشكالات والقضايا المهمة، كالوقوف على تعريف فن القصة القصيرة جداً، وملامحها الفنية، وأركانها وتقنياتها التي اختلف فيها، النقاد كثيراً، وقضية التجنيس التي ما زالت بين مؤيّد ومعارض، وآراء النقاد في جذور القصة القصيرة جداً في التراث العربي، أو محاكاتها للأدب الغربي، بل نهدف من هذه الدراسة إلى الوقوف عند إحدى الخصائص الفنية

والتقنية السردية في أعمالَ فاطمة السنوسي، وخاصة شعرية المكان، فثمة حدث وشخصية وفضاء مكاني وبنية زمنية في كل أعمالها، سنتعرف إلى ذلك أكثر في سياق هذه الدراسة.

في نص لفاطمة السنوسي تقول فيه:

«في محكمة الحب الكبرى

حضر الطرفان والقاضي..

غاب الشهود والحق

جلس المحامي ووقف القاضي..

استصدر المحامي حكماً على المجني عليه

بالإعدام شوقاً حتى الموت

صمت القاضي.. نطق الجلاد بالحكم

قبض المحامي أتعابه من طرف ثالث

اقتسمها مع الجلاد والقاضي

ورفعت الجلسة».

بالنظر لهذا النص ولسنا بغرض تفسيره بكل تأكيد للقارئ، وإنما بالتركيز فيما نبحث في سياق هذه الدراسة، وهو الإمساك بتلابيب المكان، في نص قصصي قصير وموجز، وفي ذلك الجمالي الكثيف والمختزل، ويمكن أن نطلق عليه أنه مرمز ومفتوح على كافة

الاحتمالات والإحالات لقارئ ما ليكون شريكاً في إنتاج هذا النص، وليتخذ حياله من التفسير ما يراه بعيداً عن المعنى الذي قصدته الكاتبة.

ويبدو هناك المكان المشار إليه قاعة محكمة وقاض وجلاد وشهود ومحامٍ وحق ضائع وخصمان، كل ذلك نجده ضمنياً قد أوردته الكاتبة في النص دون أن تنص على المحكمة كتابة، وهنا تتفجر شعرية أو جمالية المكان السردي من خلال النص.

في القصة القصيرة أو الرواية يظهر المكان مجرد خلفية تتحرك أمامها الشخصيات، أو تقع فيها الأحـداث، ولا تلقى من الكاتب اهتماماً أو عناية، وهو محض مكان هندسي، وفي الأعمال السردية الرومانتيكية يظهر المكان معبراً عن نفسية الشخصيات، ومنسجماً مع رؤيتها للكون والحياة وحاملاً لبعض أفكارها[19].

وفي هذه القصة لفاطمة السنوسي «يتجلى المكان كما لو كان خزاناً حقيقياً للأفكار والمشاعر والحدس، حيث نشأت علاقة بين الشخصيات والمكان، علاقة متبادلة يؤثر فيها كل طرف في الآخر»، وهي القضية التي تنظرها المحكمة كمكان متخيل سردي في هذه القصة.

وفي كلتا الحالتين يظل المكان في إطار المعنى التقليدي للمكان في القصة، ويمكن أن يعد هذا المعنى البنية التحتية، على حين يمكن أن يحقق المكان بنية فوقية، يغدو فيها المكان فضاء، وذلك عندما يسهم المكان في بناء القصة نفسها وعندما تخترقه الشخصيات «فيتسع ليشمل العلاقات بين الأمكنة والشخصيات والأحداث، وهي فوقها

كلها ليصبح نوعاً من الإيقاع المنظم لها»[20]، وبالتالي تصبح كلمات مثل قاض ومحام وجلاد وحق كلها تشير إلى مكان واحد وهو الفضاء السردي لهذه القصة، ونعني به الجمالي أو الشعري، وتحديداً جمالية هذا المكان سردياً، كما أبرزته الكاتبة.

ونقرأ في نص آخر لفاطمة السنوسي:

«اقتادوه إلى مركز الشرطة

لأنه حين يذكرها

ينبض قلبه بعنف

مسبباً الإزعاج العام».

ربما يصور الكاتب حالة أو هي مجرد شيء؛ جماد كرسي؛ طاولة حجرة؛ لطخة؛ بقعة حبر.. دماً؛ غير أن مهارة كاتب القصة القصيرة جداً تكمن في قدرته على إبراز ما في الواقع من غرائبية بشكل تهكمي يختلط فيه الأمل بالسخرية بالضحك.

وفي النص أعلاه صورت السنوسي القبض على شخص نبض قلبه بحب حبيبته حد الإزعاج العام، وهي حالة أشبه بالسريالية كونها تفضي بنا إلى هذا الفضاء الدلالي والمفعم بكل ذلك الفانتازي لهذه اللحظة من الحب، وإذا نظرنا للبنية السردية للمكان هنا بكل تأكيد لا يقتصر المكان السردي المتخيل فقط في مخفر الشرطة، ففي هذه القصة هنالك مكان مشار إليه، ولكن لا زمان، وهناك حدث ما وهو اعتقال شخص بسبب الإزعاج العام بسبب نبض قلبه العالي بحب

محبوبته، بينما عنت الكاتبة حواراً تأملياً يتسم بالدينامية من الداخل والفاعلية الدرامية وتصعيد لها إلى حدود الانفعالية، وفي المقابل وحين ستعتمد القصة الحدث فإنما هو ذلك الحدث العادي، البسيط تلتقطه من الحياة اليومية، ومن الأزقة المزدحمة بحركة النهار المفتوحة على أكثر من شارع، على اعتبار أنها بؤرة سردية مفتوحة على أكثر من تأويل؛ هو حدث يتم التقاطه من الأرصفة، من ملفوظات المارة وما تهجس به من أسئلة بسيطة أو معقدة، أو بلا أهمية أحياناً؛ إنه واقعة مما يتكرر يومياً وفي كل لحظة، لكن إبراز عنصر المفارقة فيه هذا من ميزاته، ومن ميزات القص القصير جداً، كما هو الشأن في هذه القصة القصيرة جداً.

وتحقق قصص فاطمة السنوسي من خلال اشتغالها الجمالي، والديناميكي، في شرط البناء السردي العام للقصة القصيرة جداً المكثف والموجز، امتدادها التخييلي لبنية النص المجاور الذي يصنعه القارئ الاحتمالي للنص[21]، وتضع القصة مفهوم الاستقراء الآني، للحظة الالتقاط للحدث وللزمان وللمكان، حيث بإمكان تلمس هذا الفضاء السردي المنتج إبداعياً عبر ثنائية الكاتبة والقارئ الاحتمالي للنص؛ وهذا الفضاء السردي الذي بنته الكاتبة على ثلاثة محاور: وهي وحدة المكان، ووحدة الزمان، ووحدة الموضوع.

ويعتمد النموذجان الأول والثاني اللّذان[22] أوردناهما على حبكة سردية، تحكم الخيط الدرامي إحكاماً وثيقاً حتى لا ينفرط عقده، وحبك لعقدة السرد ولحظة الالتقاط التي أشرنا إليها في سياق هذه الدراية في عدة أجزاء منها، وتخلّق مظاهر وشكل متجاور، وتعتمد هذه

القصص على السؤال الفلسفي، والسياسي، والاجتماعي، الفكري، والذاتي المحض، الذي يصور موقف الـذات الكاتبة من العالم، والمجتمع، والحياة عموماً.

وتطرح هذا الموقف، وفقاً لملامح تشظي ذاكرة (المتلقي) أو القارئ الاحتمالي للنص في قراءة الأنموذج (القصصي) عبر صياغة دلائل تحمل ذات المحتوى السردي للقصة، أو الرواية، باعتبارهما منتجين أدبيين قائمين بذاتهما، ولهما مقومات فنية وتقنية ملزمة ومحددة، ابتداء من التكوين والاستهلال، مروراً بالعقدة، وانتهاءً بالحلّ أو الخاتمة، أيضاً وجود البطل الذي تتمحور حوله عملية الصراع والمحافظة على الشخصيات المساعدة واستدامة الفاعلية السردية للنص، سواء كان قصة أو رواية[23].

ملاحظات:

بينما القصة القصيرة جداً، هي تكوين حكائي هندسي جمالي معرفي يفضي بالذات الإبداعية إلى مناخات وفضاءات في اللامرئي، وهو ذلك المتخيل للقارئ الاحتمالي المشارك في إنتاج النص كل بحسب مفهومه التفسيري، وفي هيكلتها البنائية المتفردة، والتي ينتجها الكاتب أو القارئ فيما بعد التلقي، رغماً عن وجود غرائبية موغلة في الذاتية تخص الكاتبة، وعنصري المفاجأة والومضة السريعة، والاقتضاب السردي، والنص القصصي داخل هذا المنتج الأدبي، يعتمد على اللغة المتشظية جمالياً والمتكئة على الإبهار الجمالي، والانتقال عبر الصورة المرئية المركبة داخل براحات البوح، كون

هذا المتخيل السردي يخص الذات الكاتبة وحدها بدرجة ما، وتأتي مشاركة القارئ الاحتمالي خياراً محضاً، وهناك ثلاثة أدوار رئيسية أساسية تشكل فحوى هذين النموذجين اللذّين أوردناهما، وهي:

أولاً: (البطل) الذي يتمفصل إلى ملمحين؛ الأول الظهور الخاطف غير المعين والمحدد باسم، أو الثاني المعين والمحدد بذات ما في النص، الذي سرعان ما يختفي خلف الجملة المشهدية الجمالية في اللغة السردية، واستحكاماتها، ليظهر في ختام القصة أي (القفلة) المحكمة للنص، مرتكزاً على عناصر الصراع داخل أبنية النص.

ثانياً: هنالك تراتبية ومضية في الإيجاز تفضي للوصول إلى نتائج تمثل اختراقاً لذهن القارئ الاحتمالي داخل هذا التشكيل الجمالي المجاور للنص، والمحاذي لمراحل ملامح القصة ليضيء بذاكرة المتلقي صوب وضوح الملامح، المتعلقة بفضاء السرد، والذي أشرنا إليه سابقاً أنه يحوي بين ثناياه المكان والزمان والشخصيات، والتي لا تذكرها كاتبة القصة في النموذجين أعلاه، حيث تتشكل في النص الأول محكمة كاملة الأركان في القصة الثانية، مخفر شرطة بكافة تفاصيله.

ولجملة من العوامل الذاتية التي ترافق عملية الكتابة، من خلال الفضاء الدلالي الإغوائي الذي يشكل محور جذب فانتازي، تفرضه علينا ذاكرة المبدعة (الكاتبة) لتشكيل جملة من التفاصيل الجمالية التي تمزج تماثلاً ما بين الواقع والخيال، لتكوين مظهرية النزعة الآنوية داخل الخطاب الجمالي، والذي يصور لنا الشوق جريمة يحاكم عليها القلب، والحب جريمة يعاقب عليها القانون بتهمة الإزعاج العام.

ثالثاً: وبما أن القصة القصيرة جداً تشتغل أيضاً على مناطق الومضة الحاذقة السريعة التي يمكن للقارئ أو المتلقي أن يدون ملامحها الجمالية بذات الإيقاع المتناول السريع، وتقبع خلف هياكل جمالية مقروءة بمعالم الرمز والدلالة والإشارة والعلامة القائمة على السيميائية، باعتبارها علماً يشتغل على بواعث الدال داخل اللغة والمدلول خارجها، وذلك الإيقاع، والإبهار اللغوي لإيصال المتلقي لحالة الفضول، والدهشة ومن ثم الصدمة وإحالته إلى الجمالية أو الشعرية أو العامل التحريضي للتلقي الجمالي، وقد اتكأ هذا النوع الأدبي، على مرتكزات عديدة، ولعل أهمها المرتكز الذاتي، باستخدامات متفاوتة عبر المنتج القرائي البعيد عن المذاهب الكلاسيكية، فهو غارق في أطروحاته الفلسفية الجمالية، وهناك الكثير من النماذج القصصية التي استثمرت (الميثولوجيا) أو التراث، أو الأسطورة، أو الفولكلور، واعتنت بهم اعتناء خاصاً ووظفتها توظيفاً دقيقاً، ويمكن لنا قراءة هذا البعد الشكلاني في محاور الخطاب القصصي، حيث إنها مالت لاستخدام الملامح التراثية العراقية في أكثر من نص.

إن القصة القصيرة جداً جنس أدبي قائم بذاته، ذو إمكانات تعبيرية خاصة، لكنه يحفل بالكثير من الصعوبات المتكئة على الاختزال أو الاقتصاد اللغوي، فالقصة القصيرة جداً تحمل في فضاءاتها، غواية خاصة بحكم حجمها الموغل في القصر، لكن التحديد الكمي لمفهوم القصة القصيرة جداً يحصره في مسألة الاقتصاد اللغوي.

ويغفل خصوصيات الإبداع فيه المحكومة بقصر الحدث، وبمبدأ

التكثيف الفني والدلالي، مما يفرض الالتفات إلى البنية الخاصة لهذا الجنس الأدبي الذي يستدعي قدرات خاصة أيضاً في توظيف آليات القصة، وإن التحديد الكمي، من شأنه أن يزج ببنيته في السطحية. ومن هنا، لا بد من إيجاد صياغة دقيقة لهذا الجنس الأدبي، مما يعني بالتالي وجود حدث وآليات سردية وتقنيات تحمل المتلقي إلى عوالم قصصية حقيقية، أما عبارة «جداً» فإنها تلمح إلى ما يميز هذا اللون القصصي، وهو قصر الحدث وقوة التكثيف وبلاغة السرد، بحيث لا يبرحها القارئ من دون أن تخلق في نفسه ديناميكية ذهنية تقوده إلى آفاق رحبة للقراءة وإعادة القراءة.

الهوامش:

1 – ميشـال بوتـور، بحـوث فـي الروايـة الجديدة، ترجمـة: فريـد أنطونيوس، منشورات عويدات، بيروت، 1982م، ط 2، ص 5.

2 – المصدر السابق، ص 8.

3 – المصدر نفسه.

4 – محمد الناصر العجيمي، في الخطاب السردي، نظرية كريماس، الدار العربية للكتاب، 1993م، ص 35.

5 – المصدر السابق، ص 29.

6 – سـعيد بنكـراد، مدخل إلى السيميائيات السرديـة، تانسيفت، مراكش، 1994م، ص 87.

7 – غاسـتون باشـلار، جماليات المكان، ترجمة: غالب هلسا، المؤسسة الجامعية للدراسات والنشر، بيروت، 1987م، ط 3، ص 38.

8 – عدنـان كنفانـي، القصّـة القصيرة جـدّاً، إشـكالية في النـصّ أم جدليّة حول المصطلح!، موقع عدنان كنفاني على الإنترنت.

9 – د. جابـر عصفـور، «أوتـار الماء» عمـل يستحق التقدير، الأهـرام – العدد 42470، في 2003/3/17م.

10 – من حوار روزالين الجندي، جريدة البعث، ع. 11836، 2002/7/18م.

11 – غاستون باشلار، جماليات المكان، مصدر سابق.

12 – المصدر السابق نفسه.

13 – إبراهيم درغوثي، «بغلة ابن خلدون»، ق. ق. ج، موقع دروب، 30 أغسطس 2009م.

14 – طارق الطوزي، «نقصان»، ق. ق. ج، مركز النور، 2009/10/05م.

15 – سعيف علي: «متكي الشمس»، ق. ق. ج، موقع دروب، 2010/04/20م.

16 – محمد سعيد الجندوبي، «فضيلة»، ق. ق. ج، موقع نشيج المحابر، 2007/01/25م.

17 – فاطمة بن محمود، «لحظة الكتابة»، ق. ق. ج، مركز النور، 2009/10/05م.

18 – نماذج لفاطمة السنوسي منشورة بموقع القصة القصيرة السودانية.

19 – المصدر نفسه.

20 – المصدر نفسه.

23 – المصدر نفسه.

هوية المكان في قصص إبراهيم إسحق
مقاربة تطبيقية في سياق اجتماعي

أبوطالب محمد

تدرس هذه الدراسة هُوية المكان في ثلاث مجموعات قصصية للراحل الكاتب/ الروائي/ القاص إبراهيم إسحق، المجموعات هي: (حكايات من الحلالات، ناس من كافا، وعرضحالات كباشية)، عرف الراحل إبراهيم إسحق بغزارة إنتاجه السردي، حيث إنه سخّر في جميع أعماله الروائية عنصر المكان (الدكة) الذي تنطلق منه الأحداث، وتتشابك الموضوعات، وتتداخل مع سياق موضوعات اجتماعية أخرى متعددة.

انتقل المكان من النص الروائي إلى النص القصصي، والمجموعات الثلاث القصصية التي ندرسها يلعب فيها المكان دوراً أساسياً، ويفاجئك العنوان من خلال مسميات المجموعات، وما تضم من قصص (ناس من كافا) مكان، (حكايات من الحلالات) مكان، (عرضحالات كباشية) مكان يأتي المكان في المقدمة (العنوان)، وهذا

مؤشر إلى أن قصصه قصص مكانية بحسبانه أن المكان الأيقونة الأبرز في عناصر قصصه. إن فضاء المكان متحرك ومتغير باستمرار، ومنتج موضوعات اجتماعية، سياسية، تاريخية، وثقافية.

يتطلب إثبات هذه الفرضية إلغاء لمحة تعريفية عن مصطلحي (المكان) و(هوية) وارتباطهما بقصص المجموعات الثلاث، واشتغالهما بطريقة مجتمعة في متون مضامين سرد المجموعات.

المكان المعنى والاصطلاح:

يقول ابن منظور في معجمه لسان العرب: «المكان هو الموضع، والجمع أمكنة وأماكن جمع الجمع في المكان والمكانة واحد، لأنه موضع لكينونة الشيء: فالعرب تقول: كان مكانك وقم مكانك، فقد دل هذا على أنه المصدر»[1].

ويشير معجم المنجد إلى المكان بأنه الموضع، وهو مصدر الفعل الكينونة وهو مفعل من كون، فنقول: «مكان جريمة أو مكان لقاء، وهو من العلم بمكان»، أي له فيه مقدرة ومنزلة، و«هذا مكان هذا» أي بدله[2].

ورد في المصدر الديني مصطلح المكان في قوله تعالى في سورة مريم: {فحملته فانتبذت به مكاناً قصياً}[3].

اصطلاحاً:

يتخذ مفهوماً أوسع إذا ربط بالكائنات الحية (الإنسان أو الحيوان)،

فهو الحصول على لفظ يدل على صيرورة الحياة الإنسانية، فالمكان هو الموضع الذي يولد فيه الإنسان، وهو الموضع الذي يستقر فيه ويعيش فيه وينمو فيه ويتطور ويتنقل. فالمكان له أهمية بارزة في تكوين الحياة، فهو الموضع الذي ينشأ فيه الكائن الحي ويعيش فيه، ويقول عنه سمر روحي الفيصل في كتابه (بناء الرواية): «هو الموضع الثابت المحسوس القابل للإدراك الحاوي للشيء المستقرّ»[4].

يعدُّ المكان عنصراً أساسياً في العمل القصصي، فهو الإطار الذي تدور فيه الأحداث، وتتحرك فيه الشخصيات، وهو الذي يؤسس الحكي، لأنه يجعل من القصة المتخيلة ذات مظهر مماثل لمظهر الحقيقة. فيبنى على أساس التخيّل المحض، لكنه لا يكتسب ملامحه وأهميته، بل وديمومته ما لم يتماثل، بدرجة أو بأخرى مع العالم الحقيقي خارج النص، فالمكان يوصل الإحساس بمغزى الحياة، ويضاعف التأكيد على تواصلها وامتدادها، إذ إن الوظيفة الأساسية للمكان في النص القصصي هي تشكيل عالم المحسوسات التي قد تطابق عالم الواقع وقد تخالفه، أو تخلق فكرة أو تصور لدى القارئ أن ما يقرؤه قريب في الواقع أو جزء منه[5].

ومن خصوصيات المكان أنه لا يمكن عزله عن باقي عناصر البناء الفني للقصة، فأي نص قصصي يعتمد عنصري الحدث والشخصية، ويخضع لسيولة زمنية، يحتل فيهما أهمية كبيرة، صحيح أن الطريقة الفنية هي التي تظهر لنا أهميته، وصحيح أن المخزون التاريخي له يمدُّ الكاتب برؤية ثرة، إلّا أن ذلك كله لا يعطينا فناً دون رؤية شخصية، وهي تعمل والحدث ينمو، واللغة تعكس الوعي والأسلوب يميز الطريقة[6].

105

تصور القصة مكاناً إبداعياً قد يشابه غيره من الأمكنة التي نعرفها في الواقع، ولكن له تفرده الخاص. وينطلق مبدأ تميزه الخاص بأنه مكان قد يحدد جمالياً في سياق لغوي محض تمت بلورته بشكل مختلف من خلال وجهة نظر كاتب ما له تصوره المعين عن رؤيا العالم، ثم أضاف إليه القارئ تصوره الخاص أيضاً أنه مكان لا تستطيع أن تراه وإن كان بمقدورك تصوره، حيث إنه مكان وهمي في سياق الزمن القصصي. وهو ما يجعله أكثر خصوبة من الأمكنة الواقعية المشابهة[7].

لا يكتفي المكان في القصة القصيرة بجغرافيته، بل يشفّ عن أبعاد نفسية واجتماعية تكشف عن أبعاد الشخصية المختلفة، وموقع الراوي الذي يتعامل مع هذا المكان، فإنه لا يتوقف حضوره على المستوى الحسي، وإنما يتغلغل عميقاً في الكائن الإنساني، حافزاً مسارات وأخاديد غائرة في مستويات الذات المختلفة. ليصبح جزءاً صميماً منها، وذلك لأن المكان هو الفسحة/ الحيز الذي يحتضن عمليات التفاعل بين الأنا والعالم. من خلاله نتكلم وعبره نرى العالم ونحكم على الآخر، وبقدر ما يمتاز هذا المكان بالوضوح على المستوى الجغرافي أو الحسي، بقدر ما يتعالى ويركن إلى الغموض والمجهول على الصعيد الدلالي[8].

يمنح المكان عناصر الخطاب السردي القصصي تجسيدها وحضورها الحي وواقعيتها، ويحميها من مغبة الانزلاق للفراغ، كما يحمي النص القصصي نفسه من الانزلاق نحو شعرية مجانية لا علاقة لها ببنية الخطاب السردي. ويخوض المكان علاقة معقدة مع

شتى عناصر البناء القصصي كالشخصية، والزمان، ولغة السرد، وبناء الحدث، والراوي، وغيرها، ويتضافر معها ليتقدم بناء البنية الدلالية للخطاب السردي، فيرتبط ارتباطاً حميماً بخلق الشخصيات وعلاقاتها التي تخوضها مع العالم[9].

يكتسب المكان تعقيداً متزايداً مع تعقيد الحياة وتطورها، فقد خاض المكان رحلة طويلة في متاهة التاريخ/ الزمان، وتعرض لفاعليات الصيرورة وتحولاتها، لكي ينتقل من الفضاء الوحشي إلى الفضاء الثقافي الإنساني من اللاتمايز والعماء إلى التهندس وإلى فضاء الجمالي الفني[10].

نلاحظ في ثقافة مجتمع الدكة، أي (القرية التخييلية) التي ابتدعها إبراهيم إسحق في هذا المجتمع الاستقراء بحقائق التاريخ والجغرافيا، ذلك أن آل كباشي بحكم وجودهم منذ أزمان بعيدة في الرقعة الجغرافية ذاتها جعل منهم هوية متأصلة متماسكة صارت هي الذات، بينما صارت الهويات المتعددة التي تساكن آل كباشي الآخر، وتجدر الإشارة إلى صراع الهويات الذي يجري في الدكة، جعل من الهوية العرقية الملاذ والحصن[11].

المكان التخيلي الـذي ابتدعه إبراهيم إسحق وهـو (كافا) و(عاصمتها الدكة)، وانتماء الأبطال والشخصيات الجوهرية والثانوية إلى آل كباشي. وباختراعه لكافا والدكة يتأثر إبراهيم إسحق بأساتذته وعلى رأسهم وليام فوكنر الذي اخترع مقاطعة (بوكنابا تاوفا) وعاصمتها (جفرسون)، واخترع جارسيا ماركيز

(ماكندو)، واخترع الطيب صالح قرية (ود حامد)، وكل هذه الأماكن إضافةً إلى الدكة هي محض خيال جادت به قريحة المبدع، ولكن المكان لا يبتعد عن الحقيقة بمعنى أن المبدع اتكأ على الحقيقة وابتدع قريته الوهمية[12].

إن المجموعات القصصية الثلاث عبارة عن قصص مكانية، لأنها تأسست على عنصر المكان، بحسبانه البطل الأساس المستنتج من بيئة محلية شكّلت جميع العناصر الفنية وتصورها لرؤية العالم، أعطى المكان القصص طابع الرؤية المجتمعية التي ينظر إليها آل كباشي للكون، لذا جاء تصوره حاملاً وجهة نظر اجتماعية.

يصف معاوية محمد نور في مقدمة قصته المسماة (المكان)، القصص الاجتماعي «نوعاً من الفن القصصي ليس من مهمته تصوير المجتمع ولا النقد الاجتماعي، واستجاشة الإحساس والعطف القوي على الخلائق، وليس من مهمته أن يحكي حكاية، وإنما هو يتناول التفاعلات الداخلية في عملية الإحساس والتفكير عند شخص من الأشخاص، ويربط كل ذلك بموسيقى الروح واتجاه الوعي. كما يعرض مسائل الحياة العادية، ويشير عن طريق الإيحاء إلى علاقتها بشعر الحياة ومسائلها الكبرى، وهو يتعرض لذلك الجانب الغامض في تسلسل الإحساسات واضطراب الميول والأفكار وتضادها في لحظة واحدة من الزمان عن شخص واحد من الأشخاص. كما أنه يصور ما يثيره شيء ما ملابسات الحياة في عملية الوعي وتداعي الخواطر، وقفز الخيال، وتموجات الصور الفكرية. هذا اللون القصصي يعرض أدق المسائل العلمية السيكولوجية المظلمة حتى للعلماء أنفسهم.

ويمزج ذلك بنوع من الشاعرية والغموض العاطفي.. يغلب هذا اللون القصصي أن يستثيروا نفوسهم ويكتبوا عن معين حياتهم»[13].

أبرزت المجموعات القصصية حياة مجتمع الدكة، وكشفت عن التفاعلات الداخلية للشخصيات وتصورها للحياة الاجتماعية الناتجة عن الجذر الأصل المترسب في ذاكرة الكاتب، وهي بالطبع ذاكرة مسنودة إلى ثقافة مكان حافلة بالذكريات، خلقت نصوصاً إبداعية لصيقة الصلة بالهوية الثقافية الاجتماعية.

يشير غاستون باشلار في كتابه (جماليات المكان): «البيت يمدنا بصورة متفرقة، وفي الوقت ذاته يمنحنا مجموعة متكاملة من الصور، والبيت هو ركننا في العالم.. ركن حقيقي بكل ما للكلمة من معنى.. كل الأمكنة المأهولة حقاً تحمل جوهر فكرة البيت.. ولهذا فإن الأماكن التي مارسنا فيها أحلام اليقظة تعيد تكوين نفسها في حلم يقظة جديدة، ونظراً لأن ذكرياتنا عن البيوت التي سكناها نعيشها مرة أخرى كحلم يقظة فإن هذه البيوت تعيش معنا طيلة الحياة.. البيت جسد وروح وهو عالم الإنسان الأول قبل أن يقذف بالإنسان في العالم. في حين أن كل ما نعرفه هو تتابع تثبيتات في أماكن استقرار الكاتب الإنساني الذي يرفض الذوبان، والذي يود حتى في الماضي، حين يبدأ البحث عن أحداث سابقة أن يمسك بحركة الزمن. إن المكان في مقصوراته المغلقة التي لا حصر لها، يحتوي على الزمن مكثفاً، هذه هي وظيفة المكان»[14].

تتشكل مجموعات إبراهيم إسحق من ركن فكرة البيت في سياقاته الثقافية بحسبانه حاضناً صوراً وذكريات متفرقة أعادت نفسها في سياق إبداعي تناول قضايا إنسانية.

أما مصطلح *هُوية* في ارتباطه بالمكان له محددات أساسية في مضامين النصوص، باعتبار أن قضية الهوية قضية رئيسة في الدراسات الثقافية، حيث إن الدراسات الثقافية تدرس السياقات التي يقوم الأفراد والجماعات داخلها ومن خلالها بتكوين هوياتهم، أو فهمهم لذواتهم والتعبير عنها وحمايتها. وتعتمد الدراسات الثقافية اعتماداً شديداً على تلك الاتجاهات الفكرية في معالجة قضية الهوية، التي تتشكل فيما يسمى بالتصورات التقليدية للهوية، تفترض هذه التصورات التقليدية أن الذات شيء مستقل بنفسه، نظراً لكونها ثابتة ومستقلة عن المؤثرات الخارجية جميعها، فالدراسات الثقافية تعتمد على تلك الاتجاهات التي تؤمن بأن الهوية عبارة عن رد فعل لشيء خارجي ومختلف عنها (أي الآخر)[15].

يكشف المكان من خلال ما تقدم في قصص إبراهيم إسحق ردة الأفعال الخارجية وأثرها في جدليات الصورة الفنية، وينصهر مع مكونات العناصر الفنية الأخرى، مبرزاً هُويته البنائية عبر عِدَّة مكونات بصرية تشمل:

1 – وصف الطبيعة بصحاريها ووديانها وقراها ومزارعها وأسواقها وأشجارها.

2 – يسهم في انطلاق بنيات الأحداث السردية.

3 – يبرز المكان فكرة التوالد للقصة الواحدة ويجزئها إلى قصص أخرى ذات صلة بالقصة الأصل.

4 – يطالع السياق الاجتماعي، بمعنى أن الكاتب راهن على

كتابة قصص اجتماعية مقترنة بالتاريخ الاجتماعي والثقافي لمجتمعه المتخيّل.

5 ـ استناد القصص إلى راوٍ عليم، يدعم مروياته من رواة آخرين يعطونه شهادات سردية حول موقف ما مرتبطاً ارتباطاً قوياً بالموقف الاجتماعي الأول.

6 ـ تتحرك الشخصيات في سياق اجتماعي، أي إن الشخصيات جميعها تلعب دور البطولة بحسبانها جزءاً أصيلاً في صنع الحدث. إضافةً إلى بنائها جماعياً، لأنها وليدة بيئة مكانية تتأثر بصورة مشتركة في إحداثيات قضية اجتماعية ما وتحتفظ بذاكرة ثرة بالتاريخ الاجتماعي.

7 ـ يكشف المكان عنصر اللغة الدارفورية، وهي لغة الجماعات الثقافية القاطنة حزام دارفور، حتى في حالة انتقال أحداث القصص من مكان إلى آخر نجد الشخصيات تحتفظ بلغتها الأم، وهي متحركة خدمت النصوص، وأبرزت ثقافة نسيج اجتماعي متداخل مع جماعات ثقافية أخرى متعددة.

8 ـ أظهر المكان محور الشر في القصص المقترنة بالحروب الأهلية والنزاعات القبلية، حتى القصص التي يلعب فيها الحيوان دوراً بارزاً لا تخلو من فعل الشر.

9 ـ كشف المكان عبر متغيراته المتعددة قضايا الرق، العتق، السرقات، الاحتفالات الشعبية، وقضايا الإدارة الأهلية، لأن التغيرات التي تطرأ فجأة فتحت مجالاً لتداخل موضوعات أخرى اجتماعية.

10 – حضور مجالات الفولكلور في بناء القصص (الأدب الشعبي
– الطب التقليدي – الثقافة المادية – العادات والتقاليد والمعارف
والخبرات).

11 – أبرز المكان تعدد الرواة، أو بالأصح إن الشخصيات تلعب
أدوار الـراوي، تأتي الحكاية القصصية من أفواه رواة متعددين
وشخصيات متعددة لأن المنظومة الفنية في النصوص جُزء أصيل
في البنيتين (الشكلية والمضامينية).

12 – حضور تقنية أساليب الاسترجاع السردي (الفلاش باك)
وتدعيمه للأحداث الحاضرة المزيد من طرق الحكي.

توضح هذه النقاط الدور الذي يتحرك فيه المكان داخل بنيات
النصوص القصصية، لأنه عنصر أساسي ومتفاعل مع العناصر
الفنية الأخرى ومتغيّر باستمرار، وفي كل تغيّر يكشف المكان قضية
اجتماعية جديدة تندرج مع قضايا أخرى ذات صلة بمجتمع (الدكة)،
تعمل هذه النقاط في قصص المجموعات الثلاث على وتائر سردية،
أي إن النقاط التي تم حصرها تتوافر في المجموعات وتتفاعل بصورة
متداخلة منسجمة مع بعضها بعضاً، ففي مجموعة (حكايات من
الحلالات) التي تضم اثنتي عشرة قصةً يلاحظ في قصة (عائلات)
دور هُوية المكان بصورة مجتمعة في بناء القصة، حيث يحكي
الراوي عن نفسه وزواجه الذي أجبرته والدته على الزواج بنسابة في
حالة شجارٍ مستمرٍّ، تزوج (حرّانة)، مجبراً، وحكى عن شجارها مع
زوجها الذي ضربته حتى خُبل، يفصل الراوي الأسلوب الأول في
الحكي، ويأتي بحكاية ثانية عن شخصية (مريومة)، يقول عنها: (يوم

ختلت وضربت ضرتها بفاسٍ)، ويعلق على هذه الحوادث واصفاً نفسه بأنه سليل ناس قتالين، وزوجته سليلة ناس مخابيل، ويواصل في سرد حادثة أخرى حينما يقول: (أم حرّانة كسرت يدي حرّانة بفاسي)، تدور هذه القصة حول فعل الشر بين أسرتين جمعتهما علاقة الزواج، وتمضي القصة في إطار السياق الاجتماعي المتحول حول فعل الشر المهيمن على البنية السردية. وضح المكان الجوانب النفسية للشخصيات مبرزاً أفعال الشر بينها، داخل العائلة الواحدة، صار فعل الشر بمثابة معتقد لدى أهالي قوز الطلح بأن الغرباء مخبولون. واجه هذا الفعل نقيضه الاجتماعي بأن العائلتين ليستا مخبولتين في تعليق الراوي الأخير على فعل الشجار: (من الذي يصدقني ويصدقها الحين، فيأتي في بيتي، يا رب.. يأتي ينزع عني وعنها حبالهم؟.. فقط لو يصدِّق أحدهم.. متى، وبمن منا سوف يبدأ، ليصدق وفي أي شيء تصديقُه؟.. أم أنه سوف يسأل عن من؟..) هذه الجملة تنفي فعل الشر، بحسبان أن أهالي قوز الطلح صدقوا الإشاعات بأن هذه الأسرة تواجه خُبلاً، وهم عكس ذلك، أبرز المكان هنا جدليات أفعال الشخصيات بين الشر والخير، جانب آخر أبرزه المكان عندما قدم الراوي اعترافات لأفعال حدثت في الماضي عبر حكايات متنقلة الأمكنة.

ففي قصة (القصاص في حجر قُدُّو) تناقش القصة قضية قتل له مسببات اجتماعية ومرارات قديمة، يفاجئنا الكاتب بتقنية الاسترجاع السردي، حيث بدأت القصة بسرد تفاصيل حيثيات القضية في محكمة قُدُّو، ويمدنا الراوي بتفاصيل الأحداث التي جرت أثناء جلسات المحكمة، القيمة المعرفية التي تناقشها القصة ليس في الجلسات

القضائية، كما هو بارز في النص، إنما القيمة المعرفية تطرح مسألة اجتماعية هزت مجتمع قُدُو، وجعلته يترصد فاعل الجريمة. وهو سائق اللوري الذي عشق بائعة الفول وراضاها بالهروب معه إلى أم درمان ليمارس معها الجنس، وسرعان ما تخلى عنها وتركها في بيوت الدعارة يطؤها أصحاب الهوى، وظلت الفتاة موجودة في هذه البيوتات إلى أن كشف أمرها حمزة السمسار الهوساتي وبلغ أهلها. ثم اغتيلت من شخص مجهول، وأصبح نبأ وفاتها ومسبباته منشوراً في صحف اليوم. من هنا قرر التكروري أخذ الثأر من سائق اللوري، الذي قادته أقداره إلى قُدُو وبدأت المناوشات بينهما في بئر قدو إلى أن أسقط سائق اللوري في البئر. هذه الحبكة المكانية وضحت مسببات القتل، وعكست صورة فنية عن بيوتات الدعارة في ذلك الزمان، إذن إن الحبكة أرّخت لتاريخ اجتماعي من وجهة نظر سردية، بمعنى أن القيمة المعرفية للنص أبرزت هُوية المكان وما يثور فيه من قضايا اجتماعية متمثلة في قضية الشرف.

ففي قصة (الجَدّ) تبرز هُوية المكان حينما يحكي الراوي عن التاريخ الاجتماعي لأهالي منطقته، وترد في سياق السرد حروب الجماعات العرقية والتركيز بشكل أساس على مسألة الرق كجزء أخذ حيزاً كبيراً في مسارات الأحداث السردية. عبر هُوية المكان ناقشت القصة مسألة الرق، وهو من القضايا الاجتماعية التي حفلت بها العديد من الأعمال الأدبية (رواية أو قصة)، تناقش قصة الجد مسألة الرق ما بعد قوانين الاتفاقية التي ألغت ممارسته، وفرضت عقوبات رادعة من يخالف شروطها، أي إن القضية تتحدث عن الأرقاء الذين تم تحريرهم وظلوا منصهرين في مجتمع الأسياد. أعتقد

أن القصة التمست هذا الانصهار في واقعنا المعيش، حيث توجد العديد من العائلات مستقرة في قلب المجتمع تتداخل معه وتشاركه أحزانه وأفراحه، بل وترتبط شرعياً به. إن القصة من خلال المكان ركزت على قبول الآخر في إطار هُوية مجتمعية بين الأفروعرب.

في قصة (بئر أولاد أبو قطاطي) يستهل الراوي المروية بحدوث سقوط ولد من أولاد القرعان في البئر عندما كان الراوي يطالع في كتاب الأغاني للأصفهاني وصراع نصارى نجران ويهود يثرب، يقابله في الواقع المعيش صراع سفهاء الأعاريب الذين ابتلاهم ربهم بشراب المريسة والتنازع على الصغائر، ويصبح المكان هنا عبارة عن بؤرة تنطلق منها الأحداث، ويفتح تنقلاتها على سياقات مجتمعية متعددة مثقلة بالصراعات التاريخية.

تتجلى هُوية المكان في الثلاث مجموعات في العناوين واستهلالات النصوص المأخوذة من أقوال آخرين نجدها تهتم بالمكان، ففي مجموعة (ناس من كافا) نلحظ حضور المكان في عناوين النصوص (الفجوة في حوش كلتومة، الحياة وشجرة الهراز، الراقد تحت السرو، والرجل في سوق أم دفسو) وغيرها من القصص المكانية التي تناولت قضايا اجتماعية وسياسية، وثقافية وفلسفية وتاريخية، تجليات هُوية المكان تأخذ أبعاداً مجتمعية مختلفة تتبادل فيها الشخصيات طرق الحكي ومناقشة القضايا التي تخص المكان. نلاحظ أسلوب هذه المناقشة في قصة (محاربة المؤذن العجوز) الذي منع المصلين من دخول المسجد لأداء الصلاة حاربهم وحاربوه، وفي الأخير تمكنوا من الدخول عندما وجدوه ميتاً، وهو حرمان لأن المؤذن منع المصلين

من العمل الصالح. ولم يرغب في إمامتهم، ولم يعد يرغب أيضاً في إرشادهم، أصبح كأنه يقول بأنه قد يئس منهم، ولم يعرف لهم حلاً ولا هو قادر على التكليف، وقرر أن يخلي سبيله.

في قصة (رواغ على درب السمبرية)، نلحظ وجود النسوية (Feminism)، وهي قضية إنسانية اهتمت بها المواثيق الدولية اهتماماً بالغ الأثر كاهتمام الكاتب في متون محكياته لمجموعة من النساء يلعبن دوراً بارزاً في مجريات الأحداث، ويمثلنَ نقطة ارتكاز ينطلق منها الراوي محاوراً ومجادلاً لهن في قضاياهن، بحسبانهن يمثلن سلطة أنثوية مساوية للسلطة الذكورية.

أعطى هذا التناول مضمون السرد أبعاداً إنسانية في غاية الأهمية، لأن موازين المرأة طاغية على السلطة الذكورية، حيث أبرز الراوي حقوقهن في العمل والزواج ودورهن في المجتمع، إن القصة قدمت نموذجاً إنسانياً من وجهة نظر أدبية تطابقت مع اعترافات المواثيق الدولية في الشأن الأنثوي، استندت القصة إلى مرجعيات معرفية نافذة في الحركات الاجتماعية والأيديولوجيات السياسية، أعطت هذه الإحالة المرجعية مضامين السرد القصصي مفتاحاً مساهماً لدور الذات الأنثوية في مجتمع آل كباشي واعترافه بحقوقها مبرزاً دورها، ومعدّداً محاسنها في تاريخ المجتمع، إضافة إلى ذلك كثّف الكاتب متواليات سرده عن حكاية كل امرأة.

اتكأت المرجعية الثانية الأساسية للقصة على مرجعية شعبية نلحظ كلمة (رواغ) أخذت معنيين مهمين في مضمون السرد الأول:

تعني الخداع والمكر، وهو معنى وارد في القصة؛ لأن أي علاقة بين امرأة ورجل في متنها قائم على خداع أحدهما للآخر، والثاني: (الرواغ) المقصود به رواغ الموية أي تنظيفها وإزالة الرواسب العالقة من طمي وخلافه، وهو وارد في المتن (تشوفيني رواغا يكوس الموية.. والشوقارة وبانت لو سمبرية متوجّهة محل ما تروح هو برضو بروح)، هنا قَرَّب الكاتب بين الإحالات المرجعية الشعبية في تأْطير قصته، حيث أشار إلى الشوقارة وهي رحلة معروفة لدى البدو الرحالة في غرب السودان، وتحديداً الكبابيش، وإيلافهم لثلاث رحلات في العام وهي: (الشوقارة، والنشوغ، والموطأ)، وعند أهل دارفور تعني الرحلة (الحوامة) وهي مواقيت شعبية يدركها البدو خلال العام بحثاً عن المراعي الخصبة ووفرة المياه، إن مُسمّى القصة (رواغٌ على درب السمبرية)، ناتج عن تتبع طائر السمبر الولوف لجماعات الرحل، وهو طائر يألف الحياة بالقرب من البشر بحثاً عن الحماية والأمان، إذن ارتباط المعنيين، المرجعي والشعبي ووجوده في متن القصة يوضِّح تآلف الذات الأنثوية مع ذات ذكورية، وهو ما حدث بالطبع من الارتباط الشرعي بين الجنسين، كما أشارت القصة. وعليه يفاتحنا الراوي بمحكية سردية لإحدى شخصياته، وهي (قماري بت هلال)، ثم يمدنا بخلفيات تاريخها الاجتماعي ومجيئها لمجتمع الدكة والانصهار فيه، حينما قال: (فاتنة جمعت بين السافل والصعيد، أصول أمها من الجلول أهل الوخايم وأبوها من مسيرية نطيقا... هلال أبو منقة السروجي وزوجته وبنته وزوجها سكنوا في حي الوادي قبل سنتين... لم يرها الناس إلا نادراً... أبوها اندس في دكان يعقوب السروجي فشاركه، وأمها زحفت في مظلة حمامة بت

خاطر على سوق الحريم حتى تمكّنت.. زوجها يحفر الآبار ويعرشها وينظفها... رأيته مرات كثيرة... كان شاباً في الثالثة والثلاثين حازم النظرات يقضي نهاره كله يطلع من بئر ليدخل في بئر لا يعيا. عامنا الفائت أكلته بئر أولاد نورين... الدكة بأسرها انبهلت إلى الوادي لما سمعوا الخبر...)، يعكس هذا التاريخ الملمح الإنساني لمجتمع الدكة وعنايته بالغرباء مما أعطى (قماري)، الحق الكامل والانصهار في المجتمع بزواجها من مسعود.

تمتد سردية الراوي ذاكرة شخصية (حسنية) وصبرها سبع سنين على صافي الدين وأم عيالوا النقناقة حتى حملت منه، وهو استمرار لدورة الحياة واستمرار ديمومتها.

يعطي الراوي في محكيته الثالثة عن (حمامة بت خاطر) التي بلغت من العمر خمسين عاماً وزيادة حتى ظن الناس أنها تضكرت حينما قال عنها: (طيبة طيبة كلامها بارد ونفسها هادئ لو كان يستشيرني فراج دقدق حارس السوق لنصحته أن يتزوجها... يا راجل لا تترك آخر عمرك هذا وعمرها يروح هباءً منثوراً). وقول الراوي عن ذات أنثوية رابعة: (خضيرة بت بحر الدين)، التي تحملته أربع سنين، ثم طلّقت نفسها إثر نوبة غضب كادت تأتي فيه على بوبا ولد صالح.

تنفتح محكيات النساء مجدداً، ويقدّم الراوي في محكيته الخامسة شخصية عمّته (كلتومة) المنفردة في مجتمع آل كباشي كأنها سمبرية نصحت بزواج الفكي البصير الراجل الوسيم الصالح، قبلت النصح فتزوجته في ثلاثة أيام.

تتعدد أبنية القصة الفنية من امرأة إلى أخرى، ومن مكان إلى آخر، مبرزاً قيمة الترابط الإنساني في بُعديه الفلسفي والشعبي.

جملة القول إن (رواغ على درب السمبرية) رحلة بحث إنسانية متآلفة بين ذوات أنثوية وذكورية.

ففي قصة (راعيات عنز كردفاليات) يحكي الراوي عن شخصية علي ود صويلح الذي قدم من الفتيحاب واستقر في مستوطنه العبابدة في الغرب، ويقول عنه إنه جلابي متنقل يجلب البضاعة من أم درمان إلى أرض العبابدة والعكس، ثم يرتبط بأواصر زواج بنات العم (بهية وذكية)، ويزف في يوم واحد على البنتين، ويخبرنا بأن أمه من عجيجة، مما مكنه من الارتباط بزواج الفتاتين في يومٍ واحدٍ. يناقش النص تداخل الجماعات العرقية بين شخص أم درماني وامرأتين من الغرب. يأتي الكاتب لسرد هذا التداخل بناءً على تقنية الاسترجاع السردي، أي يبدأ القصة من وفاة ود صويلح ودفنه في مقابر حمد النيل، من هنا تسترد القصة أحداث البدايات والتنقلات المكانية بين الغرب وأم درمان قاصدة ترابط الهوية الاجتماعية.

وفي قصة (تسعيرة قارورة بلالاوية) يقول عنها محمد المهدي بشرى في مقارنته للآخر: «نجد الآخر ينتمي للبلالاويين وهم قبيلة شائعة في تشاد، وعلى الرغم من طول مساكنة البلالاويين لآل كباشي إلا أنهم ظلوا غرباء، وقد ظل هؤلاء منغلقين على أنفسهم بسبب العزلة التي فرضها عليهم أهل الدكة، وفيما يبدو أن آل كباشي والكافام يترفعون عن محض عمل يدوي، وعندما اشتد أوار الصراع

بين شباب الدكة خشي الجميع من حدة البلالاويين، وها هي ستنا تقول صراحة: (بلاوي البلالاويين وشبايكهم كتار رب السترة يستر على الدكة من الجاييها السنين ديل). وتتحقق نبوءة ستنا بمقتل شمسين على يد ثلاثة من الرجال القرعان»[16]، تجسد القصة مقتل شمسين على يد حمودة رغماً عن الصلح الذي عقد بينهما، نقضا القسم واشتد بينهما الصراع بناءً على تأجيج الفتنة من قبل أحمد فضل لحمودة؛ لأن الصراع احتدم حول الفتاة (عشوشة) ذات الجمال الفاتن التي عشقها حمودة ولم ترض به، إنما تعلق قلبها بشمسين، الذي تزوجها وأنجب منها طفلاً قريب الشبه من والده، والجدير بالذكر أن القصة احتفلت بفنون الأداء الشعبي (الرقص) وممارسة البطان بالخيزرانة بين شمسين وحمودة لإثبات الرجولة وتحمل الضرب، إضافةً إلى توظيف القانون العرفي (الجودية). إن المكان عكس في هذه القصة محور الشر والثقافة الشعبية بفنون أدائها وقانونها العرفي. ففي قصة (النزول في كريو) يناقش الكاتب حياة كرومة ود شاخوت البرقاوي القادم من مكوار ونزوله في الخروبات قبل ثلاث سنين أو أربع، داخله الراوي حمدان فحذروه بألا يعاشر الغرباء: (يا حمدان أوعك منو برقاوي وحيداني رطاني)، ظل كرومة منعزلاً في مجتمع الدكة، سفه الراوي هذا الرفض وعايشه رغماً عن العزلة المجتمعية التي واجهته، ثم تآلفا، مما لفت نظر شيخ الحلة والمؤذن وحسان وعبد التواب لهذه الصداقة، وازدادت أكثر قرباً خلال سنوات زرع الخرائف وحصاد الدرت، حتى ظن أهل الدكة أنهما صديقان منذ أزمان سحيقة، قررا النزول إلى كريو بصحبة عبد الكريم لبيع محصول السمسم، وعندما بلغوا سوق كريو أنزلوا بضاعتهم من الجمال، إذ تفاجؤوا بحية لدغت

كرمة، وأسعفه المعراقي، لكنه لبى نداء ربه راضياً مرضياً. من هنا بدأت القصة ترسل إشارات قبول الآخر، حينما اعتنى مجتمع الدكة بأبنائه وزوجته وتكفلوا برعايتهم.

أبرز هنا الدور الاجتماعي بأسرة البرقاوي الدخيل على الدكة، ويؤكد ذلك الراوي بصيغة سرد جماعية: (سألونا عنه قلنا لهم: أخونا برقاوي من مكوار لا نعرف نسبه، لكنه كان أخاً لأهل الخروبات لثلاث سنين وترك لنا أولاده. ونحن وحدنا حتى الآن كفلاؤه، تجار كريو استكتبوا له دفاتر لم يكن كرومة ليحصلها في عشرة أعوام دؤوبة). وسعت القيمة المعرفية للقصة دائرة التعاون الاجتماعي والتوادد والتسامح والتكافل بين الجماعات العرقية، يدل المحتوى العام للقصة على الترابط والوحدة المجتمعية، أصبح لدى أبناء كرومة عشرات الآباء والأمهات، وبلغ الانصهار بين مجتمع آل كباشي وأبناء البرقاوي عندما زوجوا ابنته إلى زايد: (شاركتنا حلالات السمرايات وقوز الطلح، أكدنا لهم بأننا سنعينهم على تربية الصغار، وليسمونا أهلنا كما نسميهم يا أهلنا، إذن قصة (النزول إلى كريو) عالجت موضوع هوية المكان الاجتماعية في أسلوب عامر بالمحبة وروح التعاون.

في قصة (الرحيل من شارف) تتناول القصة محور الشر، بظهور الورل في أعلى الجبل، ظهوره مسخ عليهم حياتهم، لأنه يمارس فعل الرضاعة للأغنام والماعز، قرر أهالي شارف الرحيل أو التخلص منه، مترصدين ظهوره من وقت لآخر. أثناء الترصد والمراقبة يمدنا الراوي بحكايات عِدَّة في مناطق أخرى تشير إلى

ظهور هذه (الحية). فهي حكايات متقاطعة مع الحكاية الأولى، وتعكس بشكل مباشر إدلاء الحدث بفعل الشر، استعانت النسوة في جبل شارف للقضاء على الورل بخبرتهن الشعبية، حيث جمعن عشبة سامة، واستعن بخبراء الجيولوجيا أيضاً. بعد هذا التخطيط المسنود إلى خبرات شعبية في القضاء على الورل توقف الراوي عن سرد الحكاية، ويظل الحدث يدور في حلقات سردية عن مضرة الحية لأهالي شارف، كأن الكاتب أراد أن يقحم قصته بارتباط المكان بفعل الشر وتكثيف الأحداث حول حكايات أخرى عن الورل. حدث تجميد عام للعناصر الفنية، وظل التحرك على مستوى الحدث فقط، يدور حول حكايات دائرية متعددة عن ظهور الورل في بلدان أخرى عمقت الحكاية الدائرة الأولى، وأضافت إليها حكايات أخرى. وفي قصة (الانتداب للبيات في الرميمات) تنفتح القصة من بدايات الاستهلال على أفعال شريرة تتمثل في الصراعات القبلية وعمليات النهب المسلح والقتل والثأر. تكشف أحداثها هوية مكان مفتوح على إثنيات عرقية تحدث بينها نزاعات حول التمدد الدعوي والزراعي وسطو عمليات النهب التي تمددت في مناطق الغرب في العقدين الأخيرين، قيمة القصة المعرفية تكمن في تناولها لواقع اجتماعي خارج سيطرة القانون (السلطة) وممارس للقتل والنهب بصورة مستمرة أثرت في الاستقرار الاجتماعي، ودفعت العديد من الجماعات إلى التعدي وأخذ ثروات الآخر عنوةً، كما تكمن قيمتها أيضاً في اقتحامها لواقع متفلت مدفوع من سلطة سياسية أرادت غرس الفتن بين الجماعات. أعطت القصة صورة مكانية حية عن واقع اجتماعي تتعقد فيه طرق الصلح.

ففي مجموعته القصصية (عرضحالات كباشية) أخذ المكان حيزاً

واضحاً في طرح القضايا الاجتماعية والفلسفية والإنسانية، وهي قضايا حملها المكان من الدكة وكافا إلى أماكن جغرافية أخرى مثل شندي، سنار، أم درمان والخرطوم، ففي هذه المجموعة ينال المكان هُويته الاجتماعية حول قضايا معاصرة زعزعت استقرار الوطن. تطالعنا في المجموعة قصة (الطريق إلى أم سدرة) بجريمة قتل مجهولة الجاني، وتأسس على غرارها أحداث المرويات التي تلي ذلك، ثم تكشف الأحداث مبرزة ممارسات الجنجويد وما يمارسونه من قتل ونهب في إقليم دارفور، يقول الراوي: (جابو سبعة سواقين ومساعدين الباقيهم صدرت ليهم الأوامر ركبوا اللواري وطلعوا، بقينا، القايد وحراسو الثلاثة وأنـا، قال لـي: يا جاموس رشهم.. رجف يدي على الكلاش واحد من حراسو ديلاك كب علي محل بتنطط ومرعوب كلو خزنة كاملة وشوف عينيا عبأ الخزنة تاني زي المشوطن فكيت كل الخزنة العندي فوق السواقين والمساعدين). تناقش القصة وغيرها من قصص المجموعة الإشكاليات التي تواجه الدكة وكافا وما جاورها من أماكن أخرى، الوجه الدامي الذي يفعله الجنجويد في زعزعة الاستقرار.

تحفل جميع القصص الوارد ذكرها في المجموعة (الأشباح، ملوك سوق القصب، سبحات النهر الرزين، تباريح السعالي والسحالي، تخريجات على متن الظاهرية، الطريق إلى أم سدرة، مسطرة القليب، بدائع، بلية العجيج ولد عجيجان الناجري، حلحلة اللواحق من رأس القناديل، وبالعد إلى حد المد) بالمكان كعنصر أساس في تحريك الأحداث ومستوى تنقلاتها إلى أمكنة أخرى، كما يبرز المكان القضايا

المجتمعية وما صاحبها من منازعات قبلية وانتهاكات جسدية ناتجتين عن ممارسات الجنجويد في مجتمع الدكة والمجتمعات المتاخمة.

استنتاجات:

يجدر في ختام هذه الدراسة الإشارة إلى نقاط أساسية وحدت مضامين السرد في المجموعات القصصية الثلاث:

أولاً: تأثرت القصص بالمكان، وظل البطل الأساس في عناصر القصص، والمحرك الباعث للأحداث، باعتباره موزعاً بين أمكنة أخرى متعددة، وأبرز من خلالها سياقاً اجتماعياً بكل محمولاته الفكرية.

ثانياً: تأثرت القصص باهتمامات الكاتب بمجال الفولكلور، حيث نجد أثر السرد الإفريقي الناتج عن دراسته الذائعة الصيت (الحكاية الشعبية في إفريقيا). استفادت مجموعاته القصصية من الدراسة بشكل مباشر أو غير مباشر من طرق البناء القصصي المهتم بفئات اجتماعية متداخلة ومتقاطعة قضاياها مع جماعات أخرى. ومن هنا وفقت المجموعات في طرح مسائل الهوية، بحيث إن مضامينها نادت بها، نسبةً لاهتمامها بالسياق الاجتماعي.

ثالثاً: شيدت القصص أساليب سرد حكائي ناتجة عن مخزون ذاكرة البيت ونشأة الكاتب، وهي ذاكرة عامرة بمجالات الثقافة الشعبية المثرية مضامين قصصه، شكلاً ومضموناً.

رابعاً: تأثرت المجموعات أيضاً بدراسته (هجرات الهلاليين من

جزيرة العرب إلى شمال إفريقيا وبلاد السودان)، أسهمت الدراسة في شحذ القصص بالتاريخ الاجتماعي والثقافي والتنقلات من سياق بيئة مجتمعية إلى أخرى.

خامساً: تترابط مضامين القصص بشخصيات ورواة تربطهم صلات اجتماعية وقضايا محلية نابعة من صميم سياق البيئة. كما وضح الترابط جانب اللغة الجامعة للجماعات الثقافية من ميدوب، ومساليت، وزغاوة، وتاما، وهوسا، وتنجر، وبرقو، ومراريت وغيرها من اللغات التي تخللت الحوارات السردية، ودعمت محتويات السرد المزيد من توصيل الرسالة الإبداعية للقارئ بصورة واضحة.

سادساً: اهتمام القصص بقضايا الجندر على سبيل المثال لا الحصر، (قصة رواغ على درب السمبرية) التي اهتمت بشؤون المرأة الدارفورية، وهو اهتمام ناتج عن أثر الحركة النسوية في الأدب.

الهوامش:

1 – ابن منظور، لسان العرب (معجم): ط 4 (مادة مكن)، ص 113.

2 – أنطـوان نعمة وآخرون، المنجد في اللغة العربية المعاصرة (مادة.مكن)، ص 1351.

3 – سورة مريم، الآية (22).

4 – سـمر روحـي الفيصل، بناء الرواية: دراسـة بنيوية شـكلية: الشارقة، دائرة الثقافة، 2012م، ص 24.

5 – ضيـاء عبد الرزاق أيوب، آزاد عبد الله، الزمان والمكان في القصة القصيرة في أدب زهري الداوودي، موقع www.researchgete.net زاره الباحث بتاريخ 2021/7/4م.

6 – نفسه.

7 – معاويـة البـلال، الشكل والمأسـاة: دراسـة فـي القصة القصيـرة السودانية: الخرطوم، الشركة العالمية للطباعة والنشر، 2001م، ص 76. (نقل بتصرف).

8 – هاشـم ميرغني، بنية الخطاب السردي في القصة القصيرة: الخرطوم، شركة مطابع العملة المحدودة، 2008م، ص 197.

9 – نفسه، ص 197.

10 – المصدر نفسه، ص 198 – 199.

11 – محمد المهدي بشرى، الرواية السودانية في 60 عاماً، الخرطوم، دار جامعة الخرطوم، 2015م، ص 22.

12 – محمد المهدي بشرى، المصدر نفسه، ص 227.

13 ــ معاويــة نور، الأعمال الأدبيــة الكاملة، الخرطــوم، دار الخرطوم للطباعة والنشر والتوزيع، 1994م، ص 370.

14 ــ غاســتون باشــلار، غالب هلسا (مترجم)، ط 2، جماليات المكان، المؤسسة الجامعة للدراسات والنشر والتوزيع، 1984م، ص 35 ــ 37 ــ 39.

15 ــ أندرو إدجار، بيتر سيد جويك، هناء الجوهري (مترجم)، موسوعة النظرية الثقافية المفاهيم والمصطلحات الأساسية، المركز القومي للترجمة، 2006م، ص 701.

16 ــ محمد المهدي بشرى، مرجع سابق، ص 233 ــ 234.

المصادر

1 – إبراهيم إسحق، ناس من كافا، مركز عبد الكريم ميرغني الثقافي، 2006م.

2 – إبراهيم إسحق، حكايات من الحلالات، هيئة الخرطوم للصحافة والنشر، 2013م.

3 – إبراهيم إسحق، عرضحالات كباشية، هيئة الخرطوم للصحافة والنشر، 2011م.17

الفصل الثاني:

ملامح التجريب في القصة القصيرة المعاصرة

مغامرة الكتابة.. مغالبة الواقع

عامر محمد أحمد

المقدمة:

تحاول الدراسة قراءة تجربة القصة القصيرة السودانية التاريخية ومراحل تطورها، كما أنها لا تحاول أبداً تأطير قراءة محددة في التعرف إلى آفاقها ورؤاها وتجربتها وتجريبها، ما فشلت فيه وأصابت ونهضت، ثم انزوت وعادت بأشكال مختلفة من قصة قصيرة إلى قصة قصيرة جداً، كان سؤال الحرية والتغيير في كل عهودها المتعاقبة السؤال المركزي لكتّاب القصة القصيرة منذ بداياتها في مقاومة ومقارعة الاستعمار، وفي البحث عن حداثة مفقودة وشكل ومضمون مختلفين في معالجة القضايا الفكرية والاجتماعية والثقافية في وطن متعدد. تقرأ الدراسة الخطاب القصصي، في تتبع آثار الرواد ومن كان حقيقة في مقدمة تأسيس قصة قصيرة من خلال التجريب للخروج من السائد والمألوف، ولا زال سؤال القصة القصيرة

وموقعها في السرد مطروحاً ويسعى كتّابها في كل يوم عن موقعها في ظل انتشار الرواية، بجلوسها في مقدمة الأدب المكتوب. واقترنت القصة القصيرة السودانية منذ بداياتها المؤرخ لها عشرينيات القرن العشرين وأحياناً ثلاثينياته، بسؤال التنوير وأسئلة الهوية العربية والإفريقية في مقابل الغرب الاستعماري. ركزت الكتابات الأولى على كشف البؤس الاجتماعي وعلاقة الريف بالمدينة وكان سؤال الفعل الاجتماعي والدعوة لدخول عصر النهضة الحديثة، هو الشغل الشاغل لآباء تأسيس الكتابة السردية والنقدية. جثوم الاستعمار على الصدور، وكان لتأثير كلية غردون والثقافة المصرية الدور الكبير في وضع الكتابة السودانية في مسار مختلف بعيداً عن ركاكة العصور القديمة واللغة الهجين بين العامية والفصيح، كما ظهر في كثير من المدونات التاريخية كقصص تحكي عن الفترة التركية والمهدية في السودان.

قصة حديثة:

يقول الدكتور مختار عجوبة في كتابه (القصة الحديثة في السودان) بأن الدكتور عبد العزيز عبد المجيد أشار إلى أن «بظهور الدعوة إلى قومية الأدب بدأت القصة العربية تأخذ استقلالها في مرحلة التشكيل والاكتمال والنضج»، ويضيف عجوبة: «وفي السودان بدأت القصة القصيرة من هذه المرحلة التي بدأت بالعشرينيات، واستقل فيها الأدب المصري بمادته في مجال القصة القصيرة، فأدباء السودان لم يتجهوا إلى الترجمة، وإنما وصلت إليهم القصة القصيرة العربية وقد اكتمل

تطورها المستقل وظهرت معالمها»، ويشير الدكتور عجوبة إلى أن «الصحافة المصرية المقروءة لدى السودانيين لم تكن المصدر الوحيد للاطلاع على القصة القصيرة، فقد تمكن كثيرون من الاطلاع على الأدب الإنجليزي وقراءة نماذج قصصية، إما مؤلفة بالإنجليزية أساساً، وإما مترجمة عن الفرنسية»[1]. هذه الخلفية التاريخية للقصة القصيرة، تمثل بداية تقليد نماذج في الشكل مع اختلاف في المضمون واستمرارية لقالب قصصي لكتّاب حاولوا كثيراً وضع القصة القصيرة كفن جديد في خارطة الكتابة السودانية، وكانت هناك محاولات واجتهادات لكتّاب منهم من برع في السياسة والفكر مثل محمد أحمد المحجوب وزميله عبد الحليم محمد في كتاب (موت دنيا)، كان الشعر في تلك الفترة الصوت الأعلى شعبياً، ووضعت الليالي السياسية والجمعيات الأدبية للشعر منصة عالية ينظر من خلالها الشعراء لأزمات مجتمع يكبله الاستعمار، وفيه يحارب التعليم حتى لا يبصر الناس مآسيه. ويؤكد عرفات محمد عبد الله في كتابه (قل هذه سبيلي – مجموعة مقالات)، وفي مقال بعنوان «الشعر القومي»: «إننا أمة فتية تود النهوض، وفي النفوس حاجات، وبين الجوانح قلوب لا يصح أن تكون مرتهنة أبد الدهر عند الآرام والغزلان، بل يجب أن تحقق في كل حين عطف أمتنا التي اكتنفها الأدواء من كل جانب، وابتليت بشتى الرزايا وليس بأخفها عقوق البنين، وفي الرؤوس عقول من حق الوطن تشحذ وتجهد فيما يصلح هذه الأمة». ويضيف عرفات: «والشعر والنثر صنوان والكُتّاب جياد سباق في حلبة الخدمة، فكما يطلب من كُتابنا أن يطرقوا شتى المواضيع فيما يسطرون فكذلك الشعراء.. والعبء مقسم بين الفريقين ومجال القول

ذو سعة». ويضيف عرفات محمد عبد الله: «وأمامكم عاداتنا في البيت والسوق في الزواج والطلاق.. أمامكم الفتاة السودانية اهتموا بأمرها قبل أن تتشببوا بنهديها وخديها وعينيها، أمامكم المجتمع السوداني بأسره مليئاً بالصور، بعضها زاه زاهر، وبعضها مظلم قاتم، أمامكم سينما لا تنفك عن الدوران»، ويسأل محمد عبد الله: «أصحيح أن مجتمعنا فقير في مادته لا يستطيع الأديب أن يستوحيه نثراً أو نظماً، أنا لا أظن ذلك، بل لنجعل من هذا العصر مادتنا التي نبني منها أدبنا، لنجعل أمراضه العديدة همنا الأول، نسعى من أجل إصلاحه، ونموت في سبيل إصلاحه»[2].

التأسيس.. الذات والآخر:

كانت البدايات صعبة لرواد القصة القصيرة السودانية، وتمثل ستينيات القرن الماضي مرحلة التأسيس الحقيقي لسؤال القصة القصيرة، وسط مجتمع يشغله الشفاهي عن التدوين، والمحافظة عن الغوص في المجتمع وسبر غوره، كان المجتمع في حاجة إلى هزة عنيفة للخروج من النمط السائد في الحياة والكتابة، ابتدأت الستينيات في العالم بتمرد فكري وسياسي وثقافي، ورفض كامل لحياة الآباء التي أوصلت العالم إلى الحروب العالمية والاستعمار واستعباد الغرب للشرق، فكان لا بد من خلق بؤرة تلقٍّ واستعداد للتلقي ومحاولة المساهمة في هذه الثورة الفكرية والسياسية والاجتماعية والثقافية. لعبت الصحف السياسية دوراً عظيماً في التعرف إلى القصة القصيرة، واستمرت على ذات المنوال إلى وقت قريب، إذ

قامت الصحف السودانية بخلق جمهور للقصة والشعر والدراسات والحوارات والتقارير الصحفية، حتى عجزت عن المواصلة جراء التضييق عليها من النظام السابق، ويوم الملف الثقافي الأسبوعي يعتبر الأكثر توزيعاً في أيام الأسبوع للصحف، وكذلك الأكثر تأثيراً في تناول الشأن الثقافي في المنتديات العامة المهتمة بالشأن الثقافي. وفي كتابه (لغة الطفولة والحلم – قراءة في ذاكرة القصة المغربية – تحليل نماذج قصصية)، يقول الدكتور محمد برادة: «لا يمكن أن نعتبر القصة مجرد نص مستقل بذاته، مشتمل على حقيقة مادية مماثلة للإنتاج الفيزيقي، يمكن أن تنكشف بالتحليل والقراءة المحايدة، فمثل هذا التصور ينطوي على إغفال لطبيعة النص، اللسانية والإشارية، ولسياق تكونه داخل شبكة من العلائق النصية والاجتماعية واللغوية، تربط كل نص بأبعاد وعناصر عبر لسانية، وتجعل التأويل جزءاً لا ينفصل عن التحليل النصي»[3].

من هذا الفضاء ووصفه عند (برادة) يبدأ فضاء التجريب المشمول بعناية الجيل الثاني في الظهور على منصة القصة القصيرة، وقائمة هذا الجيل تطول حتى تحتوي على أسماء من كتاب القصة القصيرة، والملاحظة الواجب التذكير بها أن كل الأسماء صاحبة البصمة الباقية في سجل كتابة القصة القصيرة متجايلة في النشر، متباعدة في العمر، مختلفة في الثقافة العامة واحتراف الكتابة، وما بين التزام الراحل عيسى الحلو بالكتابة وأسئلتها الجمالية والفلسفة، هناك أسماء تظهر وتغيب في تكرار لا يتوقف أبداً في تاريخ الأدب السوداني، شعرياً وسردياً، وهذه متاهة أخرى من المتاهات تحتاج إلى العزيمة

للوصول إلى الخيط الرفيع بين الكاتب المحترف وغير المحترف والملتزم، ومن يحاول ولا يستمر، ويستمر ولا يكتب في قائمة من كتب لهم الاستمرار بمواصلة القراء متابعة ما يكتبون. ويشير الدكتور برادة إلى «هكذا كان السؤال المتردد باستمرار ما هو الشعر؟ ما هي الرواية، ما هي القصة؟ وانطلاقاً من الإجابة عن ذلك السؤال يقوم النص تقييماً خارجياً يحتل فيه الجهد التصنيفي المكانة الأولى، وكانت هناك أيضاً معايير الالتزام والتعبير عن الواقع والحقيقة، ومشكلات المجتمع ومسؤولية الكاتب في بلورة الوعي وشحذه»[4].

رواد التأسيس:

تعد المجموعة القصصية (مات حجر) للقاص والصحفي الراحل محمد سعيد معروف، في طليعة القصص المنشورة في صحف خمسينيات القرن الماضي، وأشار الكاتب في مقدمة الطبعة الثانية 1998م، إلى نشر هذه المجموعة من القصص القصيرة بصحيفة «الصراحة» في فترة الخمسينيات، ثم صيغت في كتاب بنفس العنوان، وقد نشرت منها قصص في صحف عربية، وترجمت إلى اللغة الروسية، وأضاف معروف بأن هذه المجموعة تعتبر من القصص الأولى الواقعية التي ظهرت في مدة الاستعمار الأخيرة، وهي أول مدرسة متكاملة للقصة القصيرة السودانية، من روادها عثمان علي نور وعلي المك والزبير علي وصلاح أحمد إبراهيم وخوجلي شكر الله والطيب زروق وآخرون، وأضاف محمد سعيد معروف: «في السنوات الأخيرة بعد استقلال السودان اتجه القاصون السودانيون إلى آفاق أخرى في الرومانسية والرمزية ولهم إنتاج وآخر بديع»[5].

وفي كتابه (المقاعد الأمامية والشتاء) – مجموعتان قصصيتان – ، أشار القاص الراحل الزبير علي في مقدمته إلى: «كتبت هذه القصص القصيرة في فترة الخمسينيات، وهي جميعها من الأدب الواقعي الذي يعنى بقضايا وحياة الناس، خاصة المسحوقين منهم، دون اللجوء إلى الزعيق أو الهتاف أو التقرير الذي يفسد العمل الفني، ويحوله إلى شيء آخر تماماً»[6].

البدايات والآمال:

من الصعب إخراج هؤلاء الرواد من دائرة التجريب والتجديد بحكم الزمان والمكان. ما كتب كان يناقش قضايا اجتماعية ضمن واقعية مسيطرة على مشهد الكتابة؛ لذلك فإن الصراعات الاجتماعية من سنن التغيير والاكتشاف في تلك الفترة، وتدور الكتابة حول الفقر وصراعات الأسرة وهجرة البنات من الريف إلى متاهات المدن، كما تضمنت إشارات هؤلاء الرواد إلى دولة ما بعد الاستقلال وآمال الحرية والانقسام السياسي، والصراع بين التقليد والتحديث، والعلاقة بين المدينة والريف وحياة النزوح الداخلية، ونجد مثلاً أن مجموعة (المقاعد الأمامية) الصادرة باسم الزبير علي في فبراير 1969م، لم تخرج من هذه القضايا الاجتماعية، كما أنها تميزت على مستوى العنوان ملخص الفكرة مع الاختلاف أحياناً في المضمون، ومن نصوص تلك المجموعة: أول المساء – السلاح – المقاعد الأمامية – وأضيئت المنازل – ارتقاشة – البرميل – الأوراق الدامية – الشارع – عام بلا عمل.

137

والزبير علي صوت مختلف في الخطاب وسط جيله على الرغم من ثبات القالب القصصي، فإنه اعتمد الفكرة والحكاية كخطاب ومضمون في التغيير الاجتماعي على مستوى رؤية المثقف للشارع العام، أو حقبة ما بعد الاستعمار ومطلوباتها للتغيير الاجتماعي وبناء الدولة. «لم يخطر بذهن سعيد وهو يغادر بلدته في الشمال البعيد ذات صباح بارد قبل عام 55، أنه سيبقى بلا عمل طيلة هذه المدة، فقد غادر بلدته ونفسه مليئةٌ بالآمال العظيمة التي كان ينتظر تحقيقها بعد وصوله الخرطوم» [7] (المقاعد الأمامية – الزبير علي – نص عام بلا عمل).

ما بين العام 1955م تاريخ مغادرة سعيد بلدته والبقاء حتى الاستقلال بلا عمل، إشارة إلى أزمة الانتقال والتغيير من الدولة الاستعمارية إلى الدولة الوطنية، والهجرة من الريف إلى المدينة «غادر بلدته ونفسه مليئة بالآمال العظيمة». الزبير علي في نصوصه يظهر الفعل الاجتماعي ومحاولة الإصلاح عبر تفكيك سردي متزن ورؤية للواقع، مع عدم جنوح إلى تثبيت السائد والعمل على تغييره، وحالة هذه التجاذب نجدها دائماً في كثير من النصوص عند مختلف الأجيال والتنازع بين إرادة التغيير والمعوقات في سلسلة طويلة من الأزمات الوجودية للفرد وللمجتمع، مما أسهم في وضع الكتابة السودانية دائماً في أسئلة التغيير والصراع السياسي والاجتماعي، وصراع الذات والآخر، وأعطى صفة محددة للكتابة، وبالتالي انعكس ذلك على الجمالي والفلسفي في الشكل في كثير من الأجيال، حتى جاء جيل التأسيس الثاني بتجربته وتجريبه.

العطر والبارود:

من الأسماء المهمة والرائدة في الكتابة السردية السودانية الكاتب والصحفي والقاص جمال عبد الملك (ابن خلدون)، وهو كاتب يساري مصري لجأ إلى السودان في الخمسينيات هارباً، وانتمى إلى جنوب الوادي فكرياً وثقافياً واجتماعياً، وهو رائد في قصص الخيال العلمي، وفي مقدمته لمجموعة ابن خلدون (العطر والبارود) أشار الشاعر والكاتب السوداني الراحل صلاح أحمد إبراهيم إلى عمق وجودة إضافة ابن خلدون للكتابة القصصية: «ابن خلدون وقد أوتي قوة الملاحظة والمقدرة على رسم ملامح شخصياته وتأثيث الحيز الزمني والمكاني، مما يليق به في ذكاء ورسم دقائق المواقف وأطراف المفارقة وأبعاد المشهد بحذق ومهارة، وهو في جميع ذلك يعمل حسّه الفكاهي وسخريته الموجعة مع تناول حصيف وفعال للغة»[8] . لتجربة الراحل جمال عبد الملك الروائية والقصصية كثير تأثير في مسار تطور السرد السوداني وإن ظل بعيداً عن القراءة النقدية، إلا أنه يعد من الأصوات السردية الرائدة، والتي تتمثل في سردية اجتماعية تناولت الحياة في مصر والسودان بتفرد ومعرفة وتجديد في الشكل والمضمون.

القصة والاكتشاف:

يقول القاص والكاتب المصري فؤاد قنديل في كتابه (فن كتابة القصة).. «القصة هي لغة التخاطب المناسبة التي تتسق وروح الإنسان: والقصة داخل كل إنسان، ويمتلئ بها الكون وتحتشد بها الحياة، وهي الخيط الرفيع الذي يصل بين جميع المخلوقات». ويضيف

قنديل: «القص في اللغة كما ورد في جميع المعاجم، قص الأثر، أي تتبع مساره ورصد حركة أصحابه والتقاط بعض أخبارهم، والمعنى الثاني هو الإخبار والرواية، وأغلب الظن أنه وطيد الصلة بالمعنى الأول، فالقصة على نحو ما تتبع لآثار شخص أو أشخاص وتلمس أخباره ورواية ذلك أو قصه، ويقال أيضاً استقصى أي طلب منه يقص قصة» (ص 26). ويؤكد فؤاد قنديل: «استطاع العلماء التوصل إلى تعريفات محددة ودقيقة جامعة ومانعة لمختلف العلوم حتى الفلسفة وعلم النفس والاجتماع، إلا أن الفنون بما فيها الأدب، لا تزال تتأبى على التعريف الدقيق الذي يصدق عليها تماماً، ويجمع تحت لوائها كل ما ينتمي لها، ويمنع ما يختلف عنها ويميز من الانضواء تحت تعريفها، ولعل السر الأول في ذلك هو الطبيعة الذاتية التي تتسم بها الفنون وتصدر عنها، وهي طبيعة متغيرة متجددة لا تركن إلى وضع ولا تستقر على حال مهما بلغت من الجمال والتأنق، وأياً ما كان نجاح مصدرها في إشاعة الأثر البهيج والرضا في نفس صاحبها، والقصة القصيرة واحد من أحدث الفنون لا يتجاوز عمرها مائة وخمسين عاماً، فرغم ذلك لا تزال تتقلب على نار التجديد والتجريب، ولا يزال كتابها يضربون في بحار المغامرة لا يرضون لها أن تستقر على شكل أو نسق». ويضيف قنديل: «ويبدو أن الذات الفنانة المبدعة كلما لمحت أدوات العلم تزحف إلى روح الفن ارتاعت وسارعت إلى معينها الذي لا ينضب تستغيث به دون إرادة أو قصد، باحثة عن إلهام جديد يطبع الإنتاج الفني بطابعها، ويضع عليه بصماتها الذاتية الخاصة، ونفس الفنان وكذلك المتلقي – دون وعي منهما – تأبيان أن يكون الفن آلة أو أزراراً أو جهازاً ميكانيكياً أو كهربائياً أو قواعد

حسابية أو علمية، إنهما يبحثان عن أعماق الإنسان ولاوعيه فيما يبدع، فها هنا في هذه الأعماق البركانية المجنونة الشاعرة الحالمة تكمن العبقرية الآسرة، وها هنا الجمال والإيحاء والإلهام» (كتاب فن كتابة القصة، ص 28 – 29)[9].

في هذا التعريف للقصة القصيرة من الراحل فؤاد قنديل للقص يكمن تتبع آثار التجريب في القصة القصيرة، بأشكال التعبير عن الإلهام الجديد، البحث عن الأعماق الإنسانية، إظهار البصمة الذاتية الخاصة ونفس الفنان في بحثه عن العوالم المدهشة، عن الجمال والإيحاء والإلهام، والتجريب: الجمع تجاريب «لا لغير المصدر»، مصدر: جرب يجربه: التجارب: إحدى مراحل عملية تبني الأفكار المستحدثة وتحديد فائدتها، والتأكد من مناسبتها لظروفه الخاصة. (قاموس المعاني – نسخة إلكترونية).

ونجد في كتاب (التجريب في القصة القصيرة الجزائرية القصيرة) للباحثة لطيفة لعبيدي، الإشارة إلى أن «دلالة التجربة، هي الاختبار، والمجرب: عرف الأمور وجربها. وأن من معاني التجريب الممارسة والاكتشاف». وتشير لطيفة لعبيدي إلى مفهوم التجريب اصطلاحاً، بأن التجريب في الفن عموماً «يمثل في ابتكار طرائق وأساليب جديدة في أنماط التعبير المختلفة، من ثمة فالابتكار يعد منبع عملية الإبداع في جميع أشكال الممارسة، والذي يبتعد عن القولبة وكسر رتابة المألوف، والسعي إلى التجديد والتجدد، وكذا التوسع في هامش حرية الكتابة أثناء عملية التجريب، وهنا نجد المبدع يدفع المتلقي إلى الكشف عن جماليات النص السردي، فالتجريب قرين الإبداع

والمسكون به أصحابه، لا يهدأ له بال بحثاً عن الأفضل والأكمل، ونزوعاً إلى المطلق، فالتجريب يتولد من المغامرة الجمالية التي هي المولد الأساس للإبداع الأدبي»[10]. وغالباً ما توصف المغامرة الفنية الجديدة بأنها تجريب، ولا تقف عند هذه المغامرة فحسب، بل من الاختراق والتجاوز يتأسس التجديد المفهومي لمصطلح التجريب، فالاختراق يتمثل في خلخلة القوالب الفنية القائمة، فكل اختراق لبنية نصية يعتبر تجريباً «وهو عبارة عن اقتراحات في مجالات الإبداع المختلفة، اقتراحات يقصد بها خلخلة ما هو سائد من أجل فتح آفاق جديدة وإثارة أسئلة جديدة للخطاب والتواصل»[11].

جيل التأسيس وأسئلة الوجود:

يقف القاص والروائي الراحل عيسى الحلو في طليعة الكتاب في اجتراح طريق جديد للكتابة وأسئلتها، وهو عنوان للإضاءة والاستنارة والكاتب الملتزم. ما كان أمام هذا الجيل الستيني الذي يقاس تاريخ الكتابة السودانية به في تأسيس المختلف، سوى الخروج من التقليدية والزمن الثابت، إلى فضاء التجريب لتشخيص العلة والبناء على الموجب واستبصار الطريق، وخلق كتابة مختلفة باحثة عن ماهية الأدب، لماذا أكتب وكيف أكتب؟ التزم الراحل عيسى الحلو بالفلسفة والوجودية في أسئلة الأدب والرؤية السارترية، جان بول سارتر، في تعريف الكاتب ودوره في المجتمع واحتراف الكتابة، ويمثل الحلو النموذج الواضح لتجليات سردية وفلسفية أسهمت في التجديد والتأثير في الكتابة ونقلها إلى مرحلة مهمة في تطورها، باختراق حواجز

سيطرة القوالب السردية الجاهزة في تعريف وكتابة القصة القصيرة، وفي إبراز دور الكاتب/ المفكر/ السارد/ المثقف/ في التنوير والتعبير وبث الوعي، إن مشروع الحلو كل متماسك في السرد والنقد والفكر والمقال الثقافي، ولولا أن التيار أحياناً تمسك به غيابات ثقافية بفعل سياسي معاكس للتنوير وسؤال الكتابة وحقيقتها في النهوض بالإنسان لكان الحلو في الطليعة المتقدمة من كتّاب الوطن العربي التي لعبت دوراً لا يمكن إغفاله في تثبيت صورة ودور الكاتب الملتزم بالأدب واحتراف الكتابة الساعي للتغيير والاستنارة.

ما الأدب:

في كتابه (ما الأدب) يقول المفكر الفرنسي الراحل جان بول سارتر: «فمن حقنا أن نطلب أولاً من الناثر: ما غايتك من الكتابة؟ وفي أي مشروع تريد أن تطلق لنفسك العنان في القول، فالناثر إذن ما هو؟ الذي سلك للعمل طريقاً من الطرق غير المباشرة، يصح أن نسميه العمل عن طريق الكشف، وإذن فلنا أن نسأله هذا السؤال: أي مظهر من مظاهر العالم تريد أن تكشف عنه؟ وأي تغيير تريد تحقيقه عن طريق هذا الكشف، ويدرك الكاتب «الالتزامي» أن الكلام عمل، ويعلم أن الكشف نوع من التغيير»[12].

في كتابه (حداثة السؤال – بخصوص الحداثة العربية في الشعر والثقافة) يقول الشاعر والناقد المغربي محمد بنيس: «كل نص يبحث عن أسلوبه في مرحلة من المراحل التاريخية هو نتيجة تبدلات في علائق في خصيصة الأبعاد التي تبين النقص وتقعد بلاغته، إنه

الخروج على الاستسلام، هذا ضرب من الغموض. ومن ثم يصبح كل جديد معزولاً. لا لأن العلائق اللغوية تعرضت للقلب، بل لأن الشرائط الاجتماعية والتاريخية والثقافية السائدة هي الأخرى تحاصر التحرر»[13].

رحلة الملاك اليومية:

المجموعة القصصية (رحلة الملاك اليومية) للقاص عيسى الحلو ترسم خطى الكاتب ورحلته في دروب الكتابة تجريباً بعمق إجادة وسردية تموضع الفكرة في قالب فلسفي جمالي. يستوحي الحلو رؤيته السردية بخلفية معرفية واسعة وشاسعة، وهو كاتب المدينة بحق لا نتجاوز فيه إلى مدح أو زيادة في إطراء.

تقول الدكتورة رجاء نعمة في كتابها (صراع المقهور مع السلطة ــ دراسة في التحليل النفسي لرواية الطيب صالح موسم الهجرة إلى الشمال): «وقد بادر أندريه برتون، على إثر قيام المدرسة التحليلية، إلى الاتصال بفرويد، وبـان تأثير المدرسة الفرويدية في شعر السرياليين من خلال اعتمادهم التداعي الحر فيه، ودعوتهم للكتابة العفوية، كما عززوا اهتمامهم بالأحلام والفولكلور والحكايا الشعبية والأساطير، وهكذا فقد شهد العصر ولغته وقراؤه تغيراً هاماً في فرنسا»[14].

وارتكز الحلو في رحلته داخل رحلة الملاك اليومية، على «التداعي الحر» وسردية تعتمد في الفلسفة الجمالية، على روح الكشف وقراءة النفس البشرية ومؤثرات المجتمع في الفرد، وغياب

حرية الفرد في التغيير ومسؤوليته عن مصيره. ونص «امرأة رجل محترم» يمثل صورة لموظف منذ أن ترك الخدمة العامة ونزل المعاش، مواظباً على دخول مكتبه عند الصباح الباكر (مجموعة رحلة الملاك اليومية)، هذا الموظف لا يريد تغيير عاداته «يجلس إبراهيم عطية خلف منضدة ذات سطح زجاجي مصقول، وبأصبعه الأوسط يلامس السطح الزجاجي فتتكون خطوط وأشكال، وهو ذلك النوع من الرعيل الذي تربى على أيدي الإنجليز قبل أن تنال البلد استقلالها، وهو جيل يتأرجح في عواطفه وسلوكه بين الموروث الثقافي المحلي، وبين الثقافات الأنجلو سكسونية، ومما زاد تعقيد حالة إبراهيم عطية الفكرية اضطراباً هو التحاقه بدار العلوم في القاهرة، إذ نال دبلوماً في شؤون الفقه اللغوي العربي» (نص امرأة رجل محترم – مجموعة رحلة الملاك اليومية)[15].

هذا النص من النصوص المفتاحية في كتابة الحلو وهو يمارس في تجواله داخل الحياة السودانية، البساطة في الكتابة والعمق المعرفي والإدهاش في خطاب النص – الاستعمار وتأثيره الثقافي – انعزال المتعلم عن مجتمعه وواقعه – الانفصام التام عن الواقع الاجتماعي – رفض الحياة التي يفرضها الواقع – النزول إلى المعاش – البيت – الزوجة – وسؤال الإنسان في ظل قيود تحيط به وبمحيطه القريب، وفي رحلته الأخيرة تحاصره الحياة «حوائط المكتب تنكمش وتزحف نحو إبراهيم عطية، الحجرة كلها تدور حول نفسها، ويشتد صفع النوافذ – ويزحف إبراهيم عطية.. وهو ينزف من الأنف والفم قطرة.. فقطرة ملقى على الأرض.. يزحف بكل جسده.. يجرجر معه موته الرث – تبتعد النوافذ وتهرب» (نص امرأة رجل محترم –

مجموعة رحلة الملاك اليومية). يقول محمد برادة في كتابه (لغة الطفولة والحلم – قراءة في ذاكرة القصة المغربية) في قصة «الظل والظلمة»، «تبدو هذه القصة، أول الأمر كأنها حديث منساب يقوده التداعي والتذكر، لكن البناء ينهض كلما تقدمنا في القراءة متماسكاً، ملتحماً، على أساس من التوازي بين حاضر: رحلة التاكسي، وبين ماض – حاضر: في الذاكرة وعبر الحلم»[16].

نجد الحلو في سردياته يستمد من الواقع، ملحمته، ومن شخصياته النموذج لقراءة المجتمع في حراكه نحو سؤال الذات ضمن أسئلة الانشغال بهاجس يغلق الطريق أمام الانطلاق نحو الحداثة وليس التحديث، وسؤال الكون والوجود في البحث عن الخلاص لا يكتب الحلو المتاهة إلا في تشعب الدروب السالكة نحو الكتابة وسؤالها والأدب والالتزام. ولرحلة الملاك اليومية أبواب تبدأ من «قليب الريد» رجل بلا ملامح – الجرح القديم – الدخان – البحث عن الأدب – الملكة والعرش – الحديقة التي أحبت البستاني العجوز – قيامة الجسد – عينا القطة تلتقطان الصور – عجوزان فوق الشجرة – قصر المرايا – كانوا – جميلين جداً – كالأفكار وأمواج البحر «ما زلت أموت بهم وأحيا، ومعهم أموت في الحياة وأحيا في الموت، أنا أمتلئ بهم كالبحر الذي يمتلئ بأمواجه، كانوا يجيئون غيمة، ثم يذهبون ويتركون الابتسام وحيداً عن الوجه المهجور في الفراق»، ونصوص الحلو في تجريبه والبناء السردي خارج عن السائد المألوف، عنوان مبدع لكاتب وإنسان رائع، ما كان يكدره سوى تفشي حالة عامة ضد الجمالي والفلسفي وسؤال الحرية.

هوامش من سيرة حمال نوبي:

يقول الكاتب العراقي علي حسين يوسف، في تعريفه لمصطلح النص المثقف: «المراد بالنص المثقف هو أي شيء خاضع للتلقي والتفسير والتأويل، هو النص الذي يستشعر هموم الإنسانية ولا يتنافى مع مبادئها»[17]، ونصوص (هوامش من سيرة حمال نوبي) «في استشعاره لهموم الإنسانية، يكشف الواقع وتناقضاته بروح معرفة واكتشاف، يخلخل السائد في كتابة القصة في ترابط يرسم داخل كل دائرة نصاً للحاضر والمستقبل، بشفافية سردية تأملية وعلم جمال، له قواعده في شفافية الإشارة واتساق المعنى، هنا روح التجريب باستدعاء ما غاب عن الذاكرة في طرائق السرد والكتابة، تنظر إلى عمق الداخل باختبار اللغة الشعرية السردية وتجلياتها نحو النص المفتوح، السرد المحدد لغةً وحكايةً، الصورة الحياتية المفتوحة على كل الاحتمالات في صعود الأنا الساردة إلى المقام والمقامات، حيث الرفض لكل قيد يكبل الحرية في الفكر — السرد». وبناء الشخصيات في تحكم «الأنا الساردة» وفي هذه السيرة يجد القارئ، روح تجل واستبصار وقراءة لوح الوجود في شجرة اليقين، ولنص محمد خلف الله سليمان، لغة خاصة، جزلة غنية، مرحة، ساخرة مفكرة، لا تقلد في رسمها رساماً أو أغنية، وفيها النظر الكلي يتولد من مناجاة الطبيعة، لا يصح أن تقرأ نص محمد خلف الله هكذا بروح الحياد أو الحيادية، بل بروح من مشاركة النص، وترى من خلاله ما غاب عنك وتبحث عنه.

في كتابه (سفر العنقاء — حفرية ثقافية في الأسطورة) يقول الدكتور نذير العظمة: «هناك نظام يكمن خلف اللغة، خلف الفكر وهذا الفكر

وهذه اللغة، بل هذا النظام متصل لا بوعي الإنسان فحسب، إنه من حيث أصوله وجذوره متصل أيضاً باللاوعي»[18].

وفي كتابه (المكان في النص السردي العربي ــ البيئة والدلالة) يقول مبروك دريدي: «إن مقاربة المكان خطاباً، جهد لا يمكن إنجاز نتائجه إلا في حدود مدونة نصية، تمثل نسقاً متماسكاً في التراكم التراثي، الدال داخل ثقافة فاعلة وموجودة وجوداً تداولياً له تاريخه، لأن هذه النسقية الثقافية هي الاستغراق العقلي ــ المعقول لجميع أجهزتها الدلالية بما فيها اللغة طبعاً، ويعني ذلك أن النص المفرد، أياً كان نوعه وسياقه، هو حلقة في سلسلة يدل ضمن فعاليتها السيميائية، وسيغدو من الغريب تأويله وإدراك محموله خارج هذا التدفق السيروري لعلاماته»[19].

تستدعي نصوص مجموعة (هوامش من سيرة حمال نوبي) للقاص محمد خلف الله سليمان، التاريخ والمكان والزمان والراهن، حيرة الإنسان وتوهانه، حبه ونزقه، عناده وصوفيته، تتكئ على لغة عالية في باطنها وظاهرها الإحسان والجمال والنور، ترسم هذه النصوص فلسفتها، وجماليتها، اختبارها واختيارها، وغموضها في وضوحها، كشفها للتاريخ المحكي، والشفاهي، ذاكرة الانتصار وذاكرة الهزيمة تبدأ بالقداس ونشيده «خلف صمتي جلبة في المكان، كنت أهم بإلقاء التحية، ولكني تغافلت ذلك عمداً، سقط على خطي مدار الجسد خيط من ضوء الشمس، سقطت سن الطفلة السفلى. أرى السماء قبة والأرض مئذنة للتلاقي، كان الكلام يمر عبر شارع الرشيد. أين أصدقائي»[20].

148

هوامش سيرة..

تجد في هذا النص (هوامش من سيرة حمال نوبي) كل طرائق التعبير والأساليب الجديدة في كتابة القصة والابتعاد كلياً عن القولبة، والسعي للتجديد مع رمزية عالية «لقد فجروا الوقت، وولوا مدبرين، حملوا الشوارع ثم راحوا ينصتون إلى الزحام، فحيح الأفاعي، دبيب العساكر، شهيق المد، زفير الجزر في المدن البعيدة، بسطام تنأى، والحديث مسافة، أيا خارجاً من جبتي وجذوع دوار الشمس، إني لأفتح عيني حين أفتحها على كثير ولكن لا أرى أحداً»[21].

تقول الدكتورة أسماء خوالدية في كتابها (الرمز الصوفي بين الإغراب بداهة والإغراب قصداً): «فالرمز إذن في معناه البياني الضيق نوع من الكتابة أو الاستعارة أو التشبيه غير المباشر وما يقابل ذلك من الصور أو التعابير التي ينوب فيها المجاز عن الحقيقة والتلويح عن التصريح، لقد بين لنا أن مفهوم الرمز منحصر في معنى الإخفاء والحجب لمعنى باطني غير ظاهر وراء معنى آخر مكين وجلل، وهو وطيد بالسياق الذي يرد فيه، وبالتالي لا يمكن تأويله إلا وفق ذلك السياق، فهو فاعل يؤثر في السياق ويتأثر به»[22].

ويستخدم السارد التناص والاقتباس، وتجد العناوين الجانبية في داخل النص لتبيان أوجه الاختلاف عن السائد في القصة القصيرة وسجلها الثابت في تضاريس الكتابة. العلامة – الرمز – تحيط بالنص في تمدده نحو المعرفة والتواصل في دائرة مكتملة قوامها خطاب يتسق في تواثقه مع المرجو من النفس في سبيل الوصول إلى البشارة،

«صوت الفتيات يحث خطى الشارع أن يسير، تجاوز الشارع وجوده المتعين، ومشى مسرعاً تخطى الأبنية، وغاص عميقاً، كنت أسلي النفس بحديث خافت مع الغيمة التي تتسلل عبر زجاج المحلات، تدخل صفحات الكتب والمقاهي وتندس تحت المقاعد» (نص القداس – هوامش من دفتر حمال نوبي) – الشارع تحثه البنات كي يسير، ورمزية الكنداكات في الراهن..

للنصوص (إسراء البدوي ومعراجه – الدهشة التي تميل إلى الالتفات – الضحك على الأطلال – القوس – الملك – هوامش من سيرة حمال نوبي – دائرة الصحو العشق – رماد الأغنيات القديمة – طاء واو سين – ظل المغنى – عرى الملابس المبلولة – ملوك ورهان وجسد – هي والآخرون – البوح الأخير) لهذه النصوص اختلاف من حيث البناء السردي واللغة والانتقالات والاحتكام إلى صوت السارد في تجواله في الأمكنة والأزمنة، كما أن لكل نص اختلافاً في طرائق كتابته، أحياناً يأتي في صورة التداعي الحر وأخرى الحكاية داخل الحكاية والتعاقب والتزامن، إذ تجيء الأحداث متناوبة في داخل النص دون إخلال بالسرد أو المضمون، وتتابع متزامنة الإشارات الدالة على الخطاب والفكرة في تجليها للقارئ، وفي نص (هوامش من سيرة حمال نوبي) «رأيتهم كيف يوارون القصور تحت التراب ويدعوني باسم من وحل. وفي الأمسيات أقود حنطوراً فرعياً في شوارع ممفيس، أحمل في الليل سباب المخمورين وعناء الراقصات وهمسات العشاق الممسوسين، وأتقاسم الأجر مع صاحب الحنطور».

وفى كتابها (الحياة الاجتماعية في كتاب «الأغاني» للأصفهاني)

تؤكد شيرين العدوي: «هل يستطيع دارس التاريخ أن يضع خطاً فاصلاً بين العصور فيقول: إن هذا نهاية عصر، وذاك بداية عصر جديد، لا سيما إذا كان يكتب عن التاريخ الاجتماعي، إن الظاهرة الاجتماعية لا يمكن أن تنتهي بنهاية عصر، وإنما تظل تتحرك وتتطور مع تحرك السنوات وتطورها لتستقر فترة من الزمن على ملامحها وسمات يستجلبها كاتب التاريخ ويسجلها»[23].

وفي كتابها (الهامش الاجتماعي في الأدب – قراءة سوسيوثقافية) تقول الدكتورة هويدا صالح: «إن قراءة النص في ضوء مفاهيم علم الاجتماع فيما يمكن تسميته بـ«منهج سوسيونصي» تهدف إلى تحقيق التوافق بين الاتجاهات الشكلانية من جهة والسوسيولوجية من جهة أخرى، ومحاولة إيجاد مفاهيم دقيقة وموضوعية تفسر العلاقة التي تربط بين النص الأدبي بالأبعاد الاجتماعية والتاريخية التي يبرز فيها النص»[24].

أحمد الفضل – السرد التلقائي والعميق:

يمكن أن نميز القاص أحمد الفضل أحمد من أبناء جيله ومجايليه باتباعه خطاً سردياً يتسم مع الوضوح والثقافة المكانية العالية بأنه يمشي بسهولة بين الناس دون تعقيد، وتتركز قراءته على نصوص مختارة من بين نصوص مجموعته (رجل شفاف)، فإن دور «الفضل» في إدخال طرائق جديدة في الكتابة القصصية يدخل ضمن الدراسة في سرديات تتوزع في داخلها بساطة الحكي وعمق الكتابة، ومع تمتع الكاتب برؤية واسعة تتخطى الحدود إلى نص مثقف

يتصل بالإنسان وآماله وأحلامه وأوجاعه، في كل تفاصيله. الأبعاد الاجتماعية والفكرية عناصر تكوين الثقافة كوجود موضوعي داخل هذه النصوص تعطي المؤشر على قدرة السارد ووعيه بمجتمعه وبسؤال الكتابة وموقفه من السلطة والكبت وارتفاع صوته السردي في إبراز علائق مكانية وزمانية وإشارات ومعان لجغرافيا ثقافية ممتدة على طول النيل لا تحدها المسافات ولا التواريخ القديمة، ثمة ملاحظة عن هذا السارد الكبير هي بحثه في التراث والواقع بروح السارد العليم والراوي العليم والمعلم للقارئ والدارس دون وصايا أو إشارات انتباه بأنه يتعمد ذلك التجريب كمحصلة واقعية يتمثل في الشكل السردي والخطاب.

وفي كتابه (أنماط الرواية العربية الجديدة) يقول الدكتور شكري عزيز الماضي: «إن التجديد الأدبي، بحث دائب عن أدوات تمكن الأديب وتزيد من قدراته على التعبير عن علاقة الإنسان بواقعه المتغير المستجد، وبهذا المعنى فإن التجديد في الأدب هو في التحليل الأخير، حيازة جمالية أو بحث عن عالم أفضل، والرواية تسعى إلى التعبير عن العلاقات الاجتماعية القائمة أو الإسهام في خلق علاقات جديدة، فهي تصدر عن وعي جمالي يتخطى حدود الوعي السائد»[25].

في قصة (عصف جبل الجمر)، يقدم السارد الحكاية عن زمن يعود القهقرى واختلاط الأشياء والروائح والمسميات، وكل ذلك عند تقليب الحوادث والصور والفترات التاريخية، يستخدم الراوي تقنية المونتاج في سرده، مع مقدرة على الالتقاط لحوادث التاريخ والراهن في قالب قصصي بسيط وعميق في الشكل والمضمون «وأصر نائب

السلطان يقطع الألسن في دور النشر والصحف المفرطة لعقد الوحدة، المشتتة للفكر المضيعة للمال والجهد تماماً كفعلة المهووس حاكم – المحروسة – الذي كمم الأفواه، ومنع الكلام المباح، وخسف بهم لأسفل سافلين، ونشر بينهم الخرافات والضلالات التي كان حاميها»[26]، (قصة عصف جبل الجمر) تتابع سردي في آلية الكتابة وبسيط حكي مع وقت تاريخي ورمزية محيطة بالحاضر، هذه السردية في الحيز المكاني تشمل جغرافيا معلومة المعالم، ووصف حال بين شمال وجنوب وادي النيل مع تخييل تسنده اللغة باعتبار السردية خيالية توازي واقعاً حقيقياً.

يقول أحمد الناوي بدري في كتابه (سرديات الراوي والروائي): «أصبح من البديهي في تقليد النظرية الحديثة أن الراوي هو كائن خطاب، أو هو تلك القوة المنشئة للخطاب الناهضة بفعل السرد والحلقة الواسعة بين المروي والمروي له في كل نص وضعه الخاص»[27].

ومفتاح الخطاب في هذا النص تأويل التاريخ القريب والبعيد، وتجاوز حالة السكون الحاضرة بسبب الفعل السياسي وتأثيراته في المحروسة لغياب الشخصية الملهمة «تجاوزوا أحلام عبد الناصر الذي شقوا لحده وشرحوه ولطخوا واختلقوا له كل نقيصة حتى انقضى عهدهم، وعادت صورته تزين المحلات والصالونات»، إن هذا النص لأحمد الفضل أحمد، يرسم سيرة ذاتية لراوٍ عاش وقائع فترة من أصعب فترات تاريخنا المعاصر، وظهور البطل على مسرح التاريخ وغيابه الفاجع، وبداية عهد تفكيك المجتمع الكبير وتقليص مساحات أحلام الوحدة الجامعة لكل الأشتات، وعودة البطل وصورته

بشرطها الأدنى، الصورة في مقابل غياب البرنامج، لهذه الكتابة لغتها الجمالية وثقافتها المكانية وتداعيها الحر وأسطورتها مقرونة بأسطورة العصر وأحلامه الكبيرة وانكسارات الواقع وسؤال الوجود، وزمن يدور بسرعة دون أن يدرك الكثير منا حقائقه، والخطاب شامل دون تحديد في لغة تأويله تميزت بالسهولة والبساطة والعمق في اصطحاب القارئ إلى تاريخ اجتماعي موازٍ لكل ما يراه السارد من تخثر وتربص بهذا التاريخ وإنسانه. وفي قصة (عصف الجمر) نجد استخدام السارد عناوين جانبية: (تخرصات جابر الأحول وضلاله البعيد ــ تداعيات فكي أحمد في بحثه عن الجذور ــ التخرصات الحولاء في المعاطن ذات البيارق تتواصل ــ دفاع محجوب عيد المستميت في المحفل ــ زلزلة أركان فكي أحمد ــ مجنون نوريا ــ ما زالوا وما انفكوا وما برحوا). وهذه العناوين تجدها في فلسفتها المكانية تحكي عن مجتمع عريض تتناوشه الأسئلة والواقع الصعب، ترسم حالة فردية ذات مساحة واسعة داخل الحكايات وتعددها لحراك مجتمعي «ونذر حرب طوائف تلوح، وخرج السلاح في الفوضى العارمة.. وانطلقت أفاعي الحقارة والشراسة الجاسرة من أوكارها، والناس بين مصدق ومكذب».. (قصة عصف الجمر).

وين يا حبايب....

لزهاء الطاهر كلمته في السرد، ووجـوده السردي والثقافي والاجتماعي في حيوات وأجيال القصة السودانية.. زهاء الطاهر، افتتح سردياته العميقة التأثير لأجيال صوت القصة المختلفة، ينبوع

الحكاية في هامش الحياة إلى مركز سلطة مختلفة قاسية يخاطبها بشاعرية وتمكن سردي ولغة واثقة قديمة فصيحة لها معانيها في أفق جمالي خاص بها، ولزهاء التجريب كله في اللغة والاكتشاف للهامش والمسكوت عنه في نص (وين يا حبايب أيامنا الجميلة) «ضحى كنت مرتدياً حبه الشرود الشهب والتسكع الخصيب متزيداً ببعض الفراغ الجم، وحدي تناثرت في دروب السوق الكبير بغير قصد حتى وصلت قدح النبي في وسط السوق تماماً كان قدح النبي». (مجموعة وين يا حبايب أيامنا الجميلة)[28].

لا تجد في نصوص مجموعة «وين يا حبايب» ما تعده خطاباً سياسياً يسعى للتغيير بآلية وضع المقابل والضد، بل تجده إسهاماً واضحاً في تثبيت صوت يتحقق وجوده، بكل هذه الجمالية والعناد والرغبة في التعبير. نصوص المجموعة «وين يا حبايب» واختبار العناوين والثقافة العالية للنص لا تحكي عن تجريب وحسب، بل عن حس جمالي وفكري ورؤيوي لقاص متمكن.

المرجعية السردية – الحسن محمد سعيد:

يقول الدكتور محمد برادة في كتابه (الرواية العربية ورهان التجديد): «يحتاج مصطلح التجريب إلى تحديد وتمييز، لأنه من المصطلحات التي شاع استعمالها بدلالات متعددة، وغالباً ما جعل هذا المصطلح قريناً للتجديد». ويضيف برادة: «ومع ظهور مفهوم مغاير للأدب في نهاية القرن التاسع عشر وبداية القرن العشرين، والاتجاه إلى بلورة نظرية أدبية تهتم بغائية الكتابة وعلائقها باللغة والواقع

والمرجعية، اكتسب مصطلح التجريب دلالات أخرى ربطته بالبحث عن أشكال جديدة، وتتمرد على القوالب الكلاسيكية الموروثة»[29].

القاص والروائي الحسن محمد سعيد، عنوان واضح للإجادة للثقافة العالية والمعرفة بفنون السرد. كان بعيداً لاغترابه، والآن في موقع الصدارة مع قلائل في السرد السوداني. يتميز بمعرفة مكانية بالإنسان والتاريخ الاجتماعي والتكوين الثقافي والنفسي للمجتمع السوداني، يخوض سردياً في مناطق تحيط بها عتمة الواقع كل جغرافيا الإنسان السوداني، مساحته الوارفة للتعريف بالاندماج، الواقع الحضاري، المجتمع ومتغيراته، يبحث عن التجديد في السرد والخطاب يستخدم لغة سردية متمكنة من أدواتها، ويراهن على التغيير والاستنارة في كل كتاباته. (ريحان الحلفاية) مجموعة قصصية ترسم إطاراً سردياً ومعرفياً لمتوالية قصصية، مساحة التجريب واسعة في الحكي واللغة والواقعية في تجلياتها مع سياحة ماهرة داخل الحكاية تبدأ (ريحان الحلفاية) بحدث صادم «اهتزت المدينة بالحدث الجلل الذي لا يمكن أن يخطر على بال بشر، أو يصدقه أحد: وتجمع ساكنوها من أقصاها إلى أقصاها وهم يتدافعون ويتصايحون في فزع – ريحان ابتلعه الأتبراوي.

– ريحان غرق.

– ريحان كيف يغرق وهو تمساح أبكبلو.

– حكمة الله وقدره، هل هناك كلام»٠.

«تزايدت الأعداد وهي تحمل الرتائن والفوانيس والبطاريات في هجيع الليل.. إنها تتجه إلى الأتبراوي والكل في حالة ذعر وذهول».

«لا أحد في مدينة عطبرة يعرف متى جاء ريحان إليها».

ـ شمخ فيها فجأة كالنبت الشيطاني فأضحى جزءاً من كيانها، ويستمر الراوي في إعادة عقارب الساعة إلى تكوين المدينة وارتباط التكوين بالكم المهمل ـ جاء من الأطراف والأصقاع القريبة والبعيدة مرتحلاً فكانت البداية في وحدات، ثم تطورت كما لنا. في الهشيم ريحان منهم لكن لا يعرف أهو من الوحدان أم من الزرافات «الإشارة إلى زرافات ووحداناً» ـ وتجد في نصوص الحسن سعيد استخدامات للغة مدهشة مع سخرية أحياناً وتساؤلات ذكية في متن الحكاية «كان لريحان قوة دعائية وإعلامية لا تقهر، ولقد جلب لمخدمه تاجر الجملة مالاً كثيراً.. ورغم ضخامة المال الذي كان يمر عبره، إلا أن ذلك لم يلفت نظره ولم يغره لفرض شروط خدمة أكبر»، ريحان لم يمت ـ لم يغرق ـ معقول؟ ـ أين هو؟ ـ لم تتوقف «مرجانة» ولم تجب ـ وإنما أخذت تجري تجاه «الحلفاية» ـ بدأت اللحظة بالغياب وانتهت بالحضور «لم يغرق» والنهر بين الغياب والحضور يحكي عن بساطة إنسان تعلقت به قلوب مدينة، وكان غيابه صدمة وحضوره «رأوا بأم أعينهم أن ريحان قد قام باجتثاث الحلفاية من جذورها، ثم فرش الحلفاية تحته متوسداً أجزاءها الكثيفة المتلاحمة الجذور، ونام عليها نوماً عميقاً»[30].

تفتح نصوص الحسن محمد سعيد أشرعة السؤال عن المجتمع وبسطاء الناس، عن السلطة ودوران حلقاتها داخل أبنية تجد مجتمعاً لا يدخلها، ينظر وتجربته معاها، أحياناً الانتقاض وأخرى التجاهل. لنصوص الحسن محمد سعيد تاريخ وعبق، مكان وأزمنة متداخلة

ولغة متجددة وعميقة الجذور، ويشد نصوصه بعناية كبيرة واهتمام وموهبة ومعرفة كبيرة بفنون السرد والحكاية.

تعالج نصوص (مسكة) – العملاق – هما والفأرة أبيض وأسود – شريف الأزمنة – سؤال مجتمع وسط تقاليد تحيط به، وتحديث يكاد يخنقه، إلا أن حالة الثبات هذه يجدها السارد فرصته لمعالجة درامية لهذه الانقطاعات، وسط التواصل وسؤال النهضة ظل السؤال المركزي لهذه المتوالية القصصية في الخطاب والفلسفة والشكل، إذ لا تجد «نصاً» من نصوصها إلا مقترناً مع الهوية والثقافة والثقافة العامة ودورها في خلق إطار معرفي يشمل الجميع.

الجيل الجديد وسؤال الهامش:

هذا جيل تتقارب لحظة حضوره في مشهد الكتابة القصصية، وتتباعد أعماره وأعماله، يتكئ على تجربته الخاصة وتجارب وجدها إذا أنكر التجريب، وسردية مختلفة لأن مساحة التجريب امتلأت بالتجربة وبكل أشكال الكتابة، ويأتي الاختلاف في الثقافة والموهبة والخطاب. سنقرأ بعض النصوص ونقف على عمق تجربتها وتجريبها وانفتاح نصها على الكوني والإنساني والجمالي والفلسفي، ووسيلتنا الخطاب المغاير. يقول الدكتور محمد برادة: «عندما نتحدث عن التجديد أو التجدد في المجال الأدبي، فإننا لا نفعل ذلك مفترضين حصول قطيعة تامة بين النصوص المكونة للذخيرة المحققة عبر القصور، إنما من خلال استحضار تبادل التأثير وردود الفعل، افتراض انتقالات وارتدادات وتحول القضايا من المركز إلى

الهامش والعكس بالعكس، على ضوء الجدلية العامة المتحكمة في سيرورة تعكس أيضاً الصراع الأبدي بين الفرد والمؤسسة، بين الموروث والمستجد، بين قيم ماضوية وأخرى تسعى إلى استيعاب المتغيرات»[31].

العجكو – والإيقاع الأخير:

للقاص والروائي عمر الصائم مجموعتان قصصيتان «العجكو مرة أخرى» و«الإيقاع الأخير لسيدنا الزغرات» وتجربته القصصية في فضاء التجريب، لم تخرج من إطارها المعرفي لمسؤولية الكاتب تجاه الظواهر الاجتماعية والسياسية في بلاد تسيطر عليها التجارب الشخصية من آماد بعيدة، لذلك فإن الخوض في السياسي والثقافي والاجتماعي يحتاج إلى رؤية ورأي سديد وتمكّن من الأدوات. و«العجكو مرة أخرى» مع غياب دلالة العنوان عن الجيل الجديد، إلا أنه يمثل استمرار الصراع بين يسار ويمين تبلور في الصدام الشهير في جامعة الخرطوم في ستينيات القرن الماضي «والمجموعة في أسئلتها الوجودية تبدأ بالمتنحي – المنزوي جراء فعل اجتماعي – حراك نحو التصدي لمشاكل الحياة، العمل، الزواج، مساران ثالثهما الجنوب – رسالة إلى نورا المسخ أو البروفيسور – سوما وصبوحة – أعرج المشرحة – ديالكتيك جلوس»(العجكو مرة أخرى)[32].

يقول الدكتور أحمد الناوي بدري: «المشهد السردي هو حركة سردية يتحقق فيها التوافق بين زمن الحكاية وزمن الخطاب ويتطابقان فيها ويتشكل في هذه النصوص من الخطابات المباشرة للشخصيات،

كالحوار والمونولوج، وغير المباشر كالخطاب وغير المباشر الحر»
(سرديات الراوي والروائي)[33].

تميز سرد الحكايات في هذه المجموعة بالتداعي الحر والسهل،
واللغة المتعددة الأصوات داخل النص وهواجس الشخصيات الخاصة
والعامة، وتحت ركام الضغوط الحياتية وثنائية السلطة وتدخلاتها
المباشرة وغير المباشرة، فإن استرجاع الماضي للتعرف إلى الراهن
ظل السؤال المحوري في تثبيت راهن تتلاشى أمامه الواقعية السحرية
والسخرية، وتقف عاجزة عن الفهم؛ لذلك فإن إعادة السؤال عن الواقع
يقابلها عودة العجكو مرة أخرى، وثبات الزمن في نقطة المبتدأ.

حواشي غواية ومتن حكاية:

سؤال الاختبار في المجموعة القصصية للراحل عثمان أحمد
حسن، سؤال استنطاق الواقع والتاريخ والحداثة واكتشاف الذات
وتمركزها بين الافتراضي والمهيمن، اجتماعياً وسياسياً، بواقعية
سحرية واضحة وكاشفة للغطاء والمسكوت عنه بالرمز أحياناً ولغة
متجذرة في عمق صوفي، وسؤال الاكتشاف لمعنى الانتماء إلى
الحضارة الإنسانية، يستبدل الراحل عثمان أحمد حسن، قميص السرد
القصصي بجلباب راوٍ عليم، واثق من معرفته الكبيرة باللغة وطرائق
الكتابة وحواشي الراوي العليم في متن القص، وفي نص «هي..
وهو» تستوقفك الشخصيات وثنائية المرأة ــ الرجل في سردية
شعرية لعاشق «كان يشهد أن لا امرأة إلا هي ملأت عليه أحلامه
في ليلة صيفية، حين تبحث عن أنفاسها، تبحث عن عطرها، ولكنه

لم يجدها» (نص هي وهو – حواشي الغواية)[34]. تكرار البحث دليل عشق وعظمة الفقد، وتستمر لعبة البحث ومحاولة الاكتشاف للغائب، ورمزية النهر. «مد إليها يده حتى منتهاها، مدت إليه يدها حتى منتهاها، اقترب العطر واللون والأنفاس، كفه الممدودة تقترن من كفها الممدودة، وحس قلبه يدمدم يملأ الآفاق، كفه الممدودة تحتوي كفها، غاصت كفه الممدودة في لجة الماء المنساب في رحلة النيل الأبدية»[35].

تكاد أنفاس الشعرية السردية تأخذ بالسرد إلى الشعر وتصوراته للواقع وما وراء الواقع، ولعل من المفارقة أن القاص الراحل عثمان لم يكتب الشعر، إلا أن تمثيلات السرد تسير غور الواقع تتحدى الواقع بالشعرية عالية المحتوى الوجداني والواقع الصعب في رحلة الحياة، ونجد أن بقية «حواشي الغواية»: (عرس الشمس ثلاث ثوان – من الزمان الكوني – نشرة ثمانية – أفراح مملكة الفرح – ود الحبشية)، وبقية نصوص المجموعة نجدها قد تميزت بخطاب اجتماعي يستدعي التاريخ والأسطورة والبناء الدرامي داخل النصوص في تتابع لسرديات مبهرة في بناء الشخصية والحكاية والغرائبية والانفتاح الواعي على كل أشكال الكتابة بما فيها المسرح واللوحة والومضة القصصية.

فانتازيا أنثى الشط – كتابة النص المختلف:

تتفق رؤية المجموعة القصصية «فانتازيا أنثى الشط» مع التعريف العلمي للفانتازيا «شيء من نسج خيال الكاتب مستحيل أن يحدث في الواقع»، فازت مجموعة الهادي راضي بالمركز الأول لجائزة الطيب

صالح العالمية للإبداع الكتابي، وهي عنوان للتميز والإجادة وخطاب قصصي مفتوح الاحتمالات والتأويل مع الحفاظ على طابع كتابي يجلس على أريكة اكتشاف لعالم غامض ومستحيل في ظل الواقع المرسوم سردياً، وإذا كانت الفانتازيا مستحيلاً تحققها على أرض الواقع بمقياس تعريفها العلمي، فإن الواقع المسرود بواقعيته السحرية وما يكابده الإنسان تحت ظلال استبداد وخطاب يمشي ضد عقارب الزمن. يلتقي القاص بمهارة ودقة ومعرفة بثقافة المكان الاجتماعية ويغوص في واقعه، يستنطقه، يقف معه، يسخر منه، يستميت في دفاع عقلاني في زمن الجنون بزيادة جرعة الغرائبية. يتجاوز السارد في هذه النصوص تعاسة اللحظة؛ لذلك تجد كثيراً من الأسئلة دون إجابات عما يعنيه هذا الواقع للشخصيات وحتى القارئ المحتمل في لحظة رحلة الكشف عن هذه العوالم المختلفة غير المرئية، والتي تعيش بيننا وأحياناً لا نراها. نص «رحلة بحث عن هاتف ذكي» تلخص رحلة المتاهة التي يعيشها فرد يرى كل أحلامه موءودة، وعندما يجد ما يبحث عنه في حافلة عامة تصل به المتاهة إلى السراب، قصة الأحلام الصغيرة التي يكبلها الواقع «صار البحث تحت المركبات العامة ديدني، منذ أن عثر صديقي في إحداها على هاتف ذي تقنيات عالية»، مدخل بسيط ومعبر عن واقع معيش يعتمد على الحظ عنواناً. وتستمر القصة إلى لحظة العثور على ما يشبه الهاتف الذكي، إلا أن الخيال يحوله إلى هاتف ذكي، ويصل المطاف بالحالم إلى محطة التعلق بصورة صاحبة الهاتف، وعندما يجد أن صورة البروفايل لممثلة هندية «قبل أن أعيدها إليك أخبريني من هي تلك الفتاة ذات العينين المسبلتين؟ تقصد تلك التي على خلفية شاشة المفكرة: إنها مطربتي

المفضلة، ألجمتها الدهشة وندت منها صرخة مكتومة حين هشمت المفكرة الإلكترونية، أمامها غادرت وصدري يعتمل بالغضب، بينما صوت أنثوي من خلفي يكيل الشتائم واللعنات» [36].

حتيتة الزرافة المشتعلة:

المجموعة القصصية (حتيتة الزرافة المشتعلة وقصص أخرى)، الصادرة في العام 2021م، دار المصورات للنشر، للقاص والروائي سيف الدين بابكر، المكان المفقود في رحلة الكتابة الجديدة عن المتفرد والمختلف في الشكل ــ المضمون ــ الخطاب ــ الاسترجاعي للحظة التشكل والمعرفة. الناظم لمجموعة (حتيتة الزرافة المشتعلة)، اختبار السارد للواقع وإعمال الخيال وفق رؤية ذاتية تنظر للكتابة كفعل حر يرفض القيود، يستمد السارد من ثقافة الصورة والأسطورة والمكان الشعبي واللوحة تقسيم مسار السرد، ويظهر في العنوان، فولكور وحكاية شعبية مختزنة وذات أبعاد لغوية ريفية ولغة خطاب الصوت مكاني، «حتيتة» تصغير الجزء من الكل في العامية السودانية «حتة: جزء من شيء ما» صيغة مبالغة وتصغيرها «حتيتة» واقتران هذا الجزء الصغير من الزرافة كمثال للطول الشديد، حتى تصل درجة الإعجاب أحياناً إلى المبالغة الشعبية في المثل «الزراف ركوب الجن»، روح حقيقية ومشاغبة ومرآة في حيز مكاني واجتماعي له الأسواق الشعبية، وكل طرف حريص على المرور بسرعة وتحكيم لغة العيون. وأخذت المجموعة القصصية في اكتشاف المكان كرمز يبدأ من اللوحة إلى «الكتاب بين صوابعي.. عشرات اللوحات

تنطق»، يفكر وموضوع ولون «الزرافة المشتعلة» لسلفادور دالي، تبارح صفحتها تقترب من وجهي وحرارة نيرانها توشك أن تشوي وجهي، حتيتة تستحيل إلى زرافة مشتعلة تشابه تلك التي كانت بين أصابعي منذ لحظات، ويمضي السارد إلى مضارب القبيلة والزمن «خيام القبيلة كانت على أطراف المدينة، أتذكرك الآن يا حتيتة، ليت الزمان يتراجع ويتيح سانحة لأصطفيك توأماً لروحي»، ذاكرة التذكر واقتراب اللوحة السوريالية بالاشتعال «دموعك كانت منهمرة على صدري ذلك اليوم، وأنت تسردين لي ليلة هروبك من مضارب القبيلة»، العاشق المستحيل والهاربة من جحيم القبيلة إلى نيران المدينة والمأساة[37].

صورة وعفريتة.. مجتمع ومكان:

يخوض عبد الماجد عليش بمجموعته (صورة وعفريتة) في تجريب يرتكز على تجاوز النص السائد والعادي، في الشكل والخطاب، ويلزم أن نحدد الإطار المعرفي لهذه المجموعة على ضوء الخطاب السردي والحوارية والتداعي الحر واستدعاء أسطورة النسب والشخصيات التي تظهر درامياً كأنها من أبطال ملحمة اجتماعية معززة بالجاه والمنصب والنسب وصورتها في مرآة الواقع سردياً، وتخلفها عن العصر وانفتاحاته المكانية وسردياته الاجتماعية، يرسم عبد الماجد عليش، في (صورة وعفريتة) «حياة ساخرة بريشة فنان مليئة بالمفارقات والدهشة»، وتبدأ من شجرة النسب «التي تتكئ على حوارية مسرحية ومتاهة اجتماعية تتحرك داخل الأمكنة وعلى

الذوات خالية المضمون، في تعرفها إلى واقعها وتناقضها عنه، وهي تدعي المعرفة الحياتية وأساليب العيش في المكان»، نصوص أزمة ماذا ـ «فؤاد وسكينة» ـ يقظة مولانا ـ وفي (صورة وعفريتة) نجد المشهد الغائب عن ذهنية القارئ والمتحقق على الطبيعة، سردياً «سألت المرسال الذي أرسله عمي يطلب حضوري عن تمام صحته، فأكد تمامها عدا رفضه لمغادرة فراشه والخروج من غرفته ـ طلب مني أن أجلس بجانبه ـ وتناول من تحت المخدة التي يسند رأسه عليها مفتاحاً وناولني إياه، أشار بأصبعه إلى دولاب صغير ـ وتمهلت أنظر في الأوراق، وقد رصدت بنظام حسب الأعوام»، هذه السردية في متنها وصية العم، وفي هامشها وصاية على أسرة ورفض «ولأن القارئ يتلفت حتى يتعرف إلى الوصية ومعه السارد، إلا أن العم ينظر إلى أسراره ـ فيها أسراري ـ لا أسرار في حياتك ـ كل زول عنده سر ـ لم يكن في الحقيبة سوى مظروف قديم ـ تناولت المظروف وفتحته ـ وجدت «نجاتيف» ـ عفريتة صورة ـ اذهب إلى عمك حبيب المصوراتي ـ وقل له أن «يطبع» صورة ويتلف «النجاتيف» العفريتة ـ استوديو العم حبيب حوله أولاده إلى محل لتجارة الموبايلات ـ مات ـ وجدت معمل تصوير، دفعت لهم وانتظرت ـ رأيت صورته وهو شاب مع شابة ترتدي الثوب الأبيض ـ ما الداعي لإعطائه الصورة ـ سأقول إن هذا لم يعد موجوداً ـ ربما لم يسألني ويصمت، كل ما علي أن أنتظر حتى يرسل إليّ مرة أخرى»، يبحث عليش عن سردية مختلفة في الشكل والمضمون، وخطاب في كتاباته ويدون لحظات صغيرة، ولكنها كبيرة في معمار السرد والحياة، وتجده في كل كتاباته وتجربته ضد هيمنة السرد والخطاب التقليدي

والشكل التقليدي في الكتابة، يخاطب قارئاً محتملاً ويشركه في النص، بحوارية سردية مكتملة ويجعله جزءاً أساسياً من الفكرة[38].

متاهة كل صيف.. سؤال الغربة:

سيجد القارئ للمجموعة القصصية «متاهة كل صيف» للقاصة والروائية السودانية/ البريطانية ليلى أبو العلا، أبنية سردية شاهقة للوصول إلى وطن غائب في غمام غربة، يبحر مع رومانسية سردية ولغة مميزة في البحث عن المكان المفقود الذي تعيش تفاصيله في الحكايا والتذكر ونص «رحلة كاتبة من الخرطوم إلى أبردين – مدينة عالمية قريبة من القلب» مع نصوص أخرى، وكلها تحلق في سماء السرد بين التجربة والاختبار والاكتشاف للأمكنة والأزمنة، وفي نص «رحلة كاتبة من الخرطوم إلى أبردين» حين تعود بي الذكرى إلى سنوات طفولتي، «أتذكر منزلنا في شارع (7)، فيما كان يعرف حينها بالامتداد الجديد، وأصبح الآن يسمى العمارات – من ناحية الأحاسيس، ومن ناحية تذوق جمال الأشياء أنا بالفعل مزروعة في الخرطوم، جذوري ضاربة فيها، في ذلك المنزل بالذات، أعود إلى سردياتي، إنه قاعدتي أشبه ما يكون بتصور شخصي عن السودان لم أصبح كاتبة إلا بعد أن غادرت السودان، كان ذلك السفر هو الذي زودني بالمادة والموضوع اللذين أحتاجهما للكتابة»[39].

تستخدم أبو العلا كل فنون السرد مع الاحتفاظ بخاصية الحكي

عن الذات والموضوع، كأنهما توأمان لا يفترقان؛ لذلك تجد خصوصية في هذه السرديات بين الذاكرة والسيرة والمكان الجديد في الغربة.

إن صورة الآخر المختلف ورحلته نحو إثبات ذاته تمضي بالكتابة في تحررها نحو الأعماق الإنسانية، كعنوان صغير، التعارف والتآلف؛ لذلك فإن خصوصية نص ليلى أبو العلا تتجلى في هذه السمة المميزة في التمسك بالجذور ومخاطبة الآخر من موقف الند، وليس التابع بسردية ولغة واضحة مميزة.

الهوامش:

1 – مختـار عجوبـة، القصة الحديثة في السودان، الفصـل الثاني، بواكير القصة السودانية، ص 15، الطبعة الثانية، القاهرة، 2000م، مركز الدراسات السودانية.

2 – عرفات محمد عبد الله، قل هذه سبيلي، مجموعة مقالات، مقال الشعر القومي، ص 118، مجلة الفجر عدد 7، مجلد (1) سبتمبر 1934م، ص 280 – 282م، إعداد: د. قاسم عثمان نور، الطبعة الأولى، 2000م، القاهرة، مركز الدراسات السودانية.

3 – لغـة الطفولة والحلم، قراءة في ذاكرة القصة الغربية، تحليل نماذج قصصية، محمد برادة، مطبعة النهج الجديدة، الدار البيضاء، 1988م، ص 7.

4 – لغة الطفولة والحلم، المصدر السابق.

5 – مجموعة مات حجر، محمد سعيد معروف، الطبعة الثانية، 1998م، (مجموعة قصصية).

6 – المجموعـة القصصيـة «المقاعد الأمامية والشتـاء»، الزبير علي، القصص الخاصة بالزبير علي من مجموعة النازحان والشتاء، الصادرة بالاشتراك مع شكر الله خوجلي، الخرطوم، 1999م، دار البلد للصحافة والطباعة والنشر والتوزيع.

7 – المقاعـد الأماميـة، مجموعـة قصص قصيرة، الزبير علـي، فبراير 1969م، مطبعة النيل للطبع والنشر.

8 – العطـر والبارود، مجموعـة قصص قصيرة، جمال عبد الملك (ابن خلدون)، دار الجيل، بيروت، بدون سنة نشر.

9 – فـن كتابة القصة، فؤاد قنديـل، يونيو 2002م، الهيئة العامـة لقصور الثقافة، كتابات نقدية شهرية، مصر.

10 – فن كتابة القصة، فؤاد قنديل، مصدر سابق.

11 ــ التجريـب في القصة القصيرة الجزائريـة، رحلة البنات إلى النار لعز الدين جلاوجي، أنموذجاً، رسالة لنيل شهادة الماجستير، لطيفة لعبيدي، نسخة إلكترونية.

12 ــ مـا الأدب، جان بول سـارتر، ترجمة: الدكتور محمـد غنيمي هلال، مكتبة الأسرة، دار نهضة مصر للطباعة، 2005م.

13 ــ حداثـة السؤال، بخصوص الحداثة العربية في الشعر والثقافة، محمد بنيس، دار التنوير للطباعة والنشر، بيروت، المركز الثقافي العربي، المغرب، 1984م.

14 ــ صراع المقهور مع السلطة، دراسة في التحليل النفسي لرواية الطيب صالح (موسم الهجرة إلى الشمال)، رجاء نعمة، بيروت، 1986م.

15 ــ رحلـة الملاك اليومية، قصص قصيـرة، عيسى الحلو، دار مدارك للطباعة والنشر، الخرطوم، الطبعة الأولى، 2008م.

16 ــ المصدر السابق نفسه.

17 ــ النـص المثقف، علي حسين يوسـف، يوليو 2016م، الحـوار المتمدن، نشر إلكتروني.

18 ــ سـفر العنقاء، حفرية ثقافية في الأسـطورة، الدكتور نذير العظمة، دراسات فكرية، منشورات وزارة الثقافة، الجمهورية العربية السورية، دمشق، 1996م.

19 ــ المكان في النص السردي العربي، البنية والدلالة، مبروك دريدي، الخرطوم، شـركة زين للاتصالات، 2018م، دراسة نقدية فائزة بجائزة الطيب صالح العالمية الدورة الثامنة 2018م، منفذون دار مدارك للطباعة والنشر، الخرطوم.

20 ــ هوامش من سيرة حمال نوبي (نصوص قصصية)، محمد خلف الله سليمان، دار عزة للنشر والتوزيع الخرطوم، الطبعة الأولى، 2002م.

21 ــ هوامش من سيرة حمال نوبي، المصدر السابق.

22 ــ الرمـز الصوفي «بين الإغراب بداهة والإغراب قصداً»، أسـماء خوالدية، منشورات الاختـلاف، الجزائر العاصمة، الجزائر، منشـورات ضفاف بيروت، الطبعة الأولى، 2014م.

23 ــ الحياة الاجتماعية في كتاب «الأغاني» للأصفهاني، دراسـة تاريخية نقدية، شيرين العدوي، الهيئة العامة المصرية للكتاب، 2012م.

24 ــ الهامش الاجتماعي في الأدب، قراءة سوسيوثقافية، الدكتورة هويدا صالح، رؤية للنشر والتوزيع، مصر، 2015م.

25 – أنماط الرواية العربية الجديدة، تأليف: الدكتور شكري عزيز الماضي، عالم المعرفة، المجلس الوطني للثقافة والفنون والآداب، الكويت، سبتمبر 2008م.

26 – رجل شفاف، (مجموعة قصصية)، أحمد الفضل، دار عزة للنشر، 2004م.

27 – سرديات الراوي والروائي، أحمد الناوي بدري، الطبعة الأولى، أبريل 2016م، حقوق الطبع دار الحوار للنشر والتوزيع، سوريا.

28 – وين يا حبايب، قصص قصيرة، زهاء الطاهر، مركز عبد الكريم ميرغني الثقافي، أم درمان السودان، 2003م.

29 – الرواية العربية ورهان التجديد، الدكتور محمد برادة، دبي الثقافية، إصدار 49، تصدر عن دار الصدى للطباعة والنشر، مايو 2011م.

30 – ريحان الحلفاية، مجموعة قصصية، الحسن محمد سعيد، مركز عبادي للدراسات والنشر، صنعاء، الطبعة الأولى، 2008م.

31 – الرواية العربية ورهان التجديد، الدكتور محمد برادة، مصدر سابق.

32 – العجكو مرة أخرى، مجموعة قصص، عمر محمد أحمد الصايم، الخرطوم، نادي القصة السوداني، الطبعة الأولى، 2012م.

33 – سرديات الراوي والروائي، أحمد الناوي بدري، مصدر سابق.

34 – حواشي الغواية، عثمان أحمد حسن، مجموعة قصصية، منشورات نادي القصة السوداني، الطبعة الأولى، 2010م.

35 – حواشي الغواية، عثمان أحمد حسن، مصدر سابق.

36 – فانتازيا أنثى الشط، مجموعة قصص قصيرة، الهادي علي راضي، الفائزة بالمركز الأول بجائزة الطيب صالح العالمية، الشركة السودانية للهاتف السيار زين، تصميم وطباعة دار مدارك للطباعة والنشر، 2016م.

37 – حتيتة الزرافة المشتعلة وقصص أخرى، سيف الدين حسن بابكر، مجموعة قصصية، دار المصورات للنشر والطباعة والتوزيع الخرطوم، 2021م.

38 – صورة وعفريتة (نصوص قصصية)، عبد الماجد عليش، الطبعة الأولى، 2017م، دار المصورات للنشر والطباعة والتوزيع الخرطوم.

39 – متاهة كل صيف، قصص قصيرة، ليلى أبو العلا، ترجمة: عادل بابكر، الطبعة الأولى، 2017م، دار المصورات للنشر والطباعة والتوزيع الخرطوم.

مراحل تطور القصة القصيرة السودانية
من التقليد إلى التجديد (1930م – 2021م)

عز الدين ميرغني

مقدمة:

اخترنا العام 1930م لبدايات القصة القصيرة السودانية، وذلك لأن عام 1930م، قد شهد نشر بواكير القصة السودانية، وليس قبل ذلك، والتي كان للصحافة دورها الكبير في ذلك، مثل الدور الذي أدته الصحافة لخدمة القصة القصيرة المصرية. وأولى القصص صدرت في مجلة النهضة السودانية في الأعوام 1931م – 1932م. ومجلة الفجر التي صدرت في الفترة ما بين 1935م إلى أكتوبر 1937م، ثم من خلال الفترة من مارس إلى أغسطس 1939م. ولا شك في أن الناقد والقاص معاوية محمد نور قد نشر أيضاً قصصه في تلك الفترة في المجلات والصحف المصرية. وقد يتساءل المرء عما قبل ذلك التاريخ، خاصة وأن الصحف السودانية قد بدأت الصدور في العام 1903م، وأول صحيفة سودانية تصدر هي صحيفة السودان،

فلماذا لم تنشر قصصاً سودانية. ولعل الجواب يكمن في أن الصحف كانت في ذلك الوقت تهتم بالشعر ونشره، وأن القصة قد تكون لم تجد الاهتمام الكافي؛ لذلك كما فعلت الصحف المصرية في ما بعد عام 1919م، والتي تأثرت بأحداث الثورة، والتي أتاحت حرية النشر والتعبير، وقد بدأها في مصر القاص محمود تيمور، والأخوان عيسى وشحاتة عبيد. ولعل الاستعمار الإنجليزي في السودان قد حارب نشر القصص لخطورتها على تحريك الوجدان الثوري للإنسان السوداني.

البدايات:

إذا كانت بدايات القصة القصيرة السودانية قد بدأت كنصوص متفرقة في الصحف السودانية، لكن التوثيق الرسمي للقصة السودانية قد بدأ بظهور المجموعات القصصية. فقد صدرت مجموعة (موت دنيا) لعبد الحليم محمد، ومحمد أحمد محجوب في عام 1947م، ومجموعة الطيب زروق صدرت بالقاهرة في عام 1954م، ثم مجموعة خوجلي شكر الله، والزبير علي (النازحان والشتاء)، من إصدارات القاهرة عام 1964م، ثم صدرت للقاص عثمان علي نور مجموعة (غادة القرية)، و(البيت المسكون) وقصص أخرى في عام 1955م. كما أصدر فؤاد أحمد عبد العظيم (أبراج الحمام). وصدرت مجموعة (البرجوازية الصغيرة) لعلي المك، وصلاح أحمد إبراهيم. والطاهر عبد الكريم أصدر مجموعة (المائدة الحمراء)، ومجموعة (عجلة الزمن)، حيث طبعتا في القاهرة في العام 1959م. وهذه المجموعات أثبتت سبق القصة القصيرة للرواية في السودان. كما

أن لمجلة القصة، الدور في نشر العديد من النصوص القصصية في فترة الستينيات، وهي مجلة أسسها القاص السوداني عثمان علي نور. وكان لها دور كبير في ظهور العديد من الأقلام الجديدة. وبعد الاستقلال واصلت الصحف السودانية في تبني العديد من الأقلام الجديدة في مجال القصة القصيرة.

محمول المعنى في القصص الأولى:

امتازت الثيمات الرئيسة في بدايات القصة السودانية بالميل لكتابة الواقعية الاجتماعية. وهي مدرسة قديمة تقول عن جدلية النص/ الواقع، بحيث إن النص لا ينبع من فراغ، فله سياقاته الاجتماعية والثقافية والنفسية الداخلة في تكوينه، وعلاقته بالواقع هي علاقة امتصاص وتمثل وانتخاب عبر اللغة. وكما يقول القاص السوداني جمال عبد الملك (ابن خلدون)، في مقال له بمجلة القصة السودانية العدد الحادي عشر 1960م، فإن فعالية الإنتاج الأدبي تستند إلى تمثل الواقع والقدرة على اختيار عنصر الثبات في مشهد الواقع الجياش المضطرب، ونفس الأديب كالعدسة الحساسة التي تكثّف صورة الواقع وتنتقي من مشاهده ما هو نموذجي، ثم هي تعيد تركيبه وصياغته من جديد، وتضفي عليه ألوانها الذاتية، وهذا بدوره يغير الواقع، فهي عملية دينامية تبدأ من الموضوع لتؤثر في الذات، ثم تعود من الذات لتغير في الموضوع. ولعل هذه الواقعية التي طغت على نصوص القصص القصيرة في تلك السنوات، كانت نابعة من تأثر الكتّاب بالقصة القصيرة المصرية، والتي كانت رائجة ومنتشرة في كل العالم العربي

نتيجة لانتشار الصحف والمجلات المصرية، وخاصة إصدارات دار الهلال المصرية، والتي كتبت الواقع المصري المعيش. وفي السودان حاولت أن تكتب واقع المجتمعات السودانية وتحولاته وانعتاقه من ربقة الاستعمار، ثم التحولات التي حدثت للفرد نتيجة لدخول العديد من وسائل التواصل الحديثة في ذلك الزمن، مثل الاستماع للراديو وقراءة الصحف والمجلات، ثم ظهور التلفاز والسينما، خاصة في فترة الستينيات، حيث بدأت تتغير الكثير من القيم مثل رفض تعليم البنت، ثم معارضة توظيفها مع الرجل جنباً إلى جنب، مع عدم السماح لها بالذهاب إلى الأسواق والاختلاط بالرجال. وقصص تلك الفترة لم تسمح للذات لتتجلى وتحكي عن نفسها، فقد كانت مشغولة بالآخرين والتعبير عن القضايا الاجتماعية العامة، التي ظهرت نتيجة للتحولات من مجتمع الريف إلى مجتمع المدن، وعن الهيمنة الذكورية السائدة في تلك الفترة، والتي ما سمحت بظهور أقلام نسائية تكتب القصة أو الشعر. وقد اتسمت نصوص تلك الفترة بكتابة ما يسمى بالواقعية الساذجة، وهي تعني التقاط الحدث العادي، ثم إعادة سرده وحكيه للآخرين. ومن أهم السلبيات التي واجهت نصوص تلك الفترة، وهي تكتب الواقع الاجتماعي، هي الانطلاق من واقع افتراضي، ومن أفكار اجتماعية مسبقة، ومن الرغبة في البحث عن أشياء محددة في الواقع الاجتماعي. بعضهم كان يبحث عن مثالية المجتمعات الريفية ويقارن بينها وبين مجتمعات المدن، وبعضهم كان يريد أن نقلد الغرب في سلوكه وحياته الاجتماعية. وهذا ما جعل الواقعية السطحية هي السائدة، والتي تكتفي بالحياة السطحية للمجتمع دون محاولة الدخول في فجواته؛ لذا كانت البطولة في أغلب هذه المجموعات، هي ما يطلق

عليه «البطولة الجماعية»، والتي تركز على الحدث، وتقلل من قيمة الشخصية، وربما خلت منها نهائياً، وكما يقول الدكتور هاشم ميرغني في كتابه (بنية الخطاب السردي في القصة القصيرة) (في صفحة 400): «استغنت القصة القصيرة ببطولة المجموع، وذلك للكشف عن مدى الوعي الجماعي لبعض الأحداث بالقياس إلى الموقف العام في القصة، وهنا تكون الغاية الأساسية فيها الكشف عن جوانب موقف، وعن أصدائه النفسية العميقة لدى مجموعة من الأشخاص يمثلون طبقة من الأشخاص يمثلون طبقة من المجتمع أو مجموعات مختلفة منه»؛ ولذا تميزت هذه الفترة بما يمكن أن نطلق عليه «التمثيل الموضوعي للواقع»، ولعل تلك الفترة شهدت ظهور ما يسمى الواقعية الاشتراكية، والتي تعنى بالصراعات والتضاد بين الطبقات. وذلك لظهور المد الفكري الاشتراكي أيضاً. لقد ركزت القصة القصيرة السودانية في تلك الفترة، كذلك على المكان المديني (واقع المدينة)، حيث كان التحول يظهر واضحاً بعد الاستقلال وخروج الاستعمار في المدينة أكثر من القرية. ولم تلجأ تلك القصص للمكان والفضاء النفسي؛ وذلك لأن شخوص تلك القصص تعاني من المكان الواقعي الذي يعاني من مخاض التحول والانعتاق من القيود المفروضة عليه. ولعلنا نلاحظ بأن تأثير المدينة في القصة القصيرة في تلك الفترة أن أغلب كتاب القصة القصيرة من الذين نشؤوا في المدن أمثال: عيسى الحلو، خليل عبد الله الحاج، فؤاد أحمد عبد العظيم، محمد سعيد معروف وغيرهم. ونصوصهم القصصية كانت نابعة من محاولة تأطير الحكايات الشفهية المفعمة بالأساطير والأحاجي وحكايات الجدات. تلك التي لا تتقيد بالزمان والمكان. ولعل تأثير المكان في الكاتب بتفاصيله المتعددة،

هو أهم إيقاع في التكوين الذاتي الأولي للقاص، الذي تتفتح عيونه على المكان بصفته حكاية، تتشكل يومياً في صياغة معيشية فيتأثر به ويؤثر فيه من منظوره الخاص، في تعريف هذا المكان أو التعبير عنه، مما يسهم في بناء وعي جمالي خاص، يتجذر في داخل المبدع، ثم يعبر عنه في نصوصه الأولى، وأيضاً فيما له من حضور باستمرار في كتابته الإبداعية، لتغدو تجربته مسكونة بهذا المكان. ومن هنا قد تكون القصة قريبة الصلة بالواقع الشخصي لصاحبها وبسيرته الذاتية ومعاناته من المكان الذي ينتمي إليه. وخير مثال لذلك قصة «الوجه الآخر للمدينة» للقاص عثمان علي نور، نرى المدينة تخفي وجهها الكالح خلف المساحيق والأضواء البراقة، وعين القاص وحدها هي التي تكشف هذا الزيف؛ لأن القاص هو ابن المكان الذي يعرفه جيداً أكثر من الآخرين.

السمات الفنية لقصص البدايات:

امتازت النصوص القصصية في البدايات الأولى للقصة القصيرة، والتي امتدت من فترة الثلاثينيات وحتى منتصف الستينيات، بالالتزام بالشكل الفني التقليدي لكتابة القصة القصيرة. وهذا الشكل الفني التقليدي، كما يقول الدكتور رشاد رشدي: «إن أركان القصة التقليدية تتكون من ثلاثة أقسام، وهي: الحادثة/ الشخصية/ والمعنى». فالقصة التقليدية تمتاز بالحبكة المتماسكة، وليست المفككة. فالحدث فيها يسير أفقياً وتصاعدياً، أي إن الحوادث تسير بشكل تتابعي في الزمان بترتيب السابق على اللاحق. وهذه الحبكة المحكمة التي ميزت

قصص تلك الفترة، وهي من أبجديات القصة القصيرة منذ أن نادى بها الكاتب الأمريكي إدجار ألن بو، «في عملية الإنشاء كلها يجب ألا تكتب كلمة واحدة لا تخدم بطريقة مباشرة أو غير مباشرة التصميم الذي خطط له من قبل». وقد ذكر الدكتور سيد حامد النساج، في كتابه (القصة القصيرة) (ص 13): «ها هو القاص جاك لندن، يعلن أن القصة القصيرة يجب أن تكون متماسكة إلى درجة عالية في الارتباط بين الحدث والحياة مثيرة ومشوقة. وتنبع كل هذه الآراء بما فيها رأي إدجار ألن بو، من مثلث أرسطو، حيث البداية والوسط الذي يمثل ذروة الحدث ثم النهاية».

لقد امتازت قصص تلك الفترة، بما يسمى قصة البنية الدرامية، والتي تجعل القارئ يتتبع الحدث إلى أن ينتهي إلى أزمة ثم حل نهائي. فكل مشهد وحادثة INCIDENT، وكل جزئية من الحادثة، كانت ذات صلة مباشرة بالصراع وحله. وتوظف أيضاً ما يسمى في النقد الحديث، بالحبكة الزائفة، وهي التي تقوم على الصيغ الجاهزة بعاطفيتها المضللة في تقديمها للواقع، والزيف هنا ينبع من الصيغ المعدة سلفاً للقصة. وهي حبكة مصنوعة ومبنية على المصادفة أو العاطفة «تقنية المصادفة». وتوجد مثل هذه النصوص القصصية في بدايات فجر القصة السودانية والعربية، حيث إن فن القصة القصيرة لم يتوطد بعد، وكان السعي لاسترضاء القارئ وتشويقه وتحفيزه لقراءة القصة القصيرة. وهذا يقوم أيضاً على وحدة الانطباع الذي لا يشتت ذهن القارئ الذي ما زال مفتوناً في ذلك الوقت بالأحاجي وحكاوي الجدات، والتي تقوم على الحدث الواحد المتسلسل.

لغة الخطاب في قصص البدايات:

من سمات القصة القصيرة عامة، قديمها أو حديثها، هو التركيز الدلالي واللغوي، ثم التكثيف والبناء المحكم. وهذا يستلزم بالضرورة الاقتصاد اللغوي والاختزال. ولقد التزم الكثير من كتّاب القصة بذلك، ولكن البعض طغى عنده الوصف الزائد للمكان، واستخدام الجمل الوصفية الطويلة، ولأن النصوص أغلبها كانت البطولة فيها للحدث، فقد كانت اللغة أقرب للغة الحياة اليومية البعيدة عن اللغة الشاعرية، والتي لا تناسب مناسبة الأحداث، والتي تتطلب لغة سريعة لاهثة تواكب سير الأحداث حتى تصل إلى النهاية المقصودة. ولم تلجأ إلى اللغة الحوارية كثيراً أيضاً حتى لا تتشتت الأحداث بين متحاورين، يمكن أن يؤخروا وصول الحدث إلى نهايته. كما خلت لغة الخطاب القصصي في تلك البدايات، من لغة التداعي أي لغة تيار الوعيStream of conciseness ، وهي لغة تمتاز بالتداعي الحر لشخصيات متأزمة وتعاني الوحدة، ولكن لأن المجتمعات في تلك الفترة كانت أقرب إلى التواصل والتلاحم، فلا تترك للفرد أن ينعزل منها، ويعاني الأمراض النفسية وأمراض العزلة والاكتئاب، ولقد كانت الأمراض الاجتماعية العامة هي السائدة، والتي تمس كل أفراده مجتمعين.

فترة السبعينيات وبدايات التجريب:

في منتصف السبعينيات من القرن الماضي، بدأ التجريب والتجديد

في القصة القصيرة السودانية، تدريجياً، وهنالك عدة عوامل ساعدت على ذلك، منها:

1 – الانفتاح الثقافي على عدة ثقافات ومدارس قصصية مختلفة، وذلك في تطور أقسام اللغات والمراكز الثقافية الأجنبية.

2 – وسائل التواصل ازدادت بدخول التلفاز والإذاعات الأجنبية، ودخول الكتب والمجلات المتخصصة في مجال القصة والرواية.

3 – تدريس القصة والرواية في العديد من الجامعات السودانية.

4 – وجود العديد من المهرجانات الثقافية، وإقامة مسابقات للشباب في كتابة القصة القصيرة.

5 – انتشار الملاحق الثقافية في الصحف السودانية، ونشرها للعديد من القصص المترجمة، وإتاحتها الفرص للأقلام الجديدة.

6 – انتشار المكتبات العامة والخاصة، والتي ساعدت على الاطلاع على أحدث الكتب والمجلات الأدبية المتخصصة.

7 – مسابقات الجوائز الكبرى مثل جائزة الطيب صالح في شركة زين، ومركز عبد الكريم ميرغني. (جائزة الشباب في القصة القصيرة).

كل هذه الوسائل ساعدت على الانفتاح الثقافي على جنس القصة القصيرة، والمواكبة مع ما يستجد فيه من تجريب وتحديث. وبدأ التمرد على مضامين وفنيات القصة القصيرة التقليدية مع الاحتفاظ ببنياتها

الأساسية، ويتمثل هذا التحديث والتجريب في أكثر من موضوع، في التحولات الاجتماعية والثقافية وأنظمة الحكم المختلفة.

مظاهر التحول والتبدل في المجتمع السوداني:

ظهرت هذه التحولات والتغيرات في المجتمعات السودانية منذ نهاية الستينيات، وقد ظهر ذلك جلياً في الهجرات الكبيرة من الريف إلى المدينة، وما لها من أثر في تغيير البنية السكانية والحضارية، ولها إيجابياتها وسلبياتها، بحيث أتاحت الفرصة للعديد من الأفراد في تطوير ذواتهم والانخراط في ثقافة المدينة، والتي تتيح الأخذ بسبل الحضارة الحديثة من تثاقف وانفتاح على الآخرين. ومن سلبياتها الانفصام الذي حدث ويحدث للآخر الذي لم يتعود على مثل هذه الحرية، والتي أخذ منها الجانب السلبي وليس الإيجابي، ثم الاضطراب النفسي الذي قد حدث للبعض بين قيم جديدة تتعارض مع قيم قديمة كان يحملها بداخله. كل هذا انعكس على كتابة القصة القصيرة في هذه الفترة، والتي جعلت البطولة تتحول إلى بطولة فردية ذاتية «أي تذويت الكتابة». فأخذت الأنا تبحث عن ذاتها المنفصمة بين القرية والمدينة. وبتوسع المدينة نتيجة لهذه الهجرات المكثفة، تضخم الصراع حتى داخل المجتمع الواحد، وأخذ الفرد يتشيأ رويداً رويداً. فتغيرت مواضيع الكتابة من الكتابة من النحن إلى الأنا. وأخذت القصة القصيرة تبحث عن محتوى وشكل ومعايير جديدة لاستيعاب هذه التغيرات داخل بنية المجتمع الواحد، فقلت في القصة الشخصيات البطلة، وقلت البطولة التي كانت تعطى للأحداث، وضاق الفضاء

المكاني ليتسع للفضاء النفسي الداخلي. وأصبح لهذا المكان شعريته، وهذه الشعرية لم تأت بالأساس من كونه لم ينهض بوظيفة تأطير الأحداث وأفعال الشخصيات ووجودها وحسب، بل نهض كذلك كما تقول الأستاذة كوثر محمد القاضي في كتابها (شعرية السرد)، بوظيفة تجسيد رؤى القاص وتجلية انفعالات الذوات وأحوال الشخصيات النفسية. ولقد تمكن القصاص الجدد بذلك من امتلاك مقومات القصة القصيرة الحديثة، وذلك بتوفير الوحدة العضوية النامية في القصة، والتخلص من مظاهر الترهل الإنشائي والحدثي، والتخفف من كثرة الشخصيات، والعمل على التكثيف والتركيز والاتجاه إلى إقامة التوازن بين عالم الشخصية الخارجي وعالمها الداخلي، واختراقهم السطح الخارجي للحدث الواقعي مع محاولة النفاذ إلى جوهره، ومحاولة الوصول إلى لحظة التنوير للإيحاء بوحدة الأثر والانطباع الذي هو الهدف الرئيس للقصة القصيرة، كما يقول الأستاذ محمد صالح الشطي في كتابه (في الأدب العربي السعودي) (ص 310).

المضمـون وثـراء التعـدد الثقـافي في قصة مـا بعد السبعينيات:

في العام 1975م أقامت وزارة الثقافة السودانية في ذلك العهد مسابقة للقصة القصيرة للشباب، وتم صدور النصوص الفائزة في كتاب وجد قبولاً واحتفاءً كبيراً من النقاد، حيث ظهرت العديد من الأقلام الشابة الجديدة، واعتبره النقاد بداية لثورة جديدة في الشكل والمضمون. ومنها انطلق التجديد والتجريب والتحديث في القصة

القصيرة السودانية، ومن أشهر من شارك فيها واستمر في كتابة القصة القصيرة: نبيل غالي، ومحمد الحسن أبو كدوك، وسعد الدين إبراهيم وغيرهم. وقد شاركت فيها أقلام نسائية لأول مرة مثل سامية التوم التي أحرزت المركز الأول في المسابقة. وبرزت عناصر تجديدية كبيرة في تلك المجموعة منها الاستفادة من التراث والفولكلور السوداني، ثم ثراء التنوع والتعدد الثقافي السوداني والاستفادة من الفضاء السوداني الكبير خارج فضاء المدينة الذي يضيق مساحة الخيال. فأخذت القصة القصيرة تخرج من نمط المعاني والثيمات التقليدية، حيث الاستفادة من علم التصوف والأفكار الفلسفية المتنوعة بحرية وبدون خوف. ولقد ظهرت العديد من الأقلام التي تستفيد من ذلك مثل القاص عيسى الحلو، وجمال عبد الملك (ابن خلدون)، ومحمد المهدي بشرى، وبشرى الفاضل، وأحمد الملك، وعبد العزيز بركة ساكن، وأميمة عبد الله وغيرهم. وهؤلاء قد فتحوا الباب واسعاً للشباب لكسر جمود القصة القصيرة وتعصبها للبنيات التقليدية في الشكل والمضمون.

الشكل والمضمون في نصوص التسعينيات وما بعدها:

بدأ بعد ذلك الاهتمام بالأقلام الشابة الجديدة في مجال القصة القصيرة يزداد وينمو ويلقى الكثير من الاهتمام، وظهرت العديد من الأقلام الجديدة في المسابقات الأدبية، وخاصة جائزة الطيب صالح للقصة القصيرة للشباب دون الثلاثين، والتي يقيمها مركز عبد الكريم ميرغني، وكانت دورتها الأولى قد أقيمت في العام 2009م وهي مستمرة حتى الآن، وتصدر النصوص العشرة الأولى لكل دورة

في كتاب يأخذ اسم القصة الأولى الفائزة، حيث كانت أول مجموعة أخذت اسم (العزلة)، وهي للقاصة صباح السنهوري. وتوالت هذه المجموعات، وتلاحظ أن مشاركة القاصة أخذت تـزداد في كل السنوات المتعاقبة، حيث ازدادت مساحة الحرية للتعبير والكتابة أكثر من السنوات الماضية بالنسبة إلى الكاتبة المرأة. ومن أهم سمات هذه الكتابات القصصية الجديدة، هي استدعاء ذاكرة الطفولة بتقنيات التداعي الحر بحرية وعفوية. والمقدرة على التكثيف والاتكاء على الرمز، والإيقاع الموسيقي في لغة الخطاب القصصي، وتوظيف المجاز البلاغي الأقرب إلى اللغة الشعرية. والمضمون ساعد لغة الخطاب في الاستظهار اللحظي، وتيار الوعي وتداعي المعاني، وتجميع اللغة، والحوارية والحكي داخل الحكي، مع وحدتي الحدث والانطباع. ومن محمول المعاني الجديدة كتابة مشاكل الهجرة القسرية والنزوح الإجباري داخل الوطن نتيجة للنزاعات القبلية والحروب الأهلية، والتي غالباً ما يكون ضحيتها هم النساء والأطفال. ولقد اعتمدت هذه النصوص على الصورة اعتماداً كبيراً، حيث تأثر الكتّاب الجدد بوسائل التواصل الحديثة، فنرى القاص يقدم لنا عمله القصصي من خلال لقطة أو لقطات، موظفاً تقنيات السينما والكاميرا المتحركة. تقول صباح السنهوري في قصة (العزلة)، والتي تحولت إلى فيلم سينمائي: «الجو حار جداً، وخانق، لا يوجد شيء سوى هذه الطاولة، التي أنام عليها، هنالك أربعة أبواب لهذه الصالة، واثنتا عشرة نافذة. هذه الصالة على شكل مستطيل، يوجد في كل ضلع باب، وفي الضلعين القصيرين توجد نافذتان، بحيث يكون الباب بينهما، وفي الضلعين الطويلين، توجد نافذتان، يسار الباب، واثنتان

على يمينه». فهذا الوصف يعتمد على تجسيد الموصوف أمامنا وهي الغرفة، كأننا نشارك الراوي الوجود في داخلها، ويبدو تأثير ثقافة الصورة واضحاً كنموذج لبقية النصوص.

الخطاب وغواية اللغة في قصص ما بعد التسعينيات:

حاولت النصوص القصصية الحديثة، في سنوات التسعينيات وما بعدها، تهميش الحدث، والذي كانت تتميز به القصة التقليدية، وليس معنى ذلك إبعاده، وإنما هو محاولة لجعل الحدث، حدثاً غائراً في النفس الداخلية، وليس لحظات عابرة تنتهي سريعاً. ويصبح داخل النص سرداً لتاريخ معاناة قديمة لا تزال لها آثارها القائمة والمستمرة، وتصبح اللغة ذات دلالات نفسية سيكولوجية، بعيدة عن الثرثرة والاستعراض اللغوي. وقد فلتت بذلك من سجن اللغة المدرسية في القصص التقليدية والكتابة في مثل هذه النصوص، ليست ثورة على الشكل التقليدي، وإنما هي ثورة على الواقع المحكي بطريقة سطحية فجة، ومحاولة لكشف الواقع والدخول في فجواته وقيعانه، واكتشافه وليس الفرجة عليه، كما تفعل القصة التقليدية.

المراجع:

– مجموعة ريش الببغاء – عيسى الحلو.

– مجموعة العطر والبارود – جمال عبد الملك (ابن خلدون).

– مجموعة المقاعد الخلفية – الزبير علي.

– الأعمال الكاملة – بشرى الفاضل.

– مجموعــة العزلة – القصــص الفائزة في مسابقة القصة القصيرة في مركز عبد الكريم ميرغني للشباب، الدورة الأولى.

– مجموعة انطفاءة ظل – القصص الفائزة في مركز عبد الكريم ميرغني. الدورة الثانية.

– القصص الفائزة في مسابقة المهرجان القومي للآداب والفنون عام 1975م.

– بنية الخطاب السردي في القصة القصيرة – الدكتور هاشم ميرغني.

– ببليوغرافيا القصة القصيرة السودانية – الدكتور قاسم عثمان نور.

– مجلة القصة القصيرة السودانية، 1960م – عثمان علي نور.

– تقنيات القصة القصيرة – عز الدين ميرغني.

– الشمعة والظلام – الدكتور محمد المهدي بشرى.

– تاريخ القصة القصيرة في السودان – الدكتور مختار عجوبة.

– القصة القصيرة دراسة نصية لتطور الشكل الفني – الدكتور صلاح زروق.

– نجيب محفوظ بين القصة القصيرة والرواية الملحمة – إبراهيم فتحي.

– القصة الحديثة الفرنسية – ترجمة: عز الدين ميرغني.

– الصوت المنفرد – فرانك أوكونور – ترجمة: محمود الربيعي.

التجريب في القصة القصيرة السودانية
رؤية مغايرة في «مخطوطة البصاص بعد كابوسه الأخير»

نادر السماني

يمكن القول إنَّ نشأة القصة القصيرة السودانية المكتوبة بالعربية برزت في ثلاثينيات القرن العشرين متأثرة بالقصة القصيرة العربية في مصر والقصة الأوروبية من خلال اطلاع بعض الرواد على بعض نماذجها في لغتها الأصلية أو مترجمة.

أسهمت مجلتا «النهضة» ــ التي كان يحررها عباس أبو الريش ــ و«الفجر» ــ التي ترأس تحريرها عرفات محمد عبد الله ــ في إبراز جيل البدايات في القصة السودانية، وبتوقف الأخيرة تعثرت أحوال القصة السودانية، ولم تنهض إلا بعد الحرب العالمية الثانية، فصدرت عام 1954م مجموعة (غادة القرية) للقاص عثمان علي نور، وهي أول مجموعة قصصية سودانية تحظى بالنشر، تلتها مجموعة (مات حجر) عام 1955م، لمحمد سعيد معروف؛ ممَّا شجع الأدباء على خوض هذا المجال، خاصة في ظل ظهور جريدة «الصراحة» في

الخمسينيات، وفي يناير 1960م أصدر محمد علي مجلة قصصية بعنوان «القصة»، ففتحت باباً واسعاً للكُتَّاب المعروفين والجدد، ولاحقت أعمالهم بالمتابعة النقدية، ورغم أن المجلة توقفت بعد عام ونصف العام ــ لأسباب مالية ــ فإنها تركت أثراً واضحاً في حراك الأدب القصصي السوداني.

إنَّ ظهور القصة القصيرة السودانية ارتبط بتشكل الوعي بالذات والهوية والنظر للواقع السوداني، ومن أشهر أبناء هذه المرحلة الطيب صالح الذي لمع اسمه بقوة من بين أبناء هذه المرحلة، وهم: ملكة الدار محمد، عثمان علي نور، الزبير علي، آمنة أحمد يونس، بخيتة أمين مدني، زينب عبد السلام المحبوب، سلمى أحمد البشير خوجلي شكر الله، علي المك، صلاح محمد إبراهيم، أبو بكر خالد، الطيب رزق، محمد سعيد معروف، عبد المنعم أرباب، عبد الله علي إبراهيم، وغيرهم/هن مما لا يتسع المجال لذكرهم/هن.

ثم في منتصف الستينيات بدأ ظهور مبدعين/ات استحدثوا/ن أشكالاً فنية تواكب تطور المجتمع السوداني، والتعبير عنه بأفق مُغاير، منهم: عيسى الحلو، محمود محمد مدني، ومن بعدهم أتى عبد السلام حسن عبد السلام، محجوب شعراني، حسن الجزولي، نبيل غالي، مبارك الصادق، عثمان الحوري، محمد خلف الله سليمان، أحمد الفضل أحمد، سامي يوسف، بشرى الفاضل، أحمد مصطفى الحاج، يحيى فضل الله، زهاء الطاهر، مصطفى مبارك، عوضية يوسف، سلمى الشيخ سلامة، سعاد عبد الناصر، وغيرهم.

يرى الناقد معاوية البلال «إنَّ مرحلة الحداثة في القصِّ السوداني

استخدمت تقنيات حديثة جمعت بين الذاتي والموضوعي، والخاص والعام والقديم والجديد، كما تفوقت في تصوير هموم الشخصية السودانية. هذه المرحلة ضمت عدداً كبيراً من كتاب القصة السودانية منهم على سبيل المثال: إبراهيم بشير، أحمد المتوكل، أحمد الملك، أحمد ضحية، أسامة الخواض، أمير تاج السر، أغنيس لاكودو، إنعام الحاج بابكر، بثينة خضر مكي، جمال غلاب، سارة يوسف خليل، إستيلا قايتانو، رانيا مأمون، صلاح الزين، طارق الطيب، عبد الحميد البرنس، عادل القصاص، محمد المهدي بشرى، مها الرشيد، ميل كلينسون، هاشم ميرغني الحاج، وآخرين/ات».

وفي الألفية الثانية تنوعت اتجاهات القصة القصيرة في السودان، وخاضت تجارب ذات أبعاد جمالية مختلفة، كما أسهمت المسابقات الأدبية وأبرزها جائزة الطيب صالح التي ينظمها مركز عبد الكريم ميرغني، في إبراز الكثير من المواهب الشابة الواعدة ولا يتسع المجال للتفصيل في ذلك.

التجريب في اللغة والاصطلاح:

سنتناول في هذه الدراسة محور التجريب في القصة القصيرة السودانية، وسيتم تناول مخطوطة البصاص بعد كابوسه الأخير، وهي مجموعة قصصية نشرت في العام 2017م لكاتبها القاص عادل سعد يوسف، من دار مداد للنشر، نشرت منها طبعة واحدة ولم تنشر ثانية. أعتقد أنَّ توزيعها في السودان لم يكن كبيراً رغم نفاد الطبعة عربياً، لعل ذلك يُغري بإعادة الطبع.

1 – التجريب في اللغة:

ورد في لسان العرب: «وجَرَّبَ الرَّجلَ تَجرِبةً: اخْتَبَرَه، والتَّجرِبةُ مِن الـمَصادِرِ الـمَجْموعةِ. قال النابغة:

إلى اليَوْمِ قد جُرِّبْنَ كلَّ التَّجارِبِ.

وقال الأعشى: كَمْ جَرَّبُوه، فَما زادَتْ تَجارِبُهُمْ *** أبا قُدامَةَ، إلّا الـمَجْدَ والفَنَعا

والتجربة هنا تدل على «الاختبار» أي اختبار الرجل، والمجرَّب: قد بُلي ما عنده والمجرِّب: قد عرف الأمور وجربها»[1].

وفي المعجم الوسيط: «جربه تجريباً وتجربة: اختبره مرة بعد أخرى، ويقال رجل مجُرَّب: جُرب في الأمور وعُرف ما عنده، رجل مجرِّب عرف الأمور وجربها»[2].

2 – التجريب في الاصطلاح:

والتجريب في الفنون «يتمثل في ابتكار طرائق وأساليب جديدة في أنماط التعبير المختلفة»[3].

فالابتكار هو منبع العملية الإبداعية في ضروب أشكال الممارسة الإبداعية بوصفه ابتعاداً عن القوالب والأنماط الـمُنجزة وكسر المألوف، والسعي نحو التجديد والتجدد، وكذلك توسيع هامش حرية الكتابة.

فالمبدع يدفع المتلقي إلى الكشف عن جماليات النص، ويشير

الطاهر الهمامي إلى أنَّ التجريب «قرين الإبداع، والمسكون به لا يهدأ له بال، بحثاً عن الأفضل والأكمل ونزوعاً إلى المطلق»[4].

إنَّ التجريب محاولة نضالية إبداعية يمتلك أهمية موضوعية واعية، لذلك كتب شوقي بدر يوسف: «وتكمن أهمية التجريب في خصوصية طرحه ونضاله من أجل اكتساب حقّه في الاحتجاج على الوعي الجمالي السائد، وما يتضمنه هذا من جدل يقوم على نقض الوعي الاجتماعي بعد استيعابه في مستوياته المتشابكة...، سياسية، اجتماعية، اقتصادية، دينية، ثقافية وفنية. مثلما تكمن أهميته في لحظته الآنية وما يطرحه منها أو ما يطرحه عليها»[5].

فالتجريب بهذا المعنى يكون واحداً من متطلبات الحداثة، إذ إنه مؤشر حقيقي لتجاوز القديم، وتمرد على جاهزية النموذج، وبحث عن المغايرة والاختلاف، ويمتلك خصوصية كونه منهجاً «فنياً يحتاج إلى إبداع المدارس كلها، سواء الحديث الذي وعاه، أو القديم الذي لم يصطلح عليه»[6].

والتجريب في الاصطلاح الأدبي له دلالات مختلفة عندما نقول هذا أدب تجريبي أو فن تجريبي أو أدب تجريبي أو المدرسة التجريبية، كما عُرفت في أوروبا في القرن العشرين، نعني بها الخوض في نموذج مغاير، أو خوض تجربة فنية أو أدبية على غير مثال، أو محاولة تجاوز الأمثلة السابقة التقليدية أو الكلاسيكية بحسب زاوية النظر أو الترجمة، محاولة إعادة النسج على منوال مختلف. بذلك أصل إلى القول إن هذا الأديب أو هذا الفنان قد سلك درباً جديداً مغايراً لما سبقه، بالتأكيد إن هذه المغايرة، ليست مطلقة، وإلا افتقدت

الانتماء للجنس الأدبي وفارقته، فإذا أنتجت نصًّا مغايراً تماماً لكل مفهوم القصة كما في هذا النموذج، لا نكون بذلك قد أنتجنا قصة جديدة، بل نكون قد أنشأنا فنّاً (جنساً أدبياً) جديداً، ولكن عندما نقول إن هذا التجريب تمَّ في مجال القصة القصيرة، فإننا نعني به أن هذا النمط من الإنتاج الأدبي استند إلى بعض خصائص فنّ القصة القصيرة، لكنه خاض تجربة جديدة أو افترع مساراً مختلفاً عمَّا هو مألوف، فإذا بها تجربة جديدة فنقول هذا عمل تجريبي، كأنما يبتدع – عموماً أن الإنتاج الأدبي هو ابتداع – لماذا نطلق على البعض أنه تجريبي، وعلى البعض الآخر ليس تجريبيّاً؛ لأن الأول يلتزم كل القواعد السابقة فينشئ على مثالها، فلا تجريب هنا، أما الذي يغاير أو يخالف بعض هذه القواعد فنقول عليه إنه ينتج فنّاً تجريبيّاً جديداً، إذن نستطيع أن نضع أرضية مشتركة للحوار بيننا، ولتناول هذا النص الأدبي، بأننا نعتقد أو نزعم بأن مخطوطة البصاص بعد كابوسه الأخير ابتدعت بعض مسارات جديدة وغير مألوفة، ولكنها لم تتخلَ عن نمط القصة القصيرة، وإلا لما اعتبرت قصة قصيرة.

إذن التجريب نعني به ابتداع أساليب جديدة مغايرة لبعض ما هو مألوف وليس الكل، وإذا كان الكل نعتقد أن ذلك ليس تجريباً، وإنما إنتاج أدبيّ مجنس تجنيساً آخر، مثلما حدث عندما أنتج مفهوم الأقصوصة أو القصة القصيرة جداً، فإنها قد غايرت كثيراً من أنماط القصة القصيرة، فلذلك أنتجت نصّاً أدبيّاً أطلق عليه القصة القصيرة جدّاً، كذلك الرواية أو النوفيلا أو غيرها، فهنا يكون الاختلاف، إذن نحن نتحدث في إطار الجنس الأدبي المعني، وهذا ينبني على

افتراض أساسي وجوهري وهو أن هناك نمطاً أو بناءً تقليديّاً أو كلاسيكيّاً، نمطاً متعارفاً عليه، والقصة القصيرة هي إنتاج عرف في أوروبا القرن الثامن عشر على يد موباسان، أو التنظيرات الأولى التي اعتمدت على التنظيرات الموباسانية، والتي ركزت على أن القصة القصيرة تعتمد على ثلاث حلقات ضرورية هي: التمهيد الذي يطول أو يقصر يختلف فيه الناس، ثم الوصول لذروة الحدث العقدة أو الحبكة، ثم الرجوع بعدها للحل، بالتأكيد هذا النمط هو نمط أرسطي قديم نتج من الحديث عن المسرحية، ولكن في القصة يدخل جانب غير موجود في الدراما هو جانب السرد أو الوصف، فالوصف يتوقف فيسرد القاص ما يشاء من آراء ومتباينات مختلفة، ثم من الملامح التقليدية الرسم الدقيق للشخصيات، أو الشخصية الرئيسة (في الغالب القصة القصيرة لا تشتمل على شخصيات كثيرة، إنما تشتمل على عدد محدود).

كيف أودُّ أن أدخل على نصٍّ «مخطوطة البصاص بعد كابوسه الأخير»؛ أقول ابتداءً إنّ التجريب في القصة القصيرة السودانية، إذا أردنا أن نحسم الأمر، نحا منحى مُغايراً للنمط الموباساني الذي عرف إلى حد ما في ثلاثينيات القرن المنصرم، ثم بلغ ذروة مجده في ستينيات القرن المنصرم، ثم سارت القصة على هذا النمط تنويعاً وعمقاً وتأثيراً؛ فالتجريب كان يتم في مستوى مخالفة هذا النمط بابتداع أساليب مغايرة ومختلفة، كما في محاولات عيسى الحلو مثلاً في تجاربه في «ريش الببغاء»، وفي تجاربه اللاحقة التي كانت تحرص على أن تتناول ما أسماه عبد القدوس الخاتم – وسار على

نهجه بقية النقاد – النزعات الوجودية في تجربة عيسى الحلو، ولكن هذا الاتجاه ظهر بشكل واضح في ثمانينيات القرن المنصرم في تجربتين هما تجربة عادل القصاص (حالة انتحار)، وتجارب محمد خلف الله سليمان، كذلك لدرجة ما في هذه التجارب كان هناك اتجاه لمغايرة ما هو مألوف في تداعيات يحيى فضل الله في بناء الشخصية ذات الأبعاد الثلاثة التي كانت تعرف عن الشخصية بالتركيز على بعد واحد، كما في حالة انتحار وتعميقه، والوصول به إلى أقصى حالات العمق، أو تجاهل الحدث والاكتفاء بالتداعي، كما في بعض قصص محمد خلف الله سليمان، أو غير ذلك مما يطول ذكره ولا مجال له في هذه الدراسة.

كل ذلك يصب فيما يمكن تسميته بمحاولة التجاوز لأنماط القصة على النمط الأوروبي حسب ما عرف في الذاكرة العربية.

لكن هناك – في ظني – اتجاهاً آخر في التجريب، وهو العودة للتراث، يبدو من الوهلة الأولى أن بين التجاوز والعودة تناقضاً؛ لذا سأشرح فكرتي في هذا الجانب، بالقول إنَّ العودة إلى تراث سابق للتراث الغربي السردي (تراث القصّ العربي)، سواء أكان في المقامات، أم الاستناد إلى الخبر، أو غير ذلك من تقنيات فيه، مغايرة لما هو سائد، ومن ثم فيه درجة من التجريب، خاصة إذا لم تكن العودة كاملة بمعنى إنشاء مقامة بنفس فنياتها القديمة.

ربما يثور السؤال، هو أن العودة إلى نمط سابق ليس تجريبياً، لكني أزعم أن هذه العودة في مغايرتها للنمط الموباساني أعني به التجربة الغربية ونمطها الذي ساد في المنطقة العربية، خاصة على يد نجيب

محفوظ ويوسف إدريس وإحسان عبد القدوس وغيرهم من الكتاب، وكذلك في السودان حتى ستينيات القرن السابق، هذا طبعاً لا يعني التوقف عند هذا الحد، لكن أقول حتى تلك اللحظات لم تبدر مغايرة لما هو سائد إلا بدرجة من الدرجات عند عيسى الحلو ومحمود محمد مدني، حتى تجارب الطيب صالح في القصة القصيرة في ظني لم تخرج عن النمط الموباساني.

ما أزعمه في هذا الاتجاه هو أن محاولة الخروج استناداً أو تناصاً بأي درجة من درجات التناص مع القص العربي القديم، سواء أكان في المقامات أم غيرها، لا يقل قيمة عن ابتداع مغايرة حديثة، إذ فيه ربط بين الذواكر المختلفة المكونة للمتلقي وابتعاث قيم لديها القدرة على الاستمرار بتجليات مختلفة قادرة على الإدهاش واختلاس اللحظة الجمالية، وهو مربط فرس التجريب، خاصة إذا ما كان المجرب قادراً على ارتياد آفاق جديدة ومتنوعة كما في حالة عادل سعد يوسف.

في مخطوطة البصاص:

عرفت القصة القصيرة في العصر الحديث تحولاً جديداً على صعيد الشكل والكتابة أخذ اتجاهات كثيرة ومتعددة، وقد ظهر نتيجة لهذا التحول اصطلاح لظاهرة جديدة سميت بـ(الحساسية الجديدة) في القصة القصيرة والرواية، وهي نظام قيمي جديد في الفن[7].

إن التجريب ضرورة جمالية مكونة للأدب، ويعد خاصية ملازمة له، لكن ممارسته رهن بتاريخية الكتابة، ورهن بالعصر وإشكالاته،

واقتضاءاته الفكرية. ولا يمكن للتجريب أن يكون مبرراً من خلال فعل فوضوي غير مبرر، ولا يعي حدوده، وغاياته، فأمر من هذا القبيل يُخلِّفُ أثراً سلبيّاً، بل لا بد من ربط أي جهد طليعي بتصورات جمالية مبنية تستند إلى وعي قادر على تبرير نفسه.

محاولة البصاص بعد كابوسه الأخير أزعم بأنها تجرِّب في الاتجاهين معاً؛ تجرب من زاوية التجاوز لِما هو سائد من النمط الغربي إلى نمط عربي قديم ومحاولة المزاوجة، عندما أقول التجاوز للنمط العربي القديم إذا أنتجنا مقامة مثلاً هذا لا يُعدُّ تجريباً، بل هذا يعني عودة، ولكن هذه المزاوجة بين النمط القديم في القالب الحديث هي التي أزعم أنَّ فيها تجريباً، تمثل في هذه المخالفة، فالقارى/ئة للقصة الحديثة تـ/ يتخيل شكلاً مألوفاً غربياً، عندما تـ/ يجد هذا التزاوج يكون بذلك نُحِّيَ به/ا من قِبَلِ النَّاصِّ/ة إلى مَنْحى آخر فيه جِدَّة وفيه اختلاف، وهذا هو مكمن التجريب، غضَّ النظر عن أن هذا الاختلاف في تأثيره في المتلقي/ة، سلباً أو إيجاباً، الذي يعود إلى تكوينات ثقافية مختلفة. فالقارى/ئة المُكوَّن/ة ثقافيّاً بالقصة الغربية ولم يـ/تطلع إطلاقاً على القصِّ العربي القديم أو لم تكيف ذاكرته/ا بالتراث العربي بأي درجة من الدرجات، ربما تـ/يجد في ذلك الأمر أمراً مدهشاً جدّاً ومغايراً تماماً، أو ربما تـ/ يجده خروجاً غير جيد، فإن اختلاف الثقافات ليس بالضرورة يقود إلى فهم واحد، إنَّما يقود إلى مفاهيم مختلفة.

أخلص إلى أنَّ مخطوطة البصاص بعد كابوسه الأخير، سأتناولها من ثلاث زوايا:

1 – الزاوية الأولى: المحاورة مع التاريخ القديم للحكي:

المحاورة: يقصد بالمحاورة تلك الدرجة من درجات التناص، هي درجة المحاورة، المحاورة مع التاريخ القديم للحكي.

2 – الاستناد إلى مفهوم الخبر والإخبار في القص العربي.

3 – اعتماد الصورة البصرية تجلياً للمشهد.

أولاً: التجريب من خلال محاورة المقامة

المحاورة في العنونة:

تتمثل المحاورة ابتداءً من العنوان، إذا قلت:

– مذكرات جاسوس قديم.

– اعترافات رجل مخابرات.

– ما قاله أو ما تركه العنصر الأمني.

– يوميات جاسوس سابق.

كل هذه التعبيرات تقودني إلى ذاكرة حديثة، وتكون مفهومة تماماً، ولكن كلمة البصَّاص من بصَّ يبصُّ فهو بصَّاص على صيغة المبالغة، والبصُّ هو النظر بتدقيق في الأمر، وهي تعني الجاسوس، تعني رجل المخابرات، أو رجل جهاز الأمن، أو البوليس السري، هذه التعبيرات من لغتنا المعاصرة، كما أسلفت ليس فيها تجاوز لما هو مألوف، لكن استعمال مفردة البصَّاص للإشارة إلى رجل

المخابرات، أو رجل جهاز الأمن، أو البوليس السري، هذا النوع من البشر يطلق عليه لفظ البصَّاص، كأنما يقول لنا فلننظر إلى هذا النص من زاوية أخرى، هذه الزاوية ليست مبتدعة، إنما هي إحالة إلى لغة كانت سائدة، ولغة كانت منتشرة، ربما تمتد إلى تأثيرات الغيطاني، ربما الغيطاني هو مَنْ أبرزها في الذاكرة العربية، ولكن المفردة موجودة، إذا ربطنا هذه المفردة «البصاص» بكلمة المخطوطة بدلاً من الاعترافات، مذكرات، يوميات أو كتابات، كلها تؤدي هذا المعنى، ولكن كلها لا تُحيلنا إلى ذلك التاريخ القديم الذي يمكن أن تعيدنا إليه كلمة مخطوطة، مخطوطة على زِنة مفعولة من الفعل خُطَّ أي كُتبَ بالبناء للمجهول، كأنما خطّها شخصٌ ما، لسنا معنيين هنا بالفاعل الذي فعل الخط، لكننا معنيون فعلاً بالمنتوج أو المخطوطة، مُضافةً إلى البصاص. بهذه التعابير نصل إلى أننا قد انتقلنا ما لا يقل عن ألف عام للوراء لنعيش هذا الجو لمخطوطة البصاص، ولكن بعد كابوسه الأخير تعبير قريب جدّاً إلى الذاكرة المعاصرة، وكلمة الكابوس هو الأمر المفزع لما يراه النائم.

الكابوس يحيلنا إلى الأمر المفزع الذي رآه البصاص، نتج عن ذلك هذه المخطوطة، فالمخطوطة تمت بعد الكابوس، أي خُطت بعد هذا الكابوس، الكابوس الموصوف بأنه الأخير، ومنذ أن تصل إلى كلمة الأخير تصل إلى أن الكوابيس لم تعد تُرى، أو أن ما خُطَّ حال دون الكابوس، أو أن هذا البصاص أعلنت أيامه عن نهايتها، فاكتفى بالحدوث الأخير لهذا الكابوس، ولكن هذه المخطوطة أتت بعده، كأنما ذلك تم في نهار أو صباح ولم يعد ذلك، ثم نتفاجأ بأن المخطوطة ذات إيحاء ودلالة بأنها قد نظر فيها، أو قد تركت بشكل مجهول في مكان

ما، فتم العثور عليها فلا يُعقل أن البصاص هو من يتحدث، فمنذ البداية نحن نجد أنفسنا أمام صوتين – على الأقل – صوت يروي وهو واجد المخطوطة، وصوت البصاص صاحب المخطوطة، وهذا التعدد من تقنيات القص الحديثة، فنحن إذن أمام تجربة تمزج بحرفية متقنة بين أساليب مختلفة في القص في المفردة والدلالة والإيحاء، وكل ذلك من عتبة أولية هي العنوان.

ملامح المحاورة مع المقامة في قصة مخطوطة البصاص بعد كابوسه الأخير:

ومما لا شك فيه أنَّ الموروث السردي العربي شَكَّلَ مَوْرداً مُهماً في العملية الإبداعية بأشكالها المختلفة، فالنصُّ هنا في مجموعة مخطوطة البصاص يكشف عن وعي بضرورة هذا الموروث والاستفادة من ثروته اللغوية والتاريخية، فيستثمر فنّ المقامة العربية من حيث كونه فنّاً ناقداً، إذ إنَّه لا يمكننا تصور هذا التجريب في مخطوطة البصاص دون النظر في العوامل المختلفة والضرورات الاجتماعية والسياسية والفنية في تلك المرحلة التي كتبت فيها هذه النصوص، إذ كتبت في ظل نظام شمولي معادٍ للحريات والجمال.

إن تداخل الخطاب القصصي المعاصر مع نصوص تراثية أدبية، شعرية كانت أو نثرية، يعتبر أحد الاتجاهات التجريبية التي بدأ يخوضها فن القصة الحديث (الرواية والقصة القصيرة)، وذلك سعياً نحو تأسيس سردية عربية تقوم على مزيج من الخطابات السردية القديمة والحديثة[8].

يحاول النص أن ينقل لنا ما دار في مجلس الحاكم بأمر الله، من خلال إحالة المسرود إلى مرجعية تاريخية، وهذا يتضافر مع فن المقامة، إذ إن المقامة في جذرها اللغوي هي المجلس.

والمجلس من خصائص المقامة فيجب أن تدور حوادث المقامة في مجلس واحد لا ينتقل منه إلا في ما شذَّ وندر (وحدة مكان ضيقة). ولكل مجموع من المقامات راوية واحد ينقلها عن المجلس الذي تَحدُثُ فيه. وتُعدّ المقامات أحد الفنون النثرية التي يبالغ فيها الاهتمام باللفظ والأناقة اللغوية وجمال الأسلوب، فجل الكوابيس التي أصابت البصاص هي تستلهم هذا الضرب، انظر للنص:

«رَأَيْتُنِي مُمَدَّداً فِي الْفَضَاءِ الْوَاقِعِ بَيْن النَّهْرِ وَمَبْنَى الْبَرْلَمَان، تَتَحَلَّقُ حَوْلِي أُمَّةٌ مِنْ الْحَذَاقِنة، لَهَا مِنْ المُسُوخِ هَيْلَمَان، تَلْفَحُهَا رِيحٌ حَارَّةٌ وَمِنْهَا يَنْسِلُونَ، كَالْأَنْعَامِ يَهِيمُونَ، أَصْوَاتُهُمْ مُنْكَرَةٌ، لَهُمْ زَفَرَاتٌ وَأَبْخِرَةٌ، أَفْوَاهُهْم كَالْخَرَاطِيمِ يَضَعُونَها فِي النَّيلِ فَيَشْفِطُونَه فِي غَيْرِ تَقَاسِيم، عِظَامُ الْبَلَاعِيمِ، يَقِفُونَ أَعْلَى الْبُحَيْرَاتِ يَتَبَوَّلُونَ، وَعَلَى بَوْلِهِمْ يَتَدَافَعُ النَّاسُ ويَكْرَعُونَ.

نَهَشُوا جِسْمِي بِأَظَافِرِهِمْ، ثُمَّ شَحَذُوا مَشَافِرَهُمْ، تَقَدَّمَ مِنِّي أَحَدُهُمْ وَجَثَا عَلَى صَدْرِي، فَجَّ وَاعْتَلَجَ لِيَسْتَبِينْ أَمْرِي، وَلَمَّا وَجَدَ أَنَّ الرُّعْبَ أَخَذَ مِنِّي كُلَّ مَأْخَذٍ، وَنَبَذَنِي الْخَوْفُ أَلْفَ مَنْفَذٍ، قَالَ لِي: اِهْدَأ وَتَبَسَّط مَعِيَ بِقَوْلٍ عَمِيمٍ، ذَاكِراً لِي مُلُوكَهِمْ فِي الْأرْضِ بَعْدَ الانْفِجَارِ الْكَوْنِيِّ الْعَظِيمِ، وَهُمُ الْمُخْتَارُونَ لِحُكْمِ الْبَشَرِ حَتَّى قِيَامِ السَّاعَةِ وَعَلَيْنَا السَّمْعُ وَالطَّاعَة، سَيُقَرْطِمُونَ الْبِلَادَ، وَيَدْرَؤُونَ الْفَسَادَ».

ويرى يوسف عوض أن «المقامة في إطارها اللغوي تمثَّلت في حديث يُلقى على جماعة من الناس، إما بغرض النصح، وإما بغرض الثقافة العامة أو التسوّل.. وكل ما يميزها أنها حديث ذو نزعة وعظية أو ثقافية نقدية يُلقى على جماعة من الناس»[9]. ولكننا هنا أمام نصٍّ لُغَوِيٍّ يُحافظ على جماليته وجرسه الموسيقي (هذه اللغة المسجوعة بعفوية وتلقائية محببة)، بل غريب كلماته التي نزلت منزلاً سلساً (الحذاقنة/ اعتلج/ سيقرطمون) فقد تجاورت مع مفردات مألوفة فانسجمت معها وشكلت دلالة حيَّة لا نبوّ فيها ولا عترسة، وفي نفس الوقت حملت دلالة السطوة والتوحش الذي يحاول النص أن يعكسه.

يقول الراوي عَنْ كَابُوسِ الْبَصّاصِ الثّالثِ:

«لَمّا جَاءَتْ اللّيْلَةُ الثّالِثَةُ أَخَذَ مِنّي الْفَزَعُ مَأْخَذاً كَبِيراً، وَأصَابَنِي الْهَلَعُ كَثِيراً، فَجَافَيْتُ السّرِيرَ، أَعْيَتْنِي التّفَاسِيرُ، فَجَلَسْتُ عَلَى كُرْسِيٍّ مُتَهَالِكٍ، أَحْذَرُ الْمَهَالِكَ، جَفَيْتُ الإِغْمَاضَ، نَهَبَتْنِي الأَمْرَاضُ، رَأَيْتُهمْ يَخْرُجُونَ مِنْ حَائِطِ الْبَيْتِ، مِثْلَمَا يَنْسَلُ مِنْ الْعَجِينَةِ الْخَيْطُ، يَحْمِلُونَ أَطْبَاقَ رَوَائِحٍ وَأَطْعِمَةً، وَقُدُوراً كَأَنّهَا أَسْنِمَةٌ، طِيباً وَنَارْجِيلاً وَطُيُوراً مَشْوِيّةً تُشْبِهُ الْحَمَامَ، وَزُهُوراً مُفَتّحة الأَكْمَامِ، وَالنّسَاءُ يَقُدْنَ امْرَأَةً شَاهِقَةَ الْحُسْنِ وَالْجَمَالِ، فَأَصَابَنِي بَلْبَالٌ عَلَى الْبَلْبَالِ، وَأَنَا فِي حَيْرَتِي إِذَا بِالسّمَاءِ تتحوّلُ لِشَاشةٍ ضَخْمَة، عَلَيْهَا رُسِمتْ جَرِيرَتِي، رَأَيتُ فِيهَا بِأُمِّ عَيْنَيَّ (اللّتَيْن سَيَأْكُلُهمَا الدّودُ) وُجُوه مَنْ وَشَيْتُ بِهِمْ، وَمَنْ نكّلَ بِهِمُ الْمُقْتَدِرُ بِاللهِ.

امْرَأَةٌ يُتَمُّ جَلْدُهَا فَتَصِيحُ وااااااايْ يُمّهْ

وَالْجَلادُ يَبْتَسِمُ

أَطْفَالاً يَسْبَحُونَ فِي دِمَائِهِمْ

وَالْقَنَّاصُ يُقَهْقِهُ

أَمْوَالاً تُنْهُبُ

وَالْفُقَهَاءُ يَدْعُونَ....

وَوَوَ

بَدَأتُ أَصْرُخُ

وَأَصْرُخْ».

يُلاحظ من المقتبس السابق هذا التداعي للذواكر المختلفة المظاهر، ابتداء من لغة الشفاهة المحكية معبرة ومحيلة للواقع السوداني، ومروراً بالتنويعات المعاصرة في الرسم على الشاشة وبلغة لا تفقد انتماءها التراثي الفصيح بسجعه ذي الجرس العالي من غير صخب يخل بالتداعي، ويحرم الفكرة من الوصول لمستقرها في القلوب والعقول، من خلال التنويعات اللغوية التي تخضع لمنطق الوعي بالذات والمجتمع.

فالواقعي ليس أسراً كما في القصة الموباسانية، «فالحكي يستمد أركانه من اليومي/ الواقعي (أحداث واقعية حقيقية)، ولكنه يسعى لتوليد (الواقعي) عبر المتخيل، أي إنَّه ينزاح عن المرجع من خلال التعبير عنه بطريقة إيحائية تعلو على الواقع الحرفي، وتدشن واقعاً لغويّاً خاصّاً»(10).

فالناصُّ لا يكتفي بهذا فقط، بل يتناص مع أبي الحسن علي بن الحسين المسعودي المؤرخ، الجغرافي ورائد نظرية الانحراف الوراثي، والمعروف بهيرودوتس العرب. في كتابه (أخبار الزمان ومن أباده الحدثان، وعجائب البلدان والغامر بالماء والعمران) ليحيلنا إلى التاريخ، يتخذ منه منصة لوصف الواقع السياسي الذي كان سائداً آنذاك.

«قُلْتُ سَأُحَدِّثُكَ عَنْ أَسْلافِي، عَنْ شِدَّةِ أَسْلافِي الْحَذَاقِنَةَ:

كَانَ لَهُمْ نَهْرٌ آخَرُ، مِنْ سُنَّتِهِمْ أَنْ يَحْضُرَه رِجَالٌ بِأَيْدِيهِمْ سُيوفٌ قَاطِعَة، فَإذَا أَرَادَ الرَّجُلُ مِنْ عِبَادِهِمْ أَنْ يَتَطَّهَرَ وَيَتَقَرَّبَ إلى الْبَارِي سُبْحَانَه، أَتَى فِي جَمَاعَةٍ يَأْخُذُونُ مَا عَلَيْهِ مِنْ الْحَلْيِ وَاللِّبَاسِ وَأَطْوَاق الذَّهَبِ وَالأَسْوِرَة وَالْقَرَاطِق لأن أَبْنَاءَ الْمُلُوكِ كَثِيراً مَا يَخْرُجُونَ إلى هَذَا النَّهْرِ ثُمَّ يَطْرَحُونَه عَلَى لَوْحٍ عَظِيمٍ وَيَأْخُذُونَ بِأَطْوَاقِه وَيَضْرِبُونَه بِسُيُوفِهِمْ وَيَقْطَعُونَهُ نِصْفَيْن، فَيُلْقَونَ أَحَدَ النِّصْفَيْن فِي هَذَا النَّهْرِ وَالنِّصْفَ الآخَرَ فِي بَحْرِ كِنْدَ، وَيَزْعُمُونَ أَنَّ هَذَيْنِ النَّهْرَيْنِ يَخْرُجَانِ مِنْ الْجَنَّةِ».

نجد هنا إحالات تاريخية للدولة الكوشية متزامنة مع العهد الجديد في الكتاب المقدس مع النص القرآني والبعد التاريخي، في تناغم يكشف عن إبداعية النص وقدرته على التعبير عن التنوع السوداني، لا يعزل مكوناً عن الآخر، بل يجعل الجميع في حالة من التناغم المنصهر في بوتقة تحتفظ بجمالية النص، وتكشف عن انتمائه الأيديولوجي المنحاز إلى وطن قائم على التنوع والتسامح،

وفي ذلك تقول سيزا قاسم: «التداخل النصي التاريخي يؤدي وظيفة التقييم للتأريخ والتراث الحضاري، ويعيد صياغته وتحويله، وكذلك تشكيله وتفسيره»[11]؛ لذلك نجد القاص ــ كما أسلفنا القول ــ لا يكتفي بمحاورة النص التاريخي فقط، بل يحاور النص الديني متمثلاً في العهد الجديد، كما ظهر ذلك في قصة (المقصلة)، نجد نصوصاً من (رؤيا يوحنا اللاهوتي. ص 18 ــ 19، وسفر يوحنا).

«الرَّجُلُ الَّذِي بِجَانِبِي أَغْمَضَ عَيْنَيْه تَمْتَمَ بِكَلِمَاتٍ وَاضِحَاتٍ قَائِلاً:

«نَشْكُرُكَ أَيُّهَا الرَّبُّ الإِلهُ الْقَادِرُ عَلَى كُلِّ شَيْءٍ، الْكَائِنُ وَالَّذِي كَانَ وَالَّذِي يَأْتِي، لأَنَّكَ أَخَذْتَ قُدْرَتَكَ الْعَظِيمَةَ وَمَلَكْتَ. وَغَضِبَتِ الأُمَمُ، فَأَتَى غَضَبُكَ وَزَمَانُ الأَمْوَاتِ لِيُدَانُوا، وَلِتُعْطَي الأُجْرَةَ لِعَبِيدِكَ الأَنْبِيَاء وَالْقِدِّيسِينَ وَالْخَائِفِينَ اسْمَكَ، الصِّغَار وَالْكِبَار، وَلِيُهْلَكَ الَّذِينَ كَانُوا يُهْلِكُونَ الأَرْض».

أَصَابَنِي ارْتِيَاحٌ جُزْئِيٌّ

هُنَا مَنْ يَتَكَلَّمُ»».

وما أود الإشارة إليه هنا أيضاً أنَّ «تنوع طرق التعبير بين تقنيات المحاكاة والاستدعاء والاستلهام تعني التعبير عن التراث، أما التوظيف فيعني التعبير به، حيث ينصبغ الملمح التراثي بملامح جديدة ــ حسب رسالة المبدع ومقصديته ــ متراسلاً مع شجونه وقضاياه، محققاً بذلك هدفاً مزدوجاً؛ فهو يثري المُعطيات التراثية التي استعارها، فيصبح النص تراثياً معاصراً في الوقت نفسه»[12].

كما حدث في قصة (بعض أحاديث الْقَنْجَرَةِ)، والْقَنْجَرَةُ في لغتنا العامية السودانية تعني الابتعاد، أو الارتحال بسبب (الخصومة، المغاضبة، أو ما نطلق عليه «الحِرد»، ويمكن نطقها بالفتحتين). مستدعياً شخصية (أحمد ولد «ود» الطريفي) في خصومته مع شيخه، منتقداً لموقفه العجائبي من مخاطبته للفيلة، وموقفه من الشيخ (الخوَّاص) الملاماتي الذي يشكل حضوراً في الذاكرة الشعبية السودانية.

نلحظ هنا أن القاص يحاور كتاب الطبقات لابن «ود» ضيف الله، بوصفه نصّاً سرديّاً له اشتغال في الذاكرة الجمعية السودانية، ويمتد لتأثيرات في مجالات مختلفة؛ لدرجة أن جعل الأستاذ إبراهيم عابدين في ورقة له بمؤتمر الرواية بعبد الكريم ميرغني يزعم أن تاريخ القصة القصيرة في السودان يجب أن يبدأ بكتاب طبقات ود ضيف الله، وفيه كثير من الفانتازيا بالنظر إليها من باب الأدب بعيداً عن جذرها الاعتقادي، كما يمكن النظر إليها بوصفها تعبيراً عن المشاغل والهموم الاجتماعية، فهي تعبر عن أحلام المسحوقين في التحرر من الفقر والعوز.

«كَانَ ذلك لأسْبَابٍ عَدِيدَةٍ مِنْ ضِمْنِهَا إنْكَارِي لِمَا حَدَثَ مِنْ كَلام الشَّيخِ لِلْفَيلَةِ الَّتِي أَجْفَلَت الزَّوَامِلَ، ومَجِيئها خَاضِعَةً ذَلِيلَةً، بَعَدَ أَنْ أرْسَل الشَّيْخُ حُوَارَه لِيُحَدِّثَهَا شَفَاهَةً نَاقِلاً الأمرَ لهَا بالإذْعَان».

هذا الاستدعاء للظرف التاريخي السناري ببعده الصوفي ذي الملامح السودانية الخاصة، يكشف عن انتماء عميق للجذور دون فقدان جمالية النص.

ثانياً: الاستناد إلى مفهوم الخبر والإخبار في القص العربي:

يحاول النَّاصُّ أن يستفيد من مفهوم الخبر والإخبار في السرد العربي القديم، مُستحضراً تاريخ اليهود في السودان، والأثر الاجتماعي والاقتصادي من خلال مقتل الكلب وتصورات المِخيال الشعبي.

والخبر في اللغة، هو: «ما يُنقل أو يُحدَّث به قولاً أو كتابةً»[13]. أو هو: «معلومة تُنقل ويُحدَّث بها»[14].

ويُعدُّ الخبر الأدبي من السرود العربية المعروفة في تراثنا الأدبي. والأخبار غالباً ما تحتوي على ذكر النوادر أو الطرائف أو أحاديث، تناولها بعضهم في مناسبة ما، ثمّ وعتها الذاكرة وعبّرت عنها عبر وسيط أو راوٍ أو محدّث، أو أحد الإخباريين الذين يتحرون الدقة في النقل والتدوين.

فالخبر ببنيته السرديّة هو خبر أدبي يختلف عن بنية الخبر الصحفي/ الإذاعي أو التلفزيوني؛ لأنَّ الأخير يعتمد على الإجابة عن مطلوبات منها: مَنْ، ماذا، أين، متى، كيف، ولماذا؟

وتتضح أهمية الخبر الأدبي من مضمونه القائم «على حادثة طريفة أو نادرة تدل دلالة واضحة على خلق ثابت، فهو قصة شديدة البساطة. وإنَّما يظهرُ فنُّ الكاتب فيما يسوقه من حوار، فهو لا يُضَحِّي بالنبرة الأصلية للكلام في سبيل فصاحة اللغة، وهو يجعل حديث المتكلم دالاً على شخصيته، حتى لتكاد لا ترتسم منه صورة كاملة»[15].

وفي قصة (مقتل الناطق الرسمي)، يفتتح الناص القصة بقوله:

«قَالَ شَاهِدٌ عَيَانٌ عَقِبَ خُرُوجِه مِنَ الْمَسْجِدِ بَعْدَ صَلاةِ الصُّبْحِ: إِنَّه رَأى النَّاطِقَ الرَّسْمِيَّ مَرْمِيّاً فِي مُنْتَصَفِ الطَّرِيقِ، وَأَكَّدَ أنَّه لَمْ يَذْهَب لِلْمَسْجِدِ فِي هَذَا الصَّبَاحِ بِالزُّقَاقِ خَوْفَ أَنْ يَكُونَ النَّاطِق الرَّسْمِيّ مُتَحَفِّزاً فَيُنْتَقَضُ وَضُوءُه إِثْرَ هَجْمَةٍ، وَإِنَّه نَظرَ إِليه بِشَمَاتَةٍ كَبِيرَةٍ وَلمْ يَهْتَمَّ لِلْأَمْرِ كَثِيراً مُتَجَنِّباً (جَرْجَرَة) الْبُولِيس».

فالمقتبس من النص يُوضِّح ما زعمناه، فالمقطع خبري بامتياز وبنفس الامتياز قصصي خدم جماليات النص القصصي فلدينا راوٍ «شاهد العيان»، ولدينا معلومة مثيرة «مقتل الناطق الرسمي»، ولدينا جمهور متلقٍ، ولكن كيف خدم جماليات النص القصصي؟ فرؤية العين، والخروج من صلاة الصبح، والاعتراف بالخوف من الناطق الرسمي، كلها تقودنا إلى ضرورة تصديقنا للخبر، وبذلك نصل إلى دفعنا لتأكيد أهمية الخبر، خاصة وأنَّ الحدث يمثل العنوان للنص، وبذلك يكون التحفيز والتشويق في أبهى صورهما، وهما ركيزتان جماليتان لا يمكن للنص القصصي أن يستغني عنهما معاً، وقد استطاع المقتبس من خلال الاستهلال الوصول إليهما؛ مما جعل الأسلوب الإخباري مندغماً في النص القصصي دون نشاز.

ومن النص أيضا نقتبس: «حَدَّثَ عَبَّاسٌ الأعْرَجُ فَقَالَ:

رَمَانِي حَظِّي الْعَاثِرُ فِي زُقَاقِ بِنْ (قِشْرُون) – عَلَيهِ اللَّعْنَةَ –، وَلَمْ أَدْرِ إِلَّا وَالنَّاطِقُ الرَّسْمِيُّ أَمَامِي مُعْتَرِضاً طَرِيقِي – آيْ وَاللهِ –، شَلَّتْنِي الْمُفَاجَأَةُ، انْفَجَرَتْ عَيْنَاي بِتَوَسُّلٍ صَاخِبٍ، نَدَهْتُ كَلَّ الأوْلِيَاءِ

وَالصَّالِحِينَ وَأَنَا أَرْتَجِفُ كَقَصَبَةٍ، صَرَخْتُ، قَذَفْتُهُ بِعَصَايَ، وَقَفْتُ عَلَى قَدَمِي الْوَاحِدَةِ، تَقَدَّمَ نَحْوِي، انْقَبَضَ جِدَارُ مَثَانَتِي فَانْفَلَشَتْ صَمَّامَاتُها – آيْ وَاللهِ –

....

....

....

حَلَفَ عَبَّاسٌ الأَعْرَجُ (بِالَّذِي يُدْخِلُهُ الْكَنِيسَةَ) إِنَّ قَدَمَهُ الْيُمْنَى – فِي تِلْكَ اللَّحْظَةِ – اسْتَطَالَتْ حَتَّى مَسَّتِ الأَرْضَ، فَرَكَضَ تَارِكاً النَّاطِقَ الرَّسْمِيَّ فَاغِراً فَمَهُ مِنَ الذُّهُولِ – آيْ وَاللهِ – ».

ويواصل النص في جماليته مستفيداً من الخبر في كشف الرعب الذي يسببه الناطق الرسمي، فنجد رواية أخرى لعباس الأعرج الذي يراهن على تصديقنا له باللازمة الشفاهية الجميلة الدالة على التعجب مع التأكيد (آيْ وَاللهِ)، ثم فانتازيا الموقف التي تجعل قدمه اليمنى تستطيل حتى تصل الأرض، فيركض بها، ثم أنسنة الناطق الرسمي (وهو بالمناسبة كلب ليهودي، ولنا أن نتأمل ما يوحي به من دلالات في الذاكرة الشعبية)، بجعله يفغر فاه ذهولاً، ولنا أن نتأمل تلك الانزياحات اللغوية في هاتين العبارتين – على سبيل المثال لا الحصر – «انْفَجَرَتْ عَيْنَايَ بِتَوَسُّلٍ صَاخِبٍ»، فانفجار العينين يتوقع معه الدموع، فإذا به توسل صاخب يتناسب مع نداء الأولياء والصالحين. أمَّا الجملة الثانية فهي «انْقَبَضَ جِدارُ مَثَانَتِي فَانْفَلَشَتْ صَمَّامَاتُها»، فانقباض الجدار يتوقع معه الإمساك، فإذا بالصمامات

تنفلش ونتيجة ذلك الانفلاش (يُعبر عنه بكناية لطيفة تستجيب للتعبير عمَّا يُستقبَحُ ذكرُ لفظهِ) يعتبر من أكبر دلالات الخوف الشعبية في السودان، ويصعب على الرجل السوداني (بصورة خاصة) أنْ يعترف بذلك، ولكن للتدليل على الصدق لجأ عباس الأعرج للاعتراف، ولنا أن نتمتع بلفظ انفلش الذي يعبر عن إطلاق الأسير، واللفظ مأخوذ من الدارجة المغربية، ويمكن إرجاعه لجذره الأوروبي.

ثالثاً: اعتماد الصورة البصرية تجلياً للمشهد:

نجد النَّاصَّ يتلاعب بالزمن من خلال خلخلة الأساس المنطقي، وتركيزه على حركية المشهد التصويري من زوايا متعددة، وتحريك كاميرا السرد، والمحكي في صورة التقاطع والتوازي والالتفات في الفضاء المكاني، مُركِّزاً على التقطيع والتركيب المشهدي أو المونتاج، وهذا ما يعتبر تجريباً مغايراً للنمط التقليدي للقص الذي يجعل الزمن خيطاً ممتداً ومتسلسلاً، فلنتأمل النص في قصة (مريم الطويلة الطويلة، الطويلة جداً)، إذ يقول:

«زَاوِيةٌ بَصَرِيَّةٌ مِنْ نَافِذَةِ الْمَكْتَبَةِ إِلى الزُّقَاقِ:

أَمْطَارٌ خَفِيفَةٌ تَمَسُّ مَسَامَاتِ الْعَابِرِينَ

الشَّوَارِعُ تَبْدُو مُوحِلَةً تَمَاماً، لَكِنَّهَا تَحْمِلُ صَبَاحاً يَضُجُّ بِالارْتِيَاح

عُنُقِي الَّذِي يَمْتَدُّ لِمُحَاذَاةِ الزُّقَاقِ يُغَطِّي النَّافِذَةَ بِكَامِلِهَا

رَجُلٌ مَا يَتَلَصَّصُ، ثُمَّ يَمُدُّ يَدَهُ وَيَسْحَبُ صَحِيفَةً، يَفْرِدُ صَفَحَاتِهَا بِحَرَكَةِ مُخْبِرٍ سِرِّيٍّ.

يَنْفَتِحُ الْبَابُ الثَّالِثُ الَّذِي عَلَى يَمِينِ الزَّقَاقِ بِطَرِيقَةٍ مَلَكِيَّةٍ رَقِيقَةٍ».

فنحن أمام مشهد من زوايا مختلفة، فهناك مشهد الشوارع، ومشهد الراوي، ومشهد المُتلصِّص، ثم المشهد الرئيس مريم التي تفتح الباب بطريقة ملوكية. فهذه المشاهد متزامنة ومتقاطعة؛ لتشكل مشهداً وصفياً واحداً، لا يتراتب خيطياً، بل يتقاطع ويتوازى مخالفاً بذلك النمط المألوف للقصة، مُضِيفاً بُعداً جمالياً، خاصةً وأنَّهُ يُوظَّفُ لخدمة النصِّ؛ فالشوارعُ – رغم وحلها – تضجُّ بالارتياح، ولنا أنْ نتعاملَ مع هذه الإزاحة للارتياح (الذي يلازم السكون أو الهدوء) فإذا به يلازم الضجَّة التي تناسب انفعال الراوي بالحدث، وتُمثِّل انفعالَ الراوي بتغطية عنقه للنافذة، في كناية لطيفة عن اللهفة، مُعتمدة على صورة بشرية متفاعلة مع مشهد المتلصص، مراهناً على الصورة النمطية للبوليس السري والصحيفة، ثم تبلغ ذِروة الحدث عند الباب الذي يفتح بطريقة ملكية؛ لتحمل الأبهة والعظمة والفخامة، ولكن يأتي الوصف «رقيقة»؛ ليحيلنا للأنثى الملكة، وليس الملكَ المألوفُ لدينا في ذاكرتنا.

في النص التجريبي غالباً ما يميل القاص إلى أسلوب التركيب من عدة مقاطع؛ لكسر نمطية اللغة والانزياح عن منطقها التداولي، فينفتح النص على أجناس أدبية وفنية أخرى متباينة الخصائص والمكونات، ويعمل على صهرها في بوتقة واحدة، كما في قصة (السيناريو اليومي) لفضة الحلبية.

كما أنه يعتمد على كسر المِخيال من خلال شخصية مريم الموصوفة بالطويلة.. الطويلة.. الطويلة جداً. وهنا يتبدى مفهوم كسر

التوقع لدى القارئ، إذ إنه: «لا يتعامل مع جزيئات في النص الأدبي فقط، وإنما قد يشتمل النص كله فيما إذا كان منسجماً مع أفق توقع القارئ أم لا»[16].

لذلك يمكن القول: إنَّ العمل الأدبي يضع القارئ أمام اختبار تجربته الجمالية، إذ قد يتطابق أفق توقع القارئ مع النص الأدبي فيحصل انسجام، وربما لا يكون هناك أي تطابق أو انسجام، وعدم التطابق هذا يسمى عند ياوس بالمسافة الجمالية، «فالقارئ، إذن مطالب بأن ينفض غبار كسله وعدم مبالاته؛ ليلجَ إلى عالم النص متيقظاً منتبهاً، ليسهم في بناء ما أغفله النص أو ما سكت عنه»[17].

«كَانتْ مَرْيَمُ الطَّويلَةُ.. الطَّويلَةُ، الطَّويلَةُ جِدّاً لا تَعْبَأُ بِالطَّقْسِ الْمُتَقَلِّبِ، تَبْدَأُ سَيْرَهَا الْمُعْتَادَ، تَقْطَعُ الشَّارعَ دُونَ هَرْوَلَةٍ، تَمْشِي كَسَارِيةٍ بَيْنَ الْبَاعَةِ الْمُتَجَوِّلِينَ كَفَرْدَوْسٍ غَامِضٍ، تَسْبُقُها رَائِحَةٌ تَفْضَحُ رَغْبَاتٍ لا تَتحَدَّثُ إلا لَهَا، وَفِي صَمْتٍ مَوَّارٍ تَعْقِدُ مُقَارَنَةً تُؤَكِّدُ خَسَارَةَ امْرَأةٍ أُخْرَى.

كَانَتْ نَاجِزَةَ الْمَوَاعِيدِ لا تَأْتِي مُبَكِّرَةً وَلا تَتَأَخْرُ.. أَنْتَظِرُهَا لِتَنْبُتَ أَطْرَافِي مِقْدَارَ وُصُولِهَا الْقَاصِدِ لِرَفِّ نَزْوَةٍ مُتَرَاقِصَةٍ عَلَى خَدِّهَا، أُمْسِكُها بِخَمْسِ أَصَابِعٍ وَأُخْمُشُها بِنَظْرَتَيْنِ خَضْرَاوَيْنِ، تَنْفَلِتُ وَتَمْضِي بِضَحْكَتِها الْخَضْرَاءِ»».

فالمقتبس يصف مريم بالطويلة، وهذا أمرٌ عاديٌّ، ولكنه لا يصل بذلك للجمالية المطلوبة؛ فيؤكد الطول بالطويلة، فيجده غير كافٍ، فيؤكده بالطويلة جداً. وكأنما يدفعنا دفعاً لإكمال هذا الطول المُفيد

جداً لنا لتَخَيُّلِ بُعْدِها عن أحلام الراوي ورغباته وأمنيات الاستحواذ عليها، أو على الأقل التماس معها في علاقة ما، رغم القرب لذا هي طويلة وهذه قريبة، لكنها بعيدة جداً بالصفحتين الثانية والثالثة، ثم يأتي التشبيه بالسارية، وفيها من البعد شيء ومن الدلالة بُعد، فلا يُوْصِل للهدف فيكتمل بالفردوس الغامض، ومن الجنات يختار الفردوس وينسب إلى النبي، صلى الله عليه وسلم، القول (الجنات سبع بين كل واحدة والثانية مقدار ما بين الأرض والسماء أعلاها الفردوس)، أو كما قال. ليُكْمِلَ (الحديث عن التشبيه) في الذهن العلو ورفعة المقام، إذ الفردوس في الذاكرة الإسلامية منزل الرسول من الجنان مع الغموض. فنجد الرائحة تفضح الرغبات، وفي ذلك من الإيحاءات السودانية الكثير، والصمت موَّار بما يحمل ذلك من كبت الانفعال، والأطراف تنبت وللنزوة رفٌّ، كما أنها تتراقص على الخد، كذلك وصف النظرة بأنها خضراء، ثم تأتي جملة «تخمش» محملة بكل دلالات السيطرة والاستحواذ والخطف، والضحكة أيضاً خضراء بما يحمله اللون الأخضر من وعدٍ وأمنيات، واحتمال الظفر، وكل ذلك بلغة لا تتناسب مع مألوف القصص؛ بما يجعلها تجريباً مُدهشاً باحثاً عن الجمال في الدهشة والمغايرة للمألوف، وفي الآن نفسه لا يتخلى عن المعنى والدلالة، كما رأينا من خلال التحليل السابق.

الخاتمة:

حاولت في هذه الدراسة البحثية في إطار التجريب في القصة القصيرة السودانية، أنْ أوضحَ بعضَ ملامح التجريب في المجموعة

القصصية الموسومة بـ«مخطوطة البصاص بعد كابوسه الأخير» للقاص عادل سعد يوسف، مستنداً إلى التجريب بوصفه ملمحاً رئيساً في المجموعة، وموضحاً كيفية اشتغال الناص عليه. وقد حاولت الدراسة تناول التجريب من زاوية الاستناد إلى التراث القصصي العربي في المقامات، فتوصلت إلى قدرة النص على محاورة نص المقامة، مضيفاً بعداً جمالياً للقصة، وموظفاً لخدمة المعنى والدلالة، والأسلوب الخبري ودوره في إضفاء ملامح نصية تحاور البعد التراثي، وتدخله في جمالية النص القصصي، والتصوير بوصفه تجلياً مشهدياً مضفياً جمالاً أخاذاً على النص القصصي، والانزياحات اللغوية ذات الدلالة الجمالية التي تغاير المتوقع والمألوف فتبني المعنى جمالياً ودلالياً. وقد حاولت الدراسة تحليل بعض النصوص في المجموعة دون أن تمرَّ عليها كلها، مكتفية ببعض الاقتباسات من النصوص للتدليل على ما زعمت من رؤى وأفكار تحتاج إلى المزيد من البحث والتنقيب؛ فهذه المجموعة ــ في ظني ــ تحفل بالكثير مما يمكن تناوله، من حيث انفتاحها الواسع على عوالم الكتابة القصصية، والتمرد على النمط التقليدي، واللعب على حرية اللغة وحرية الكتابة، موظفة كل ذلك لخدمة الجمال والمعنى.18

الهوامش:

1 – ابـن منظـور: لسان العرب، دار إحياء التراث العربـي، ج 2، ط 3، 1999م، بيروت، لبنان، ص 230.

2 – المعجم الوسيط، مكتبة الشروق الدولية، ط 4، 2004م، ص 114.

3 – صـلاح فضل: لذة التجريب الروائي، أطلس للنشر، القاهرة، مصر، 2005م، ص 3.

4 – الطاهـر الهمامـي: التجربـة والتجريب فـي الشعر التونسـي الحديث، أفكار ورؤوس، الدورة الخامسة، دار صامد، تونس، 2006م، ص 154 – 155.

5 – شـوقي بدر يوسف، النزوع للتجريب، مجلة عمان، 2004م، ص 4 – 5، نقلاً عن الحداثة والتجريب: علي محمد المومني، ص 22.

6 – نفسـه: الطاهر الهمامي، التجربة والتجريب في الشعر التونسي الحديث، ص 161.

7 – الحساسية الجديدة مقالات في الظاهرة القصصية، إدوار الخراط، دار الآداب، بيروت، 1993م، ص 12.

8 – عبد الله علي إبراهيم، المتخيل السردي – مقاربات نقدية في التناص والرؤى والدلالة، بيروت، الدار البيضاء، المركز الثقافي العربي، 1990م، ص 106.

9 – انظر: يوسف نور عوض، فن المقامات بين المشرق والمغرب، مكتبة الطالب الجامعي، مكة، السعودية، 1986م.

10 – حسن لشكر، الخصائص النوعية للقصة القصيرة، القصة التجريبية نموذجاً، ط 1، 2006م، دار كوم.دزاين، ص 39.

11 – سـيزا قاسـم، المفارقة في النص العربي المعاصر، مجلـة فصول، المجلد الثاني، 1982م، العدد 2، ص 144.

12 – انظــر: اســتدعاء الشخصيات التراثيــة في الشعر العربــي المعاصر، علي عشــري زايد، الشــركة العامــة للنشر والتوزيع والإعــلان، طرابلس، ليبيا، ط 1، 1978م، ص 79.

13 – انظر: الوسيط، مادة (خبــر)، ج 1، ص 222. وقد تقترب الألفاظ: خبّرني، أنبأنــي، بلّغني وهي كلمة شــهيرة فــي حكايات ألف ليلــة،... وكلها كلمات تحمل معنى الإسناد إلى أحدهم محل ثقة الراوي في نقل/ سرد الخبر.

14 – المعجم العربي الأساسي، ص 378.

15 – شكري محمد عياد، القصة القصيرة في مصر: دراسة في تأصيل فن أدبي، القاهرة، المجلس الأعلى للثقافة، ط 2، 2009م، ص 23.

16 – انظر: موسى ربابعة: المتوقع واللامتوقع، دراسة في جمالية التلقي، مجلة أبحاث اليرموك، سلسلة الآداب واللغويات، مجلد 15، ع 2، 1997م.

17 – هاشــم ميرغنــي: بنيــة الخطــاب السردي، شــركة مطابع الســودان للعملة المحدودة، ط 1، 2008م، ص 191.

الفصل الثالث:

القراءة الثقافية للنص القصصي الجديد

العلامة عبد الله الطيب:
رؤية مختلفة للقراءة الثقافية للنصوص

نعمات كرم الله

تهدف الدراسة لتناول موضوع القراءة الثقافية للنص القصصي الجديد، وذلك من خلال تتبع الكتابة القصصية في السودان وإبراز طرائقها وتطورها انطلاقاً من التدوين الأول للقصة وللسرد القصصي، المرتبط بالثقافة المحلية، مركزين على دور القارئ في التعاطي مع المحتوى السردي وكيفية تطور تقنيات السرد من جانب الكاتب، ثمّ تنتقل الدراسة لمفهوم القراءة الثقافية وشواغله ليس من باب تطبيق أدواته على نصوص قصصية سودانية، ولكن من باب تبيين رؤيتنا في الطرح النظري والمفاهيمي لهذه القضية، كما وردت عند الدكتور عبد الله الغذامي، المفكر والناقد السعودي.

ولتحقيق هدفها قدمت الدراسة العلامة البروفيسور عبد الله الطيب كنموذج مختلف عن منظري القراءة الثقافية أو النقد الثقافي، كما يحلو للدكتور الغذامي أن يسميه، وذلك برؤيته عن اللغة والثقافة واشتغاله عليهما.

نبدأ أولاً بالحديث عن أصول القصة في السودان، وارتباطها الوثيق بالموروث الثقافي المحلي وحضوره فيها، ثم ننتقل إلى التدوين الأول للسرد القصصي في كتاب الطبقات.

كانت بدايات السرد شفاهية ونتجت عنه الأحاجي السودانية ومنها فاطمة السمحة وود النمير وخلافها. وكان الغرض من الحكايا ترسيخ القيم والأخلاق والعظة والعبرة عند الناشئة والأطفال، إضافة إلى الحكايات الأسطورية كالغول والبعاتي التي تتسم بالفانتازيا التي هي أساس السرد، دون أن ننسى شخصية إسماعيل صاحب الربابة. والحقيقة أنّ الأحاجي تعتبر واحدة من صور عديدة من أنواع القصة الشعبية في السودان مثل السيرة والقصص التي ترويها القبائل عن أبطالها والقصة العاطفية مثل المحلق وتاجوج وقصص الأولياء الصالحين وغيرها.

وخصوصية هذه الأحاجي تكمن في أنها تعكس الثقافة المحلية من خيال وخرافة ووظيفتها التعليمية في المجتمعات المحلية التقليدية. أيضاً تعكس الأحاجي النظام الاجتماعي والاقتصادي، وكذلك المعتقدات الدينية مستعينة في ذلك بالأمثال الشعبية التي هي نتاج وعصارة الخبرة الانسانية.

التدوين الأول للسرد القصصي في السودان:

وتمّ التدوين الأول لحفظ هذه الحكايا والسرد القصصي في كتاب طبقات ود ضيف الله خلال عشرينيات القرن الماضي. ومن الأنماط المستخدمة فيه نجد الكرامات، الأسطورة، الفكي، البعاتي، الشعوذة،

إلخ. وقد استفاد جل الكتّاب السودانيين، القدامى والمحدثين، من هذا المخزون، ونذكر على سبيل المثال، بغض النظر عن التحقيب التاريخي، من المجموعة القصصية (حكاية البنت التي طارت عصافيرها)، القصة القصيرة (حملة عبد القيوم الانتقامية) للكاتب بشرى الفاضل، والذي استلهم فيها أسطورة (البعاتي). فهي تحكي عن شاب قروي من أسرة فقيرة، يدعى عبد القيوم وكان مغرماً منذ صغره بالحديد، ويحلم دائماً بأن يصير سائق عربة، ولتحقيق حلمه قطع دراسته مبكراً وعمل مساعد سائق بإحدى اللواري السفرية، ثم سائقاً بالخرطوم، ولكن شاء القدر أن تصدم عبد القيوم سيارة وتؤدي إلى وفاته، بينما كان يسير راجلاً في وسط الخرطوم، لكن الحدث لم ينته بوفاته، بل تصاعد ليمنح القصة قيمتها الفنية من خلال استلهام أسطورة (البعاتي). فيقوم عبد القيوم من قبره، ويعود حياً لينتقم من الذين حرموه من الاستمتاع بحلمه الذي تحقق.

وهناك أيضاً الدكتور فيصل محمد مكي الذي استلهم أسطورة (الغول) كعنوان ناجز، لعكس مآلاته السياسية، في قصتين (الغول) و(الغول يأكل أبناءه) ضمن مجموعته القصصية بعنوان (يا عقلي... سافر بالسلامة).

نجد أيضاً نموذجاً لهذه الكتابة التي استلهمت التراث المحلي والحكايا الشعبية عند الكاتب يحيى فضل الله باستخدامه للشعوذة والفكي والجن في غالب قصصه. وكذلك الكاتب الهادي علي راضي في قصته بعنوان (كِتب الغواية)، حيث استخدم (المحاية)، وغيرهم من الكتاب إلى ما استمرت الكتابة، إما توثيقاً وممارسة وإما استلهاماً

وتوظيفاً بهدف الوصول إلى مضامين معينة، وبالتالي رسائل محددة يستقصدها الكاتب، وهذا يؤكد حضور الثقافة داخل النصوص السردية.

وكان شكل الكتابة السردية في البدايات تقليدياً يتمثل في وجود استهلال أو بداية وعقدة ونهاية ولا تخلو من الإطالة والجمل الإنشائية. ونذكر، كنموذج لهذه الكتابة، علي الزبير وأبو بكر خالد، على سبيل المثال وليس الحصر. ففي مجموعته القصصية الموسومة بـ(وجاء الصيف) يتجسد هذا النوع من الكتابة، وفي إطارها كانت مهمة الكاتب هي مساعدة القارئ على فهم القصة بإعطاء تفاصيل كثيرة تعينه على فهم واستيعاب المضمون والرسالة المستهدفة منه. كما أن العناوين كلها ناجزة ومباشرة تشير إلى المضامين المنجزة (الريال، مات في أكتوبر، قلب إنسان، ليلة في المدينة، كلاب القرية، الظرف الراهن، الزائر الجديد، شيء للناس، ما أخذه الزمن، الطلاق،...). وقد كشفت هذه الكتابات عموماً واقع المجتمع المحلي في أزمانه المختلفة.

ومن المضامين التي أخذت حيزاً، بحسب تتبع الكتّاب ومشاهداتهم لما يحدث في المجتمع، قضايا المركز والهامش، كما في قصص الكاتبة ملكة الدار (حكيم القرية) نموذجاً، مع استخدامها (للوداعية) كتقنية حتى تتمكن من مقاومة فكر الحكيم وسلوكه الوافد ببراغماتية تفضي إلى استمرارية عملها وفقاً لثقافتها المحلية وغيرها من المواضيع الاجتماعية والعاطفية، كما في قصص السيد الفيل وبدوي ناصر التي ركزت على وضع المرأة في ذلك الوقت. وكان للقصص خصائص فنية محدودة تقترب من بنية الحكاية البسيطة التي تبدأ

على لسان إحدى الشخصيات التي تقوم بدور الراوي العليم وفي أغلب الأحيان بدور الشخصية المحورية. وفيما يتعلق ببناء الشخصية كان التركيز على وصف الشخصية وتصوير البيئة التي جرى فيها الحدث. أما الحدث فيتدرج من المقدمة إلى الخاتمة، ثم ينمو الحدث إلى ذروته بصورة عفوية.

وكتدرج طبيعي شهدت الكتابة تطوراً في المواضيع المتناولة، من سياسية واجتماعية واقتصادية وأسئلة وجودية، والأساليب المعبرة عنها، كما تمت العناية باللغة بحيث صارت أكثر إيحاء، إضافة إلى الاهتمام برسم الحدث والتركيز على تصويره من كل جوانبه. كل هذا بفضل الاطلاع على كتابات الآخرين وقراءتها، وكذلك الترجمات للنصوص القصصية الأجنبية. ومن هؤلاء الكتّاب نذكر، على سبيل المثال وليس الحصر، عيسى الحلو وإبراهيم إسحق وعلي المك، وقد تأثروا بالتقنيات الحديثة، فنجد تقنية الحوار والمقاطع والاسترجاع.

واستمر تأثر الكتّاب، بسبب الاطلاع على الكتب والأعمال المترجمة، وكذلك مع تطور الصحافة بنشرها للأعمال الأدبية، بتقنيات الكتابة الحديثة. فها هو عادل القصاص كنموذج لكتابة التداعيات النفسية والمونولوج التي يعكسها ضمير المتكلم، كما هو واضح في نصوص مجموعته القصصية بعنوان(لهذا الصمت صليل غيابك)، ومثال آخر أحمد الجالي حامد وهو يستلهم الواقعية السحرية في نصه بعنوان (عصفور أخضر بدوارج قصيرة)، وملخصها أن صياداً أحبّ بنت العرّافة وأراد أن يتزوجها فطلبت منه أمها مهراً معيناً. فالمدهش ليس في أن تطلب الأم مهراً لابنتها في حد ذاته، ولكن

أن يكون هذا المهر عصفوراً أخضر بدوارج قصيرة فقط ليس غير. أمرٌ مدهش آخر وهو عندما انغلقت المغارة في القصة خلف الصائد والعصفور، انفتحت منها الجهة الأخرى على مدينة مائية المباني مائية الطرقات، والأزقة جداول ماء، والأسوار شلالات منهمرة واستخدمت فقاعات الماء كوسيلة مواصلات والدوامات هي مفترق طرق، فالنص ينقسم إلى شقين: ما قبل الدخول في المغارة يزاوج بين الواقعي والفانتازي، وما بعد المغارة فانتازيا خالصة تسعى لترفيع العادي إلى مصاف المدهش بخيالٍ جموحٍ منفلتٍ.

الملاحظ هو غياب النص النقدي، الذي يواكب هذه المسارات، وتأخر الطباعة والنشر الذي يجعل عملية التحقيب التاريخي صعبة جداً.

وبهذا التطور في أشكال الكتابة بدأ الحديث عن النص. فبينما تتألف القصة من مقدمة وعقدة وخاتمة يفتح النص آفاقاً مختلفة أثناء الكتابة، وبالتالي خلال ممارسة القراءة من جانب المتلقي بحسب واقع قراءته للنصوص، ووفقاً لزوايا النظر ومستوى المعرفة الثقافية والاجتماعية للمتلقي وأفق توقعه. وطرحت أسئلة مغايرة في القراءات الملتزمة نقدياً بمثل هذه النصوص؛ لتفتيت البنية التقنية لها، والخروج من نمط التفسير والشرح للمواقف الحديثة، والانتقال نحو ما يكمن خلف النص ذاته، والتماهي مع خياراته الخاصة واستقلاليته ونزوعه نحو مكتوب تشي تقنيته وآليته بأنه نص منفتح، وليس منغلقاً على تقنية القص.

وأخذت طرائق القراءة ومناهجها حيزاً من الاهتمام في الدراسات النقدية وصولاً لجمالية التلقي، والتي يدّعي منظروها أنها تتقدم على

البنيوية، ولكنها في اعتقادنا لم تخرج عن أطر البنيوية وتشتمل على مصطلحات متناقضة.

فمثلاً لا يُعقل استخدام مصطلح «الفهم» عند منظري جمالية التلقي لمقابلته مع مصطلح «القراءة فحسب» عند رولان بارت مثلاً، للجزم بأن الفهم هو الذي يقود إلى «بناء المعنى». وهل يعقل أن تكون هناك قراءة من غير فهم والمعادلة المنطقية، بحسب رينيه ويليك، تقول بأن كفاية الإيضاح هي التي تقود إلى كفاية التفسير.

أيضاً يتحدث ياوس عن جمالية التلقي ضمن ما يسميه «بأفق الانتظار» والذي تمثل أهم شروطه المرجعيات السابقة التي يستند إليها القارئ، وهذه الأخيرة ما هي إلا أطر التجنيس الأدبي التي تعرقل وتكبح أفق التفسير والتأويل الحر، في حين أن علاقة التفاعل بين المتلقي والنص يجب أن تعتمد تماماً على فعل اللغة وآلياتها المستخدمة داخل النص المعني أو غيره. واللغة تتجاوز كل الأطر والحدود وتتفلت، بل وتتمرد على كل تصنيف (انظر: نعمات كرم الله: التجنيس الأدبي بين تصنيف الناقد وتمرد المبدع).

يضاف إلى ذلك أن الحرية في التأويل التي تدعيها نظرية جمالية التلقي من وجهة نظر آيزر هي حرية محدودة لأنها موجهة؛ لأن «بناء المعنى» الذي ينتج عن القارئ المتلقي لا يتم إلا من خلال تفعيل بعض الميكانيزمات النصية مثل «السجل»، و«الاستراتيجية»، و«بناء الإطار المرجعي» وغيرها.

ومن أجل مزيد من الخلق والابتكار لجأ الكاتب السوداني للتجريب

سعياً من خلاله لابتكار وإيجاد طرائق وأساليب للتعبير، والبحث عن أشكال وأفكار جديدة ومختلفة من حيث إنها خلاقة لعرض مضامينه وتحقيق أهدافه من خلال إيصال محمولاته. وهو بذلك يتجاوز السائد التقليدي والمألوف. وعليه يتطلب التجريب من الكاتب المبدع جرأة برغبته في الاختلاف والإدهاش، وخيال حر وذهن مدرب للتجديد والابتكار، والبعد عن قواعد السرد التقليدية المتمثلة في الشكل وقيود المضمون، واستخدام اللغة المتجاوز للقوالب التقليدية بالقدر الذي يربك المتلقي القارئ، ويجبره على إعمال ذهنه وتجاوز حدود أفق توقعه، وبذلك يجد نفسه في علاقة تفاعلية مع النصوص.

وتتجلى سمات التجريب أيضاً في خلق عوالم جديدة ومختلفة يقودان إلى تحفيز القراء، وتشكيل جمالياتها الفنية من خلال الوصف المتقن والمحبوك بعيداً عن الترهل، كما يظهر ذلك في استخدام الجملة القصيرة والرشيقة سريعة الإيقاع الأخاذ في رسم الصور السردية الجمالية في نص (نزيف الطين) لمنجد محمد مصطفى «رَائحةٌ شَرسةٌ تُباغتُ نَوافذَ الذَّاتِ، تَخترقُ أبوابَ السَّماءِ المُشرعةِ مُنذ الخَليقةِ الأُولى، وَعينَيكَ المُنتفختَينِ تَسريانِ ببطءٍ صَوبَ ذَاتِ الرَّائحةِ، مُترَصدةً انحناءاتها؛ وَهِي تُحلّقُ فيْ رَقصةِ الفَناءِ الأبديَّةِ، وَالمَلائكة تُصفّقُ لِسَفركَ الخَالدِ صَوبَ تُخومِ اللهِ». ونص (البيت في حقيبة الظهر) لأحمد المبارك «في الظلمة التي صارت رداء يغلف جسد العصر المسجى، العصر النافق، كانت مسرجة الكيروسين الذهبية، الأثر الوحيد الذي بقي متوهجاً يضيء فضاء الحلم من أشياء البيت القديم. ضوؤها الراعش ظل يتراقص كأنه الظلال في رقصة

النار. كل الأشياء هنا تنتمي للحظة، للفضاء المبرقش بإنارة الإسبوت لايت الخفيضة. والسلم الفضي لولبي المزاج ينتهي عند هاوية الأفق». على سبيل المثال. وكذلك في إيجاد وابتكار تقنيات سردية فنية متجددة تستفيد وتستلهم من التراث وتوظفه، ونعطي هنا كنموذج الكاتبة إستيلا قايتانو في نص (بحيرة بحجم ثمرة الباباي)، حيث تؤكد دور الجدة في التنشئة والتربية، وذلك من خلال رؤية الحفيدة للعالم من الثقب الكبير في أذن جدتها. كما تستثمر تقنيات السرد كل ما ينتج عن التطور والتحديث في التكنولوجيا، كما هو الحـلْ في نص (عسف العسس) للقاص الهادي علي راضي، حيث يستفيد الكاتب من التطور التكنولوجي باستخدامه للإنترنت كوسيلة تواصل اجتماعي بين الشخصية الرئيسة وأحد أصدقائه عن طريق البريد الإلكتروني، والذي يعرف بالإيميل. واللافت للنظر تبيئة عنوان البريد (zoal@hila.com)، فكلمتا «زول» و«حلة» هما كلمتان دارجتان في العامية السودانية وتعنيان «شخصاً» و«حياً سكنياً» على التوـلي. وبذلك يكون الكاتب مواكباً ومستشرفاً للمستقبل، وبالتالي تكون لديه المقدرة على رفع الوعي المجتمعي.

إضافة إلى الاهتمام باللغة التي هي أساس الإبداع بغناه ومرونتها، فيجب على الكاتب التمكن من التعبير الخلاق والمتجاوز في الوصف ورسم المشاهد وصياغة المضامين والتكثيف لشعرية السرد، كما في المجموعة القصصية بعنوان (كانت وكان وكانت الأخرى) للكاتب منصور الصويم، حيث التجريب العالي في استخدام اللغةَ (ما/ لكن/ كان/ كانت) دون أن ننسى أداة التشكيك (ربما)، إضافة إِلى استخدام

العتبات وأدوات الترقيم لبناء المعاني والدلالات المرجوة وليس فقط من باب الجمالي. نورد هنا أيضاً المجموعة القصصية بعنوان (فضاء آيل للغروب) للكاتب شاذلي جعفر شقاق، والتي يخصصها لموضوع الإدمان بأشكاله المختلفة، إن كان إدماناً للمخدرات أو التلفون الجوال،... وعليه يجب التركيز على أنّ التجريب الحقيقي لا يمكن استلافه، بل يجب أن ينبع من روح الكاتب وإبداعه من خلال مشاهداته وخبرته وعلاقته بمن حوله وببيئته وبالناس وكل ما يجري ويحدث في محيطه.

إنّ السمة الأساسية للكتابة هي أنها فعل لغة، ولا توجد أي سمات أخرى أو خصائص تفضي إلى تقسيمات أو تجنيس للنصوص. إن العمل الأدبي هو فعل خطابي، حقيقة دلالية متشعبة الأبعاد. وأهم من ذلك حقيقة أن العمل الأدبي ليس فقط نصاً أي سلسلة لغوية، ولكنه أيضاً وقبل كل شيء فعل تواصلي بين البشر ورسالة موجهة من شخص معين وضمن ظروف معينة بهدف محدد إلى شخص آخر له ظروفه وأهدافه الخاصة. وهنا، على حسب قناعتنا، تأخذ الأعمال الأدبية بيانها ودلالاتها، إذ إن الأساليب المستخدمة فيها تعد تعبيراً فردياً تم اختيار المفردات فيه بقدر وعناية، ولكنها أيضاً وفي نفس الوقت، هي سمة لتعبير المجتمع... وهذا ما تدل عليه مثلاً تعددية الأصوات في النصوص الأدبية.

وهذه المساحة التي تتيحها اللغة لدلالات مختلفة متعلقة بمرونتها وثرائها، هي من تستحق البحث والدراسة للوصول إلى تفاسير وتأويلات مختلفة.

وقد ساهمت الدراسات اللغوية التي تمّ صياغتها وتطويرها من قبل فلاسفة اللغة وعلمائها في رفد الكتّاب والقراء بالأدوات والمفاهيم التي تساعد على صياغة المضامين وتأويلها وتفسيرها. وأصبحت هذه المجهودات هي بمثابة الدور الأكبر الذي تلعبه اللغويات في خدمة النصوص الإبداعية، فتطورت الدراسات، على سبيل المثال، في مجال السيميائية والعتبات ونظرية الحجاج التي تمظهرت في دور أدوات الربط والضمائر وغيرها في تشكيل الخطابات وصياغة الحوارات المعبرة عن وجهات النظر المختلفة، والتي تلعب التعددية الصوتية دوراً أساسياً فيها.

وبما أنّ اللغة جزء من الثقافة، فهي لسان المجتمع وصوته، ومن تعريف عالم الأنثروبولوجيا إدوارد بيرنت تايلور (1832م– 1917م) للثقافة باعتبارها التركيبة التي تشمل المعرفة والمعتقدات، والفن، والأخلاق، والقانون، والعادات، أو أي قدرات أخرى، أو عادات يكتسبها الإنسان بصفته عضواً في المجتمع، نفهم أن اللغة تختزن سياقاً تاريخياً واجتماعياً أكثر من أي أداة أخرى. إنها أساس التطور التاريخي لتكوين الإنسان عضوياً وذهنياً، وهي الأداة الوحيدة التي تكوّن المجتمعات البشرية وتحدد شروط بقائها واستمراريتها.

ولكن كم ترك الأول للآخر؟ فالنقاد بانشغالهم بالبحث والدراسة عن الجديد لم يلجوا من باب واحد، بل ولجوا من أبواب متفرقة؛ لذا ظهرت في مرحلة ما بعد بعد الحداثة كما يسميها عبد العزيز حمودة في مقاله بعنوان «الخروج من التيه» (2003م)، نظريات أدبية ومناهج نقدية تحمل مصطلح «الثقافة» كرمز للحداثة وما بعدها

وتجعل منها موضوعها؛ كالمادية الثقافية ذات المرجعية الماركسية، والتي تؤكد ضرورة التفاعل بين الإبداع الثقافي مثل؛ الأدب، وبين سياقاته التاريخية، شاملاً الجوانب الاجتماعية والسياسية والاقتصادية، ثم الدراسات الثقافية كنتاج نقدي للبنيوية وما بعدها، والتاريخانية الجديدة التي أخذت مصطلح بويطيقا الثقافة عند ستيفن غرينبلات في بادئ الأمر، ثمّ مصطلح القراءة الثقافية الذي أُستخدم بصورة إجرائية.

القراءة الثقافية:

القراءة الثقافية هو المشروع الذي نادى به الدكتور عبد الله الغذامي، بعد أن حكم على النقد الأدبي واللغة بالشيخوخة والموت، فنادى بالتخلي عنهما، وأحلَّ النقد الثقافي محلهما.

والنقد الثقافي هو وليد الدراسات الثقافية التي ظهرت بعد الحرب العالمية الأولى، ونمت وتكاملت في عصر النهضة الأوروبية، والدراسات الثقافية هذه يرى آرثر آيزابرجر أنها نشأت في السبعينيات في مركز الدراسات الثقافية المعاصرة بجامعة برمنجهام.

كما أنّ الدراسات الثقافية ارتبطت بمدرسة فرانكفورت في أمريكا، وارتبطت من ناحية أخرى بجامعة برمنجهام وفقاً لما وثقت له كثير من الدراسات (انظر على سبيل المثال مقال عبد الله حبيب التميمي «سيرورة النقد الغربي»).

وقد عرّف عبد الله الغذامي هذا النقد في كتابه (النقد الثقافي: دراسة

في الأنساق الثقافية العربية) (2000م: ص 83 – 84) بأنه «فرع من فروع النقد النصوصي العام، معني بنقد الأنساق المضمرة التي ينطوي عليها الخطاب الثقافي بكل تجلياته وأنماطه وصيغه؛ ما هو غير رسمي وغير مؤسساتي وما هو كذلك، سواء بسواء، من حيث دور كل منهما في حساب المستهلك الثقافي الجمعي، وهو لذا معني بكشف لا الجمالي، كما هو شأن النقد الأدبي، وإنما همه كشف المخبوء من تحت أقنعة البلاغي/ الجمالي. وعليه فالنقد الثقافي هو الذي يدرس الأدب الفني والجمالي باعتباره ظاهرة ثقافية مضمرة؛ فيتعامل النقد الثقافي مع الأدب الجمالي ليس باعتباره نصاً، بل بمثابة نسق ثقافي يؤدي وظيفة نسقية تضمر أكثر مما تُعلن. فهو مقاربة متعددة الاختصاصات، تُبنى على التاريخ، وتستكشف الأنساق والأنظمة الثقافية، وتجعل النّص أو الخطاب وسيلة لفهم المكونات الثقافية المضمرة».

وعليه، فالنقد الثقافي يقوم على مقاربات متعددة الاختصاصات، تنبني على التاريخ، وتستكشف الأنساق والأنظمة الثقافية، وتجعل النص أو الخطاب أداة لفهم المكونات الثقافية المضمرة في اللاوعي اللغوي والأدبي والجمالي.

وقد انطلق الغذامي من هذا التعريف لفهم العيوب النسقية في الشعر العربي بصفته ديوان العرب الذي يعكس خطاباته عبر تتبع مكامن هذه العيوب في كتب التاريخ، ومدونات الشعر، حتى ينتهي للشعر المعاصر وقضية الحداثة التي يحاكم فيها أبرز الشعراء القدامى والمعاصرين كالمتنبي وأبي تمام ونزار قباني وأدونيس.

إذاً فالنقد الثقافي يهدف إلى كشف العيوب الموجودة في الثقافة والسلوك مبتعداً في ذلك عن الخصائص الجمالية والفنية للنص الأدبي. فالنقد الثقافي، من منظور الغذامي، هو «فعل الكشف عن الأنساق، وتعرية خطابات المؤسساتية، والتعرف على أساليبها في ترسيخ هيمنتها، وفرض شروطها على الذائقة الحضارية للأمة».

وبالتالي ينظر النقد الثقافي للنصوص على أنها أنساق تضمر سياقات ثقافية مختلفة تاريخية وسياسية واقتصادية وأخلاقية.

ولتحقيق هدفه، دعا الغذامي لتجديد عناصر الرسالة الأدبية وتوسيعها بالحديث عن مفهوم النسق الثقافي والمجاز، والتورية الثقافية، والجملة النوعية، والمؤلف المزدوج. ونخصص الجزء التالي للحديث عما أسماه «النسق الثقافي».

النسق الثقافي:

يشكل مفهوم النسق محوراً مركزياً عند عبد الله الغذامي، فهو مصطلح نقدي يؤدي وظيفة نسقية، وهذه الأخيرة تتحقق من خلال وجود مجموعة من الشروط:

أ – لا بد أن يكون النص جميلاً ويستهلك بوصفه جميلاً، لأن أخطر حيل الثقافة لتمرير الأنساق هي الجمالية. بمعنى أن النص يخفي في مكنوناته مضمرات لا نستطيع أن نبلغها إلا عن طريق القراءة والتأويل.

ب – أن يكون النص جماهيرياً، ويحظى بمقروئية عريضة.

جـ - أن يكون هناك نسقان يحدثان معاً في آن واحد في نص واحد، أو في ما هو بحكم النص الواحد.

وهذا يعني أن اكتشاف النص يتم من خلال نسقين؛ أحدهما مضمر قبيح، والآخر ظاهر جميل، وبذلك تتحقق الوظيفة النسقية.

ولا نعتقد أنّ إهمال النقد الأدبي للثقافة الذي يتحدث عنه الدكتور الغذامي يقلل من أهميته ويستدعي موته؛ لأنّ المناهج التي ركزت على الدال وهمّشت بالتالي المدلول كالبنيوية وما بعدها كالتفكيكية، هي أيضاً في حد ذاتها نتاج فكري أيديولوجي، وهي محاولات فردية تسعى لفرض رؤاها الفكرية. وعليه فالدكتور الغذامي يرهن النقد الأدبي للخطاب الثقافي والذي هو أيضاً لا يعدو كونه خطاباً أيديولوجياً، فهو ينطلق من الثقافة للولوج للنص.

والملاحظ في كتابات الغذامي هو إعجابه، بل وافتتانه بتيارات الحداثة ومقولاتها، خصوصاً عند رولان بارت وميشيل فوكو. فتبناها على علاتها من غير تدقيق أو تمحيص لمرجعياتها التي تطورت داخل أطرها أو الفلسفة التي انبنت عليها، وهي في حد ذاتها متناقضة ومضطربة في غالبها.

وفي هذا الشأن انتقد الدكتور عبد الله إبراهيم، الغذامي بتساؤله عن كيف تكون الأنساق الثقافية قارة وهي نتاج سياقات؟

أما الدكتور عبد النبي صطيف فأشار إلى «الورطة التي وضع الغذامي نفسه فيها، بإغفاله لتعريف المفهوم المركزي النسقي في دعوته، ولا سيما أنه ينسب إليه الكثير من المصطلحات والمفاهيم

الأخرى مثل: المكبوت النسقي، النسق الثقافي، الوظيفة النسقية، الدلالة النسقية... ثم يتساءل كيف يمكن للقارئ أن يتابع محاجة الغذامي وهو يصول ويجول في دفاعه المستميت عن هذا المجهول أو النسق دون أن يسعفه ولو بتعريف بسيط ييسر عليه صحبته في كفاحه من أجل النقد الثقافي».

وأما تأكيد الغذامي عن موت الأدب، مركزاً فيه على قضية مخاتلة النسق الهجائي المبطن في الشعر العربي، إضافة إلى استخدام مصطلح (قبحيات الخطاب)، فقد قال فيه الدكتور عبد القادر الرباعي في كتابه (جماليات الخطاب في التحليل الثقافي) (2015م: ص 99)، إن قراءات الغذامي «قراءات تستند إلى أفكار مسبقة وعوامل خارجية مستقاة من ثقافة جاهزة، بدلاً من أن تأتي من قراءة بريئة من التحيزات».

ونوافق رأي الدكتور الرباعي بالقول إنّ نتيجة هذا الركون إلى ثقافة جاهزة جعلت مفهوم «النسق الثقافي» غير واضح المعالم، ولم يتم ضبط تعريفه. وقد أشار الدكتور محمد مفتاح إلى هذه الإشكالية حينما حاول تعريف النسق بمعناه العام، فقد ذكر أن له أكثر من عشرين تعريفاً.

والسبب في هذا، بحسب اعتقادنا، هو أن الدكتور عبد الله الغذامي قدم توصيفاً نظرياً للنسق الثقافي اعتماداً على وظيفته، التي تتحدد بتعارض نسقين أو نظامين من أنظمة الخطاب، أحدهما ظاهر والآخر مضمر، بحيث يكون المضمر ناسخاً للظاهر، ولا بد أن يكون ذلك في نفس واحد، أو في ما هو في حكم النص الواحد،

كما أشرنا سابقاً. وقد خص الغذامي النسق بقبيح الخطاب، مما حكم على الشعر العربي بالقبح، وهو حكم انتقائي متعجل. فالقول بوجود نسقين متضادين لا يستند إلى أرضية علمية. فعلى أي أساس يحدد الغذامي النسق الناسخ؟ فما يراه ناسخاً قد يراه قارئ آخر مكملاً أو مسانداً. لأن تطور النظريات النقدية واللغوية التي تُعنى بتشكل الخطاب وعلاقته ببعضه، كما ذكرنا سابقاً، أجبر القارئ على الدخول في علاقة تفاعلية مع النصوص بالقدر الذي يجعل القارئ حراً في تأويلاته وتفاسيره، وبالتالي لا يجوز توجيهه لخطاب محدد يقبله على علّاتِه.

والجدير بالذكر هنا تعريف الدكتور حفناوي بعلي للنقد الثقافي في كتابه (مدخل إلى نظرية النقد الثقافي المقارن) «أنه نَشاط وليس مجالاً معرفياً قائماً في حد ذاته، وهو لا يدور حول الفن والأدب فحسب، وإنما حول دور الثقافة في نظام الأشياء بين الجوانب الجمالية والأنثروبولوجية».

أما فيما يتعلق بالنسق نفسه، فهو مصطلح بنيوي في الأصل يعمل داخل اللغة، ويندرج ضمن الدراسات الألسنية، بمعنى أنه محاولة لبناء المعنى. هذا المعنى أُكسِب دلالات قبيحة، في حين أنها في حقيقتها بلاغة تقتضيها ظروف الطلب كما في المدح والهجاء.

يضاف إلى ذلك تناقض الغذامي نفسه خلال تجربته النقدية، ففي بدايات عمله مجّد نقد الحداثة، والذي كان يعلي من شأن النص الأدبي بجمالياته دون الحديث عن السياقات أو البعد السياسي والاجتماعي للنصوص (ينظر الخطيئة والتكفير: من البنيوية إلى التشريحية: 1985م). وقد تجسد تناقضه في قوله «في الشعر العربي جمال

وأي جمال، ولكنه أيضاً ينطوي على عيوب نسقية خطيرة نزعم أنها كانت السبب وراء الشخصية العربية ذاتها، فشخصية الكذاب والمنافق والطماع من جهة، وشخصية الفرد المتوحد فحل الفحول ذي الأنا المتضخمة من السمات المترسخة في الخطاب الشعري، ومنه تسربت إلى الخطابات الأخرى، ومن ثمّ صارت نموذجاً سلوكياً ثقافياً يعاد إنتاجه بما أنّه نسق منغرس في الوجدان الثقافي، مما ربى صورة الطاغية الأوحد فحل الفحول».

ولعله لم ينتبه إلى أنّ التاريخ بوقائعه وإرهاصاته الاجتماعية والثقافية يحكم الشاعر ويتحكم فيه.

ونود أن نتساءل هنا: لماذا عندما لا تعبر الأنساق عن القبيح يتم غض النظر عنها وعدم الكشف عن جمالياتها؟! فها هو المتنبي نفسه يقول في قصيدة شِعب بوان:

مغاني الشــــعب طيباً فــي المغاني

بــمــنــزلــة الربــيــع مـــن الزمـــان

ولكـــنّ الفـــتـــى العربـــي فيهــا

غريـــب الوجـــه واليد واللـــسان

وهي تعد من لحظات الاعتراف بالضعف عند المتنبي، وهذا من الأنساق التي يمكن القياس عليها. وهو يتحدث عن نفسه بأنه غريب الوجه عن وجوه أهل المكان، هو غريب اليد أي لا يملك ملكاً في هذه البقاع، وربما هو يتحدث العربية وهي غريبة عن الفارسية، فهو غريب اللسان أيضاً.

سؤال آخر يفرض نفسه في مسألة النسق: هل كان للمتنبي قبيلة توارثت شعره؟ وهل من الممكن قراءة شعره بنفس الأثر بعد مماته؟ الحقيقة هي أنّ الأنساق غير ثابتة، وإنما متحولة بتحول الظروف التاريخية والاجتماعية والسياسية وغيرها.

الجدير بالذكر أنّ رولان بارت قبل ذلك أعلن موت المؤلف حتى يولد القارئ. فقد كان مستعصياً أن نرى في القراءة فعلاً حقيقياً من غير أن تبعد السلطة التي تهيمن عليه. مما أوجب إعادة النظر في مسألة دلالة النص ومن يتحكم فيها. وقد أثبتت الدراسات اللغوية والأدبية بطلان ذلك، أي إنه لا توجد سلطة للمؤلف على النص، مما دعا إلى موت التفكيكية وميلاد التأويل. وهذا يعني البحث عن المعنى وآلية بنائه، وبهذا تصبح القراءة عملية إنتاج وبناء، وبهذه الكيفية يكون التاريخ وقوفاً عند اللحظي واليومي وليس سريانه وتطوره المتواصل.

ونود هنا أن نقدم المفكر واللغوي والناقد العلامة عبد الله الطيب كنموذج ثالث من العالم العربي، إلى جانب إدوارد سعيد وعبد الله الغذامي. فقد جمع العلامة البروفيسور عبد الله الطيب بين الثقافة العربية الأصيلة والغربية الحديثة، وتعمق فيهما بالقدر الذي جعله في مقدمة العلماء في الوطن العربي، فقد أسهم في إثراء التراث العلمي والثقافة القومية في السودان مستنداً إلى هذه المعارف، هذه المعرفة العميقة أوصلته للآتي:

1 – فهم ما يميز الحداثة في مختلف أبعادها ومدلولاتها، وأنها حركة تاريخية لم تقنع ولم تقتنع بما صاغته من أفكار وطروحات عن مؤسساتها وعن الفرد والعقل وغيرها، فكانت ما بعدية على الدوام.

2 – فهم أن تكون حداثوياً لا يعني أن تتعرف إلى سير التاريخ، وأن تقف عند مجرد هذه الحركة المستمرة، وإنما أن تتخذ موقفاً منها. لا يكون الموقف مضاداً للتحديث، ولكنه الموقف الذي يرتبط فيه طرح القضايا والأسئلة الجوهرية بالحفاظ على الخصائص التي تميز والقيم التي تمارس واللغة التي تستخدم والثقافة والموروث.

وكانت النتيجة الأولى لهذا الفهم، بعد عودته من لندن، أن جمع الأحاجي السودانية وصاغها في كتاب، لأهميتها كموروث شعبي له قيمته. كما جاء رده قاطعاً في مقاله الشهير (حتام نحن مع الفتنة بإليوت: 1982م)، حيث أكّد أنّ «إليوت أثّر سلباً على الحركة الشعرية الجديدة؛ لأنه لم يكن أصيلاً، ولكنه توكأ على عصا الشعراء العرب الأقدمين من خلال الترجمة التي قام بها المستشرقون إلى اللغة الإنجليزية». وللعلامة دراسات رائدة في مجال اللغة العربية والأدب، فهو مؤلف (المرشد إلى فهم أشعار العرب وصياغتها)، والذي يتميز بتجديدٍ خصبٍ في مجال الدراسات الأدبية. كما فسّر القرآن الكريم باللهجة السودانية الدارجة من خلال الإذاعة السودانية، عاكساً بذلك دور المثقف في الوصول إلى عامة أفراد المجتمع، خصوصاً الجدة لدورها في تربية وتنشئة الأطفال.

وعلى عكس ما يعتقد الناس فإنّ العلامة البروفيسور عبد الله الطيب ناقد ومفكر حداثوي يحاور ويناقش من خلال أسلوب القطع الذي يتّبعه في كتاباته، إضافة إلى أنه يظهر ثقافته العالية بربطه عدة مواضيع وتناوله لها، في إطار العلاقات البينية بين التخصصات.

وهو يراجع ويعيد النظر فيما يقوله ويذهب إليه بالاطلاع على

حركة الفكر في الخارج. والشاهد على ذلك أنه أمضى أربعين سنة من التأكيد والتنقيح والتعديل لبعض آرائه بناءً على ما استجد له من مادة علمية عن طريق تعدد مصادر المعلومات خلال تأليفه لمرشده ما بين المجلد الأول والأخير. وهذا يعطي بعداً إضافياً من الأهمية بحسب الخبرة الطويلة والتأمل في الشعر العربي وقضاياه، والتي من أهمها، من وجهة نظرنا، إدراج كل جزئيات البديع تحت مفهوم التكرار وتحديد دلالاتها، وهذا يحتاج إلى دراسة منفصلة ومفصلة لتبيينه.

وللعلامة رؤيته الفكرية عن العالم وعن السودان، وقد ألَّف كثيراً، شعراً ونثراً. ومن ذلك أنه كتب قصيدة النثر، في إطار التجريب، منذ الأربعينيات من القرن الماضي، وقد عاب على المحدثين الاستسهال والجهل بالعروض والأوزان والابتعاد عن جزالة اللغة ورصانتها، فقد عرف أهمية اللغة وقيمة الاشتغال عليها؛ لأنها غير قابلة للنفاد أو الشيخوخة.

إنّ عناصر التجديد عنده تكمن في ابتكار الأساليب البيانية والصور والألفاظ مع إحياء الجزالة القديمة. فالتجديد لا بد أن يكون ذا صلة بأصله القديم، يضاف إلى ذلك سعيه للتجريب في إطار البحور الخليلية بهدف تطويرها بتطوير النظم ليستوعب بحوراً كتب فيها الشعر الشعبي للغناء. والسؤال هنا ماذا وجد العلامة في اللغة العربية والتراث الإسلامي؟ برغم المعرفة العميقة بالحداثة وزخمها بحسب دراساته في لندن؟

لقد تحدث العلامة بإسهاب في كتابه (نظرات في المجتمع الإسلامي) عن دور الإسلام في تنوير العالم. ولعل استخدامه لكلمة

(تنوير) لها دلالاتها التاريخية والمعرفية والثقافية فيما يتعلق بأقدمية تنوير الإسلام بالنسبة إلى عصر النهضة في أوروبا بما قدم الإسلام للعالم من علوم ومعارف وثقافة من خلال الاتصال القوي للعرب بالحضارات من حولهم، وذلك يعود إلى أنّ جزيرة العرب كانت طريقاً للتجارة وتمر بسواحلها السفن.

يقول العلامة عبد الله الطيب: «وقد كان العلم عند الأمم القدامى كالسر تحتفظ به طبقة مخصوصة من علية الكهنة والسدنة وسادات القوم، وصار عدد أهل الكتاب مقصوراً على الأحبار والقسيسين، وحمل التعصب الديني يوستنيان (527م – 565م) على إغلاق مدرسة أثينا سنة 529م، فكان ذلك آخر العهد بتدريس علوم يونان في الإمبراطورية الرومانية. ولما ظهر الإسلام بعد ذلك بنحوٍ من قرن كان ظلام التعصب الديني والجهل مطبقاً على العالم كل إطباق».

ومنذ مجيء الإسلام عكف المسلمون على دراسة القرآن واللغة العربية، وأجادوا في تحليل النحو والتراكيب، ووضعوا المعاجم وغيرها من ضروب العلم. وهكذا انفتح باب العلم على مصراعيه، ونهل منه من شاء من غير حرمان أو قيود أو احتكار. وساعد في ذلك حركة الترجمة، وانتشرت الكتب بين الأمم والصناعات والحرف، وتقدمت علوم الفلك والكيمياء والرياضيات ودروس الفلسفة والتصوف ومذاهب الفقه، بما أدى إلى سمو حضارة العرب في المشرق والمغرب وبلاد الأندلس، وامتد إلى ما وراء الصحراء في عدد كثير من بلاد السودان وإفريقيا (نظرات في المجتمع الإسلامي: ص 9 – 11).

ويواصل العلامة تعداده لأثر الإسلام على العالم «ربما نُسب تأثر أوروبا بحضارة الإسلام إلى زمان الحروب الصليبية، وهذا صحيحٌ في جملته. إلا أن تأثرها قد بدأ قبل ذلك بزمان. مثلاً دعا ليو ملك الروم في القرن السابع الميلادي، أي الأول الهجري، قومه إلى تحطيم التماثيل، ويذكر أومان في كتابه عن العصور المظلمة أنه تأثر في فعله هذا بالمسلمين. وكان بين شارلمان وبغداد اتصال سياسي. وتعلّم الإفرنج صناعة الحرير من نصارى الشام. وعرفت النهضة الكارولنجية أيام شارلمان بروائع من الخط لم يسبق لها في الخط الرومي نظير، ولا بلغ الأوج الرفيع الذي بلغته من بعد، ولا ريب أنها تأثرت بالخط الأندلسي الكوفي، وكانت قرطبة في إبان ذروة حضارتها آنذاك» (نظرات في المجتمع الإسلامي: ص ١٤).

والجدير بالذكر أنّ أخذ الإفرنج عن المسلمين امتَ إلى الدين نفسه، إلى القرآن والفقه وإلى اللغة العربية وآدابها، فتَرجم القرآن إلى اللاتينية في القرن الحادي عشر الميلادي، أي بين أواخر الرابع الهجري والخامس.

ويختلف العلامة عبد الله الطيب عن إدوارد سعيد والغذامي في أنه عالج مختلف قضايا المعرفة الإنسانية بعيداً عن ثقافة الإستعمار. فقد تناول في كتابه (بين النير والنور) البعد التاريخي في فن المديح بمقاربته مما كان يقوم به الرسامون والتشكيليون والمصورون خلال عهد النهضه في أوروبا. فعمل هؤلاء الفنانين يُشبه تماماً ما كان يقوم به شعراء المدح والهجاء العرب تجاه تنافس الأمراء العرب عليهم. وعليه يقول العلامة عبد الله الطيب: «ينبغي أن ننظر إلى قصيدة

المدح لا على أنها تسول، ولكن على أنّها واجب أو عمل يطلب من الشاعر فينجزه كما كان المصورون في أوروبا يؤدي أحدهم واجباً أو ينجز عملاً حين يطلب منه أن يرسم هذا الأمير أو تلك الأميرة، وكان من أعظم ما في الرسم إبراز الأبهة والجمال، وما كل أمير بذي أبهةٍ ولا كل أميرةٍ بحسناءٍ فتأمل!».

أما في كتابه (الحماسة الصغرى) (ص 14)، فيؤكد أنّ شعر أبي تمام والنابغة معاصر، ثم يتساءل بعجب عن «ماهية القواسم المشتركة والأسس الفنية العميقة الخالدة بيننا بالرغم من تطاول الزمن»، وللإجابة عن هذا التساؤل لا بد من الرجوع إلى اللغة وآلية عملها.

وأكثر من ذلك في الحديث عن البعد التاريخي نورد ما قاله العلامة في دلالة اسم السودان «وما أكثر ما اسمه السودان بإفريقيا بلغات العالم المختلفة. ولئن جعلنا نسمي كل قطرٍ من إفريقيا أسود أو سوداناً، مرة بلفظٍ من أصلٍ إغريقي كإثيوبيا، ومرة بلفظٍ من أصلٍ عربي كالسودان، ومرة بلفظٍ من أصلٍ روماني إنجليزي كنيجيريا، أو روماني فرنسي كنيجر، فإنّ ذلك لعمري من غاية الإفلاس الفكري والتاريخي والسياسي. فالاستعمار عدوانٌ فلا ينتظر منه في تسمية ما يسميه إلا محاولة ضربٍ من الوسم التملكي لقول الراعي عنزي البرقاء، وثوري الأبيض، وخروفي الأدهس، وجحشي الأدغم، والسودان الفرنسي، والسودان الإنجليزي المصري، ونيجيريا ونيجر. وأحسب أننا نصيب لو سمينا بلدنا بغير اسم السودان، لو سميناه العتمور أو سنار أو سوبا أو شيئاً من هذا المجرى» (بين النير والنور: ص 128 – 129).

242

وانطلاقاً من هذه الرؤى ذات البعد التاريخي، والتي لا تحتاج إلى أنساقٍ مضمرة لفهمها وتأويلها، لأن النص هو الذي يكشف المحمولات التاريخية وغيرها من داخله، وليس العكس كما فعل الغذامي بانطلاقه من الثقافة ليصل إلى النص، يمكن تأويل مفردة (حبشيات) التي تمثل عنوان المجموعة القصصية للكاتب عبد الحفيظ مريود. فإذا نظرنا للعنوان كعتبة فنجده يحيلنا إلى عدة تأويلات دلالية، فقد يشير إلى مجموعة نساء حبشيات، وقد يكون القصد لحديث عن مواقف حبشية، وليس هذا فحسب، بل قد يفهم من العنوان أنّ ثمة مواضيع وأحداثاً من الحبشة. ونكاد نجزم أنّ كل التأويلات محتملة وموجودة.

فالتأويل الأول أنّ المجموعة القصصية تتحدث فعلاً عن نساء حبشيات هن بطلات القصص (أوبيتيت، سابا، سارة، ميلات، مارتا، راحيل، حياة) يعكسن واقع وطبيعة وحقيقة الواقع الثقافي للمرأة الإثيوبية، وكذلك التنميط الذي تواجهه من النظرة الدونية لها من السودانيين. وليس أدل على ذلك من لفظة (حبشيات). وهذا التأويل يعزز دلالة التأويلات الأخرى. فمثلاً في النص الثاني من المجموعة بعنوان (احتيالات أوبيتيت: ص 11)، تقول أوبيتيت من ٱلبداية: «ما العيب في أن أكون حبشية؟». والسؤال مطروح في مقابل هوس الأفضلية عند إنسان السودان عموماً، والمرأة على وجه الخصوص، بحسب ما تروي القصة من واقع العلاقة التاريخية. فهي تعمل خادمة عند امرأةٍ سودانيةٍ تعاملها باحتقار ودونية حملاها على أن تنتقم منها بالزواج بزوجها. الطريف هو ذلك البعد الشفيف الذي لا ينم عن

لطيف في وصف الحبشية لصاحبة المنزل ومخدمتها «سناء ذات الحنة المرسومة في أغلى مراكز التجميل، وذات الثياب الباهظة، وزبونة الحمام المغربي بأنّ روح زوجها ذهبت بعيداً جداً وقريباً جداً في ذات الحين، لأنّ روح زوج (سناء) كانت مشغولة بأوبيتيت الخادمة والحبشية، ولكنها خريجة قسم الأدب الإنجليزي في جامعة أديس أبابا».

وهذه القراءة بدلالاتها تعزز التأويلات الأخرى التي ذكرناها، وهي أنّ العنوان قد يؤول باعتباره عكساً لمواقف وهواجس حبشية ذات دلالات ومضامين محددة؛ وذلك لأنّ (أوبيتيت) تقول في (صفحة 20): «إنّ الوظائف مشكلة في بلدي، والعيش نفسه في بعض الأحيان مشكلة ضمن التسعين مليون نسمة في أرضٍ ثلاثة أرباعها جبال ليس هيناً أن تحصل الواحدة منا على عمل».

وهذا موقف إنساني يعكس الواقع الإثيوبي بسبب الفقر، والذي أجبرهم على المجيء للسودان بحثاً عن العمل والرزق، وإن كان عملاً في المنازل. وهذا التأويل تدعمه جملتها السابقة التي قمنا بتحليلها «كوني حبشية لا يعني أنني خلقت خدامة. ولا أنني ـ وضيعة بالفطرة ـ ولا موضعاً للاستحقار».

ثم نوجه الاهتمام إلى الخطاب الذي تشكله وتصيغه اللغة من خلال استغلال مرونتها وغناء مفرداتها، وآليات عملها داخل النص وعلاقة الخطابات ببعضها بصورة جدلية حوارية تفضي إلى إيجاد تفسيرات وتأويلات متعددة يختار منها القارئ ما يناسبه بحرية، وهو

ما مكّن الكاتب عبد الحفيظ مريود من عرض وجهات النظر المختلفة ومقابلتها جزئياً أو كلياً، إضافة إلى استخدام الفعل (كان/ كنت) والصيغ الظرفية للفت الانتباه إلى البعد التاريخي (تواريخ ووقائع مزورة، أو خلافه).

ولعل ما يدعو إلى الوقوف والتدقيق، في مسألة قراءة النص القصصي الجديد، هو عدم تمكن القراء من نصوص الكتب إبراهيم إسحق. والعائق بالنسبة إلى هؤلاء القراء هو اللغة. والشائع أن الكاتب إبراهيم إسحق يستخدم اللهجة المحلية لمجتمع دارفور. فقد درج الكاتب على أن يصيغ حواراته باللغة العامية لإبراز صورة إنسان غرب السودان على طبيعته في حياته اليومية وتقاليده وعلاقاته الاجتماعية ومواقفه وحضارته، وما يجب عليه عمله في مواجهة التطور الوافد. والكاتب من جهته يقول، في شهادة له أدرجها الأستاذ نبيل غالي في كتابه (إبراهيم إسحق ومشروعه الإبداعي) (2015م: ص 58 – 59): «لا أكون طموحاً أبداً إلى وضعٍ أصبح فيه مقروءاً بكثرة كهدف. كما لا أكون مغبوناً أبداً إن لم أكن كذلك. الذي يخيب رجائي هو أن أجد في عملي قياساً إلى سامقات العينات الفنية تقصيراً؛ كون ذلك التقصير هو السبب في قلة قرائي، شيء يحز في نفسي ليس أسفاً على قلة القراء، ولكن تأسفاً على قلة التجويد. الذي أؤمن به أنّ اللغة مهما أغرقت في غرائبها لا تمثل إلا حاملاً لفظياً للمكنون الحدثي وحواشيه من مشاعر وانطباعات، فلا تصبح اللغة على هذا المستوى عائقاً في يومٍ من الأيام أمام وصول العمل الفني الجيد إلى المهتمين».

هكذا يوضح إبراهيم إسحق موقفه وقناعته بأن يجعل الشخوص

يتكلمون بما هم عليه وبما هم في الحقيقة يفعلون حتى يعكس صورة حقيقية لإنسان منطقته كما عرفه وخبره.

والجدير بالذكر أن اللغة التي يستخدمها الكاتب إبراهيم إسحق ليست بغريبة، ولكن لم يتم توضيح ذلك بالقول إنّ السودان كان محظوظاً بأن دخلته الهجرات العربية من مناطق عدة، وعليه دخلت لغة المشرق والمغرب إليه بسبب هجرة العرب من الأندلس إلى أن وصلوا السودان واستقروا في بادية كردفان ودارفور. واللافت للنظر هو كتابته عن هجرات الهلاليين، وتخصيصه كتاباً لها يحمل نفس العنوان.

خاتمة:

حاولنا من خلال هذه الدراسة تبيين أنّ أساس السرد القصصي في السودان هو الحكايا الشعبية بمحمولاتها الثقافية للموروث الشعبي المحلي. فالثقافة المحلية حاضرة داخل النص، وقد أسهم العلامة عبد الله الطيب بكتاب عن الأحاجي السودانية لأهميتها في صوغ شخصية الناشئة والأطفال. وكانت النتيجة هي تجذر الثقافة في النص القصصي، وبالتالي وجوب الانطلاق من النص للوصول إلى الثقافة وفهم دلالاتها. وعليه تُقرأ أحداث التاريخ في سياقها اللحظي، وليس في مسيرتها المتواصلة، كما هو الحال في مقاربة المدح والهجاء مما كان يقوم به الرسامون في أوروبا، وليس العكس كما وضح لنا من طرح الدكتور عبد الله الغذامي.

فالقراءة من منظور الدكتور عبد الله الغذامي تنطلق من الثقافة

كمكوّن خارجي للوصول إلى النصوص. وهي بذلك تَهتم بمقاربة الأنساق الثقافية من وجهة نظر أيديولوجية تطلق أحكاماً عامة، كما هو الحال في الحكم على القصيدة العربية واللغة، وهي أحكام انتقائية تحتاج إلى مزيد من الدراسة والفحص حتى تبعد عنها صفة النقد الذاتي الشخصي والانطباعي، وتكسبها صبغة الموضوعية العلمية.

الجدير بالذكر، من خلال تتبعنا لتطور نظرية القراءة، هو ما تبين لنا من أن فعل القراءة يُؤوّل ويُوضّح ويُفسّر من دون إطلاق أي أحكام، مما يعكس خللاً منهجياً في القراءات الثقافية التي توصل إليها الغذامي، وهو ما أشار إليه المفكر والناقد المصري حسن حنفي.

وأخيراً، نختم بلفت الانتباه إلى الدراسات المتقدمة والمستمرة منذ زمن، والتي يقوم بها العلماء من أمثال الدكتور محمد العمري، والدكتور محمد الولي، وغيرهما في إطار البلاغة الجديدة.

المراجع والمصادر:

1 – آيزر: (آفاق ونقد استجابة القارئ)، ترجمة: أحمد أبو حسن. ضمن مؤلف: من قضايا التلقي والتأويل، ط 1، منشورات كلية الآداب والعلوم الإنسانية، الرباط، مطبعة النجاح الجديدة، 1993م.

2 – التميمي، عبد الله حبيب، (سيرورة النقد الثقافي عند الغرب).

3 – الرباعي، عبد القادر: تحولات النقد الثقافي، ط 1، عمان، دار جرير للنشر والتوزيع، 2000م.

4 – الرباعي، عبد القادر: جماليات الخطاب في النقد الثقافي رؤية جدلية جديدة، ط 1، عمان، دار جرير للنشر والتوزيع، 2015م.

5 – الطيب، عبد الله: المرشد إلى فهم أشعار العرب وصياغتها، الدار السودانية للكتب، 1993م.

6 – الطيب، عبد الله: بين النير والنور، ط 1، الدار السودانية للكتب، 1987م.

7 – الطيب، عبد الله: حتام نحن مع الفتنة بإليوت، ط 2، نادي الجسرة الثقافي الاجتماعي، 2001م.

8 – الطيب، عبد الله: نظرات في المجتمع الاسلامي، مؤسسة عبد الله الطيب الخيرية للنشر، الخرطوم، 2017م.

9 – عبد العزيز، حمودة، (الخروج من التيه: دراسة في سلطة النص)، سلسلة عالم المعرفة 298، الكويت، 2003م.

10 – عبد الله إبراهيم: عبد الله الغذامي والممارسة النقدية الثقافية، المؤسسة العربية للدراسات والنشر، ط 1، 2003م.

11 ــ عبــد الله الغذامي ود. عبد النبي صطيف: نقد ثقافي أم نقد أدبي؟، دار الفكر، دمشق، سوريا، الطبعة الأولى، سنة 2004م.

12 ــ عبد الله الغذامي: الخطيئة والتكفير: من البنيوية إلى التشريحية، قراءة نقدية لنموذج إنسانـي معاصر، ط 6، المركز الثقافي العربي، الدار البيضـاء، المغرب، 2006م.

13 ــ عبــد الله، الغذامي: النقد الثقافي، قراءة في الأنساق الثقافية العربية، المركز الثقافي العربي، الدار البيضاء، المغرب، ط 1، 2000م.

14 ــ عبد الله، الغذامي: تأنيث القصيدة والقارئ المختلف، المركز الثقافي العربي، الدار البيضاء، المغرب، الطبعة الأولى، سنة 1999م.

15 ــ غالي، نبيل: إبراهيم إسحق ومشروعه الإبداعي، دراسة وثائقية ببليومترية، ط 1، المكتبة الوطنية، 2015م.

16 ــ فينسنـت ليتـش، النقد الأدبي الأمريكي، مـن الثلاثينيات إلـى الثمانينيات، ترجمة: محمد يحيى، المجلس الأعلى للثقافة، القاهرة، الطبعة الأولى، سنة 2000م.

17 ــ كـرم الله، نعمات: التجنيس الأدبي بين تصنيـف الناقد وتمرد 'المبدع، ورقة قدمت في المؤتمر العلمي لجائزة الطيب صالح برعاية شركة زين، 2014م.

18 ــ مفتـاح، محمـد: التشابه والاختلاف نحـو منهجية شـمولية، ط 1، بيروت، المركز الثقافي العربي، 1996م.

19 ــ موسـى صالـح، بشرى: نظرية التلقي، أصـول... وتطبيقات، ط 1، المركز الثقافي العربي، الدار البيضاء ــ المغرب، 2001م.

20 ــ ويليـك، رينيـه: (التفضيل الجمالـي)، في مجلة عالـم المعرفة، عدد 267، تأليف: د. شاكر عبد الحميد، سلسلة ثقافية شهرية يصدرها المجلس الوطني للثقافة والفنون والآداب ــ الكويت، 2001م.

21 ــ يـاوس، هانـز، روبـرت: جماليـة التلقي والتواصل الأدبـي، مجلة الفكر المعاصر، العدد 38، 1986م.

22 ــ ياوس، هانز روبرت: (علم التأويل الأدبي ــ حدوده ومهماته)، ترجمة: بسام بركة، مجلة العرب والفكر العالمي، العدد 3، 1988م.

التمرد في القصة السودانية الحديثة
نماذج وآراء نقدية

د. محمود محمد حسن

توطئة:

إن من الصعوبة بمكان تتبع المنطلقات والمظاهر الثقافية والاجتماعية في القصة القصيرة، في حين تفسح الرواية بمداها العريض لهذا الغرض أكثر من أي جنس أدبي آخر، ففي حين يتابع المتلقي في الرواية اعتمالاً (التمرد ثم التطور فالنهاية) تتركز القصة في حدث محدد، ولا تعطي السرعة فرصة لمتابعة التطور، ففي القصة نظراً لحدتها نقف إما على السبب والظاهرة، وإما على النتيجة المضخمة؛ من ناحية أخرى نجد الرواية تمتاز بتشابك الشخصيات من أجل إظهار العقدة والإشكالات الاجتماعية، أما القصة فتختزل الدور الاجتماعي في الفرد، فكأن القصة أدب تمتد وشيجته بعلم النفس، بينما الرواية أقرب إلى علم الاجتماع، وهو النطاق الذي يمد الباحث بالإشارات الثقافية والاجتماعية ذات الصبغة العامة؛ كل ذلك يجعل استنطاق النصوص القصصية ثقافياً واجتماعياً أمراً متعسراً.

لكن كما يقولون لا بد مما ليس منه بد، والصعب لا يرادف المستحيل، وأكبر مشجع لي في هذه المهمة أن الدراسات النقدية، ولا سيما الثقافية، للقصة في السودان خاصة، فقيرة إلى درجة الإدقاع، وأخشى أن يصل الأمر إلى مستوى العدم!

والثقافة الإنسانية هي في خلاصتها رؤى عامة من جهة تجاوزها الفردية الضيقة، وخاصة من حيث تنوع المجتمعات، ويفسرها الماديون بأنها العالم الإنساني الذي اقتطعه الإنسان من الطبيعة على النحو الذي جعل الطبيعة مادة غفلاً تحولها الثقافة وتشكلها وتستثمرها، ويرون أن الطبيعة قبل التدخل الإنساني كانت مجموعة من الضرورات، بمعنى أنه لا يمكن أن تكون غير ما هي عليه، وفي إذعان تام لقوانين الحتمية الصارمة، وبهذا المعنى يعيش الحيوان ويحتفظ ببقاء نوعه؛ فلما جاء الإنسان حطم هذه الضرورة ليصنع عالمه الخاص، وبالخيال لا بالعقل كما يرى صلاح قنصوة[1].

والثقافة قد يتحلى بها الفرد ببواعث فلسفية للحياة وفهم الوجود فتكون سمة فردية بحتة، وقد تكون معطى جماعياً مفروضاً بسلطة العرف وموقف المجتمع، أو مجاراة بدوافع الانبهار أو الاشمئزاز النفسي من الواقع العام، وهنا تكون صفة غريزية لا تتجاوز الحيوانية؛ حتى لو اكتسبت ملامح دينية، إذ الحقيقة الدينية تصل إلى النفس بقرار فردي ورؤية أنطولوجية مستقلة، فأصل الإيمان التصديق، وهو موقف شخصي كما نعلم بداهة.

هناك القليل من الإبداع الذي قدم تمرداً فلسفياً مقنعاً كالذي نجده في أعمال دوستويفسكي الخالدة، وهناك محاولات عربية روائية حديثة

جيدة تصلح نموذجاً للتمرد الخلاق كرواية (فرانكشتاين في بغداد) للأديب العراقي أحمد السعداوي التي أدانت الجلاد والضحية في الفوضى السياسية والأخلاقية في العراق، ورواية (ساق البامبو) التي نقلت إلى دراما تلفزيونية، والتي تعاطت الاغتراب بمعناه الوجودي، وعرت طبقة من المجتمع الكويتي المترف، وجددت في مفهوم الهوية لترتقي إلى بعد إنساني رحب.

هناك إذن من يتمردون بوعي كامل، فحتى من يسلكون طريق اللامعقول نجد من بينهم من يحطمون المعقول الواهم في سبيل توطيد معقول أجدر، وهو أسلوب كما يقرر الشاروني «بالرغم مما يبدو عليه من فوضى تعبيرية لا يزال فناً هادفاً، معلناً أنه يحطم كي يبني عالماً أفضل»[2].

كنت أتمنى أن أجد عدداً من التجارب التمردية الراقية في الأعمال التي تناولت وفحصت، لكن للأسف كان ذلك كالومضات الخاطفة لا النور الممتد، أما أكثر ما وجدت فتقليعات شبابية وردود أفعال ساذجة، وهذا لا يمنع من وجود الموهبة في نواح أخرى، قديماً انتقد الأديب مختار عجوبة التيار الوجودي في السودان، الذي ظهر بعيد الاستقلال، بأنه وقف على الجانب السلبي من الوجودية، ولم يرتقوا إلى الصدق الإبداعي، مستثنياً القاص مصطفى مبارك مصطفى[3].

الفصل الأول: مفهوم التمرد وأنماطه:

يحوم مصطلح (التمرد) على معاني التفلُّت والمعاندة والخروج

عن السائد، متضمناً في الوقت نفسه رائحة من العصيان أو التكبر، ففي قاموس الصحاح نجد مرَد بمعنى أقدم وعتا، ولذلك نقرأ في القرآن وصف كبار الشياطين بالمردة، ثم إن الفيروزآبادي عقّب بتفصيل للمعنى، فقال: «أو هو من يبلغ الغاية التي يخرج بها من جملة ما عليه ذلك الصنف»، ويطلق على الفاعل المتصف به مارد، ومريد، ومتمرد.

إذن فالتمرد له دلالتان؛ أولاهما الخروج والتحرر، والثانية التحدي والعتو، فمن يخرج عن المألوف أو النمط برأي أو فهم فليس متمرداً، وإنما هو حر الرأي، أو مستقل، ولا غرو أن نجد من يتمردون على القيم والثوابت أو الفطرة يحسب أكثرهم أنهم فعلوا ذلك بدافع التحرر العقلي، حتى لو كان الانملاص مفضياً إلى الوقوع في سجن فكري من نوع آخر، وفي الغالب أبعد ما يكون عن المنطق السليم!.

ولا بد من التمييز بعدئذ بين التمرد، وهو كما نرى يحمل دلالة سلبية، والثورة وهي محايدة الدلالة في أصلها واستخدامها التراثي، ولكن جرى العرف اللغوي اليوم على إطلاقها بمعنى نضالي نبيل يحمل دلالة محاربة الظلم والمطالبة بالحقوق. فالشعر الثوري مثلاً كأعمال محمود درويش، وأمل دنقل والجواهري.. لا صلة له بخروجات الماغوط على المقدس، أو تهتكيات نزار حتى لو كان ثورياً من جانب آخر، والشيء نفسه ينطبق على السرد الذي نحن بصدده.

لا بد كذلك من التنويه إلى خصوصية دلالية لكل من مصطلحي: التمرد والثورة، حيث يستأثر بهما التوجه السياسي والاقتصادي، لكن

يظل الأفق السياسي مفتوحاً لكل المطالب الاجتماعية والإنسانية؛ لأن مدى الحريات مثلاً وهي مسألة ذات بعدين إنساني وأخلاقي ترتبط بالحقوق التي ترعاها القوانين؛.. مع ذلك لا نجد بداً من عزل وتفريد الدلالة الاجتماعية والقيمية عن السياسية، وما نعنيه ألصق بالثورة المعرفية منه بالسياسية، فالثورة المعرفية أو العلمية يحددها توماس كون بأنها ليست إلا القطيعة بين نموذجين علميين بدلاً من التراكم المعتاد، وقد سمى هذه الثورة بتغيير البارادايم الذي يعني مطلق وضع الحلول لمشكلة في علم ما، أو يعني اجتماعياً بنفس القدر تغيير قيم ومعتقدات متعارف عليها[4]. هناك إذن ما يسمى بثورة العادات والتقاليد، وتطل الحداثة بمفهومها المشاغب كممثل صارخ لهذا النوع من الثورات بادعاء كونها معياراً للتحضر أكثر من كونها واقعاً تاريخياً محدداً، وأنها عند مناصريها أشبه بإشعاع كوني قادم من الغرب ذي طابع كوني [وهنا تتماهى مع العولمة] يفضي إلى زعزعة القيم والعادات، بل والهويات أيضاً![5].

لكنّ ثمة فرقاً بين من يهتز بزلزال التغيير، ومن يحدث الزلزلة ويحرك الطاولة تحت القوارير، بين من يتلقى بغريزة الظمأ لمجرد المخالفة، ومن ينشئ ثقوباً لرؤية خاصة جديدة بغض النظر عن المنطلقات وتقويم هذه الرؤية، هو كالفرق تماماً بين الجسد النابض بالحياة والجثة الهامدة. والتمرد وإن قبس من وهج الثورة، إلا أنه يقصر عنها؛ لأنه يمثل موقفاً شخصياً غير طموح إلى الجماهيرية، كما يقف بدلالته على موقف الرفض دون أن يشترط التبنّي بخلاف الثورة في جوهرها، وحتى في نطاق البعد السياسي للمفهوم لا تشكل

الثورة سوى قطيعة مع النظام الحاكم دون مساس بالمؤسسة العسكرية أو الأمنية في غالب الأحوال، بخلاف التمرد الذي يواجه الأجهزة العسكرية ويتميز بالفئوية. وما يعنينا هنا تكريس كون التمرد يظل مطوي الجناح إزاء معنى الثورة المحلق.

وأحسب أن التمرد في أدب أوروبا وأمريكا بدأ مع الأعمال السردية، ولا سيما الرواية، ما عدا التمرد الشكلي الذي قد يكون الشعر فيه سباقاً، وقد يخال أن أسبقية التمرد في الأدب الأوروبي والأمريكي في مجال السرد بدأت على يد فولتير، ثم ألبرتو مورافيا وأضرابهما، لأن المتبادر من التمرد في الغالب هو ما يمس التقاليد والأعراف الاجتماعية، بيد أن تعدد مجالات التمرد تجعل من الصعوبة بمكان التأريخ لبدايته، بل إن مجرد ادعاء بداية له يظل تساؤلاً محوطاً بالشك، فالقاص الأمريكي سنكلر لويس مثلاً كان له موقف صادم من عالم القرية الموصوف عادة بالطيبة والنقاء، وضد الطبقة الوسطى الموسومة بالتآلف والتراحم في مقابلة الأرستقراطية![6]. وهذا ضرب من التمرد على المسلمات الوهمية المجتمعية، لكنه أتى بخلاف المعهود المتوقع؛ أما عربياً فكان الشعر العربي المتمرد سباقاً منذ أن خرق امرؤ القيس أعراف الصحراء فتغزل في زوج أبيه وبإفحاش لم تألفه العرب، ثم مع اتساع المدنية، وعلى الرغم من انبساط القيم الدينية العليا نبت أمثال المعري وصالح بن عبد القدوس ممن أبعدوا النجعة في التمرد، بل إننا لنجد أثر التمرد قبل ذلك مع بشار ثم أبي نواس. وقد كان يطلق في التراث الأدبي العربي على ما يمس المعتقدات والشرائع لفظ (المجون أو المجانة)، والتي صار يحملها الناس اليوم على معاني الرفث.

وإذ قد فرغنا من المقصود بالتمرد، بقي أن ننظر في مواطنه وبواطنه، أي ما الذي يتمرد عليه الناس [ويعنينا هذ القصاص والمتأدبون]، وما الذي يدفعهم للتمرد؟.

إن في التمرد منطلقاً وجودياً فلسفياً لدى من يعنون ما يقولون في أعمالهم، فالإنسان عندهم لا يملى عليه معتقد أو قيمة، لأن المعتقد والقيمة لا حقيقة ذاتية لهما عند الوجوديين، بل يكتسبان معنييهما من ذاتية الإنسان؛ ولا جرم أن كثيراً من أصوات التمرد في أدبنا، سواء الشعري أو السردي ليست إلا تقليداً فجاً ومسايرة غير موضوعية لما يطلبه المستمعون!.. المستمعون الذين باتوا أسرى للغموض المبهم والحقائق المترنحة، والهجوم لمجرد الهجوم على الموروث التليد.

إن التمرد الذي يبقى رنينه في الأذن وطعمه في اللسان، هو ما أفرخت عنه فلسفة في الحياة بغض النظر عن ماهيتها، حتى لو جاء كردة فعل، لكنها ردة فعل غائرة في النفس مكسبة لرؤية جديدة للحياة، فالمتنبي مثلاً شكل نموذجاً لشاعر أفرط في الذاتية، وكأنه كان يدس رسالة في شعره للممدوحين بأنه أولى بالمدح منهم، وكأنه أحياناً يهزأ بهم بمدحهم، إذ لولا شعره الرفيع في مدحهم لم يعبأ التاريخ بهم، فهو الذي أسمعت كلماته من به صمم، وهو وحده الشاعر المحكي وليس بقية المادحين إلا صدى. ولا بأس أن يكون مثالنا من الشعر أو المسرح أو غير ذلك في معالجة ضروب التمرد، فالإشكاليات والبواعث لا تختلف بين أجناس الأدب. وإذا عدنا إلى السرد القصصي، فهناك أدب وجودي عدمي [والعدمية موقف فلسفي معقد يمثل تمرداً] تميز به سارتر، حتى لقد عد فيلسوف الوجودية مع أنه ليس إلا روائياً.

أما الإنجليزي د.هـ لورانس فكان رائد الثورة على العقل وتهميش دور الوعي، ولعلي لا أسرف في الخيال حين أزعم أن عمرو بن بحر الجاحظ كان يؤسس للامعقولية بناءة في (البخلاء) عبر الجمع بين المتناقضات في نظر الناس كحلاوة الروح والظرف مع سمة الحرص والبخل في عدد من شخوصه، ثم كان يحتج بالمنطق على لسان شخصية ما [فلنقل سهل بن هرون مثلاً] للدفاع عن البخل، فكان حاله أشبه بمن يستهزئ بالمنطق ممن يزري بالبخل، والجاحظ نفسه في رسالة له يهتك عجرفة العرب الأقحاح بحديث مسهب عن فضل السود على البيضان، فضلاً عن سخرياته من مظاهر التدين الكاذب والورع المتكلف، وليس ذلك في حقيقته إلا ضرباً من التمرد على مسلمات المجتمع وذهنياته المشتركة المنقادة. فالجاحظ إذن ينطلق من رؤية نقدية وفهم خاص للحياة والتاريخ؛ وذلك ما يكسب تمرده قيمة فلسفية أو حتى إبداعية لمراعاة صدق الخطاب الإبداعي.

بالنسبة إلى مجالات التمرد، فهي كما يلي:

1 – تمرد اعتقادي: ويشمل الإلحاد، ونفي القداسة عن المقدس، ونزعة الشك العارم الذي لا يعترف بحقيقة مطلقة.

2 – تمرد أخلاقي: وهو كالدعوة إلى الانحلال، واستخدام البذاءة، والفحش، والمجاهرة بالمعصية، والعقوق ونكران فضل الوالدين، ومنه الإسراف في مبدأ النفعية إلى مستوى الوسوسة.

3 – تمرد سلوكي: وهو الفعل الخارج عن سلطان الدين والأعراف، ويشمل إهمال قواعد المرور، وارتداء الملابس الفاضحة،

والممارسات الجنسية على الملأ بأي درجة من الدرجات؛ والإزعاج بالموسيقى الصاخبة في الأماكن العامة، ونحو ذلك.

4 – تمرد على الفطرة: ومنه استحسان القبيح والممزق، أو الذي يبدو مدنساً من الأزياء، وكالتخنث أو تشبه الفتيات بالرجال، والنزعات الجنسية الشاذة، ومخالفة المنطق والرشد في التصرفات.

5 – تمرد سياسي: وهو المخالفة التي لا غاية من ورائها، والدعوات العنصرية، والاستخفاف بالمطالب الوطنية وبالمواقف السياسية المبدئية.

الفصل الثاني: دوافع التمرد وبواعثه:

بالطبع سوف يتداخل بعض هذه الأنواع في بعض لصعوبة التحديد في هذه الأمور، ولكن يبقى المشترك من ذلك كله الالتفات المتضخم إلى الأنا، والإحساس الواهم بأن التميز يكمن في الشذوذ والمفارقة، لكن لا ننكر أن بعض التمرد يجيء كرد فعل ضد سلطة دينية مستغلة مثلاً، أو وطنية زائفة تخدع الجماهير بالأماني العذاب!.. ومع أن رد الفعل في ذاته لا يعبر عن موقف فكري سليم، إلا أن ضحاياه أشرف من أناس وقف إحساسهم بقيمتهم على مجرد نبذ المقدس أو هدم الثوابت!

ومعنى الحداثة الذي يتشبثون بها محض التقليد للغرب في أخزى صوره، تقول الكاتبة أميرة فكري عن هؤلاء: «هؤلاء يتعاملون مع الحداثة بنظرة قاصرة للغاية، لدرجة أن مفهوم التمدن في مخيلتهم

يساوي الموضة واستيراد العادات المتحررة بشكل مطلق دون اعتبار أن التقدم العلمي والتكنولوجي والثقافي والفكري اقتصادياً وسياسياً وثقافياً، هي من صميم التحضر» [أميرة فكري cdn:ampproject.org].

والحداثة في نفسها رؤية خطيرة في سياق الموروث الحضاري الإنساني برمته، لئلا يأمل المفكرون في نموذج صاف منها، حيث إن بذرتها الأولى وضعها الفيلسوف الألماني المادي هيغل بناء على مبدأ الذاتية المطلقة، وهيمنة الإنسان الكاملة على الطبيعة بعد أن كان الإنسان خاضعاً لقوى لاهوتية أو غيبية متعالية عليه؛ وهنا لا مفر من التفريق بين الحداثي والحديث، بما يشبه الفرق بين العولمة والعالمية!

لكن كما أشرت سابقاً ليس المتمردون سواء، فهناك كما يقول د. زكريا إبراهيم: «فكر شبابي حر بيد أنه ملتزم، أي صاحب قضية وموقف، وهناك مصطلح في علم الاجتماع يسمى (الثقافة المضادة)»[7]. هذه العبارة استخدمها عالم الاجتماع الأمريكي روزاك[8]، تعبيراً عن الحركة المناهضة للأفكار المحافظة، وثقافة الطبقات البرجوازية التي سيطرت على العالم، والمناهضة لسلطة التكنوقراط والتي تنفي وجود معرفة تمتلك الحقيقة الكاملة أو امتلاك حل كل الأزمات. وهذه الثقافة هي ثقافة شبابية وتشكل حركة اجتماعية وثقافية لفرض قيم وسلوكيات جديدة، كما تسعى لإيجاد عالم جديد يسود فيه الانفتاح والحوار والحب والجمال[9].

ومهما يكن من أسباب ودوافع أو مغريات للتمرد، فإن ردود الفعل والموقف النفسي المضاد تأخذ حيزاً كبيراً في التجارب التي تتجاوز عتبة التقليد الفج والانبهار السطحي، فهناك ردة فعل سياسية ضد

ضياع الحقوق، والركود والرتابة البيروقراطية، كما أشرنا قبل في الحديث عن الثقافة المضادة، هذه الردة قد تتجلى في تقوقع وانعزال أناني، فالفرد الحديث الذي ينجر وراء أسوار المؤسسات، فإنه كما يقول الباحث عادل بلحاج، سوف يرتد إلى نفسه في حميمية ونرجسية، وسيؤول به البحث المحموم عن (أنا أصيلة) إلى العدمية اﻟجرداء[10].

في السودان اليوم وضع يكاد يكون فريداً من نوعه تختلط فيه إشكالات تتعلق بالهوية مع هاجس الحريات السياسية والمطالب الاقتصادية الملحة، مع قلق ديني غريب من نوعه في السودان! فهناك نمو مطرد لما يمكن تسميته بالثقافات التحتية (sub cultures) أو الثانوية التي تنزع إلى إثبات الهويات الخاصة، واستشعار الأمان، والشعور بالكرامة في تعزيز الانتماء الضيق إلى الفئة أو التكوين القبلي أو العرقي، وهو أمر قد يشكل نوعاً من التخصيب الإبداعي في درجة من درجاته ما لم يصل إلى حد الضدية المفرغة، ويخشى علماء الاجتماع كثيراً من تدهور هذا النوع من الثقافات إلى قاع الدعوات الانفصالية، والتي تروج الانبتات الكامل عن الثقافات المركزية المتصالحة إنسانياً. ومع أن أدبيات الثورة الأخيرة التي كانت شبابية بامتياز غرست مفهوم السودانوية الجامعة، إلا أن نزوات الساسة لا تفتأ تحرض هذه المشاعر الضدية الكامنة، حيث قد يرونها الضامن الوحيد أو الأقوى لمبرر موقعهم السياسي.

من الصعب جداً بالطبع رصد التأثرات الإبداعية بهذه الثقافة في مرحلة ما بعد الثورة لقرب العهد وأولية تشكل الخارطة الإبداعية، لكن بلا شك كانت ثمة إرهاصات تكشف لنا عن هذا التوجه.

261

وليس الواقع السوداني يختلف عن العربي الواسع في كون الثورة قد اكتفت بفريضة نزع النظام الفاسد عن تقديم رؤية متماسكة وناضجة للمستقبل، وتلك نتيجة طبيعية لتغول الإنترنت على الثورات، يقول المرشح الرئاسي الأسبق آل غور في كتابه (المستقبل ج 1): «الحركات الإصلاحية الثورية التي بدأت على الإنترنت حتى الآن كانت جلها تتبع نمطاً واحداً: قطع العصب وفوران الدم، تليها خيبة الأمل والركود الدموي، ويبقى السؤال المطروح هو ما إذا كانت ستدب الحياة في هذه الحركات الإصلاحية التي أثارتها الإنترنت مرة ثانية بعد أن هدأ غليانها، وتنهض من جديد وتحقق أهدافها في نهاية المطاف»[11].

والتمرد كما سبق بيانه موقف يقصر عن مستوى الثورة، لكنه قد يكون من جملة إفرازاتها، وما لم تكن الثورة محتشدة الهدف وواضحة الرؤية فلن تكون أماً شرعية لأي تمرد مهما كان، وهذا بالضبط ما يجعل أكثر مشتبهات التمرد مجرد فانتازيا عدمية فارغة، أو حذلقات وتثاقف وهو داء قديم في القصة السودانية تشكى منه د. مختار عجوبة الذي اتهم تجارب قصصية من هذا الضرب بأن الموقف فيها يأتي من أساسه مفروضاً على الشخصية، وعلى الأحداث، وقد أشار إلى تورط عدد من الأسماء المرموقة في هذا التيار مثل: عثمان الحوري، وأحمدون، وعيسى الحلو[12]، لكن لم يكن هؤلاء من التمرد في صدر ولا ورد، وإنما قصاراهم الاستعراض والتمظهر.

التلبس الديني الذي كان يهيمن على الخطاب السياسي السابق، والذي تراجع عن عقائديته إلى مستوى براغماتي سافر حمل كل

التناقضات، كانت له يد طولى أيضاً في نزعات من التمرد على الدين والثوابت، مما جعل هناك ركوناً إلى اللامطلق، وتريباً في جملة التراث الديني، بل وأصول الدين نفسها، فضلاً عن النزعة التحررية التي تصل إلى درجة التهتك والانحلال، ومقابل ذلك تبلورت نزعة صوفية عميقة شديدة النفرة من التعاطي السياسي، وأخرى تسعى لتدجين الدين حضارياً وتلاشي خصوصية المجتمع المسلم، أو تتساهل في القضايا الأخلاقية في حين تنفتح على قضايا العصر العالمية كالتلوث، وانتشار المخدرات، والعنف الأسري.. وتركز على التنمية البشرية، وتنتهج الإقناع والتعبئة والحوار، وهذه يبدو صوتها خافتاً في السودان بخلاف مصر مثلاً.

لكن يبقى السؤال إلى أي درجة أفرز هذا الواقع تمرداً موضوعياً في القصة السودانية، في هذا الصدد سوف نلقي نظرة على طيف من التجارب الجديدة أو بالأحرى المنشورات قريبة العهد بعض النظر عن جيل الكاتب. مع توجيه أنواع التمرد في هذه المحاولات وتحسس البواعث وراء ذلك.

الفصل الثالث: مظاهر التمرد.. تطبيق على النصوص:

المبحث الأول: التمرد السياسي:

المقصود بالتمرد السياسي هنا، ليس مجرد النفس الثوري، وإنما الشعور بالعزلة عن النظام القائم، والبحث عن بديل أيديولوجي؛ وقد يقف التمرد في حد الرفض للأوضاع القائمة فحسب، وقد يرتقي

ليكون تطلعاً ثورياً، وقد اضطلع الأدب الاشتراكي بحمل ثقيل في هذا الجانب عربياً وإفريقياً وعالمياً، وكانت فترة الأربعينيات امتداداً إلى الستينيات كما يقول أ. معاوية البلال، مرحلة الاشتراكية في الأدب السوداني والأدب التحرري على إثر الحرب العالمية الأولى، وعواصف التغييرات السياسية والاجتماعية، ونشوء الأحزاب، وفي هذه الفترة ظهرت الترجمات من الأدب الروسي، خاصة والتأثر بنفسها الثوري على الجملة. وقد ساد في هذه المرحلة تيار البطولة، والأدب الواقعي، ومن رواد هذه الحقبة علي المك، والزبير علي، والطيب صالح، وملكة الدار محمد، هنا يصعب الحديث عن تيار متمرد، لكن يصح الكلام عن توجه ثوري مرشد، وإن لم يكن عاماً، فالطيب صالح مثلاً أديب مهما قيل في فنه، إلا أنه أبعد ما يكون عن التمرد خاصة، وعن النفس الثوري.. لقد كان متوائماً ومتصالحاً إلى درجة البرود الصاقع، في حين أظهرت ملكة الدار مثلاً تمرداً مبكراً على الصعيد الاجتماعي على الأقل.

لقد ظهرت فيما بعد توجهات تعبر عن التمرد بالعزلة والتقوس على الـذات، والـذي يمثل هجوماً صامتاً على الراهن السياسي والمعيشي، وإلى وقت قريب ربما إلى الآن يتوجه كثير من الشعر والقصة إلى تحويمات رومانسية ذاتية مملة في أغلبها، لأن قليلين من المبدعين استطاع النفاذ من الذاتية ليشكل موقفاً رفضياً أو تمرداً، أما الذين انتهجوا الأسلوب الواقعي، فقد مثل القاص بشرى الفاضل بفانتازيته التي أشربها روح العبثية نموذجاً ممتازاً للتمرد، ولا سيما في قصته الرمزية (فيزيولوجيا الطفابيع) والتي تحكي عن مخلوقات

غريبة وقاسية، ذات قدرات عالية تبدو شريرة منذ تكونها في الرحم، ويترك القاص ببراعة للقارئ مهمة الإسقاط..! لكنه لا يبخل بالإشارة (التغشيش) غير المسف وذلك حين يقول مثلاً: «عاشوا منذ فجر الإنسانية بين البشر واختلطوا بهم، ولهم حقد دفين عليهم، وللطفابيع قدرات هائلة على التخفي في الأجناس والأديان. والأخيرة بيئتهم الخصبة، وقمة شواهد تدل عليهم إذا أمعنا النظر في تكوينهم الجسماني والنفسي»[13].

وإذا كان التمرد المنطلق من سؤال الهوية وشيج الصلة بالموقف السياسي، فبالإمكان أن نعد عبد العزيز بركة ساكن يعالج هذا اللون بمهارة في قصته (أسنان لا تغني)،.. لنصغِ إلى هذا المشهد الحواري:

«ثم فجأة سألتني:

– يقولون إنك من السودان!

– نعم.

– يعني ذلك أنك عربي؟

– في الحقيقة أنا سوداني، ومسألة عربي وغير عربي عندنا في السودان مسألة شائكة، وتحتاج إلى تنظير لا أطيقه».

ثمة جيل إذن يعيد جدل الهوية، بعد استنامة طويلة للانتماء العربي والإفريقي معاً، وفي تجربة شبابية أحدث بعنوان (الطريق إلى المقدس) يعلن القاص تمرده على النظام المتشبث بالسلطة على الرغم من تواتر فشله وضياع البلاد، ويستخدم التضخيم الساخر:

«وكان قد أعد العدة للاحتفال بمناسبة إعادة تنصيبه سلطاناً عاماً للكون وما حوله لمئة سنة أخرى»![14].

في عمل بعنوان (أجوك طفلة المطر) للقاص عاطف عبد الله، نجد نقداً متهكماً للتوجه الحضاري الذي كان شعاراً سياسياً خاوياً في نظر كثيرين وقد أتى به في خضم الدراما القصصية: «اشتدت على إبراهيم آلام الصدر فذهب إلى المستشفى العمومي الكبير يحمل معه رسوم العلاج، حيث إن الحكومة رأت أن العلاج المجاني لا يتناسب مع التوجه الحضاري للبلاد، ولا يستحقه إلا المقربون ممن رضوا عنهم»، وبغض النظر عن رتابة التقريرية في هذا النص وسذاجة عرضه إلا أنه محتقن بالتمرد على فلسفة سياسية طويلة الدعوى.. لكنه في موطن آخر يشير ببراعة إلى المدجنين سياسياً وراء الدعايات المستغلة للبسطاء، وذلك في قصته (سوزان)، حيث تسلسل بلباقة ليعرض كيف يتحول الإنسان إلى شيء مصنوع للغير حين يأتي على لسان الراوي أن عباس الممعن في إظهار التدين قد سمع الحاج [وهو شخصية أرستقراطية] يقول للقبطية التي وقع في هواها حين تذمرت من سوء معاملة عباس، إن عباس ليس سوى آلة صنعها هو بنفسه، فما لبث عباس حين سمع ذلك أن حمل رشاشاً وأردى الحاج قتيلاً!

هذا القاص يبدو كنموذج للتمرد بغض النظر عن عمقه، ففي قصته (أجوك طفلة المطر) دافع عن قضية الجنوبيين، ليعلن استخفافه بنظرية المؤامرة، وقد بات هذا التوجه في نفي المؤامرة بإطلاق موضة ثقافية يتشدق بها المفكرون وأشباه المفكرين في بلد مولع جداً

بالتقليد الثقافي، فحتى التمرد نفسه جعل يتكلس ويبوخ كتقليد لبعض المثقفين وترديد هامد لدعاواهم.

ولكن مجرد إعادة النظر لإنصاف إخوتنا الجنوبيين يمثل تحدياً سافراً لتاريخ من السياسات المتوارثة بأيديولوجياتها المختلفة! ولا غرو أن نجده ينعت الراحل جون قرنق بالشهيد!.. وهو تمرد يحسب مبدئياً للقاص، وقد صرح بشجاعة وأعلن إدانته للشمال الذي لم يحسن التدبير في قضية الجنوب حسب وجهة نظره[15].

هذا الانحياز للقضية الجنوبية نلمسه أيضاً عند سارة شرف الدين في قصة بعنوان: تفيانوس من ضمن مجموعتها (صولجان من خشب)، وتناولت القاصة أيضاً قضية العنصرية والتعلي العرقي أو الطبقي في قصتها (دماء زرقاء وأخرى باهتة) التي تحكي قصة امرأة في عنبر الولادة يقع طفلها في الأرض فيموت بسبب مزاحمة في السرير[16].

المبحث الثاني: التمرد على الأعراف الاجتماعية والتقاليد:

المجتمع السوداني مجتمع محافظ بأكثره، يميل إلى الترابط الأسري، وحفظ المقامات العائلية، وانضباط المظهر الشخصي، والحياء الاجتماعي؛ لكن بدأ في مجتمع الشباب نوع من لتمرد على سلطة الآباء والمجتمع يتجلى أكثره في الزي غير المهذب، وانفتاح العلاقة بين الأولاد والبنات بشكل شاذ كتعاطي الشيشة في الساحات

معاً، والجلوس بهيئة غير محتشمة، أما ما يتعدى ذلك من السلوكيات المشينة فحدث ولا حرج، لكن بالمقابل ظهر توجه ديني قوي، ولا سيما بين الفتيات يتجلى في ارتداء النقاب لدى عدد كبير من الفتيات، فضلاً عن إقبال على التصوف كملاذ آمن للإيمان بعد فضيحة التيار الإسلامي الحركي وانكشاف عورته السياسية والأخلاقية [تغلب النفعية الشخصية، ونهب أموال الشعب باسم الدين]، هذه النزعة تمثل تمرداً مضاداً للتمرد على القيم الإسلامية والدين، لكنها ضعيفة الحضور في الأعمال الإبداعية إلى الآن، أما النوع الأول فيتجلى في أعمال إبداعية تناولت المعاشرة الجسدية بصراحة غير مقبولة اجتماعياً، وقد يحدث ذلك من كاتبات فتيات يتوقع منهن الحياء، هذه المشاهد تشعر أحياناً أنها أتت من أجل أن تتحرر من الممنوع أكثر من كونها توظيفاً فنياً لنوع من العلاقات الإنسانية الغريزية، وهناك بلا شك جهل فاش برسالة الفن وقيمة العلاقة الجسدية معاً، يشير الفيلسوف صلاح قنصوة إلى أن الأسلوب الثقافي في التعامل مع الطبائع الطبيعية والبيولوجية التباعد وإخفاء الأصل، فالحب عند الحيوان هو مجرد العلاقة الجسدية [ما يسمى الجنس]، أما الإنسان فقد يسدل دون ذلك حجاباً حتى يبلغ مرحلة الحب الروحي والتضحيات، ويذهب إلى أن الأعمال التي تصور المرأة بما يبعث إحساس الناس أنفسهم من خبراتهم المباشرة لا تقدم فناً، بل هي أقرب إلى البورنوغرافيا[17]. ما يقدم الآن ويا للأسف أشبه بالبورنوغرافيا، وفرق كبير بين من يحرك الضمير ويحفز إلى اتخاذ موقف إنساني ومن يدغدغ الغرائز ويملأ الجو بغبار الشهوة.

في قصة (رماد امرأة) للكاتبة الشابة ساندرا مهدي، نلمح صوراً

جنسية صارخة[18]، أما يس السر في قصته (الموءود) فيحكي عن لحظة ولادتـه، وقد تقمص شخصية البطل، ويكاد يصف عورة والدته!.. ولا يكمن القبح في التصريح الجنسي فقط وإنما أيضاً في كونه يستخدم ضمير المتكلم بغض النظر عن كونه لا يمثل حقيقة الكاتب![19].

في قصة بعنوان (ولاء لم تعد تضحك) للقاص حمور زيادة، نجد اصطناعاً لمأساة طفلة تعرضت للاغتصاب، ومما لا شك فيه أن القاص في موقف المدين لهذا العمل القبيح غاية القبح، لكنه يستغرق قرابة صفحة كاملة في وصف عملية الاغتصاب بتفاصيل مملة، وبالتالي لا يستغل تقنية التكثيف والإيماء القصصي، ومشكلته الإسهاب في الاحتكاك الجسدي تحديداً لا موقف جزع الطفلة أو تغليق الأبواب والتهيؤ للجريمة، ولو فعل لكان إسهاباً موظفاً يرفع من وتيرة الصراع. كما نجد النص فارغاً من أي تنازع نفسي ومغالبة ضميرية، ولم يلمح إلى بواعث خفية وراء هذا التصرف الشاذ فجاء نصه شهوانياً فقيراً[20].

أحياناً يصعب الفصل بين التمرد السياسي الأخلاقي (أو الشرائعي)، وذلك حين يرتدي الجلاد السياسي ثوب الراهب المتبتل، سينبجس شعاع من تمرد يعشو إلى حرية تتحدى الحواجز القيمية؛ لأنها مفروضة فرضاً كوسيلة سلطوية في نظر القاص، وهذا ما يتلمسه من يقرأ نص طلال الطيب المعنون بـ(شعر إفريقي خشن) الذي يقص عن علاقة شمالي بفتاة جنوبية، تبدأ بالخطيئة، وتنتهي بالعلاقة الشرعية، في هذا النص نجد موقفاً صارخاً ضد النظام العام

269

الذي باتت تستغل تجاوزات وهنات منه للمطالبة بإلغائه لتعم الفوضى الأخلاقية والحريات الموهومة المطلقة، وهو ما نرى القاص ينحدر صوبه في هذا المقطع: «أنت تعلم بأننا لا نستطيع فعل ذلك في حديقة عامة، أو في شارع النيل، لا أتخيل شرطي [كذا] يعاملها بازدراء، أو يجلد عجيزتها الجميلة، لا أتخيل رؤيتها خائفة ذليلة..».

وكذلك نجد تداخلاً بين السياسي والاجتماعي خفياً في التغني بالإفريقية والدندنة بها كتحدّ لتيار عروبي تخشى جماهير الشعب الكاثرة من ذوي الأصول الإفريقية العريقة أن يطمسها، ويظهر كتمرّد ناعم في قلم سارة الجاك في قصتها (الشمس مشاطة كونية)، ولعل العنوان نفسه يشي بمعنى عميق في هذا الصدد، نتبين في هذا العمل المكتسي بالسريالية والشاعرية المفرطة، دعوة لرد الاعتبار للسمرة الإفريقية، كما صنع طلال الطيب في (شعر إفريقي خشن)، ولننظر الآن إلى مقطعين من قصة سارة الجاك:

«أنا سعيد أن أفقدناها سمرتها وعذريتها، لأنها لا تستحقهما، أصبحت بفضلنا بيضاء قبيحة ومغرورة ومتكبرة».

«صعدت ظهر [المهاة]، التفتا على بعضهما صارتا تمثالاً نوبياً بجاوياً، أو ربما أمازيغياً، صار ضريحاً ومزاراً في ميدان موسى الشعار في بنغازي»[21].

بعض هؤلاء القصاص يشعرون القارئ بأنهم أقرب إلى انتقاد التمرد أو يتركونه في حيرة من أمره، ففي قصة حسن روكسي لعبد الماجد عليش نجد ما طرأ على لغة التواصل بين الأولاد والبنات من

تحطيم للحواجز الاجتماعية، كما في هذا المقتطف القصير: «فتحت لنا الباب بنت قالت بلهفة: ناجي!.. إزيك يا عسل!».

وهناك أيضاً توجه نحو الحركة النسوية الحديثة، نجد ذلك لدى ساندرا مهدي، والتي حملت المجتمع خطيئة اضطهاد الأنثى لمجرد كونها أنثى، وذلك حين تمارس دور الراوي العليم قائلة: «لم تعرف على من تضع اللوم على نفسها لأنها لم تكن أكثر حذراً.. على والدتها التي لم تكن موجودة بجانبها؟؟ على والدها الذي كان يكدح... أم على المجتمع الذي أدانها لكونها أنثى؟؟»، ومع أن هذا المقطع يبدو ذا نزعة متمردة إلا أن القاصة تغلبت عليها الموضوعية حين أدانت إغفال المجتمع إرشادها وتحذيرها من طيش الرجال اتكالاً على ما عرفوه من عقلها ورزانتها، إن فتاة في السابعة من العمر ينبغي ألا تحرم النصح والتوجيه![22].

هناك أيضاً من حاولوا الخروج من سلطة المجتمع والأب مثل القاص راشد يسلم في قصته (حكاية عجوز)، وإذا عدنا إلى القاص المتمرد بجدارة عاطف عبد الله نجده يرفع من قيمة الشخصيات المحقرة اجتماعياً، ويجدد معايير تقييم الإنسان كما في قصته (صوت الموسيقى)، والتي كتب في مقدمتها إهداء إلى روح الموسيقار المشهور بمحمد فولة، ولعل القارئ يشعر إلى أي فئات المجتمع يشير مثل لقب (فولة)!

تحكي القصة عن عازف ترمبت معروف بإبراهيم النجار تقدم لخطبة فتاة فرفضه أهلها لأنه «صايع ويكسب قوته من المشاركة في إحياء الأفراح»، وفي النهاية تقرر الهروب معه وتعرض جسدها

له بالحرام، لكن هذا العازف المحتقر تأبى نفسه استغلال الموقف ويستعصم بشهامة وأنفة![23] ، يهمس إلينا القاص عاطف عبد الله بأن السقوط الأخلاقي قد يتأتى من الطبقات التي تتدثر بالحشمة في حين تحلق أرواح الصعاليك والمنبوذين في سماء الفضيلة، إنه تمرد إذن ليس على احتقار مهنة فحسب، وإنما على الشعور المتعالي للآخر.

المبحث الثالث: التمرد على الدين:

هناك تمردان على الدين أحدهما يطال الأحكام الشرعية، فيدعو إلى التفلت من ربقة الشرع، والثاني تمرد على أصول الإيمان نفسه، أي تمرد عقدي قد ينزلق إلى وحل الإلحاد والعياذ بالله من ذلك، لكن ليست الشقة بينهما بعيدة، لأن التمرد على الشرائع قد يتضمن عدم الاعتراف بمشروعيتها أو صلاحيتها، فيكون ذلك من أخبث ضروب الكفر الصريح.

في السودان نزعة قديمة إلى الحذلقة والشذوذ لها دور في كثير من مظاهر التمرد على العقائد، وتطل النزعة الحداثية التي تدعو إلى قطيعة تامة مع الماضي بما فيه المقدس لتحمل أقلاماً على التجرؤ على المقدس ليضفي الكاتب على نفسه بوعي أو بتكلف بريقاً حداثياً، ولا مؤاخذة على من وقف بالحداثة على معنى التطور العلمي والتمدن، فهذا معنى لا يأباه عاقل، لكن أين هو مما يصفه أحد دهاقنة الحداثة كمال أبو ديب بأنه: الانشراخ المعرفي والروحي والشعوري، حتى ليكاد يكون انبتاتاً من الجذور[24] .

في السودان كما في أقطار عربية أخرى اليوم ثلة من الليبراليين

ترى أن الهوية الإسلامية كما يشير الباحث إبراهيم السكران مجرد حالة حضارية قد تجاوزها التاريخ، وأنها ليست من الأمور الثابتة، بل يطرأ عليها التغير والتحول دون أن يقدم هؤلاء أدنى تبرير منطقي لدعاواهم بل فقط انسياقاً وراء قناعة أيديولوجية بمفهوم التقدم الشامل وتفوق النموذج الحضاري الغربي![25].

وقد كان الراحل عبد الوهاب المسيري ممن كشف عن تفاهة المشروع الحداثي بهذا المدلول الانبتاتي الفج وبين زيف دعوى التمرد والثورية لديهم، فقد ذكر في حواراته أن «حديث معظم الحداثيين عن التمرد والثورة حديث ليس له أي أساس فلسفي؛ لأنه إذا كان لا يوجد إلا المادة وقوانينها الحتمية فهذا يعني أنه لا يمكن تجاوزها، كما أن حركة المادة بلا غاية واتجاه ومن ثم لا توجد أي معقولية، ومن ثم الحديث عن الثورة يصبح مستحيلاً أو قراراً وجودياً لا علاقة له بالمنظومة الفلسفية المادية»[26].

ليس غريباً إذن أن نجد صنوف التشغيب على الحقائق الدينية تتجلى في بنى متهافتة، وتتخذ في الغالب لغة غامضة واستعارات مبهمة، وأنا هنا أتحدث عن التجربة السودانية التي تتوه في غياهيب التمظهر بالحداثة دون عمق فلسفي حتى لو كان باطلاً، على أن لا معقولية الشكل التي اشتهر بها السرياليون لا تتضمن اعتقاد لا معقولية الوجود! كما يقرر يوسف الشاروني[27].

نعود كرة أخرى إلى مجموعة (ظل والموءود)، وهذه المرة مع الكاتب محمد أحمد إسحق في عمل بعنوان (أرواح لم تتشكل بعد) لنجد تضارباً بين بداية مشعرة بالإيمان، ومقطع لاحق ينم عن

شك دفين، ففي حين يقول في بدايات قصته: «أفكار تبدأ من عمق الأرض، من نفق الإلحاد المظلم إلى أفق الإله الرحبة [كذا] والحقيقة المطلقة»، حيث وصف الإلحاد بالظلمة والإيمان بالرحابة، وهذه نزعة إيمانية بلا شك، في حين يقول ذلك لا نلبث أن نصطدم بهذه العبارة المناقضة تماماً لما سبق: «ماذا أصنع؟ أين الحقيقة؟ من أصدق ومن أكذب؟ كلهم يقولون لي إنهم محقون، يا لها من فوضى! وهل توجد حقيقة؟ فالنفترض [كذا] أن هناك حقيقة فمن يمتلكها؟ سامر أم لؤي؟ السفسطائيون أم مثبتو الحقائق؟ العقلانيون أم التجريبيون».

ولعل القارئ يرى كيف يتخبط الكاتب ليبدو فيلسوفاً!.. ومع أن الشك في وجود الحقيقة هو في نفسه من ضروب السفسطة نجده يضعهم في موضع المقارنة الحائرة مع القائلين بالحقيقة، ككيف يفعل ذلك وقد انتصر لهم قبل قليل بسؤاله الإنكاري: هل توجد حقيقة؟.

وهناك نص آخر بعنوان (الجسر) لنجوى عوض، يستثير الشك على لسان البطلة، بل يشكك في استحقاق الله تعالى أن يحبه الإنسان، وهذا ما تعف منه حتى ألسنة ملحدة: «منذ طفولتها قالوا لها إن الله موجود، هي تصوم وتصلي، ولكنها لم تتواصل معه لم تشعر بحبها له وأنه يحميها ويحفظها..»، لكن هل تروج القاصة هذا الشعور اللعين!.. لا، فالمسألة كلها ضرب من إثارة رخيصة تفتقد أي نوع من العمق؛ لأن هذه السلبية الشعورية تجاه الخالق، عز وجل، تكشف عن أزمة نفسية شديدة العمق، وهو ما يناقض وصف القاص بطلته بأنها نشأت كفتاة عادية، بأسلوب مؤكد: «كانت فتاة عادية في أسرة عادية ذات جمال عادي تلقت تعليماً عادياً..»، ثم لم يأت بأي حدث ذي

بال لتتغير حياتها ونظرتها للأمور، مما يعطي انطباعاً بأن العبارة الملحدة السابقة مجرد انجراف وراء الصدمة الدرامية، لكن الصدمة إن لم تكن من جراء موقف نفسي تغدو عبثاً صبيانياً وتجربة قصصية غير ناضجة فنياً.

فاتني أن أقول معززاً ما ادعيت من تناقض القاصة. إن القصة تنتهي بمشهد إيماني: «من مكان بعيد سمعت صوت الأذان، فتحت عيونها [كذا] على غرفتها التي تسلل لها ضوء الفجر...» [28].

من ناحية أخرى، لا أستطيع فهم تلك النزعة المسيحية حيناً والوثنية حيناً ليس من مسيحيين أو بوذيين فيكون الأمر طبيعياً، ولكن من مسلم! هذا واضح في تجربة القاص منجد أحمد الذي يحاول هو أيضاً أن يظهر كفيلسوف بطريقة ساذجة، في قصته التي فازت بجائزة مرموقة بلا أي مبررات حتى فنية، يقول هذا الشاب: «تقودك ساقاك وغسيل تقرحات روحك، حيث نشوة الروح المبجلة [كذا]، المقدسة بارتشافك سائل البياض (ماء الخلود) الذي هو مسيحك الذي ينتشلك من لا جدواك الهائلة... تتذكر باخوس ثم ترتل».

في هذا النص الهزيل فنياً يستعرض القاص ثقافته فتجد أسماء مثل بوذا، وماركس، بل حتى ميشيل فوكو!! وليتفضل القارئ الكريم بعدئذ بالتمعن في هذا السياق المشؤوم: «تأخذك إلى أراجيح الشهوة، تعتنقون دين (فرويد)، تلتحمون في سيمفونية متناسقة، أجسادكم تزغرد بقربانكم الذي تقدمونه في صلاة الاشتهاء، لشيطانها اللامرئي»!، فهل هذه طقوس عبادة الشيطان أم شيء يشبهها!!

ولا تحسبن أن القاص ملحد ضربة لازب، فما هي إلا خطرفات

مراهقة، فهو نفسه الذي يقول بعد حين: «أركضي [كذا] إلى الله، اخترقي حقيقته المطلقة، رفرفي نحو البقاء..»، فإن تعجب أيها القارئ بعد، فعجب.![29].

الطيب عبد السلام في قصته (باتريشا) يحاول بدوره تقديم موقف ضد تجييش نظام الإنقاذ للشعب وتحويل الجيش الوطني إلى آلات مسيرة لخدمة نظام فاسد، وهي رسالة جيدة غير أنه في سبيل ذلك يهزأ بالدين ربما دون أن يشعر، يقول عقب ذكره انهزام كتيبة للنظام: «قالوا إنها نيران صديقة... المؤمنون قالوا إن السماء أخطأت [كذا] في قصفها الكفار، فقصفتهم هم كنوع من الابتلاء؛ لأن الله إذا أحب عبداً ابتلاه»!.. هل بالله من ضرورة فنية لاتهام السماء [والمراد الله عزت قدرته] بالخطأ، لأي شيء قلة الأدب هذه، والتظارف الثقيل الممجوج!.. ثم كيف تكون أخطأت وفي الوقت نفسه يجعلها مريدة للأمر من أجل الابتلاء!.. أين المنطق والعقل؟..

ثم يبلغ السخف مبلغه في هذا المقطع: «قال بعدها: لقد زوجتكما على سنة الله ورسوله..

ضحكت باتريشا ملياً ثم قالت: الله ورسوله ديل منو كمان يا منكورو؟..

نظرت إلى كرشها المستدير في حميمية ثم قلت: ليسا أجمل منك على كل حال»!!!..[30]، ولا يسعني التعليق هنا!

ويبقى السؤال: ولم ذلك؟.. ومن الذي يغذي الجرأة على المقدس، ويقنع الشباب بهذه الهلوسات؟، إن الليبرالية التي تسوق في بلادنا لم

تعد موقفاً سياسياً واضحاً وبسيطاً، بل أصبحت أداة تخريب وهدم وتشتيت. لماذا تجد تجارب لم تنضج لا ثقافياً ولا فنياً [وهذا جانب لو تناولته لطال] رواجاً ونشراً؟.. وأين النقاد من كل ذلك؟ هنا سوف أسلم الراية لباحثين آخرين، في مضمار غير ما نجري فيه ههنا، وبحسبنا التنبيه على الخطر!

الخاتمة والتوصيات:

أحمد الله عز وجل على أن التجارب التي تنحو إلى مظهر التمرد على العقائد والقيم والأخلاق، يقف كثير منها على حد الاستعراض؛ لأن المجتمع لدينا وإن انحدر كثيراً فإنه لما يزل بإجماله متماسكاً محافظاً، ومحترماً للمقدسات وأخلاق المجتمع الفاضل، لكن كانت ثمة فرصة لتمرد بناء لما اعتور النفوس من آلام وإحباطات، وتقاعس الأجيال القديمة عن النضال باستكانة جبرية قاتلة.

كان ذلك ليحدث لو انبرى الناقد الحصيف الذي يعرف كيف يؤجج الأسئلة الذكية في أفئدة الشباب المبدع، ثم كيف يرسم الطريق الفني لإخراج الزفرات تحفاً فنية راقية.

الانعطاف حول الذات والإفراط في ضمائر المتكلم، والأسلوب الغامض المتثاقف باتت مسكوكة إبداعية ثابتة لا يخرج عنها إلا الأقلون وهي أمور تتعلق بفن القص نفسه كتقنية، لكن لذلك وشيجة خفية بانمحاء الشخصية وتهافت الموقف، فهذا التشاكل الرتيب – والذي طال الشعر أيضاً – ليس من علامات العافية العقلية لأبناء وطن يواجهون تحديات تتطلب أعلى درجات الوعي والتعقل!

ثمة بعض الوصايا لأسرة الأدباء عامة والقائمين بشؤون الإبداع والثقافة في البلاد، وهي ما يلي:

1 – عرض النماذج العالية للأدب الثوري والمتمرد، بقراءة فنية وثقافية ناضجة، واستغلال وسائل الإعلام والتواصل الاجتماعي لذلك.

2 – اضطلاع النقاد المقتدرين، وهم قلة – لكنهم موجودون – بالنقد التطبيقي للتجارب الشابة دون محاباة أو مجاملة، ويمكن تطبيق ذلك عبر ورش نقدية فاعلة، كما كان يقوم به منتدى السرد سابقاً.

3 – والأهم من ذلك كله قيام مؤسسات الدولة المعنية بالثقافة والتعليم، والمشيخات المجتمعية ورجال التصوف بغرس المفاهيم الدينية الصحيحة والتصدي لشبهات الإلحاد.

4 – اهتمام الدولة والمربين بتنشئة الطالب على المنهجية والاستقلال في التفكير، والتحليل الناقد.

5 – عقد دورات تدريبية في النقد الأدبي القصصي، لإعداد جيل من النقاد للمستقبل.

هذا وصلى الله وسلم على سيدنا محمد وآله.

الهوامش:

1 ــ صلاح قنصوة، في فلسفة الفن، ص 36.

2 ــ يوسف الشاروني، القصة القصيرة، تطوراً وتمرداً، ص 139.

3 ــ مختار عجوبة، القصة الحديثة في السودان، ص 207.

4 ــ العفيف الأخضر، ندوة (تسعون عاماً على ثورة 1919م)، elaph.com

5 ــ فريد لمريني، الفلسفة والنقد ــ مراصد أبستمولوجية، ص 106.

6 ــ وليم أوكونور، سبعة قصاص أمريكيين، ص 55.

7 ــ الأفارقة يفضلون مصطلح (النهضة المضادة).

8 ــ ثيـودور روزاك، روائي ومـؤرخ وعالم اجتماع من مواليد 1933م، عمل في جامعة ستانفورد.

9 ــ زكريا إبراهيم، الشباب وثقافة الشباب بين الثبات والتغيير، ص 161 ــ 163.

10 ــ التديـن الشبابي، بحثاً عن معنـى، وقائع الندوة الدولية ببيت الحكمة بتونس، أكتوبر 2010م.

11 ــ آل غـور، المستقبل: ستة محركات للتغيير العالمي، تـر: عدنان جرجس، ص 94.

12 ــ مختار عجوبة، القصة الحديثة في السودان، ص 246.

13 ــ مجموعة قصصية لبشرى الفاضل: فيزيولوجيا الطفابيع، ص 47.

14 ــ مجموعة قصصية منوعة الكتاب، بعنوان ظل والموعود، ص 62.

15 ــ مجموعة قصصية بعنوان: أجوك طفلة المطر، ص 8 ــ 18 ــ 19 ــ 93.

16 ــ مجموعة قصصية بعنوان: صولجان من خشب، ص 22.

17 – صلاح قنصوة، في فلسفة الفن، ص 58.

18 – مجموعة: نزيف الطين، ص 19.

19 – مجموعة: ظل والموعود، ص 29.

20 – موقع writers.blogspot.com.

21 – موقع writers.blogspot.com

تتعامـل القاصـة خطأ مع مفردة المهاة على أنه أنثى حيـوان المها من أنواع البقر الوحشي أو الغزلان الضخمة، وحقيقة المهاة في اللغة اللؤلؤة ولا صلة لها بالمها.

22 – مجموعة نزيف الطين، (رماد امرأة)، ص 24.

23 – مجموعة: أجوك طفلة المطر، ص 11.

24 – كمـال أبو ديب، مجلة فصول، ص 166، ع 38، مارس 1984م.

25 – طريق الإسـلام، ar.islamway.net، كيف أسهم الإعلام الليبرالي في تعزيز شرعية الغلاة.

26 – عبد الوهاب المسيري، الثقافة والمنهج (حوارات)، ص 167.

27 – يوسف الشاروني، القصة القصيرة تطوراً وتمرداً، ص 140.

28 – مجموعة (ظل والموعود)، ص 53 – 56.

29 – مجموعة (نزيف الطين)، ص 9 – 12.

30 – موقع writers.blogspot.com

المراجع:

الأعمال القصصية:

ـ عاطف عبد الله، أجوك طفلة المطر، الشركة العالمية للطباعة والنشر، الخرطوم.

ـ ماجد عليش، حسن روكسي وقصص أخرى، دار عزة للنشر.

ـ مجموعة من القصاص، وماتت الأغنية وقصص أخرى، مركز عبد الكريم ميرغني الثقافي.

ـ مجموعة من القصاص، نزيف الطين وقصص أخرى، مركز عبد الكريم ميرغني الثقافي.

ـ مجموعة من القصاص، ظل والموءود وقصص أخرى، مركز عبد الكريم ميرغني الثقافي.

أدب ونقد:

ـ د. طه محمود طه، دراسات لأعلام القصة في الأدب الإنجليزي الحديث، عالم الكتب.

ـ محمود عبد الشكور، أقنعة السرد، الدار المصرية اللبنانية، ط 1، 2006م.

ـ د. مختار عجوبة، القصة الحديثة في السودان، مركز الدراسات السودانية بالقاهرة، ط 2، 2000م.

ـ معاوية البلال، الشكل والمأساة: دراسة في القصة القصيرة السودانية، الشركة العالمية للطباعة والنشر، الخرطوم.

ـ يوسف الشاروني، القصة القصيرة تطوراً وتمرداً، الهيئة المصرية للكتاب.

أخرى:

– صلاح قنصوة، في فلسفة الفن، الهيئة المصرية للكتاب.

– زكريـا إبراهيم، مؤتمر الشباب والثقافة بتونــس – (الشباب وثقافة الشباب بين الثبات والتغيير)، وزارة الثقافة التونسية.

– د. عبد الوهاب المسيري، الثقافة والمنهج (حوارات)/ تحرير سـوزان صدقي، دار آفاق لمعرفة متجددة.

– علي شـعباني، مؤتمر الشباب والثقافة بتونس – (الشباب بين الثقافة والتعليم)، وزارة الثقافة التونسية.

– فريد لمريني، الفلسفة واللغة مراصد أبستمولوجية، دار التنوير، ط 1.

– الفيروزآبادي، محمد بن يعقوب، القاموس المحيط.

دوريات:

– مجلة فصول، مارس 1984م، ع 38.

الإنترنت:

writers.blogspot.com –

– قصص سودانية. ar.islamway.net

– إبراهيم السكران، كيف أسهم الإعلام الليبرالي في تعزيز شرعية الغلاة. Elaph.com

– العفيف الأخضر، ندوة تسعون عاماً على ثورة 1919م.

القصة القصيرة الحديثة في منظور النقد
البحث عن الأبنية الخفية

د. محمد مهدي بشرى

يجدر بنا بداية تعريف مصطلحات عنوان هذه الدراسة، خاصة وأن هذه المصطلحات على الرغم من تكريسها في الدراسات النقدية العالمية والعربية، فإن هذه المصطلحات ما زالت تحوي الكثير من عدم الفهم، وربما الالتباس، وهذا النقد بطبيعة الحال منهج نقدي مثله مثل غيره كالنقد الأدبي والنقد الفني والنقد الأسلوبي، وغير ذلك من المناهج، ونقول في إيجاز إن النقد الثقافي هو النقد الذي يسعى لدراسة النص الأدبي باعتبار أن هذا النص لا يولد في الفراغ، ولا يعيش في الفراغ كذلك، وهذا النص تمخض عن شبكة من العلاقات فيها تاريخ النص وتجنيسه وبالطبع البيئة الثقافية التي نشأ فيها النص، وهذه الثقافة بدورها تحيلنا إلى شبكة أخرى من العلاقات الاجتماعية والعرقية والمعتقدية والأسلوبية وغير ذلك، لذا نقول إن النقد الثقافي يضيء تجليات الثقافية المادية والمعنوية، محاولاً الكشف على الأبنية المضمرة في سياق النص، ومع كل هذا يسعى النقد الثقافي جهده

إلى التركيز على القيمة الجمالية للنص الذي هو خطاب لغوي لا بد أن يتميز بالأدبية، فإذا افتقر إلى هذه الأدبية تحول إلى محض تقرير اجتماعي أو سياسي أو غير ذلك، نخلص للقول إن النقد الثقافي ينطلق من نظرة شمولية للنص واضعاً هذا النص في سياقه التاريخي والثقافي والإبداعي، ويساعدنا تعريف عبد النبي صطيف كثيراً في هذا الصدد، في دراسته حول النقد الثقافي. (صطيف: 2017م) يقول صطيف إن النقد الثقافي: «نشاط فكري يتجسد إنشاء لغويّاً ينتسب إلى الثقافة culture التي تميزه عن غيره من ألوان النقد الأخرى» (نفسه: ص 15)، ويذهب صطيف إلى أن النقد الثقافي جاء في الأدبيات العربية في وقته تماماً: «إذ إنه استجابة منهجية طبيعية للتغيرات التي شهدتها عملية الإنتاج الأدبي والثقافي في المجتمعات العربية الحديثة والمعاصرة التي تتطلب صنفاً آخر من النقد غير النقد الأدبي، وهذا الصنف هو النقد الثقافي» (نفسه: ص 17)، ولكن صطيف لا يلغي وجود النقد الأدبي تماماً، فهو يذهب إلى أن «لكل من النقد الأدبي والنقد الثقافي شأناً يغنيه، ولا يغني أي منهما عن الآخر» (نفسه: ص 18).

أما عن مصطلح القصة القصيرة، فهو بطبيعة الحال مصطلح ملتبس، بل ومراوغ، وعلى الرغم من عراقة فن القصة القصيرة، فإنه من الصعب، إن لم يكن من المستحيل، أن نأتي بتعريف مانع جامع لهذا الجنس الأدبي، لكننا نقول إن القصة القصيرة خطاب أدبي سردي يشتغل على اللغة ويقوم على أركان هي الحدث والشخصية والبناء الدرامي الذي يطور الحدث ليصل إلى ذروته أو الحبكة،

واختلف النقاد كثيراً في حجم القصة القصيرة، لكن ثمةَ اتفاقاً عاماً على أن القصة القصيرة يجب أن تقرأ في جلسة واحدة، عليه يمكن تحديد أقصى عدد لصفحات القصة القصيرة بعشر صفحات، وإذا زاد هذا العدد على ذلك دخل هذا النص في جنس آخر هو القصة القصيرة الطويلة، novella وخير مثال لما نقول هو نص (عرس الزين) للطيب صالح، وهو ليس بالقصة القصيرة وليس بالرواية، كما هو شائع، ولكنه بالمعيار الذي أشرنا له قصة قصيرة طويلة. ويضيف بعض النقاد معياراً آخر هو وحدة الانطباع على النحو الذي نادى به إدجار ألن بو، وقد أشار إلى الأمر يوسف الشاروني في دراسته عن القصة القصيرة، (شاروني: 1969م) يقول الشاروني: «كانت وحدة الانطباع التي نادى بها (بو) شرطاً أساسيّاً ثانياً من شروط القصة القصيرة، وإن كانت الروايات القصيرة تحقق اليوم هذا الشرط. لكن تلك الروايات لها الحرية في عدم التقيد بهذا الشرط بعكس القصة القصيرة التي يشترط فيها توفره، وإلا تشتت ذهن القارئ في اللحظات القلائل التي يقرأ فيها القصة القصيرة» (نفسه: ص 61).

أما مصطلح الحديثة فهو كذلك يحتاج إلى تحديد لنبعد عنه أي إيحاء بحكم القيمة، أو غير ذلك بقدر ما نقصد بالحديثة الإشارة إلى التاريخ، مما يعني أننا نتحدث في هذه الدراسة عن ذلك الكم من القصة الذي ظهر أخيراً في نهايات الألفية السابقة وإلى يومنا هذا، وذلك يعني أننا نركز على الإبداع القصصي الذي صدر في الثلاثين عاماً الأخيرة. ونقصد بالقصة القصيرة السودانية ذلك القصص الذي أبدعه سودانيون وصوروا فيه الواقع السوداني.

غني عن القول، إنه بدخول الألفية الجديدة كانت القصة القصيرة السودانية قد قطعت شوطاً طويلاً، وصار حضورها واضحاً ليس في الصحافة وحدها، بل في المنابر الإعلامية الأخرى، وصارت المجموعات القصصية تظهر تباعاً، ومما ساعد على ذلك تطور الطباعة وهجرة السودانيين للخارج، خاصة إلى مصر والخليج، حيث توفرت فرص هائلة للنشر، وظهرت العديد من الأسماء الجديدة التي تكتب القصة ببراعة ومهارة مثل: عبد الباسط آدم مريود الذي أصدر مجموعة (حورية مريس)، وأسامة عبد الحفيظ مؤلف مجموعة (القرين وقصص أخرى)، وكذلك عبد الماجد عليش الذي أصدر مجموعة (حسن روكسي وقصص أخرى)، وقد أصدر نصار الحاج أنطولوجيا للقصة القصيرة بعنوان (غابة صغيرة)، جمع فيها نماذج لأغلب كتّاب الألفية الجديدة خاصة الشباب (الحاج: 2009م) ويقول الحاج عن انحيازه لقصة الشباب: «انحياز هذا الكتاب للعقود الأخيرة من عمر الكتابة ومنجزاتها في السودان لا يعني تجاوز وإلغاء التجارب الهامة والناصعة للكثير من الأسماء الأدبية التي شكلت محطات وعلامات بارزة منذ البدايات الأولى وحتى التاريخ القريب» (نفسه: ص 9 – 10).

ولا بد من الإشارة إلى المسابقات الأدبية التي شجعت المبدعين على المنافسة في إبداع القصة القصيرة، من هذه الجوائز نشير إلى جائزة الطيب صالح للإبداع الروائي التي يرعاها مركز عبد الكريم ميرغني الثقافي، وقد انطلقت الجائزة قبل وفاة الطيب صالح، وفتحت الباب بعد عدة دورات للمنافسة في القصة القصيرة للشباب، وهي

الآن تمضي نحو دورتها العاشرة، وقد فتحت الباب لأسماء تكتب القصة بتفوق وبراعة، فقد طبعت النصوص الفائزة، مما أضاف إلى حصيلة الإنجاز القصصي السوداني، أما الجائزة الأخرى التي حفزت المبدعين داخل السودان وخارجه، فهي جائزة الطيب صالح للإبداع الكتابي التي ترعاها شركة زين للهاتف السيار، وقد انطلقت الجائزة بعد وفاة الطيب صالح عام 2009م، وهي الآن تمضي نحو دورتها الثانية عشرة، وتشكل القصة القصيرة إلى جانب الرواية واحدة من الفعاليات الأساسية، وفتحت الجائزة الباب للكتاب السودانيين لإظهار تفوقهم وجدارتهم في إبداع القصة القصيرة، وظهرت أسماء مثل: بشرى الفاضل الذي فاز بالجائزة في دورتها الثانية عام 2012م، عن مجموعته القصصية (فوق سماء بندر)، وكذلك فاز القص الهادي علي راضي بالجائزة الأولى في المسابقة في دورتها الرابعة 2015م، وذلك بمجموعته القصصية (فانتازيا أنثى الشط) (راضي: 2016م).

وفيما يلي سنعالج أهم ملامح القصة القصيرة الحديثة، أي تلك التي صدرت في العقود الثلاثة الأخيرة، وذلك بتطبيق منهج النقد الثقافي لإضاءة الأبنية الخفية أو المضمرة في نصوص هذه القصص، وسنركز على موضوعات ثلاث، هي: السلطة ومفهوم الآخر أو الأخروية والأنثوية. ونقصد بالسلطة قمع السلطة ومصدرتها لحق الآخرين، وهذه موضوعة ذائعة في القصة الحديثة، الأمر الذي يمكن فهمه بفهم الواقع السياسي الذي صنعه نظام شمولي باطش استولى على السلطة عام 1989م، وخلق هذا النظام واقعاً مفجعاً لكل قطاعات الشعب، خاصة قطاع الشباب. نلمس هذا الأمر واضحاً

في أغلب قصص بشرى الفاضل، وهو واحد من أميز كتاب القصة القصيرة المعاصرين. ففي مجموعته (فيزيولوجيا الطفابيع) الصادرة في 2008م، نرى أكثر من إشارة للقمع والاستبداد، مثلاً قصة (قلعة حاح) التي يقول بشرى في مطلعها: «حين اعتقلوا كل هذه الآلاف من المواطنين، وجلّهم من العاملين وطلاب الجامعات في الشهور الأولى للانقلاب حشروهم في دهاليز القلعة القديمة، ثم طفقوا يفكرون في الطريقة التي يديرونهم بها ويدارونهم عن أعين جمعيات حقوق الإنسان العالمية» (نفسه: ص 17)، والقصة تنطوي على إشارات تحتاج إلى إعمال الفكر وإحالتها إلى الثقافة السودانية، فمثلاً كلمة (حاح) الواردة في عنوان القصة هي الصوت الذي تخاطب به الحمير، يقصد الكاتب أن الشرطة أحالت المعتقلين إلى مجرد حمير، ونلمس هذا في قول السارد: «يتلوى الشارع ويلتف لينتهي بعد أميال وأميال من عسر الحال إلى قلعة (حاح) نفسها، وهذا هو الاسم الجديد الذي أطلقه الشعب على القلعة» (نفسه: ص 18). والشرطة تخاطب هؤلاء المعتقلين وهي تجلدهم بالسياط: «وقِّف وقِّف يا أبْلَهْ.. حرِّك حرِّك يا حيوان» (نفسه: ص 18)، بل إن السارد يصف المعتقلين ويعبر عن احتقارهم، مثلاً نقرأ: «يبدأ يوم المعتقلين بعدهم صفّاً صفّاً كما لو كانوا طوب كمائن، ثم بـ(نهزرتهم) فرداً فرداً كما لو كانوا تلاميذ مدارس أمام مربين من (الدقة) القديمة» (نفسه: ص 19)، ولم يكتفِ بشرى بتصوير قمع السلطة للجماعات الهشة أو الهامشية، بل إنه اصطنع أو نحت مصطلحاً يشير به إلى الذين يمارسون القمع، وهو مصطلح (الطفابيع) وهو يشرح المصطلح قائلاً: «الطفابيع كلمة جئت بها من عندي، كما يبتدع الأطفال الكلمات، ومفرد الطفابيع طفبوع، كقولك

جرابيع جربوع، والطفبوع هو المقابل الهزلي للسفاح، ففي حين أن السفاح يقتل فينجم عن فتكه بالآخرين صدمة مريرة، نجد أن الطفبوع يقتل بصورة مباغتة ومأساوية للحد الذي تدخل فيه المأساة في إقليم الكوميديا فيضحك الناس في الظاهر، ويدونون ابتساماتهم في ذاكرتهم المؤقتة» (الفاضل – 2017م: ص 18)، وقد انتبه العديد من النقاد إلى سيطرة موضوعة السلطة في قصص بشرى خاصة الأخيرة، ومن هؤلاء النقاد معاوية البلال الذي أعد دراسة بعنوان: (بشرى الفاضل، فانتازيا الوعي السردي)، وذلك في كتاب البلال (الكتابة في منتصف الدائرة) (البلال: 1999م). يقول البلال: «من خلال قراءة أنطولوجية لمجمل إنتاج القاص بشرى الفاضل الموجود بين دفتي مجموعته القصصية (البنت التي طارت عصافيرها). تأسست ملاحظة قوامها أن هذا المنتوج القصصي يرتكز على موضوع أساسي تتجلى تمظهراته على الوعي بالقمع الشامل بكافة تجلياته. (وعي القمع – قمع الوعي)» (نفسه: ص 182).

ومن النماذج الأخرى التي عالجت موضوعة القمع السلطوي، قصة القاص الهادي علي راضي (المبنى الخفي) المنشورة ضمن مجموعة راضي (فانتازيا أنثى الشط) (راضي: 2016م)، فالقصة تحكي أن مصوراً يحاول أن يلتقط صورة للرئيس في موكب جماهيري، لكن ثمة مبنى يظهر له من خلف الموكب، يقول السارد: «المصور ما زال مثبتاً عدسة الكاميرا في الاتجاه العلوي، ثمة مبنى ظهر منتصباً على بعد أمتار من المنصة.. مبنى برتقالي شاهق. رفع عينه عن العدسة ليتأكد من وجود المبنى على أرض الوقع» (نفسه:

ص 34)، وفجأة يرى المصور شخصاً يحمل بندقية وراء ذلك المبنى الوهمي، ويظن المصور أن البندقية مصوبة نحو الرئيس، فيحاول أن يهرع نحو حرس الرئيس لإبلاغهم بالأمر، لكنه قبل أن يصل لمبتغاه يصاب برصاصة في رأسه، ويكتب أحد رجال الأمن في تقريره عن الحادثة: «نجحت المهمة. الطلاء أخفى المبنى عن العين المجردة تماماً. لم يظهر إلا عبر عدسة الكاميرا المخصصة للكشف عن الأماكن المخفية بالدهان المعني. نوصي بالتعاقد مع الشركة المنتجة تعزيزاً لحماية الرئيس» (نفسه: ص 36)، والإشارة واضحة في القصة للأسلوب القمعي الذي يستهين بحياة الفرد لأجل حماية الرئيس، إضافة إلى التقنية العالية التي تستخدمها أجهزة الاستخبارات لأجل هذا الهدف. وقد انتبه إبراهيم إسحق الذي قدم للمجموعة إلى هذه الإشارة في مقدمته، يقول إبراهيم إسحق: «في قصة (المبنى الخفي) تمثيل يصدق على أي جهاز مخابرات في هذا العصر، وبه مفاقمة للهوان والاسترخاص لروح المواطن، لأجل ضبط التقنية الموائمة لحماية القادة (نفسه: ص 10).

تتعدد معالجات كتاب القصة للقمع السلطوي بالتركيز على أكثر ضحايا هذا القمع هشاشة وضعفاً مثل بائعات الخمور البلدية، وهن عادة يصنعن هذه الخمور في الأحياء العشوائية، وغالباً ما يأتين من جماعات إفريقية أو زنجية من جنوب السودان، نجد هذا واضحاً في قصة بركة ساكن (امرأة من كمبو كديس) التي نشرها نصار الحاج في المجموعة التي أعدها بعنوان (غابة صغيرة) (الحاج: 2009م)، والقصة تحكي عن بائعة خمور يقبض عليها وتحاكم بالجلد أربعين

جلدة، ومن المفارقة أن القاضي الذي حكم عليها ووقف يشاهد تنفيذ الحكم، هو شارب خمر، يقول الراوي عن هذا القاضي الذي قدم حديثاً إلى القرية: «القاضي الجديد لا يشرب العرقي، ولكن فقط يشرب الويسكي و«الانشا». ويدعي التقوى. وبالتالي يصعب الوصول إليه حتى الآن على الأقل» (الحاج: نفسه: ص 195)، ويصف ساكن قسوة الحكم قائلاً: «جسدها النحيل المتعب يرقد على الكنبة في وسط سوق السبت.. ولو أنها لا تحفل بكتل البشر التي تحيط بها مشفقة أو شامتة، إلا أنها كانت تحاول إخفاء وجهها ما أمكن بين ساعديها، وتحاول بقدر المستطاع وبجدية ألا تصدر منها تنهيدة» (نفسه: ص 195)، وفي نهاية القصة يخاطبها القاضي قائلاً: «هيا قومي. استَغفري ربك الله، وأعلني توبتك.. توبة نصوحة أمام الجميع، ولكن كل ما فعلته المرأة أنها نظرت إلى القاضي نظرة قوية، ثم بصقت على الأرض بصاقاً دامياً مرّاً» (نفسه: ص 196).

ونلحظ أمر قمع السلطة لهؤلاء النسوة الضحايا، كذلك في قصة إستيلا قايتانو (كل شيء هنا يغلي، نحو الموت والسجون) المنشورة في مجموعة قايتانو (زهور ذابلة) (قايتانو: 2004م). يصف الراوي في هذه القصة عنف الشرطة قائلاً: «تعلم (المرأة) جيداً الفوضى التي تسود المكان، السكارى هاربون، النسوة مهرولات، يخبئن الخمور، وأخريات يغلقن أبواب غرفهن في ذعر» (نفسه: ص 48). وتضيف الكاتبة قائلة: «يلي هذا الهاتف اقتحام تلك الكتائب المسلحة لحفظ النظام العام ومحاربة الرذيلة والحرام، وللترويض أيضاً، يتفرقون في كل البيوت، ويسكبون السوائل على الأرض، حتى الماء الذي تم

الحصول عليه بعد شقاء مرير، يدحرجون البراميل على الأرض، فيقبضون على ذلك وتلك» (نفسه: ص 49). وتمضي القصة.. وقد قبض على إحدى النساء وهي من أهم شخصيات النص، وهي كانت تعول زوجها المريض وولديها من صناعة الخمور، فتحاكم بالسجن لمدة ثلاثة شهور، وعندما تخرج بعد قضاء الفترة لا تجد أسرتها الصغيرة، بل ولا تجد منزلها العشوائي، إذ يموت المريض ويختفي الولدان، ولا تجد من يدلها على قبر زوجها، وتمضي هائمة في الشوارع» (نفسه: ص 61).

وسننظر فيما يلي في موضوع (الآخر) أو (الأخروية) وكيف تمت صناعة هذا الآخر في عدد من الثقافات السودانية، ومفهوم الآخر مفهوم شائع في الدراسات الإنسانية، خاصة الدراسات الاجتماعية، وقد كتبت العديد من الأدبيات عالجت هذا المفهوم، ومن أهمها بالتأكيد كتاب إدوارد سعيد ذائع الصيت (الاستشراق)، الذي صدر أصلاً باللغة الإنجليزية، وقد ترجمه إلى اللغة العربية كمال أبو ديب، وصدر كذلك عن الجمعية العربية لعلم الاجتماع مجلد ضخم رصدت فيه أوراق كرست لمفهوم الآخر، وقد حرر المجلد طارق لبيب الذي أعد دراسة عن الآخرية (لبيب: 1999م)، ونجده يقول: «بديهي أن صورة الآخر ليست هي الآخر، صورة الآخر بناء في المخيال، وفي الخطاب، الصورة ليست الواقع، حتى وإن كان الصراع حولها من رهانات الواقع، ولأنها كذلك فهي اختراع» (نفسه: ص 21)، أما الباحث الفرنسي جاك ماهو، فهو ينتبه إلى واحدة من آليات صناعة الآخر، ألا وهي التنميط، أو التسمية التي يقول عنها إنها: «اختزال

وطمس للأبعاد والصفات لتثبت صورة الفرد أو الجماعة، رغم أنها قد تتم في ظروف عابرة. والاختزال والطمس يساعدان عـلـى التنميط» (نفسه: ص 22).

عادة ما تنطوي صناعة الآخر عند أي جماعة عـنـى قدر من الاستعلاء، فالأنا أو الذات التي تصنع هذا الآخر على النحو الذي تهواه وتسبغ عليه عدداً من الصفات السالبة، ذلك أن في السودان ثمة مجموعة تصف نفسها بالجماعة العربية والإسلامية، وعبر تاريخ طويل استمر لأكثر من قرون وجدت هذه الجماعة نفسها في مركز الذات، بالرغم من قدومها من الخارج وصنعت من أصحاب الأرض الأصلاء الآخر، وهناك العديد من الأسماء التي ينادى بها هذا الآخر، مثل «العبد» و«الفلاتي»، و«الحلبي»، إلى غير ذلك. وتفيض القصة القصيرة الحديثة بالإشارات إلى هذه الظاهرة، ونجدها واضحة في إبداع إبراهيم إسحق الذي سبر غور مجتمع دارفور وأجاد تصويره في إبداعه السردي، ففي قصته (الرجل في سوق أم دفسو) المنشورة في مجموعة (ناس من كافا)، نجد شخصية الحلبي (إسحق: 2006م)، تقع أحداث القصة في قرية في أقصى غرب السودان، والحلبي هنا شخصية مهمة في النص، وهو لا يوصف فقط بصفات سالبة، بل هو في واقع الحال لص، إذ يقبض متلبساً بعد أن نشل محفظة أحد العُمد الذي حضر إلى القرية ليشارك في مناسبة اجتماعية، والحلبي اسمه سمير ود الفزانية، يقول أحد سكان القرية عنه: «هذا الرجل لا سوابق له عندنا، ولا نعرف عنه إلا أنه غريب في بلدنا بين الأمس واليوم» (نفسه: ص 191). وقد حدث النشل أيام الادعـاء بحكم

الشريعة، حيث كانت تقطع يد السارق، لكن عمدة القرية يرأف به ويحكم عليه بالسجن، ولكن في منزل العمدة. هكذا نلحظ أن الآخر والغريب هو الحلبي الذي يمارس السرقة، ونجد الآخر كذلك في قصة إبراهيم إسحق (القصاص في حجر قُدُّو)، فالآخر يتمثل في سائق اللوري السفري، الذي يسافر بين أم درمان والفاشر، والبنت التكرورية، أي من غرب إفريقيا، وكلاهما من خارج القرية، يقول الراوي: «لكن البنت عينها طايرة في فتيان موقف اللواري، ذلك السائق واعدها.. (...) وضعها في المقعد إلى جواره منحدراً بها إلى أم درمان، يقولون اتخذها محظيته الأجد لشهر أو شهرين» (نفسه: ص 127)، وكان جزاء العاشقين القتل، فقد لحق بعض أهل البنت بها في أم درمان وتسللا إليها في المنزل الذي كانت تعمل به وقتلاها خنقاً، أما السائق فقد قذف به والد البنت في البئر. يقول الراوي: «يا أمة محمد، انظروا! هذا هو صابر ولد أيوب، رأيته عام الاستقلال، حزم السائق الذي لاث في عرضه ورماه في بئر حجر قُدُّو، ثم دفع من عمره أربع عشرة سنة في سجن خير خَنَقا» (نفسه: ص 23).

وفي أحدث قصص حمور زيادة نجد صورة الآخر (العبد) أو بالأحرى «الخادم»، وذلك في قصته (عندما هاجرت الداية) المنشورة في مجموعة (النوم عند قدمي الجبل)، فهذه القابلة (الداية) واسمها (عرضو قاسي)، قررت أن تهاجر من القرية التي نشأت وعاشت فيها، وكانت تعمل بها قابلة، وهناك العديد من الإشارات إلى انتماء الداية إلى جماعة الأرقاء، وأولى هذه الإشارات هو اسمها، وهو من الأسماء النمطية لهذه الجماعة، فعادة ما يطلق على الفرد منهم امرأة

كانت أو رجلاً اسماً يشير إلى انتمائه العرقي أو قل دونيته، يقول السارد: «أكثر ما يذكره الجميع عنها (عرضو قاسي) إضافة إلى اسمها ومهنتها، كان لونها الأسود وأصلها الذي لا خلاف عليه.. أما غير ذلك فقد اختلفوا فيه أشد الاختلاف» (نفسه: ص 141)، ويقصد السارد هنا بهذا الأصل انتماءها إلى مجموعة الأرقاء، بسبب هذا الانتماء، فهي في عرف أهل القرية سيئة السلوك لا رادع أخلاقياً لديها، ويتحدث الراوي عن حقيقة (عرضو قاسي) قائلاً: «(عرضو قاسي) الأمة السوداء القصيرة. التي لا يعرف لها أب على وجه التحديد على عادة الإماء في الشمال، وإنما كانت تنسب إلى أمها (كايداهم)، كانت القابلة الوحيدة في القرية، وكان وضعها في تلك القرية تجاذباً بين أصلها كخادمة بقيت بلا سيد بعد انتهاء عهد الرق، ومهنتها كداية شبه رسمية» (نفسه: ص 142)، وكما هو متوقع فإن (عرضو قاسي) تتزوج رجلاً هو الآخر من الأرقاء واسمه عبد الفارس، ومرة أخرى نحن أمام اسم لشخص يحدد هويته، على كل إن عمل (عرضو قاسي) كقابلة أعطاها قدراً من الأهمية في مجتمع القرية، لذلك عندما هاجرت من القرية تركت فراغاً كبيراً مع غياب تام لأي امرأة أخرى في القرية تعمل في هذه المهنة، وذلك مما تسبب في فواجع في القرية، إذ فقدت بعض نساء القرية حياتهن وهن في شهور الحمل الأخيرة، فعرضو قاسي كانت داية ذات خبرة ومعرفة واسعة بمجال عملها. على كل سرعان ما انتبه أهل القرية للفراغ الذي تركته عرضو قاسي وضرورة العمل على من يملأ مكانها، ودخل أهل القرية في حيرة صعبة، وعملوا جهدهم على حل المشكلة دون جدوى، وتنتهي القصة ولا يشير القاص إلى أي نهاية واضحة لأحداث القصة، لكن الرسالة

الواضحة أن عرضو قاسي التي تنتمي إلى عالم الأرقاء استطاعت أن تثأر لعالمها المقهور من قبل أهل القرية «النبلاء».

نجد (الآخر) كذلك وهي المرأة الحلبية في قصة بثينة خضر مكي (روائح مختلفة) في مجموعة (أهزوجة المكان)، (مكي: 2001م)، فهذه المرأة الحلبية تصنع الخبيز ولكن بروث البهائم، فيخرج نتن الرائحة لا يستساغ، وهي نفسها كريهة الرائحة، ولا تهتم بنفسها مثل المرأة السودانية المتزوجة، يقول الراوي: «ابتسمت (روحية) في رضا واعتدلت في جلستها وهي تتذكر أن أم سامية (السودانية) قد تزوجت معها في نفس العام، ولها ثلاثة أولاد وبنت، زوجها حاد الطباع، يختلف كثيراً عن أبو صبري المسالم، المنخفض الصوت الذي يحبها رغم قذارتها وعدم اهتمامها بنفسها، فهي لا تستحم إلا مرة كل عشرة أيام» (نفسه: ص 10).

ونضيف أمراً واضحاً في ثنائية الأنا/ الآخر أنها ليست ثابتة، بل تتميز بقدر من الدينامية والحيوية، وهذه الثنائية تخلقها ظروف بعينها، اقتصادية وسياسية وتاريخية وغير ذلك، ولكنها وبحكم أنها تخييلية أو من صنع الخيال ومتوهمة، فهي هشّة وقابلة للانكسار مع تغير الظروف التي صنعتها، وخير مثال لما نقول الغريب الذي يحضر إلى قرية في دارفور يجد فيها الشيخ الذي يدير الخلوة، نجد هذا في قصة (دروب قرماش) لكاتبها القاص والمفكر والتشكيلي أحمد الطيب زين العابدين، والمنشورة في مجموعته الصادرة بالاسم نفسه (دروب قرماش) (زين العابدين: 1997م)، إذ يحضر قرماش من بلاد شنقيط في غرب إفريقيا، يقول السارد: «هبط قرماش ذات عشاء

ليلة شتائية ضيفاً على خلوة الفكي، بينما كان يتحلق هو وتلاميذه حول نار التقابة» (نفسه: ص 17)، ومنذ الوهلة الأولى يؤكد قرماش أنه ليس بالشخص السهل، إذ يرفض دعوة بليلة للعشاء بوجبته التقليدية النباتية، ويخرج أرنبين اصطادهما وحفظهما في جراب يحمله، ويطبخهما في نار التقابة، وهكذا يتم قرماش عشاءه، ومنذ البداية يتوجس الشيخ بليلة ويظهر عليه الخوف، فيخاطب زوجته قائلاً: «الله يجيب العواقب سليمة، الدرب عدوك يلمك مع كاتل أبوك» (نفسه: ص 18)، ويمضي قرماش في هدفه البعيد، ألا وهو محو وإلغاء شخصية بليلة ويصبح قرماش هو الآمر الناهي، ولا يجد شيخ بُليلة المسالم الزاهد إلا التراجع أو الاستسلام أمام عنفوان قرماش الذي سرعان ما سيطر على الخلوة، وأصبح الجيران ينجذبون إليه تاركين شيخ بليلة شيخهم القديم، ولم يقف الأمر عند هذا الحد، إذ إن قرماش درج على تحدي بليلة في الكثير من الأمور الفقهية، وفي كل مرة كان قرماش يخرج منتصراً، ووصل الصراع إلى قمته عندما طلب قرماش يد روضة ابنة بليلة التي كان يخطط بليلة لزواجها بابن أخته، ويتزوج قرماش روضة، وعن طريق هذه المصاهرة يسيطر على الخلوة، بل وعلى مجتمع القرية، وهكذا تحول بليلة من موضع الأنا أو الذات الذي كان يحتله في بداية الأمر ليصبح الآخر، ويصير قرماش القادم من الخارج هو الأنا، والإشارة إلى المصاهرة كوسيلة للاندماج في المجتمعات التقليدية أمر شائع في تاريخ السودان. ومما يجدر ذكره أن الناقد عبد المنعم عجب الفيا أعد دراسة لهذه القصة في كتابه (في الأدب السوداني الحديث) (عجب الفيا: 2019م)، يقول عجب الفيا: «في قصة دروب قرماش التي تحمل اسم المجموعة يوظف المؤلف

ثيمة الغريب الوافد الذي (هكذا) سبق أن استخدمها الطيب صالح في سردياته، حيث يفد ذلك الشخص الغريب من مكان مجهول» (نفسه: ص 220)، وانتبه عجب الفيا إلى خلخلة أو تفكيك ثنائية الأنا/ الآخر، وذلك في قوله إن الغريب عندما ينسجم في المجتمع: «ما يلبث أن يربك منظومة العلاقات الاجتماعية ويصيب ومنها بالاختلال، فيحدث التغيير في البلد، وقرماش هو نموذج لهؤلاء الغرباء الوافدين الذين يهبطون على قرى غرب السودان تكرور وشنقيط» (نفسه: ص 220).

نخلص للقول إن الذات، شيخ بليلة هنا لم يستطع الوقوف أمام جبروت وقوة وذكاء الوافد الغريب قرماش، مما قلب ثنائية الأنا/ الآخَر رأساً على عقب.

والملمح الثالث والأخير الذي سنحاول دراسته من خلال منهج النقد الثقافي هو الأنثوية، وهو ما نقصد به الموضوعات السائدة في قصص الكاتبة الأنثى، فكما هو متوقع فإن الأنثى في إبداعها خاصة القصة القصيرة تكون أكثر استغراقاً في عالمها الداخلي، أي عالم الأنثى المقهورة في مجتمع ذكوري مثل المجتمع السوداني، فمثلاً في قصة (تباشير) لكاتبتها نفيسة الشرقاوي المنشورة في مجموعة (تباشير) (شرقاوي: 2001م)، نجد القصة تبدأ بمعاناة المرأة واسمها سماح، وقد ولدت حديثاً، ومحاولة كبار النساء وضع حد لهذه المعاناة، تقول الساردة: «ومنذ الأمس حينما استقبلت مولودتي الجميلة بعد ولادة متعسرة.. لم يحدث تصالح بينها وبين ثديي.. حلمته صغيرة جداً يسمونها (الدكماء).. صدري يزداد في الألم ولا يريد أن يجود

بقطرات اللبن الأولى.. تسميها جدتي (الليبا) أو (السرسوب) صدري يؤلمني» (نفسه: ص 25)، وتشير الكاتبة في القصة كذلك إلى معاناة الختان بالنسبة إلى المرأة الوالدة حديثاً، تقول سماح: «ثلاثة أيام وأنا لا أستطيع الجلوس ولا الدخول إلى الحمام، ماذا أفعل يا أمي؟ وهذا العذاب يتكرر لنا عقب كل ولادة، ما ذنبنا يا أمي! فترد الأم عذاب.. عذاب، عادات ضارة بتاعة شنو؟ يا بتي جمال المرأة كله في هذا العذاب، فترد سماح بصوت مخنوق من البكاء دا تخلف وجهل» (نفسه: ص 29)، وتمضي القصة لتتحول الأحداث فجأة ودون تمهيد إلى حدث جديد يفجع هذه المرأة في زوجها الذي عرفت أنه تزوج سكرتيرته، والكاتبة تحاول أن تدين الزوج لهذا الزواج الثاني، الأمر الذي نسمعه يرد على لسان إحدى قريبات سماح، تقول: «الرجال يا أختي عيونهم فارغة، خصوصاً لما يدوه وظيفة سمحة، ولا تكون عنده قروش كتيرة يسوي جنِس دا.. وترد رابعة.. كل يوم يقول للمسكينة أنا مسافر لمؤتمر، وأنا مسافر لشغل، وهي حبيبتَي تصدق، القروش كترت في يده (والشريعة) محللالو أربعة» (نفسه: ص 38)، لم يبق لسماح سوى أن تحضن طفلتها الوليدة وتبكي في حزن على زوجها الذي غدر بها، ويمكن القول إن القصة تدور حول عالم المرأة ومعاناة الحمل والولادة ثم معاناة الزواج بأخرى.

ونقرأ في قصة فاطمة عتباني (معدية أم الطيور) شيئاً قريباً من معاناة سماح، القصة منشورة في مجموعة عتباني (العودة في زمن الرحيل) (عتباني: 2005م)، تبدأ القصة والبطلة في مركب يتجه بها إلى قريتها في الضفة الأخرى لمدينة عطبرة، وهي حزيِنة بعد أن عرفت أن زوجها سعيد سيتزوج، مما أحزن نائلة البطلة وأسرتها،

يقول الراوي: «في وجوم تلقت أسرة نائلة الخبر. سيتزوج سعيد الأسبوع القادم، ليس بحثاً عن امرأة أكثر جمالاً من نائلة، لأنه لا يرى في الدنيا من تفوقها جمالاً وحسناً، ولكن بحثاً عن الولد.. فمن حقه الشرعي ذلك، ولا أحد يستطيع منعه حتى لو اشترطت نائلة العودة إلى منزل والدها» (نفسه: ص 14)، ويتم زواج سعيد، وفي أقل من شهور أربعة تحبل زوجته الثانية، الأمر الذي أفجع نائلة زوجته، تقول الساردة إن نائلة: «ساءت حالتها وانشغل سعيد عنها فلم يعد يرسل طالباً السماح له بالزيارة، لقد نسيها تماماً. تُرى ماذا أنساه؟! هل الزوجة أم الطفل؟ كانت تحلم أن يشتاق لها فيأتي مهرولاً معتذراً؟» (نفسه: ص 15)، وفجأة ودون مقدمات تظهر علامات الحمل على نائلة التي تخشى أن يكون حملاً كاذباً، لكن في واقع الحال كان حملاً حقيقيّاً فتلد نائلة طفلاً. وتنتهي القصة وقد ساعد القدر نائلة على الانتصار على زوجها. وهكذا رأينا الزوج الذي يقترن بأخرى لمجرد الرغبة في هذا الأمر، ففي القصة الأولى تلد سماح بنتاً، وليس من مبرر لإقدام زوجها على الزواج الثاني، أما في القصة الثانية فإن تبرير الزوج هو البحث عن ذرية، وكأنما الكاتبة تقول إن الرجل يبحث عن أسباب لتبرير سلوكه الذكوري، لكن ما يهمنا أن القضية الجوهرية في القصتين أنثوية ترتبط بشكل قوي بعالم الأنوثة، فنحن أمام وصف للولادة والزواج بثانية وهجر الزوجة الأولى.. إلخ. وربما تتناول كاتبة ما قضايا أكثر خصوصية للأنثى، كما نرى في مجموعة سلمى (سلامة ابن النخيل) (سلامة: 1999م)، وذلك في قصتها (أنثى) التي تعالج معاناة الأنثى بوصولها سن البلوغ، فالراوية التي وصلت سن البلوغ تحكي المشاعر المتناقضة التي اعترتها حينما وصلت سن

البلوغ، نجدها تقول: «حينها بكيتُ.. بكيتُ لأنني فارقت براءتي» (نفسه: ص 57).

نخلص للقول، إن توظيفنا منهج النقد الثقافي ساعدنا كثيراً على إضاءة النصوص القصصية التي درسناها، واستطعنا إضاءة الأبنية الخفية في ثنايا هذه النصوص، وذلك بإحالتها إلى الثقافة التي ينتمي إليها مبدعو هذه النصوص، وهي ثقافات بعض المجتمعات السودانية. وقد أخضعنا ثلاث قضايا هي عنف السلطة وبطشها ومفهوم الآخر أو الأخروية والأنثوية.

على كل إننا حاولنا بتوظيف منهج النقد الثقافي قراءة القصة القصيرة السودانية الحديثة، وقد اخترنا عشرة نماذج لأجيال من كتّاب القصة من الذكور والإناث، وذلك بغرض اكتشاف الأبنية الخفية والمضمرة في ثنايا النص الأدبي، ولا شك في أن منهج النقد الثقافي قد ساعدنا كثيراً على قراءة وفهم هذه النصوص التي عادة ما تنطوي على دلالات وإشارات يمكن إحالتها وتفكيكها بالنظر في مرجعية الثقافة التي أبدع فيها هذه النصوص، ودون فهم هذه المرجعية قد يصعب قراءة، بل وفهم هذ النصوص واستيعابها، فالملامح الثلاثة التي ركزنا عليها وهي القمع السلطوي والآخر والأنثوية، كلها قضايا شديدة الارتباط بالواقع الثقافي، فلا يمكن مثلاً فهم قمع السلطة وبطشها دون فهم الحكم الذي جثم على صدر البلاد منذ عام 1989م، وانتهى بثورة شعبية عام 2019م، أما الموضوع الثالث والأخير فهو موضوع الأنثوية، والذي خلصنا فيه إلى استغراق الكاتبة الأنثى في عالمها الخاص، أي عالم الأنوثة، وأشرنا إلى عدد من الأمثلة في

القصص التي اخترناها لبعض الكاتبات السودانيات، ويمكن تحليل هذا الواقع مرة أخرى بالنظر إلى طبيعة المجتمعات السودانية التي تغلب عليها سلطة الذكورة، وبكل ما في هذه السلطة من قهر وإذلال للمرأة، وهذا لا يعني أن تاريخ هذه المجتمعات يخلو من ثورات قادتها المرأة رافضة الظلم والقهر، وخير مثال هي ثورة 2019م، والتي قادتها الكنداكات أو النساء جنباً إلى جنب مع الشباب وغيرهم من قطاعات الشعب السوداني.

ونختم بتساؤل هو: إلى أي حد نجح كتّاب النصوص المختارة في الدراسة في الحفاظ على أدبية النص الأدبي، أو جمالية هذا النص، فلجوء الكاتب إلى تصوير واقع بعينه سياسي أو اجتماعي أو غير ذلك لا يعني إهمال القيمة الأدبية وهي أهم ما يميز النص الأدبي كخطاب إبداعي، كما ذكرنا وبطبيعة الحال إن الكاتب المتمكن من أدواته لا يجد صعوبة في إبداع نص أدبي مع إرسال شفرات تضيء الأبنية المضمرة، وخير مثال لما نقول هنا القاص الكبير إبراهيم إسحق، ذلك أن النموذج الذي قرأناه وهو قصته (القصاص في حجر قدو)، وهي قصة لا يمل القارئ قراءتها مع تضاعف المتعة عند كل قراءة جديدة، ويمكن أن نقول الحكم نفسه على قصة بشرى الفاضل (قلعة حاح)، فالرسالة السياسية أو البناء الخفي واضح في النص، لكن هذا لم ينقص من جمالية النص، بمعنى أن بشرى كقاص متمكن أرسل رسالته للمتلقي عبر نص إبداعي، لكن الأمر يختلف في أكثر التجارب القصصية التي توقفنا عندها، خاصة قصص الكاتبات نفيسة شرقاوي وبثينة خضر مكي وفاطمة عتباني وسلمى سلامة،

إذ إن بعض هذه النصوص كادت تفقد أدبيتها وتتحول إلى محض تقرير اجتماعي أو ثقافي، وذلك بانحياز الكاتبة إلى شخوص النص والإتيان بحلول للمشكلات الاجتماعية التي تواجه الأنثى من خارج النص ودون تمهيد، كالدور الذي يلعبه القدر مثلاً كما رأينا في فاطمة عتباني (معدية أم الطيور)، والرهان دائماً على قدرة المبدع على الإمساك بالنص واللغة حتى لا يسقط هذا النص في حبائل الكتابات غير الإبداعية التي تنحو في اتجاه المباشرة والتقريرية.

المراجع:

– إسـحق، إبراهيم، ناس من كافا، أم درمان: مركز عبد الكريم ميرغني الثقافي، 2006م.

– إسـحق، إبراهيـم، حكايات مـن الحلالات، الخرطـوم: هيئة الخرطـوم للثقافة والنشر، 2011م.

– بلال (ال) معاوية، الكتابة في منتصف الدائرة، القاهرة: دار المريخ.

– حاج (ال) نصار، غابة صغيرة، الجزائر: وزارة الثقافة، 2009م.

– راضي، الهادي علي، فانتازيا أنثى الشط، الخرطوم: الشركة السودانية للهاتف السيار (زين)، 2016م.

– زيـادة، حمور، النوم عند قدمي الجبل. قصص قصيرة. دبي: دار مداد للطباعة والنشر، 2017م.

– سـلامة، سـلمى الشيخ، ابن النخيل. القاهرة: الشركة العالمية للطباعة والنشر، 1999م.

– شاروني (ال) يوسـف، القصة القصيرة: نظريّاً وتطبيقيّاً، القاهرة: دار الهلال، 1969م.

– شـرقاوي، نفيسة، تباشـير. قصص قصيرة سـودانية، الخرطـوم: دار القومية العربية للثقافة والنشر، 2001م.

– صطيـف، عبد النبي، «ما النقد الثقافي؟ ولماذا؟» في مجلة فصول، المجلد 25/ العدد 99، صفحات 15–29، 2017م.

– عتباني، فاطمة، العودة في زمن الرحيل. قصص قصيرة.

– عجب الفيا، عبـد المنعم، في الأدب السوداني. الخرطوم، دار مدارات للطباعة والنشر، 2019م.

– غالـي، نبيـل، إبراهيم إسـحق ومشروعه الروائـي، الخرطـوم: مركز ألوان للطباعة، 2015م.

– فاضل (ال) بشرى، فوق سـماء بندر، الخرطوم: دار مدارات للطباعة والنشر والتوزيع، 2012م.

– فاضل (ال) بشرى، أشرقت في ظلام، الخرطوم: دار مدارات للنشر والتوزيع، 2017م.

– قايتانـو، إسـتيلا، زهـور ذابلة. مجموعة قصـص قصيرة، جوبـا: دار رفيقي للطباعة والنشر، 2014م.

– لبيـب، الطاهر، صورة الآخـر. العربي ناظراً ومنظـوراً إليه، بيروت: مركز دراسات الوحدة، 1999م.

– مكي، بثينة خضر، أهزوجة المكان، قصص قصيرة، الخرطوم: دار سدرة.

الفصل الرابع:

القصة القصيرة
ومواقع التواصل الاجتماعي

القصة القصيرة ومواقع التواصل الاجتماعي

عماد محمد بابكر أحمد

المقدمة:

ظلت الآداب على اختلافها متصلة بالحياة؛ واقعها، حزنها وفرحها، وجميع تقلباتها. ولعل القصة القصيرة من أكثر الأجناس الأدبية ارتباطاً بالحياة والواقع؛ ما يجعلها في سياقات متبدلة تبدل الحياة نفسها. هذه الحياة الدائمة التشكل والمتجددة الملامح لن يبالغ من يصف الهجمة الإلكترونية، ودنياوات الشبكة العنكبوتية بأهم ما وسمها في هذا القرن، فقد اخترقت الإنترنت حياة الناس، وأوغلت في ذلك مع ظهور (الويب 2) ومواقع التواصل الاجتماعي التي استحوذت من الناس على الكثير، سواء كان ذلك في تفكيرهم أو أوقاتهم وغير ذلك. وصار أثرها في الناس وحيواتهم كبيراً غير منكر، وصار مجتمعها كبيراً متمدداً، ومن هؤلاء كتاب القصة القصيرة وجمهورها الذين أسهم وجودهم في هذا الفضاء الجديد نسبياً بنشر القصة القصيرة فيه، وعلينا أن نتذكر أن جزءاً من جمهور هذه المواقع جيد الصلة

بالقراءة من الوسائط التقليدية (صحف، كتب،.....) وبعضه قليل هذه الصلة بها، لكن هذه المواقع نجحت في إيصال القصة القصيرة إليه في مكانه. ومن الواضح أن أنشطة القصة القصيرة صنعت حيزها في هذه المواقع، إلى جانب مساراتها الطبيعية، وإنك واجد إعلانات الجوائز الخاصة بالقصة القصيرة، وجديد ما يكتبه القصاص والنقاد، وتبادلاً للآراء وتعريفاً بجديد الكتب، وما إلى ذلك، لعلم القائمين بهذه الأمور برواج بضاعتهم في مواقع التواصل. كما أن انتشار أي عمل على مواقع التواصل أسرع وتيرة وأكثر مقروئية، ولقد عملت مواقع التواصل على التعريف بكتّاب لهم أسلوبهم وقدراتهم الفنية. كما أنها وفرت وسيلة سهلة للناشرين لمعرفة هؤلاء الكتاب، وتقدير جمهورهم، وجدوى نشر أعمالهم؛ لذا ولما سلف قوله عن القصة القصيرة وارتباطها بالحياة، فإن هذه الدراسة تبحث عن القصة القصيرة ومواقع التواصل الاجتماعي، في محاولة لاستجلاء هذه العلاقة، وأثر نشوء مواقع التواصل الاجتماعي وتمددها في القصة القصيرة، اقتراباً من كليهما، معرفة لهما، ثم تتبع أثر هذه المواقع في كتابة القصة القصيرة، وتلقيها ونقدها مستنيرة بأقوال من سبق من النقاد، وناظرة في المواقع وما فيها من حراك، لتتنقل الدراسة بين الأدب والإعلام بحسب ما يقتضي الأمر، والحقلان كما هو معروف قريبان من بعضهما.

القصة القصيرة:

القصة القصيرة جنس أدبي سردي، يختلف مؤرخو الأدب في

بداياتها. وكأي جنس أدبي فمن الصعوبة رد جذور القصة القصيرة لفرد معين، لكن النقاد اتفقوا على أن تأسيس القصة القصيرة وتجنيسها بمفهومها الحديث قد بدأ على يد إدجار ألان بو (1809م – 1849م)، ونيقولاي جوجول (1868م – 1936م)، وجي دي موبسان (1850م – 1893م)، وأنطوان تشيخوف (1860م – 1905م)، ومكسيم جوركي (1868م – 1936م)، وكاترين منسفيلد (1888م – 1924م)، وغيرهم قبل أن تغرس جذورها في التربة العربية[1].

أما محاولة البحث عن مفهوم محيط ودقيق للقصةَ القصيرة، فهي أكثر صعوبة من محاولة رد جذورها لفرد معين، فلا تخلو من مآزق شأن كل المحاولات التعريفية بالأجناس الأدبية الأخَرى، ولكن تبقى أمراً لازماً وعليه أقدم النقاد. والدخول على هذه التعريفات يبدأ بتعريف القصة نفسها التي تعددت تعريفاتها، ومن ذلك تعريف جيرارد جينيت للقصة بأنها تمثل حدثاً أو سلسلة أحداث واقعية أو خيالية بواسطة اللغة[2]. وغير ذلك من تعريفات يحاول فيها كل لاحق تحديد ما أغفله السابق، مثل تعريفها بأنها: «فن سردي حكائي يخبرنا بقصة»[3]، لتوضع في إطار سردي. أو تعريفها ببعض ميزاتها، مثل تعريف طه وادي لها بأنها: «تجربة أدبية تعبر بالنثر عن لحظة في حياة إنسان، فهي إذن فنٌّ يقوم على التركيز والتكثيف في وصف لحظة»[4]، وليس هذا محل استطراد.

ولا بد من إشارة إلى القصة القصيرة جدّاً القريبة جداً من القصة القصيرة قرباً يورث اللبس أحياناً. والمتأمل في التسمية قد يذهب إلى أن طول القصة سبب التمييز، لكن الأمر أبعد مرمى من ذلك، فهي فنّ

له خصائصه المتفردة، وهذا ما عنته منيرة حرب بقولها: «إنّ القصّة القصيرة جدّاً هي قصّة أولاً، وقصيرةٌ بعد ذلك، لها خصائصُها، التي تجعلها تتفرّد عن أيّ نوع أدبيٍّ آخر، وهي قد تستفيد من الفنّ والموسيقى، والرّواية، والقصّة، لكن لها أركانها وشروطها، أركانها النّابعة من بنيتها وكينونتها المستقلّة»[5]، ورغم اجتهاد بعض النقاد في تبيان بعض الفروق بين الأجناس الأدبية، فإن الحقيقة أن التقارب الحادث بين هذه الفنون كثيراً ما يقود بعضهم لنسبة كتابة من جنس إلى آخر، وقد يتوهم البعض تبعية جنس لآخر في ربكة حادثة نتيجة التداخل، واستفادة الفنون والأجناس من بعضها، وهذا ما توقف عنده أحمد جاسم الحسين: «وفي ما يخصُّ القصّة القصيرة جدّاً، وهي تستفيد من سمات عدد من الفنون والأجناس، ولكنَّ ذلك لا يعني أبداً أن تنسب إليها، أو تصير تابعة لها.

نحن أمام فن أدبيٍّ، راح يثبت حضوره وجدواه يوماً بعد يوم، ويبدي مرونة ستتيح له ترسيخ جذوره، وتطوير ذاته، بالإضافة إلى أن هذه المرونة تسمح للكاتب والمتلقّي بحرّيّة الحركة، والإبداع، والتّحليل والتّأويل»[6].

كما لا بد من إشارة إلى اللبس الاصطلاحي بين القصة القصيرة، والقصة القصيرة جدّاً، نسبة لاستخدام بعضهم مصطلح أقصوصة للقصة القصيرة، فيما استخدمه الأغلب للقصة القصيرة جدّاً[7].

مواقع التواصل الاجتماعي:

مواقع التواصل الاجتماعي، أو وسائل التواصل الاجتماعي، أو

الإعلام الاجتماعي (Social Media) أحد أهم ما طرأ على الإنترنت وارتبط بحياة العامة من الناس، بل صارت عالماً آخر افتراضيّاً يلوذ به الناس أحياناً من عالمهم الحقيقي إن ضاق بهم، كأنهم ممن وصفهم زيجمونت باومان في الأسئلة السائلة، بالشجعان الباحثين عن المكان السعيد في اللامكان[8]، وهم في تلك المواقع يتواصلون دون قيد مكاني، متجاوزين حواجز الجغرافيا، ومنفتحين على دول وثقافات كانت بعيدة عنهم. على أن ذلك لا يمنعهم من الربط بين العالمين بكثير من الوشائج، فينتقلون بين العالمين، ويستغلون هذا لذاك.

وتعرف مواقع التواصل الاجتماعي بعدة تعريفات تتفق في مجملها في أهمية المستخدمين، والدور الذي يلعبونه في صناعة المحتوى، فهي مثلاً عند عبد العالي الزهر: «المنصات التي تعتمد على النشاط والمحتوى الذي ينشئه المستخدمون»[9]، وهو تعريف قريب من تعريف خالد المقدادي، الذي يضيف ميزة السهولة في الإنشاء والإضافة عند تعريفه لمواقع التواصل الاجتماعي، فيقول: «هي مواقع الإنترنت التي يمكن للمستخدمين المشاركة والمساهمة في إنشاء أو إضافة صفحاتها بسهولة»[10]، ذلك أن هذه السهولة تجعل الأمر ميسراً لعدد أكبر من المستخدمين على اختلاف مستوياتهم المعرفية وعلاقتهم بالتقنية، ولا يقتضي ممارساً ذا مهارة خاصة، وكل ذلك لاستقطاب أكبر عدد من المستخدمين، ويشكل هؤلاء المستخدمون مجتمع الموقع التواصلي المعين، والذي هو في حقيقته مجتمعات مختلفة باختلاف الاهتمامات والميول، وهي سمة مهمة من سمات مواقع التواصل الاجتماعي، لذا يصف أستاذ الإعلام عباس مصطفى صادق مواقع التواصل الاجتماعي بقوله: «فيها يجتمع الأفراد ذوو

الاهتمامات المشتركة لتبادل الأفكار والمعلومات، ويتصلون مع بعضهم، ويدردشون وينشرون الأخبار التي تهم مجتمعاتهم»[11].

أما خصائص هذه المواقع فمن أهمها التفاعلية، والتي تتيح ردات أفعال وتفاعل مع ما يبث فيها من محتوى، كذلك الآنية والتحديث والإفلات من الرقابة – إلى حد ما –، إذ أتاحت للكثيرين قول أشياء كان من الصعوبة بمكان أن تقال في غير هذه المواقع، ولعل الخصيصة الأهم كسرها احتكارية المنابر، فصار من السهولة لأي شخص أن يقول أي شيء.

لكن في حال الحديث التفصيلي، فإن خصائص هذه المواقع تختلف باختلاف موقع عن آخر، فإذا كان الإيجاز على سبيل المثال صفة لموقع التواصل الاجتماعي توتير (Twitter)، إذ المسموح به في التغريدة 140 حرفاً، فإنك تستطيع الإسهاب في فيسبوك (facebook)، كما أن هناك تفريعات داخلية في الموقع نفسه، وخذ شاهداً لذلك إعدادات الصفحة الشخصية على موقع التواصل فيسبوك التي تختلف عن إعدادات المجموعة، وسنعرض لذلك في هذه الدراسة عند توظيف ميزة أو خصيصة في هذه المواقع فيما يخص القصة القصيرة.

القصة القصيرة والإعلام:

لعل الأدب والإعلام من الحقول القريبة لبعضها والوثيقة الارتباط حتى قبل أن يأخذا شكلهما الحديث، فكثير ما حمل الإعلام الأدب وأسهم في نشره وتطوره، وليس بغائب الدور العكسي، فقد يحمل الأدب مهام إعلامية.

ولقد شهد العصر الحديث نهضة إعلامية كبيرة ألقت كل خطوة فيها بأثر على الأدب، وتفرع الأمر باختلاف الأجناس الأدبية، ولئن شاعت الكتب بشكل عام مع شيوع الطباعة، فإن الرواية نالت نصيباً مقدراً، حتى ربط بعضهم بينها وبين الطباعة، في كتابه (تطور الخطاب القصصي من التقليد إلى التجريب) يذكر إبراهيم أبو طالب ذلك بوضوح قائلاً: «إذا كانت الرواية هي بنت الطباعة فإن القصة القصيرة هي بنت الصحافة»[12]، البحث عن بدايات القصة القصيرة بشكلها الحديث وفي العالم العربي بشكل أكثر دقة يقودنا إلى نتيجة مشابهة لما ذكره من أن القصة القصيرة هي بنت الصحافة، أو قل من بنات الصحافة، وهو ذات ما ذهب إليه آخرون بعد استجلاء البدايات، وتقصي ذلك الرباط.

في السودان ظهرت القصة القصيرة إلى جانب القصيدة والمقال الأدبي على صفحات الصحف منذ بدايات الصحافة السودانية، وعلى صفحات ملفاتها الثقافية، فنشرت لعبد الله رجب وعرفات محمد عبد الله والسيد الفيل وغيرهم، والملحوظ أن عدداً كبيراً منهم عملوا في مهنة الصحافة، فكانوا محررين وكتاب قصة. وامتد هذا الاتفاق إلى جيل الأستاذ نبيل غالي، والراحل عيسى الحلو، وما زالت الصحافة السودانية وفية لهذا الشيء، ثم إننا كثيراً ما نجد قُصاصاً نشروا إبداعهم القصصي في الصحف، دون أن يوفقوا في إصدار مجموعات قصصية. وأذكر ها هنا الشاعر مصطفى محمد سند، على سبيل المثال، الذي نشرت له الصحف السودانية أكثر من عشرين قصة قصيرة، دون أن ينشرها مجتمعة، أو ينشر بعضها

في مجموعة واحدة. ولقد اعتمدت أغلب الكتب الباحثة في القصة القصيرة السودانية على ما نشر في الصحف بشكل كبير، مثل كتاب مختار عجوبة (القصة الحديثة في السودان)، ومختارات علي المك. ويرد الأستاذ صبحي موسى الفضل للصحافة في إبراز جيل البدايات: «يمكنني أن أقول إن مجلتي (النهضة) التي كان يحررها عباس أبو الريش و(الفجر) التي رأس تحريرها عرفات محمد عبد الله كانتا العامل الأول في إبراز جيل البدايات في القصة السودانية، وإنه بتوقف الأخيرة تعثرت أحوال القصة السودانية»[13].

ولا يخالف الباحث أحمد علي باحكيم ما سبق من ربط القصة القصيرة بالصحافة قائلاً: «لا يمكن إنكار أثر الصحافة في ذيوع القصة القصيرة واتساع دائرة قرائها»، ويعلل ذلك بالقول: «إن الصحافة تقرأ من قبل جمهور أوسع نطاقاً كثيراً من جمهور الكِتاب، ومن ناحية أخرى فإن الصحافة تتيح لعدد أكبر من كُتاب القصة القصيرة أن ينشر نتاجه، فهي إذن عامل فعال في اتساع دائرة النشر»[14]. وإذا كانت وسائل الإعلام التقليدي (الصحافة مثالاً) توسع من نطاق القراء، وتتيح لأكبر عدد من كُتاب القصة نشر منتوجهم الإبداعي، فإن الإعلام الجديد[15]، والذي تشكل مواقع التواصل الاجتماعي ركيزة هامة فيه، أكثر قدرة على القيام بهذه الأدوار، إذ لا يحتاج الكاتب إلى المرور عبر بوابة الملف الثقافي، وانتظار رأي المحرر في النص المرسل، أو انتظار دوره في النشر والتراتبية الصحفية، كما أن الوصول للمنتج الإبداعي لا يحتاج إلى قصدية المتلقي المتمثلة في شراء الصحيفة، والبحث عن الملف الثقافي، فقد يسعى النص إلى

هاتفه دون أن يسعى المتلقي إليه. يشير الكاتب حسام معروف إلى رابط آخر بين القصة القصيرة ومواقع التواصل الاجتماعي في مقال له منشور في الشبكة العنكبوتية، إذ يرى أن هناك وجه شبه بينهما، ففي القصة شيء من عدم الاكتمال بحسب رأيه، إذ هي لا تمنحك صورة مثل التي تمنحك إياها الرواية. «ربما تكمن جاذبية القصة في هذا النقص، حيث يثير التساؤل والشكوك والغموض. إنه لمن ميزات القصة أنها تثير أسئلة أكثر مما تجيب، عن الشخصية، ماضيها ومستقبلها. لو لاحظنا، هنالك أشخاص كثيرون لا نعرفهم على مواقع التواصل، لكننا نحتفظ بصداقتهم الافتراضية، هذا أيضاً يشبه طريقة عمل القصة في حياتنا، البحث والتشارك في حدث وحيد»[16]. ولعل طابع التكثيف والقصر مناسب لأغلب مواقع التواصل الاجتماعي، فحتى فيسبوك الذي يستطيع استيعاب نصوص طويلة، وليست له الاشتراطات التي في تويتر مثلاً، يهرب بعض القراء من قراءة المنشورات ذات الطول الواضح، والتي يضطرك فيها نظام العرض للضغط على (مزيد)؛ ذلك أن أغلب مرتادي المواقع التواصلية بهم ميل للمنشورات القصيرة، وإن كانوا ممن ينفقون أوقاتاً كثيرة في هذه المواقع، وبعضهم متقطع في دخوله لمواقع التواصل.

هذا وقد أسهمت بعض الميزات في هذه المواقع في ذيوع الكتابات، وذلك من خلال (المشاركة، Share) و(الإعجاب like) وبعض الإعدادات مثل الإشارة وغيرها في توسيع دائرة القراءة للنصوص القصصية المنشورة عليها، ولا بد من الإشارة إلى العلاقة بين الكاتب وقرائه، إذ بات بإمكان كاتب القصة أن يتعرف إلى عدد كبير منهم،

ويتفاعل معهم ويتبادل الأحاديث والتعليقات، وهذا ما لم يكن ميسوراً في أشكال الإعلام التقليدي.

مواقع التواصل وكتابة القصة القصيرة:

تتعدد آثار مواقع التواصل الاجتماعي على كتابة القصة القصيرة وتختلف، لكن وقبل البدء في تتبع أهم هذه الآثار، يجب أن نشير إلى تقسيم مهم؛ ذلك أن نص القصة القصيرة على مواقع التواصل الاجتماعي إما أن يكون نصاً لعبت المواقع فيه دور الوسيط فقط. أي إنها لا تختلف عن الصحيفة أو الراديو أو غير ذلك، إلا في مزاياها التفضيلية، أو نصاً كتبه مبدعه مستحضراً طبيعة الوسيط، مثال ذلك الكتابة الرقمية، وسنفصل ذلك لاحقاً، وعلى رغم وجود هذا الفرق لكن كلا النوعين يتفقان في مظاهر وخصائص، ويتفقان في أخرى، وسواء كان هذا النوع أو ذاك، فإن لمواقع التواصل الاجتماعي آثاراً في كتابة القصة القصيرة. أول تلك الآثار والمظاهر استسهال الكتابة، ومن أهم أسبابه سهولة النشر، مع استثناء مهم للكتّاب المحترفين الذين يعلمون قيمة ما يكتبون وضرورة تجويده، هذا الاستسهال قد يؤدي لضياع أصوات كان من الممكن أن تمضي بعيداً في كتابة القصة القصيرة إذا عُجِم عودها، وقويت وأخذت نصيبها من النقد والتقويم قبل خروجها للمتلقين، مع التذكير بأن جمهور المواقع التواصلية ليس خبيراً في مجمله، كما أنه يمنح أحياناً آراء إيجابية من باب المجاملة فقط.

التعديل أو (التحديث)، وهو من الميزات المهمة للكتابة على مواقع

التواصل الاجتماعي، ومن الفروق الواضحة مقارنة بالكتابة على وسائط تقليدية كالصحف والكتب التي لا تستطيع فيها تدارك خطأ أو إدخال تعديل على النص المنتج، بعكس الكتابة على مواقع التواصل، مع التذكير بأن (التقاط صورة للشاشة) أو بعض التقنيات الأخرى قد توقف عند المتلقي هذه الميزة، كما نشير إلى أمر آخر، وهو أن المتلقين قد يكونون جزءاً من هذا التعديل، وذلك بإرسال بعض الملحوظات للكاتب، وهذا يقودنا للحديث عن الكتابة الرقمية، الأدب الرقمي، الذي هو الأدب الذي يتألف من أعمال أدبية تنشأ في بيئة رقمية، أي عن طريق الحاسبات الشخصية والإنترنت، وهو الأدب الذي يجمع بين الأدبية والتكنولوجيا، ولا يمكن تلقيه إلا عبر وسيط إلكتروني[17]، وهو الذي سنتوقف عند بعض تفصيلاته في حديثنا عن التلقي، ولكنه حاضر في الكتابة أيضاً، إذ إن البعض يكتب لمواقع التواصل، وتكون حاضرة في تفكيره، جينيفر إيغان الكاتبة الأمريكية التي نشرت قصة على تويتر بعنوان «الصندوق الأسود» مثال جيد لهذا؛ إذ كتبت نصها القصصي وتويتر في بالها. (إيغان) أقنعت صحيفة نيويوركر The New Yorker بفكرة ذكية في كتابة قصصية، لتبدأ بالتغريد على حساب نيويوركر، وهذه التغريدات انتهى بها الحال لأن تصبح أكثر من 600 منها تم نشرها بواسطة نيويوركر كل ليلة، الساعة 8 مساءً[18]. وهناك أمثلة كثيرة للنشر عبر التغريدات المتلاحقة والمرسلة في توقيت محدد ما يصنع الكثير من التشويق والترقب، ويمنحك شعوراً بمعايشة الأحداث، ويفتح أبواب التفكير في الحدث التالي (التغريدة التالية). مثال آخر للخيال والقصة القصيرة على تويتر، إليوت هولت، مؤلفة كتب قصة تسمى (إيفدنس) تبدأ بالتغريدة: «امرأة تعرف بميراندا

براون، من بروكلين، سقطت ميتة من السقف في فندق (مانهاتن)»
تبدأ بصوت إليوت، لكن صوت إليوت (تغريداتها) يتراجع، ثم ليعلو
صوت (إلسا)، (مارجوت)، و(سايمون)، هذه الأسماء شخصيات
ابتكرتها الكاتبة على تويتر خصيصاً لتحكي قصة من مشاهد متعددة
تقودك لحدث ما[19]، هناك طرائق أكثر تفاعلية مارسها بعض الكتاب،
تتمثل في نشر تغريدة أو منشور، ويقوم المتابعون بكتابة تغريدة تكمل
الحدث، أو تصنع مشهداً تالياً، مثالاً وبحسب ما أورد الكاتب حسام
معروف «قام تيل جايمان الكاتب الأمريكي، بنشر السطر الأول من
قصة خيالية، وكان السطر الثاني من كتابة متابعيه على تويتر. فقام
باختيار السطر المكمل من بين 240 مشاركة من المتابعين»[20]. وغير
ذلك من توظيف ميزات مواقع التواصل الاجتماعي لمصلحة كتابة
النص وافتراع طرق جديدة.

وبالحديث عن الميزات فإن التخفف من القيود والرقابة من أهم
ما وفرته مواقع التواصل الاجتماعي لروادها، ولما كان الحديث عن
كتابة القصة القصيرة، فإن طرق النشر التقليدية لم تكن تخلو من
قيود، وكانت القصة المنشورة، أيّاً كان وسيطها التقليدي، تمر بواسطة
حارس بوابة، والذي يلعب دور الرقيب، ويتخير ما يناسب سياسات
المؤسسة، ويراعي مقتضياتها، إذ إن حراسة البوابة هي عملية حظر
الأشياء غير المرغوب فيها، أو عديمة الفائدة، باستخدام بوابة[21].
وكثيراً ما تم منع نشر مجموعات قصصية أو أعمال أدبية أخرى
بدواع مختلفة، كل هذا أسهمت مواقع التواصل الاجتماعي في تغييره،
وصار نشر المنتج الإبداعي عملية ذاتية لا تحتاج إذناً من جهة، أو

موافقة صحيفة، أو هيئة حكومية، تلك الموافقات التي يعدها البعض مجافية للحريات، إذ ينفر الجميع من كل ما هو رسمي، ويعتبره معاداً وكابحاً لجماح الحرية، وربما مواقع التواصل الاجتماعي، ومن بينها فيسبوك، تحولت إلى ذلك الملاذ[22].

ولكن وبنظرة دقيقة نجد أن مواقع التواصل الاجتماعي ذاتها تفرض شروطاً وأحكاماً عامة، خاصة لاستخدام خدماتها لا بد من الموافقة عليها قبل أن تستطيع إنشاء حساباتك عليها، منها شروط أخلاقية وأخرى تتعلق بالملكية الفكرية، وهي بهذه الشروط تشكل حارس بوابة، وقد تغلق بعض الحسابات عليها، أو تحذف منشورات وتغريدات إن هي خالفت ذلك. إن المفهوم الذي صيغ لحارس البوابة لم يعد حالياً يقتصر فقط على غربلة المواد الصحفية بقدر ما يزداد التركيز حالياً على عمليات الانتقاء والمعالجة[23]، ومهما يكن من أمر الشروط والأحكام والانتقاء والمعالجة فإن القيد ولا شك لا يشبه ما كان عليه الأمر قبل ذلك.

هذا وقد ألقت مواقع التواصل الاجتماعي بظلال أخرى على الكتابة، منها لغة الكتابة، إذ إن القاموس المستخدم فيها له ما يميزه، كما أن هنالك مصطلحات أدخلتها هذه المواقع على الخطاب اليومي والحياتي الذي تأخذ منه القصة دون شك، وربما كانت لمواقع وما يدون فيها ويكتب جزءاً من نص سردي. وهناك نقطة نختم بها حديثنا عن أثر مواقع التواصل الاجتماعي في كتابة القصة، تتمثل في التفاعلية التي هي من أبرز سمات المواقع التواصلية، هذه التفاعلية تخلق نوعاً من الحفز والتشجيع للكتابة، فالكاتب المحترف على التزام

دائم مع متابعيه، لكن ربما يغشاه بعض مما يغشى الكتاب من الكسل أو التوقف، فيستنهضه قراؤه ومتابعوه مطالبين بالجديد واستمرار العطاء، وحتى الكاتب النشط يحس بضغط القراء والمتابعين وبتركيزهم على ما يكتب، مما يدفعه لمزيد من العطاء المحترف والاهتمام بما بين يديه من نصوص.

النص القصصي على مواقع التواصل الاجتماعي:

لا يتوقف أثر مواقع التواصل الاجتماعي في كتابة القصة القصيرة، ولكنه يتجاوزه للنص وكيف يصل للمتلقي؟ والتلقي؟ والفروق بين النص القصصي في شكله التقليدي وفي شكله على مواقع التواصل الاجتماعي، وهذا ما سنحاول رصده وسبره ها هنا.

وبداية لا بد من العبور عبر بوابة الاصطلاح، ونحن نتحدث عن التلقي الكثير من الإشكالات التي تمتد على المستويين العمودي والأفقي، إضافة إلى إحالة مصطلح التلقي على عديد من المدلولات غير الأدبية[24]. ولن نبحر بعيداً في أمر المصطلحات وتشعباتها، مكتفين بتعريف أولريش كلاين ULRICH KLEIN للتلقي في «معجم علم الآداب»، كما يلي: «يفهم من التلقي الأدبي (بمعناه الضيق) الاستقبال (إعادة الإنتاج، التكييف ADAPTATION الاستيعاب، التقييم النقدي) لمنتوج أدبي أو لعناصره بإدماجه في علاقات أوسع أو بغير ذلك»[25]، وأول ما يتوقف عنده مستقبل النص القصصي على مواقع التواصل الاجتماعي هو الوسيط الحامل لهذا النص. ففيما هو تقليدي يكون النص المكتوب على الورقة بتوظيف

لمكان العنوان والكتابة والفراغات النصية وما شابه ذلك، وقد ترافقه في بعض الأحايين عتبات أخرى، مثل الرسومات والصور في إطار ضيق، لكن التعويل الأساسي يكون على النص المكتوب، بينما تحتمل القصة القصيرة على مواقع التواصل الاجتماعي أشكالاً أخرى، إذ من الممكن أن تصاحب النص المكتوب صورة ثابتة، أو (صور متحركة) فيديو، كما يمكن أن تكون هناك رسومات مصاحبة، أو تسجيل صوت، كل هذا يضاف إلى النص (إجرائيّاً)، وقد يضيف له باتساع دائرة المتلقين، فغالباً ما تتم التوصية من قبل المختصين بمواقع التواصل الاجتماعي بأن يصاحب النص أحد هذه الأشياء، لكن وفي ذات الوقت ربما تخصم هذه الوسائط المتعددة من المساحات الخاصة بالمتلقي، فقد يصور الصوت ملامح لشخص ما في القصة بشكل غير الذي كان في خيال المتلقي، أو تذهب الصورة المصاحبة بالمتلقي مذهباً مخالفاً لما تصوره. كل هذا يكون في حال كان النص المكتوب واحداً، بمعنى آخر في حال كان النص مكتوباً لتكون الأوراق فضاءه، ذلك أن النص ينقسم باعتبار الوسيط المستعمل في إنتاجه وتلقيه، إلى قسمين، هما: «النص المقروء»، الذي يتحقق من خلال الكتابة الورقية، والذي يُعدّ الكتاب المطبوع، في وقتنا الحاضر، فضاء لقراءته. و«النص المعاين»، الذي يتحقق بالكتابة الرقمية، والذي يُعدّ الحاسوب فضاء لمعاينته[26]، شريطة ألا يتحقق إلا في فضائه المعد له، وإلا كان مقروءاً. وهناك اختلافات بينهما، إن النص المقروء نص خطي تتابعي، ويكون اعتماده الأساسي على الكتابة، وفي ذلك يقول سعيد يقطين إنه قابل للقراءة على النحو الذي تمت به كتابته. ولا يمكن تحصيل المعنى منه إلا بالحفاظ على تسلسل عناصره

ومكوناته البنيوية في تعالقها وترابطها؛ لذلك يذهب يقطين إلى أنه يمكننا أن نقول عنه إنه «تناظري» (analogique) لأنه «يماثل» الهيئة التي أُنتج عليها من قبل مرسله. ورغم ما يمكن أن يكون عليه وضعه الذي يأخذه على فضاء الصفحة يظل سكونيّاً. كما أنه بوجه عام يظل أحادي العلامة، باعتماده بصورة أساسية على الكتابة[27].

يختلف النص المعاين عن نظيره المقروء في أنه رقمي، ومعنى ذلك أن النص الذي نعاين على الشاشة ليس هو النص المكتوب، ويواصل يقطين معرفاً النص المعاين بقوله: «النص المعاين لا يتحقق إلا من خلال شاشة الحاسوب، فإنه يخضع لمراغماتها (Contraintes)، إنها على خلاف مع الصفحة في الكتاب، لا تقدم لنا من حجم النص أو كتلته إلا ما يتلاءم مع حجمها، في حين تظل بقية النص محجوبة تماماً ومختفية»[28]، وتتم عملية تحويل النص المقروء لمعاين عن طريق لغة البرمجة، وهي لغة لا تتضح للمتلقي، لذا توصف باللغة الغائبة، وهي لا تهمنا ها هنا، لكن الذي يعنينا أن النص المعاين ليس نصّاً تناظريّاً، أي إنه لا يعرض بذات، فهو يعرض على الشاشة بطريقة مختلفة مع روابط وخلافه، فيصير النص مترابطاً Hypertexte. وهذه من أهم الفروق بين النص المعاين والنص المقروء، ثم إن النص المعاين ليس تناظريّاً، أي إنه لا يعرض بذات الهيئة التي كُتب بها، بعبارة أخرى لا يماثل الهيئة التي أُنتج عليها من المرسل. ومن الأشياء التي يفتقدها النص القصصي على مواقع التواصل، تلك الفراغات النصية، وتوظيف البياض على الصفحة، إلا إذا عرضت النصوص في صيغ تحفظ لها ذلك.

هذا ويحافظ النص القصصي في نشره التقليدي على أعراف قد

يغفل عنها، أو يتغافل الكاتب، في مواقع التواصل الاجتماعي من ذلك العنوان، والذي لا تخفى أهميته والمنبثقة من كونه عنصراً من أهم العناصر المكونة للمؤلَّف الأدبي، ومكوناً داخلياً يشكل قيمة دلالية عند الدارس، حيث يمكن اعتباره ممثلاً لسلطة النص وواجهته الإعلامية التي تمارس على المتلقي إكراهاً أدبيّاً، كما أنه الجزء الدال من النص الذي يؤشر إلى معنى ما، فضلاً عن كونه وسيلة للكشف عن طبيعة النص، والمساهمة في فك غموضه[29]. وتحديد الجنس الأدبي، والذي هو عقد بين الكاتب والمتلقي، أمرٌ مهم وتزداد أهميته عند التعاطي النقدي. إذا اصطحبنا معنا التداخل الذي بات يعتري الأجناس الأدبية، خاصة قصيدة النثر والقصة القصيرة، إذ في كل واحد منهما بعض خصائص الآخر للحد المركب، وربما يكون التجنيس عند البعض غير مهم، خاصة إذا وجد بغيته من الإشباع الجمالي، لكن إن صح هذا عند المتلقي العادي، فإن الناقد باحث عن العقد الذي ينظر به للنص، وقد يبدو الأمر مبالغاً فيه، لكنه واقع يعيشه الكتاب والمبدعون على مواقع التواصل الاجتماعي، خاصة إذا عرفوا بين الناس بالكتابة في أكثر من جنس أدبي، ويمكننا أخذ مثال لذلك بقصة نشرها أسامة سليمان — وهو شاعر سوداني — على صفحته على فيسبوك دون أن يكتب نوع الجنس الأدبي ومنها: «صقران مختلفا المزاج يقودان عربة قديمة، أخشابها تآكلت بفعل الرطوبة والحرارة، قوائمها الحديدية صدئة. أحد الصقرين مجنون أقول لنفسي والعربة تنحدر بنا نحو الهاوية.

— عميقة القصة التي كتبتها مؤخراً يا سيدي. قال رجلٌ مسن يجلس إلى جواري، تخرج الحروف من بين شفتيه متباعدة كمن يحاول

استبطاء الوقت، فمه بدا كصنبور محكم الإغلاق رغم قطرات الكلمات التي تناثرت متباعدة..........》[30] . وإذا بالتعليقات تربك بعضها بعضاً بين من يعلق عليها ظانّاً أنها قصيدة نثر، وبين من علق عليها باعتبارها قصة قصيرة. ومن الملحوظ أن بعض الكتاب صار يلوذ باسم (الناص) ويسمي منتجه الإبداعي (نصاً) منسحباً من التجنيس.

نقد القصة القصيرة ومواقع التواصل الاجتماعي:

النقد على عمومه يعني تقديم رأي أو ملاحظة أو تحليل أو انطباع أو تفسير أو تقويم أو قراءة أو حكم بالجودة أو بالرداءة أو بالسطحية أو بالعمق على شيء آخر، فإذا كان هذا الشيء نصّاً أدبيّاً وصف بأنه نقد أدبي[31] . لكن وراء هذه العمومية تكمن مدارس واتجاهات نقدية تتوازى وتتقاطع، على أن النقد في ذاته يكون على مستويات منها الاختيار، فالذي يختار قصة لينشرها في موقع من المواقع يكون قد مارس مستوى من النقد، إذ لا يقوم الاختيار على لا شيء، بل على أسس ومعايير، وإن لم يصرح بها، أو حتى إن لم يدركها المتخير، فالانتقاء تمييز بطبيعة الحال. يقول الدكتور محمد حسن عبد الله: 《فالاختيارات من صميم عمل الناقد، لأن الاختيار يعني التمييز والتفضيل لهذه النصوص المختارة دون غيرها، وهذا العمل بدوره قائم على الإدراك لفنية هذا الشعر، ومن ثَمَّ إيثاره، فضلاً عن الثقة بصحته》[32] . واستلطاف شيء دون آخر يدل على مقياس ذاتيّ، ربما يغم على المُستَلطف نفسه، ويشار إلى أنه أمر نفسيٌّ، وذوق خاص، على أن الذوق في ذاته يختلف باختلاف صاحبه، والذي يختار من

القصص تكون ذائقته قد دُربت على ذلك قبلاً. ويرى الدكتور عثمان موافي: أن «الذوق ليس إحساساً فطريّاً ساذجاً بما هو حسنٌ أو قبيحٌ، وإنما هو الحاسّة الفنية التي يكتسبها الشاعر أو الناقد من كثرة حفظه لنصوص الشعر، وممارسته الطويلة لحفظ الشعر، وإنشاده، وسماعه تُكسبُ صاحبَها حماسةً فنيةً، يستطيع بها معرفة جميل الشعر من قبيحه»[33]. ولئن كان التعريف خاصّاً بالذوق في أمر الشعر إلا أنه يصلح بطبيعة الحال لكل الأجناس الأدبية، لكنا لا نستطيع تسمية كل من يختار وترشح ذائقته أنه ناقد رغم ما سلف، فالنقد ما كان على بصيرة، ورؤية منضبطة، ومعايير بائنة، وبها أو ببعضها يصرّح الناقد، استكمالاً لعلميّة عمله، وتبياناً له. يقول الدكتور محمد غنيمي هلال: «قد يخطئ الناقد في الحكم، ولكنه ينجح في ذكر مبررات وتعليلات تُضْفِي على نقده قيمةً، فيُسَمَّى ناقداً، بل قد يكون مع ذلك من أكبر النقاد... على حين لا نَعُدُّ من يصدر الأحكام على العمل الأدبيّ ـ دون تبرير فنيٍّ ـ ناقداً، وإن أصـاب»[34]. والاستلطاف والتذوق كثير في مواقع التواصل الاجتماعي، يصرح به بما في هذه المواقع من تقنيات، مثل إبداء الإعجاب أو كتابة تعليق أو المشاركة في فيسبوك، أو إعادة تغريد في تويتر، أو ذلك كله مجتمعاً، لكن الإشكال أن البعض يمارس ذلك لأغراض اجتماعية لا علاقة لها بالعمل الأدبي المنشور، وقد يكون لعلاقة بينه وبين الكاتب، أو اتباعاً لمسار التعليقات السابقة الذي يرى البعض ضرورة مجاراتها، فيقع الحافر على الحافر، وحتى أصحاب الرأي المخالف قد يلوذون بالصمت كأن لم يروها، أو يرسلون تعليقاتهم بحيث لا يراها الجمهور، إذ يتراسلون على نحو خاص بالكاتب.

أما الباحثون عن الدرس الجاد فغالباً ما يستعيضون عن الصفحات الشخصية بالمجموعات التي تضم أصحاب الاهتمام المشترك، والتي يتحدث فيها النقاد والكتاب بحرية أكبر، دون المحاذير التي تكتنفهم على الصفحات العامة. هذا وتزخر الأسافير بمجموعات متخصصة متنوعة تختلف في طرائق إدارتها للحوار، بحسب رؤية أعضاء هذه المجموعات، ولكن هذا لا يعني تسلل المجاملات إليها، مثلما قد يتسلل الفعل الجاد ليجد مكانه بين التعليقات المجاملة في الصفحات العامة.

هذا وقد تغري مواقع التواصل الاجتماعي البعض باقتحام مجالات دون أن يكون من أهلها، فالجرأة تتصف بها قطاعات كبيرة من مجتمعات هذه المواقع، كما أن لدى بعضهم رغبة دائمة في التعليق، ورغم وجود هؤلاء إلا أنه من المحمود لهذه المواقع كسر عزلة الكثير من الكتّاب، والتعالي على الموانع الجغرافية، وكثيراً ما جمعت مواقع التواصل بين كتّاب ونقاد ومهمومين بالأدب والفكر، وأسهمت في التعريف بتجارب جديدة، أو إنشاء صلات بين كتّاب ونقاد ما كان بعضهم يعرف الآخر، أو منتجه الإبداعي.

الخاتمة:

وبعد فهذا تطواف سريع في مواقع التواصل الاجتماعي، والقصة القصيرة، لم يقصد الحصر، ولا يدعي الإحاطة، كان المرور فيه على التعريفات الرئيسة مروراً بالقدر الذي يمكننا من الحديث، وما يصلح مدخلاً للدراسة. بحثت الدراسة أثر المواقع الإلكترونية في كتابة القصة القصيرة، والنص القصصي في هذه المواقع، كما بحثت

في نقد القصة القصيرة. وأوردنا في ثناياها ما كان ملحوظاً من ذلك، وما تكشف بالبحث، وخرجنا بنتائج من أهمها:

‐ أن مواقع التواصل الاجتماعي أضافت الكثير لكتابة القصة القصيرة، ومن أهم إضافاتها: الكتابة الرقمية، والقدرة على التعديل على النص، وتوظيف تفاعل القرّاء وآرائهم.

‐ أن الكتّاب الأوثق علاقة بالتقنية استطاعوا الاستفادة من مواقع التواصل الاجتماعي في كتابة القصة.

‐ أن هنالك فروقاً بين النص في مواقع التواصل، يتجاوز كون هذه المواقع وسيطاً إلى بنية النص، ما أدى إلى ظهور ما اصطلح عليه بالنص المُعاين.

‐ أن القصة القصيرة استفادت من تعدد الوسائط على مواقع التواصل الاجتماعي عِوض الوسيط الأوحد (الكتابة).

‐ أن النصوص القصصية على مواقع التواصل تفتقد في بعض الأحايين تقاليد النشر التقليدي، ما يقود إلى شيء من الارتباك واللبس أحياناً.

‐ أن طبيعة ما يكتب من تعليقات على النصوص القصصية في مواقع التواصل، وغير ذلك مما يمكن الاطلاع عليه في ثنايا هذه الدراسة، لا بد من ختمها بتوصيات نراها مهمة وتشكل إضافة في المشهد القصصي، ومنها:

* ضرورة اهتمام العاملين في حقل القصة القصيرة بتقانة هذه المواقع، وكل جديد فيها، والتقانة بشكل عام.

* متابعة ما يستحدثه كتّاب القصة في كتابة القصة، وكيفية إفادتهم من ميزات هذه المواقع.

* الاهتمام بزيادة المحتوى القصصي الإلكتروني.

* زيـادة الاهتمام بالصفحات المتخصصة بالقصة القصيرة ونقدها، ما يسهم في تطويرها والبعد عن التعليقات السطحية إلى النقد الواعي المدرك الجاد.

* البحث والدراسة في موضوع هذه الدراسة، والاهتمام بترابط العلوم.

الهوامش:

1 – هاشـم ميرغني: بنية الخطاب السردي في القصة القصيرة، الخرطوم، ط1، 2008م، ص 57.

2 – المصدر السابق نفسه، ص 52.

3 – شاكر عبد الحميد: سيكولوجية الإبداع الفني في القصة القصيرة، دار غريب، القاهرة، ط 1، 2001م، ص 19.

4 – طـه وادي: جماليـات القصة والرواية الحديثة، مجلـة المنهل، العدد 530، ذو القعدة 1406هـ، ص 274.

5 – منيـرة جميل حـرب: القصة القصيرة جدّاً نشأتهـا ومكوناتها: أوراق ثقافية، مجلة الآداب والعلوم الإنسانية، العدد السابع، بيروت، السنة الثانية، ربيع 2020م.

6 – أحمـد جاسـم الحسين: القصـة القصيرة جـدّاً، مقاربة تحليليـة، دار التكوين للتأليف والترجمة والنشر، دمشق، 2010م، ص 146.

7 – انظر هاشم ميرغني، مرجع سابق، ص 60.

8 – زيجمونـت باومـان: الأزمنة السائلة العيش في زمن اللايقين، ترجمة: حجاج أبو حجر، الشبكة العربية للأبحاث والنشر، لبنان، ط 1، 2017م، ص 110.

9 – عبد العالـي الزهر: مقال بعنوان خاصية البث المباشـر على موقع التواصل الاجتماعـي فيسبـوك كـأداة اتصاليـة للحركـات الاحتجاجية، مجلة الدراسـات الإعلامية، المركز الديمقراطي العربي، العدد الثامن، أغسطس 2019م.

10 – خالـد غسان يوسـف المقدادي: ثورة الشبكات الاجتماعيـة، دار النفائس، عمان، ط 1، 2013م، ص 24.

11 – عباس مصطفى صادق: الإعلام الجديد المفاهيم والوسـائل والتطبيقات، دار الشروق، الأردن، ط 1، 2013م، ص 100.

12 – إبراهيم أبو طالب: تطور الخطاب القصصي من التقليد إلى التجريب، القصة اليمنية نموذجاً، دار غيداء للنشر والتوزيع، عمان، ط 1، 2016م، ص 38.

13 – صبحي موسى: حكاية القصة السودانية من البدايات إلى التحول الحداثي، القبس 3 يوليو 2006م، متاح على الرابط:

https://alqabas،com/article/229631-
%D8%AD%D9%83%D8%A7%D9%8A%D8%A9
-%D8%A7%D9%84%D9%82%D8%B5%D8%A9-%D8%A7%D9%
84%D8%B3%D9%88%D8%AF%D8%A7%D9%86%D9%8A%D8
%A9-%D9%85%D9%86 -%D8%A7%D9%84%D8%A8%D8%AF%
D8%A7%D9%8A%D8%A7%D8%AA -%D8%A5%D9%84%D9%89

تاريخ الاطلاع 1 أغسطس 2021م.

14 – أحمد علي باحكيم: القصة القصيرة عند مصطفى محمود، رسالة مقدمة لجامعة أم القرى لنيل درجة الماجستير، 1418 هجرية، ص 38.

15 – سعود صالح: الإعلام الجديد وقضايا المجتمع التحديات والفرص، ورقة مقدمة في المؤتمر الثاني للإعلام الإسلامي، جاكارتا 13 – 15 نوفمبر 2011م، ص 6.

16 – حسام معروف: هل أسهمت مواقع التواصل الاجتماعي في تعزيز حضور القصة القصيرة؟ إرم نيوز: 13 سبتمبر 2020م، متاح على الرابط: https://
www،eremnews،com/culture/books/2283215 تاريخ الاطلاع 3 أغسطس 2021م.

17 – بحسب ويكيبيديا https://ar،wikipedia،org/wiki/%D8%A3%D8%AF%
D8%A8_%D8%B1%D9%82%D9%85%D9%8A#cite_note – 1 – 0:

18 – أندرو فيتزجيرالد: مغامرات في خيال تويتر، منصة تد:

https://www،ted،com/talks/andrew_fitzgerald_adventures_in_
twitter_fiction/transcript?utm_content=addthiscustom&utm_
campaign=&awesm=on،ted،com_iDAs&source=twitter&utm_
source=rebelmouse،com&utm_medium=on،ted،com–twitter&language=ar

تاريخ الاطلاع 4 أغسطس 2021م.

19 – المصدر نفسه.

20 – حسام معروف: مرجع سابق، ص 3.

21 – مي العبد لله: نظريات الاتصال، دار النهضة العربية، بيروت، ط 1، 2005م، ص 15.

22 – كرايس الجلايلي وآخران: دور مواقع التواصل الاجتماعي في حراك 22 فبراير.. فيسبوك من التنظير والتأطير إلى المرافقة والاستشراف، مجلة الدراسات الإعلامية، مرجع سابق، ص 22.

23 – إسراء الموسوي: الخصائص المهنية للقائم بالاتصال في الصحافة، دار أمجد للنشر والتوزيع، عمان، الأردن، ط 1، 2018م، ص 46.

24 – فؤاد عفاني: نظرية التلقي.. النشأة وإشكالات المصطلح، متاح على الرابط:

http://kalema.net/home/article/view/1204

25 – المصدر نفسه.

26 – علي صديقي: الكتابة الرقميّة عند سعيد يقطين، 10 سبتمبر 2015م.

https://darfikr.com/article/%D8%A7%D984%%D983%%D8%AA%D8%A7%D8%A8%D8%A9 – %D8%A7%D984%%D8%B1%D9%82%D985%%D98%A

تاريخ الاطلاع 20 يوليو 2021م.

27 – سعيد يقطين: فن الكتابة الرقمية (3): خصائص الكتابة الرقمية، مجلة الكلمة، العدد 5 مايو 2007م، متاح على الرابط:

http://www.alkalimah.net/Articles/Read/479 تاريخ الاطلاع 30 يوليو 2021م.

28 – المرجع السابق.

29 – شعيب حليفي: هوية العلامات في العتبات وبناء التأويل، دراسات في الرواية العربية، المجلس الأعلى للثقافة، القاهرة، 2004م.

30 – صفحة أسامة سليمان تاريخ النشر 22 مايو 2021م.

https://m.facebook.com/story.php?story_fbid=10208198015623563&id=1697119700

31 ــ ســمر روحي الفيصــل: مصطلحات نقــد الرواية، الشارقة، دائــرة الثقافة، 2016م، ص 312.

32 ــ محمــد حسن عبد الله: مقدمة في النقــد الأدبي، الكويت، دار البحوث العلمية للنشر والتوزيع، 1975م، ص 444.

33 ــ عثمــان موافي: فــي نظرية الأدب، من قضايا الشعر والنثر في النقد العربي القديم، الجزء الأول، دار المعرفة الجامعية، الإسكندرية، 2000م، ص 93.

34 ــ د، محمــد غنيمي هلال: النقد الأدبي الحديث، دار نهضة مصر، القاهرة، ط 3، 1997م، ص 9 ــ 10.

المراجع والمصادر:

أولاً: الكتب:

1 ــ إبراهيم أبو طالب: تطور الخطاب القصصي من التقليد إلى التجريب، القصة اليمنية نموذجاً، دار غيداء للنشر والتوزيع، عمان، 2016م، ط 1.

2 ــ أحمد جاسم الحسين: القصة القصيرة جدّاً، مقاربة تحليلية، دار التكوين للتأليف والترجمة والنشر، دمشق، 2010م، ط 1.

3 ــ إسراء الموسوي: الخصائص المهنية للقائم بالاتصال في الصحافة، دار أمجد للنشر والتوزيع، عمان، الأردن، ط 1، 2018م.

4 ــ خالد غسان يوسف المقدادي: ثورة الشبكات الاجتماعية، دار النفائس، عمان، ط 1، 2013م.

5 ــ سمر روحي الفيصل: مصطلحات نقد الرواية، الشارقة الإمارات العربية المتحدة، دائرة الثقافة، ط 1، 2016م.

6 ــ شاكر عبد الحميد: سيكولوجية الإبداع الفني في القصة القصيرة، دار غريب، القاهرة، ط 1، 2001م.

7 ــ شعيب حليفي: هوية العلامات في العتبات وبناء التأويل، دراسات في الرواية العربية، المجلس الأعلى للثقافة، القاهرة، 2004م.

8 ــ عباس مصطفى صادق: الإعلام الجديد المفاهيم والوسائل والتطبيقات، دار الشروق، الأردن، ط 1، 2013م.

9 ــ عثمان موافي: في نظرية الأدب، من قضايا الشعر والنثر في النقد العربي القديم، الجزء الأول، دار المعرفة الجامعية، الإسكندرية، 2000م.

10 ــ محمد غنيمي هلال: النقد الأدبي الحديث، دار نهضة مصر، القاهرة، ط 3، 1997م.

11 – محمـد حسن عبد الله: مقدمة في النقد الأدبـي، الكويت، دار البحوث العلمية للنشر والتوزيع، ط 1، 1975م.

12 – مي العبد الله: نظريات الاتصال، دار النهضة العربية، بيروت، ط 1، 2005م.

13 – هاشـم مير غنـي: بنية الخطاب السردي في القصـة القصيرة، الخرطوم، ط 1، 2008م.

14 – زيجمونت باومان: الأزمنة السائلة العيش في زمن اللايقين، ترجمة: حجاج أبو حجر، الشبكة العربية للأبحاث والنشر، لبنان، ط 1، 2017م.

المجلات العلمية والدوريات:

1 – أوراق ثقافيـة: مجلة الآداب والعلوم الإنسانيـة، العدد السابع، بيروت، السنة الثانية، ربيع 2020م.

2 – مجلـة الدراسـات الإعلاميـة: المركز الديمقراطـي العربي، العـدد الثامن، أغسطس 2019م.

3 – مجلة المنهل: العدد 530، ذو القعدة 1406هـ.

الرسائل العلمية:

– أحمد علي باحكيم: القصة القصيرة عند مصطفى محمود رسـالة مقدمة لجامعة أم القرى لنيل درجة الماجستير، 1418هـ.

المؤتمرات:

– سعود صالح: الإعلام الجديد وقضايا المجتمع التحديات والفرص، ورقة مقدمة في المؤتمر الثاني للإعلام الإسلامي، جاكارتا 13 – 15 نوفمبر 2011م.

المواقع الإلكترونية:

1 – دار فكر. https://darfikr.com

2 – مجلة الكلمة (الكلمة. نت) http://www.alkalimah.net

3 – ويكيبيديا https://ar.wikipedia.org/wiki

4 – منصة تيد://www.ted.com

5 – الموقع الإلكتروني لصحيفة القبس الكويتية https://alqabas.com

6 – فيس بوك facebook.com

7 – إرم نيوز www.eremnews.com

القصة القصيرة والواقع الافتراضي
إشكاليات التفاعل والتوظيف بالمنصات الرقمية

محمد الخير حامد

تصدير:

يُتَّهم عصرنا الحالي دائماً بأنه عصر السرعة وإيقاعِ الومضات العجولة، والاتهام لم يأت من فراغ، وإنما جاء لتسارع التطوُّر العلمي والتكنولوجي والاكتشافات العلمية المتسارعة. وفي خضم التحديث الذي ظلّ مستمرّاً بتوسع الفضاء الرقمي والإلكتروني خرجت إلى العالم شبكات الإنترنت، ووجدت البشرية نفسها أمام سرعة نشر وبث ونقل ومعالجة فائقة للمعلومات، وأصبح بالإمكان حملِ العالم كله في كبسولة، أو مشاهدته من كل زاوية، وفي كل مكان بالأرض، وبواسطة ألواح صغيرة جدّاً.

ونتيجة لما سبق من إشارات وتطوُّر؛ ضج العالم بالمواقع الإلكترونية، وتبع ذلك انفجار مجموعة كبيرة من المنصات الرَّقميَّة إلى أن عرفنا مواقع التواصل الاجتماعي، والشبكات الاجتماعية،

والتطبيقات التي أسهمت كلها في فرض إيقاعها المذهل، ومثَّلت الإعلان عن واقع افتراضي جديد يزاحم واقعنا المعروف مسبقاً، فأصبح هناك واقعان: حقيقي قديم، وجديد افتراضي. وسرعان ما صارت للواقع الجديد كياناته ومجموعاته التي يتحرك ويتفاعل بها، وصارت هناك صداقات تُبنى، وأخرى تُهدم، وعلاقات افتراضية تتشكل وتبدو بشكل متين وأقوى من تلك الواقعية، وكل ذلك بفعل وتأثير الواقع الافتراضي الجديد.

وإزاء هذا الوضع الافتراضي والبشري الجديد كان يجب للثقافة عموماً، وللقصة بشكلٍ خاص؛ أن تبني مع الآخرين عالمها الجديد، وتخلق لنفسها نوعاً من التفاعلية الدائمة مع الوسائط الإلكترونية، وأن تبتكر شيئاً من تقنيات المواكبة والقدرة السريعة على النفاذ والتعبير عن الواقع المتشظي أو المتداعي، لما تمتلكه من أدوات فاعلة، مناسِبة ومتناسِبة مع الواقع الجديد. إذ يمكن للقصة أن تقوم بالعرض السريع للأفكار، وعكس التغييرات، ورصد المشاعر، والمواقف، كما يمكنها النقل والوصف الحي للشخصيات، وسرعة استيعاب الواقع وأحداثه، ولن يعجزها قولبة كل ذلك في منتج سردي وإخراجه في صورة أدبية جاذبة ومقبولة، ممتعة، مواكبة، وسهلة الاستيعاب والهضم، بما يمكِّن من الوصول إلى هدفها وهو وصول الرسائل والمعاني إلى القارئ في كل مكان وزمان، حتى ولو كان ذلك الواقع افتراضيّاً.

بهذا المفهوم كان لا بد من أن يكون هناك تأثير وتأثر في العلاقة بين القِصَّة والواقع الافتراضي الجديد. ومحاولات نفي هذا النوع من التأثير والتأثر، أو إنكاره، لن تجدي نفعاً أو تقود إلا إلى التضليل

والاعتساف، والزعم بأن ليس هناك تأثير أو تأثر بين المكونين؛ لا يعدو عن كونه اختلالاً في الفهم، وضعفاً في التفاعل النقدي، وشروداً عن المتابعة اللصيقة لمستجدات العالم وأحداثه.

إذن هناك تفاعل، تأثير وتأثر، ولا بد أن يتبع ذلك عملية توظيف وأدب قصصي تفاعلي.

هذه الدراسة تحاول بحث التأثير الذي يمكن أن تحدثه القصة القصيرة وتجتهد لمعرفة كيفية التفاعل الذي تقوم به في الواقع الافتراضي الماثل، وبمنصات التواصل الاجتماعي، ومقاربة الآليات والوسائل والمعطيات والأدوات المتوفرة في الفضاء الرقمي، وتوظيفها في تحقيق أهداف الكتابة والإبداع القصصي.

لماذا التركيز على القِصَّة والعلاقة بالواقع الافتراضي؟

عند النظر إلى حالة التركيز على جنس القصَّة؛ فإن ذلك يتم من منظور سمات النص القصصي. فالقِصَّة لا تزال هي أكثر أنماط التعبير السردية ملاءمة للواقع الافتراضي، فهي تتناسب مع إيقاع مواقع التواصل الاجتماعي السريع، وتمثل شكلاً مواكباً لعصر السرعة والثقافة الاستهلاكية المتسارعة، ويمكن للقارئ الافتراضي أن يلتهم عدداً من النصوص القصصية القصيرة في ثوان أو دقائق معدودة، مع إمكانية تحميل النص الواحد لعدة أفكار أو رسائل، وهذا ما لا يمكن الوصول إليه بسهولة، ولا يتأتى تحقيقه من خلال الرواية أو النوفيلا، لأنهما يتطلبان زمناً أطول في الكتابة والقراءة.

أما مسألة تبيئة الخيال المطروحة بالدراسة، فهي تأتي تحسُّباً وتخوّفاً من التأثيرات الوافدة التي تقود إلى غياب الوعي؛ لذا لا بد من الحديث عن توطين الخيال وربطها بقضايا الواقع الافتراضي؛ فهي مقاييس معنية بالأصالة والاشتغال على الخيال المنتِج للمعنى المخصوص. الخيال الذي يحمل هوية تعبِّر عنه، وهنا يجب التركيز على تشظيات الغزو الثقافي الوافد وضرورة عدم التأثر به سلباً من قبل الكتّاب المحليين. ولا نعني عدم تنمية الخيال بقدر ما نعني عدم اللجوء إلى المحاكاة والعمل على نقل النماذج المتخيّلة، مما يقود إلى تقديم نصوص سيئة. وكما يشير بعض النقّاد فإن الخيال العالمي الكبير انطلق من الذات والمحيط، وليس بالتشبث بنوع من الانبهار والاستسلام بالعوالم التي لا يدركها، وباحترام الخصوصية وترقيتها، لا باستيراد الخيال بشكلٍ آليٍّ دون تبيئته، وبيَّنوا أن ذلك لا يسهم في تصدير نصوص ذات قيمة فنيّة جيِّدة[1]. وهذا هو المطلوب لتحقيق مقولة العالمية تنبع من المحلية دائماً.

المحور الأول: مداخل نظرية ومفاهيمية:

في محاولة لتقديم تعريفات مختصرة ودقيقة لبعض مصطلحات البحث المفتاحية والمفردات الواردة بالدراسة؛ سيجد الباحث دائماً وكل من يُقدِّم مثل هذه الدراسة القصيرة، المُركَّزة، نفسه أمام إشكاليةٍ كبرى، وذلك بسبب ضيق المساحات التي تفرض على من يكتب أن يكون أكثر إيجازاً وتركيزاً، وهنا تبرز المشكلة التي يكون التشاكس فيها قائماً بين التكثيف وضرورة الشرح، وبين أهمية الإيجاز مع تقديم

المعنى المتكامل. وحتى لا أتوقَّف عند المسائل الخلافية حول قضايا وإشكالات تجنيس الأدب والسرديات؛ سأكتفي بتقديم بعض التعريفات للنصوص السردية والقصصية، والمفاهيم الخاصة بالإعلام الجديد والواقع الافتراضي والشبكات الاجتماعية، ومن ثم الولوج مباشرة إلى متون العملية البحثية.

مفهوم السرديات والقص:

في لسان العرب يذكر ابن منظور أن السرد في اللغة «تقدمة شيء إلى شيء، تأتي به متسقاً بعضه في إثر بعض متتابعاً، وسرد الحديث يسرده سرداً إذا تابعه، وفلان يسرد الحديث سرداً إذا كان جيد السياق له»[2]، وبما أن القصَّة تمثل شكلاً من أشكال السرد؛ وفي أوضح تعريفاتها يُقال بأنها «نوعٌ من القول الأدبي واللغوي، يستَعين بتقنيات معيَّنة ليبني باللُّغة عالمه»[3]، وهي أيضاً «نوع أدبي، عبارة عن سرد حكائي نثري أقصر من الرواية، وتهدف إلى تقديم حدث وحيد غالباً، ضمن مدة زمنية قصيرة، ومكان محدود غالباً، لتعبِّر عن موقف أو جانب من جوانب الحياة، ولا بد لسرد الحدث في القصة القصيرة أن يكون متحداً ومنسجماً دون تشتيت. وغالباً ما تكون وحيدة الشخصية أو عدة شخصيات متقاربة، يجمعها مكان واحد، وزمان واحد، على خلفية الحدث والوضع المراد الحديث عنه» فإن الباحث سيكتفي بهذين التعريفين البسيطين الدقيقين لجنس القصة القصيرة، وبكونها قولاً لغويّاً مع توفر تقنيات إبداعية، كالخيال الفنِّي، وبتوصيف متنها الحكائي والموضوعي المفصَّل في التعريف، كونها حكاية بها حدث

واحد أو أحداث قليلة، مع إبراز صفتها الواضحة المتمثلة في التكثيف والتركيز ووحدة الموضوع والحدث والقصر النسبي.

تخصيص القول اللغوي في بنية قصصية:

أمر التجنيس والتخصيص مهم في تحديد فنيَّة وقيمة كل نص، لكن لا بد من تجنب الخوض في جدليات ومسميات الأجناس السردية المتقاربة كالرواية والنوفيلا والأقصوصة، وإنما الاكتفاء بما يهمنا هنا فقط، وهو ما يمكن تسميته فنيّاً بالقِصَّة. فكيف ومتى يمكننا القول بأن هذا العمل قصصي، أو هذه قصة؟!!.

وفي هذا الأمر؛ تطرح الكاتبة يمنى العيد مسألتين، الأولى؛ تتعلَّق بتوضيح معنى تخصيص القول اللغوي بما يجعله قولاً قصصيّاً، أو لنقل كيف يصير القول اللغوي القائم على المستوى الأيديولوجي قولاً قصصيّاً، أي قول في الحقل الأدبي. والثانية؛ هي كيف يتخصص القول فنيّاً ويتميَّز كقصة، وهل هناك فن للقص وحده؟ أي إن هناك فقط قصاً يقصر شريطه اللغوي وقد يطول، أي قد يجتزئ القص الحدث فتتراجع مساحته إلى حدود زمن لحظوي، وقد لا يجتزئ القص الحدث، فيُرى إليه عند ذاك في حدود بعيدة تكبر فيها مساحة عوالم هذا القص، ويتسع فضاء زمنه[4]. ولحسم الأمر الإجابة عن هذه التساؤلات المطروحة في تخصيص القول اللغوي وجعله قصَّة؛ ميَّز تودوروف في بنية العمل القصصي وتخصيصه في بنية قصصية، وقسمه إلى مستويين، ففي المستوى الأول يرى جانب القِصَّة (كتاريخ) ووقائع تخص الكون المتخيَّل لعالم القِصَّة، وعنده

يمكن النظر في هذا المستوى إلى المنطق الذي يحكم الأفعال، في نظام الحوافز الذي يدفع حركة الفعل، في الشخصيات، وفي العلاقات في ما بينها. وفي المستوى الثاني نظر تودوروف إلى البنية (كقول) أي كونه كلاماً واقعياً وله وجوده المادي يوجهه الراوي إلى القارئ. ويرى أنه على هذا المستوى يمكن النظر في زمن القص الذي هو زمن تخيلي يختلف عن زمن الوقائع ويفارقه، ووفقاً لما سبق؛ يشار دائماً إلى زمن الوقائع بأنه زمن متعدد الأبعاد، يحمل في الوقت الواحد أحداثاً عديدة، أما زمن القص فهو زمن أُحادي ينمو بالكلام في التوالي، وهو زمن انتظام الصياغة وتكونها في حِمل تتوالى وترتصف مقيمة القول⁽⁵⁾.

هذا على مستوى البنية وتخصيص القول فنيّاً، لكن هنـاك من يرى بأن لغة القِصَّة هي المشكلة الأكثر إلحاحاً في البناء القصصي بأسره. وعلى ذلك؛ جرى كما في الرواية بحث العلاقة بين السردِ والحوار، وبين التداعي والتعدد الحكائي، واللغات المختلفة في اللغة الواحدة، وتوصلوا إلى حل الإشكالية بالقول بأن القِصَّة حاولت معالجة هذا الإشكال عبر اللجوء إلى لغتين: واحدة للسرد وأخرى للحوار، الفُصحى في الأولى والعامية في الثانية، أو عبر اللجوء إلى لغة موحَّدة مبسَّطة في الحالتين، أو عبر الإيغال في لغة مشعرنة تمحو الفواصل بين عناصر النص القصصي المختلفة، كما تمحو الفواصل بين الكاتب والشخصية⁽⁶⁾. وهناك من يرى أن إشكال تجنيس القصة يبقى في طولها أو قصرها، لكن الأمر الواضح أن القصة لها مميزات عديدة تضعها في مكانة بعيدة عن بقية الأجناس السردية وتجعلها

واضحة المعالم أمام الرواية والنوفيلا، وأهم هذه الميزات بؤرة التركيز، والتكثيف اللغوي، وقلَّة الأحداث والشخصيات، والقصر النسبي مقارنة بالأجناس السردية الأخرى.

مفاهيم الإعلام الجديد والواقع الافتراضي:

مفهومي الإعلام الجديد والواقع الافتراضي من المفاهيم التي تتحمل العديد من المترادفات، فقد تعارف بالوسائط على إطلاق مسميات ومفاهيم أخرى عديدة كالإعلام الرقمي، أو الإلكتروني، أو البديل، أو الواقع الافتراضي، وكلها مسميات تُطلق على عملية توظيف الشبكة العنكبوتية في مجال العمل الإعلامي، بحيث تتداخل العملية الإعلامية مع شبكة المعلومات الرقمية والاتصال بالإنترنت. والواقع أنه مهما اختلفت الأقوال، وتباينت الآراء حول مفاهيم الإعلام، ومهما جاءت تقسيماته، فإنها في مجموعها تلتقي في أنها اتصال بين طرفين بقصد إيصال معنى، أو قضية، أو فكرة، للعلم بها، واتخاذ موقف تجاهها. ونجاح الرسالة الإعلامية يتوقف على عدد من الشروط أهمها: وضوح الرسالة، والتناغم بين المرسِل والمرسَل إليه، وتوفر الظروف المواتية للإرسال، وتأثر المستقبِل بالقِيم السائدة في محتوى الرسالة واندماجه فيها[7]. وسنستعرض بالسطور القادمة عدداً من المفاهيم الإعلامية والتعريفات للمفردات الواردة بهذه الدراسة.

الإعلام الجديد والواقع الافتراضي:

تضع كلية شريدان للتكنولوجيا Sheridan[8] تعريفاً إجرائياً

للإعلام الجديد وتقول بأنه: «نوع من الإعلام الرقمي يقوم في شكل رقمي وتفاعلي، ويعتمد على اندماج النص والصورة والفيديو والصوت، فضلاً عن استخدام الكمبيوتر كآلية رئيسة لـه في عملية الإنتاج والعرض، أما التفاعلية فهي تمثل الفارق الرئيس الذي يميزه وهو أهم سماته»[9]. وهو أيضاً «اندماج الكمبيوتر وشبكاته والوسائط المتعددة، ومجموعة تكنولوجيات الاتصال التي تولَّدت من التزاوج بين الكمبيوتر والوسائل التقليدية للإعلام»، وقد قدَّم الباحثون الإعلام الإلكتروني باعتباره إعلاماً شبكيّاً (Network Communication) أو صحافة شبكية (Online Journalism) نسبة للوسيط الذي يحمل المضمون الإعلامي، كما أطلق عليه الإعلام الإلكتروني (Electronic Communication) ليعبِّر عن التطور التكنولوجي، وذهب بعضهم إلى تسمية الإعلام الرقمي (Digital Communication) باعتباره إعلاماً يعتمد التكنولوجيا الرقمية[10]. أما الواقع الافتراضي فهو ذلك المزيج بين معنيين هما: الواقع والافتراض، ويتوفر عبر الشبكة العنكبوتية بما في ذلك المواقع الإلكترونية والمنصات والمدونات والرسائل والتطبيقات الإلكترونية.

مفهوم المجتمع المعلوماتي:

يرتبط هذا المفهوم ويتداخل بشدَّة مع المفهوم السابق، إلا أنه يميل نحو الجانب العلمي والمعلومة. فالمجتمع المعلوماتي «هو المجتمع الذي تُتاح فيه لكل فرد فرصة الحصول على معلومات موثَّقة، من أي شكل ولون ومذهب واتجاه، من أي دولة من دول العالم،

وعبر شبكات المعلومات الدولية، بغض النظر عن البُعد الجغرافي، وبأقصى سرعة، وفي الوقت المناسب للمشاركة في عملية التبادل الإعلامي»[11].

وهنا؛ وفي هذا التعريف؛ نلاحظ تحقق عمليات التواصل الفوري، ذوبان الحدود الجغرافية، والمكان والزمان، الإشباع الكامل لنشاطات وسائل الإعلام والاتصال الجماهيري، مع اتساع مساحات وإمكانيات الحفظ والإعداد والنشر المعلوماتي المقروء والمسموع والمرئي، وبروز سِمَة الفوريَّة التي تعتبر أهم ميزة في الشبكة الدولية للمعلومات.

مفهوم الإعلام الاجتماعي والشبكات الاجتماعية:

يرجع المفهوم إلى هاوارد رينجولد 1993 (Rhngoldم) الذي كتب الكتاب الأول والرائد في هذا السياق بعنوان المجتمع الافتراضي (virtual community)، والذي عَرَّف المجتمع الافتراضي بأنه «تجمعات اجتماعية تشكَّلت من أماكن متفرِّقة في أنحاء العالم، يتقاربون ويتواصلون فيما بينهم عبر شاشات الكمبيوتر والبريد الإلكتروني، يتبادلون المعارف فيما بينهم ويكوّنون صداقات. يجمع بين هؤلاء الأفراد اهتمام مشترك، ويحدث بينهم ما يحدث في عالم الواقع من تفاعلات، ولكن ليس عن قرب، وتتم هذه التفاعلات عن طريق آلية اتصالية هي الإنترنت الذي بدوره ساهم في حركات التشكل الافتراضية»[12].

أما الإعلام الاجتماعي فهو «المحتوى الإعلامي الذي يتميَّز بالطابع الشخصي والمتناقل بين طرفين، أحدهما مرسِل والآخر مُستقبِل، عبر وسيلة، شبكة اجتماعية، مع حرية الرسالة للمُرسِل، وحرية التجاوب معها للمستقبِل»[13]. وهو أيضاً؛ «طُرق جديدة في الاتصال في البيئة الرقمية بما يسمح للمجموعات الأصغر من الناس بإمكانية الالتقاء والتجمُّع على الإنترنت وتبادل المنافع والمعلومات، وهي بيئة تسمح للأفراد والمجموعات بإسماع صوتهم وصوت مجتمعاتهم إلى العالم أجمع»[14]. وهنا أيضاً تبرز أهم السمات، وهي وجود جماعات وارتباط بالشبكة العنكبوتية والاتصال والتفاعل والتبادلية وتقديم الآراء.

مواقع التواصل الاجتماعي:

تعد مواقع وشبكات التواصل الاجتماعي أحد أبرز مظاهر الإعلام الجديد الذي أنتجته وساعدت على ظهوره ثورة الإنترنت، ويمتاز بأنه «إعلام غير وسيط، حيث إن الجميع فيه مُرْسِل ومُسْتقبِل بعكس الإعلام التقليدي الذي هو إعلام وسيط، يبدأ بإرسال مؤسساتي وينتهي باستقبال جماهيري»[15].

والمواقع الاجتماعية كثيرة جدّاً، لكن يأتي موقعا الفيسبوك (Facebook) وتويتر (Twitter) كأبرز المواقع الاجتماعية في العالم، وقد زاد الإقبال عليهما بشكل كبير خلال السنوات الأخيرة، رغم حداثة تأسيسهما نسبيّاً، فالأول تأسس في 2003م والثاني جاء

لاحقاً في 2006م كمشروع بحثي أجرته شركة (Obvious) الأمريكية في مدينة سان فرانسسكو، وأطلق رسميّاً في أكتوبر 2006م، وبدأ كخدمة جديدة في أبريل 2007م [16].

وأثار الفيسبوك الكثير من الجدل على مستويات عديدة منها إشكاليات قانونية حول ملكية الموقع، ومنها قيام بعض الدول بحجبه في فترات مختلفة [17]. وقد تزايدت شعبية وأهمية الموقع ليحتل المركز الثاني على مستوى العالم بعد موقع غوغل (Google) الشهير ويضم حاليّاً أكثر من ملياري مستخدم [18].

هناك أيضاً موقع يوتيوب (youtube) وهو موقع إلكتروني معروف يسمح ويدعم نشاط تحميل وتنزيل ومشاركة مقاطع الفيديو وعرض الأفلام القصيرة بشكل مجاني. تأسس في فبراير 2005م، بواسطة ثلاثة موظفين سابقين في شركة (Paypal) هم: تشاد هيرلي وستيف تشين وجـاود كريم في مدينة سان ماتيو في كاليفورنيا بالولايات المتحدة الأمريكية، ويستخدم الموقع تقنية الأدوبي فلاش، وأول مقطع فيديو رُفع بالموقع كان بتاريخ 23 أبريل 2005م، ومدته 19 ثانية [19].

هذه تقريباً أشهر المواقع الاجتماعية وأكثرها انتشاراً وتوظيفاً بالمنطقة العربية بشكلٍ عام، لذلك سيتم التركيز عليها وتقديم نماذج حولها، وهناك أيضاً مواقع وشبكات وتطبيقات أخرى أقل تداولاً وتأثيراً منها «إنستغرام» و«تلغرام» و«لايكي» و«لينكدإن» ومن التطبيقات المنتشرة «واتساب» (Whatsapp)، و«كلب هاوس» (Clubhouse) وغيرها، حيث لا يسع المجال لتناولها كلها.

المحور الثاني: الإعلام الجديد والمجتمعات الافتراضية .. السمات والتأثيرات:

أولاً: سمات المجتمعات الافتراضية:

تعارف على تسمية المجتمعات الافتراضية بالمجتمع السيبيري، ولهذا المجتمع مجموعة صفات وسمات واضحة، ومعظم الآراء تتفق على أن الصفات هي[20]:

1 – المرونة وانهيار فكرة الجماعة المرجعية بمعناها التقليدي، فالمجتمع الافتراضي لا يُحدد بالجغرافيا، بل بالاهتمامات المشتركة التي تجمع الأشخاص معاً، ولا يُشترط فيها معرفة كل فرد فيها بالآخر قبل الالتقاء الإلكتروني.

2 – الحالية والوقتية، بمعنى أن حدود الجغرافيا لم تعد المحدد الوقتي للتلاقي، ولم يعد لها دور في تشكيل المجتمعات الافتراضية من حيث التوقيت، فهذه المجتمعات الافتراضية لا تنام، ويستطيع الفرد فيها أن يجد من يتواصل معه في أي وقت وعلى مدار الساعة.

3 – لا تقوم على الجبر والإلزام، بل على الحرية في الاختيار والرضا والقناعات الشخصية.

4 – فيها وسائل ضبط وتحكم وتنظيم لضمان الخصوصية والسرِّية، وقد يكون مفروضاً من قبل القائمين على أمرها، وقد يُمارس الأفراد أنفسهم في تلك المجتمعات الحجب والتبليغ عن المداخلات والمشاركات والمواد غير اللائقة.

5 – أنها فضاءات رحبة مفتوحة للتمرُّد والثورة، بداية من التمرُّد على الخجل والانطواء، وانتهاء بالثورة على الأنظمة السياسية.

6 – تتسم المجتمعات الافتراضية بدرجة عالية من اللامركزية، وتنتهي بالتدريج إلى تفكيك مفهوم الهوية التقليدي، وربما هذه تُعد من العيوب والسلبيات التي تؤخذ ضد هذه المجتمعات. ولا يقتصر تفكيك الهوية على الهوية الوطنية أو القومية، بل يتجاوزها إلى الهوية الشخصية، لأن من يرتادونها في أحيان كثيرة يدخلونها ويمارسون نشاطاتهم بأسماء مستعارة ووجوه ليست وجوههم، وبعضهم له أكثر من حساب.

7 – أيضاً من عيوب هذه المجتمعات الافتراضية؛ أنها تساعد على العزلة الاجتماعية، إذ إن كثيراً من الآراء ترى أنها أسهمت في التفكك الأسري، وباعدت بين الأفراد على مستوى الواقع، حتى أصبح من الصعب التقاء أفراد الأسرة الذين يعيشون تحت سقف واحد، لأن كل فرد فيها صار منهمكاً في عالمه الافتراضي الخاص، المشبع لرغباته وتطلعاته، ولم يعد بعد ذلك محتاجاً لوجوده داخل الأطر العائلية المُقيِّدة.

ثانياً: تأثيرات الإعلام الجديد والواقع الافتراضي:

حالما يبدأ الحديث عن تأثير الإعلام والأفكار سرعان ما تتداخل المفاهيم وتتقاطع، فتبرز كلمات كالأيديولوجيا والثقافة والغزو الفكري والعولمة، وغيرها من مدلولات ومحمولات التأثير والتأثر الفكري والثقافي.

وكما هو معروف؛ فإن وسائل الإعلام لها أهمية كبيرة في رفع المستوى الثقافي للشعوب، وحسن أداء الأفراد لوظائفهم، وكذلك اكتسابهم للقيم الاجتماعية داخليًا، كما أنها تعرِّف العالم بحضارة الشعوب ووجهات نظرها في المسائل العالمية. ومع تنوع الوسائل الإعلامية تنوَّعت الوظائف وتعددت، لكن وبحسب الدارسين والمهتمين؛ لم تزل أهم الوظائف التي تقدمها وسائل الإعلام تتمثل في: التوجيه، والدعاية، والتثقيف، والتعارف الاجتماعي [21].

وبما أن هناك أقلاماً ترى أن الإعلام إحدى الوسائل التي ابتكرتها البشرية لإخضاع الجمهور لسلطة الأقلية، وهذه الأقلية إما أن تكون حاكمة بصورة ديكتاتورية أو ملكية أو ديمقراطية، وهو ـ أي الإعلام ـ أداة استخدمها القدماء، إما بإثارة الرهبة، أو من خلال بسط قناعة بأن الأقلية تحقق الصالح العام؛ لذا صار من المهم دراسة طبيعة الصورة الإعلامية التي تقدّم لغة الخطاب المقبولة لدى الجمهور كأداة لإقناعه والسيطرة عليه، واستخدام الإعلان كأداة للوصول إلى الأهداف المرجوة [22]؛ لأن هدف التأثير الإعلامي مهم، ويحمل أهدافاً عظيمة، ولا يتم خبط عشواء.

ومعظم الباحثين في مجال مواقع التواصل الاجتماعي اتفقوا على أن التأثيرات التي يمكن أن تحدثها هذه المنصات الاجتماعية أو التأثير السيبيري [23] بوصفها وسائل إعلامية سريعة التأثير؛ يتمثل في عدد من الجوانب هي [24]:

ـ التغيير المعرفي: كون وسائل الإعلام لها القدرة على أن تؤثر في التكوين المعرفي للأفراد، وذلك يتم من خلال عملية التعرُّض

طويلة المدى لوسائل الإعلام، بوصفها مصادر معلومات موثوقاً فيها، خاصَّة إن حملت مسميات لمؤسسات رسميَّة.

– تغيير الموقف: قدرة مواقع التواصل الاجتماعية من خلال ما تنشره وتبثه من موضوعات على تغيير نظرة وموقف واتجاه الجمهور إلى العالم، سواء على مستوى الأشخاص، أو القضايا، أو على مستوى السلوك والقيم.

– تعبئة الرأي العام: وهي أهم خصائص وسائل التواصل الاجتماعي لاستطاعتها ومقدرتها على إثارة الجماهير وتحريكها لتحقيق غرض معين، عن طريق تكييف الجماهير معه، ولعل من أبرزها حراك الشباب العربي الذي تمثل في الاحتجاجات والثورات التي شهدتها بعض الدول العربية، والتي سُميت بثورة الفيسبوك في مصر، وقد أثبتت هذه الثورات في العديد من الدول الأخرى – كالسودان أيضاً – للجميع قدرة هذا النوع من المواقع الاجتماعية على التعبئة وإحداث التغيير.

– التنشئة الاجتماعية: باعتبار أن كل ما يتم قراءته أو مشاهدته يحمل قِيَماً اجتماعية وثقافية، وذلك يعمل على تلقين المستقبِل مجموعة من المعارف التي تسهم في تشكيل الهويَّة الثقافية ومنظومة القِيَم بداخله.

ثالثاً: دور التكنولوجيا والإعلام في العملية الثقافية:

يُعرّف تايلور (Taylor) الثقافة بأنها «كُلٌّ مُركَّب، أو هي نظام

متكامل يشتمل على كلٍّ من المعرفة، والفن، والقانون، والعادات والتقاليد، والأخـلاق، وغيرها من الأمـور التي يكتسبها الإنسان بوصفه أحد أفراد المجتمع»[25]. بينما يُنظر دائماً إلى الأيديولوجيا بأنها تعني المذاهب الفكريَّة الفلسفية، وجملة التصورات الجماعية التي من خلالها تؤكد مجموعة بعينها تفرُّدها وتميُّزها عن غيرها، فهي تؤسس لاتحاد المجموعة عبر المنتمين إليها، بأن تخلق من وعيهم بأنفسهم، تعاضداً، وتيَسّر قنوات التواصل بينهم: كما تؤسس للاختلاف أيضاً[26].

ولا أحد بالطبع يستطيع أن ينكر تأثير التكنولوجيا في الثقافة، وخاصَّة عند النظر إلى التطوُّر الذي بدأ بظهور آلة جوتنبرج في منتصف القرن الخامس عشر، وما تبع ذلك من محو للأمية، وكسر احتكار المعرفة، وتدمير النظام الإقطاعي ذي السلطة المُطلقة لطبقة النبلاء ورجال الدين وتكوين المراكز الحضرية، وهذه التأثيرات أدَّت بدورها إلى تطور أوروبا ونقلها إلى مرحلة التصنيع، وأحدثت التحوُّل في تجربة الفكر والمعرفة الإنسانية. وعزا البعض ملامح تأثير العلم والتكنولوجيا في النتاج الفكري وأطَّروا له بظهور الحركات الرومانسية والسريالية في الأدب والفنون التشكيلية كدلالة وتعبير عن نزعة الحنين إلى الطبيعة والهروب من الواقع، أو باللجوء إلى اليوتوبيا السوداء. والأمر عندهم تجاوز حدود تناول النتاج الفكري والأدب الفنِّي كـ«ثيمات» أو «موتيفات»، إلى أنه أبعد بكثير وينفذ إلى صميم العملية الإبداعية ذاتها. ولإثبات ما سبق دلَّلوا بالصلة الوثيقة بين اكتشاف نيوتن ألوان الطيف وظهور المدرسة الانطباعية

في فن التصوير، وأشاروا إلى عدم تجاهل العلاقة بين انتشار العلم التحليلي وقيام المدرسة التجريدية التحليلية[27].

إذن فتأثير الإعلام والتقدُّم التكنولوجي الثقافي المعرفي واضح، وذلك بما يمتلك من جذب وتشويق وإدهاش وتطور، فالإعلام لا يأخذ صورةً مباشرةً، وإنما يقوم بتشكيل الوعي المجتمعي بصورة غير مباشرة، وبوتيرة متسارعة وغير ملحوظة، ودونما مقدمات أو استئذان. والمتلقي للوسيلة الإعلامية يتلهَّف إليها كحاجة ترفيهية تعويضية عن هموم معيشية ومنغصات حياتية واجتماعية وعائلية متعددة، وهكذا يلتقي المرسِل مع المرسَل له (المتلقي) بتأثير الإثارة التقنية والجاذبية الفنية الشكلية المبهرة للمتلقي، إذ يؤدي إلى تنويمه واستسلامه، وتقبُّل التأثيرات الأيديولوجية والثقافية المبطنة في ثنايا البرامج المقدمة له على طبق ثقافي، وهكذا يمكن التأثير بسهولة في المتلقي[28].

وفي عصر العولمة واللامركزية، وما شهده العالم من تطورات هائلة في مجال تكنولوجيا الاتصال والمعلومات والفضاءات المفتوحة؛ أصبح العالم أشبه بقرية صغيرة، وأصبحت الدول النامية تواجه إشكالية التعايش والتفاعل مع هذا العالم المتغيِّر، من خلال تعليم وتأهيل الإنسان القادر على التفاعل الإيجابي والتعامل الواعي مع هذه التطورات، ومحاولة تحقيق العدالة الصعبة التي تقتضي التعامل مع تحديات العولمة، وفي الوقت ذاته، الحفاظ على الهوية الثقافية لهذه المجتمعات[29].

وإذا كانت العولمة الاقتصادية عملية واضحة، فإن العديد من

الأقلام ترى في العولمة الثقافية غير ذلك، وتقول بأنها ليست بذات الوضوح، لأن الأولى جاءت كمحصلة لتاريخ طويل من التطورات الاقتصادية والتجارية والمالية، أما العولمة الثقافية فتعتبر ظاهرة جديدة نسبيّاً، والكثير منهم اعتبر أنها ما زالت تمر بمراحلها التأسيسية الأولى، وهذا يؤشر إلى أنه وإن كان هناك إجماع واتفاق على مفهوم العولمة الاقتصادية، إلا أن مفهوم العولمة الثقافية غير واضح، وذلك بسبب عدم وجود نظام ثقافي عالمي على غرار النظام الاقتصادي العالمي المعروف[30]. لكن يُشار دائماً إلى أن للعولمة الثقافية خصائص محددة، فمن مميزاتها أنها منفتحة على العالم، وليست محصورة في المجال المحلي، كما أنها متعددة الوسائل، وتتطلب متابعة ويقظة شديدتين، ومستوى معيَّناً من الذكاء، ويغلب عليها الطابع الكمّي على حساب الكيف والنوعيَّة، كما تتميَّز بالإبهار في العرض والسيطرة الكاملة على اهتمام المتلقي، وغالباً ما تحتاج إلى المهارة التكنولوجيَّة للإفادة القصوى من رسائلها ومعطياتها. ورغم كل ذلك لها إيجابيات غاية في الأهمية كالوعي بالقضايا الإنسانية والتفاعل معها، واتساع مساحات التسامح مع وجهات النظر المختلفة، خاصَّةً المخالفة للرأي، وكذلك فهي تساعد في سهولة الاندماج، أو على الأقل سهولة التعامل مع المجتمعات الأخرى[31]. ولا شك في أنه يُنظر إلى مواقع التواصل الاجتماعي على أنها من أهم إفرازات العولمة والنظام الإعلامي الجديد، وبما تمتلك من أدوات تأثير إعلامية وتأثيرات كونية، تتفاعل وتؤثر في المجتمعات، ومن هذا المنطلق تدرس الدراسة هذه التأثيرات، وتجري عليها تقييماتها لمعرفة التفاعلات والتوظيفات الممكنة.

المحور الثالث: دراسـات تطبيقية في التفاعل.. التأثير والتوظيف:

أولاً: التأثر والتأثير بالمنصات الإلكترونية:

– مستويات التأثير والتأثر:

لا شك في أن الكُتَّاب قد تأثروا بالأفكار المقروءة من خلال هذه الوسائط، كما تأثروا بالمدلولات الجديدة ونقل العبارات والأوصاف المُتخيَّلة. فالتأثير الثقافي والتكنولوجي وعلى مستوى استيراد الأفكار سبقت الإشارة إليه بالقول بضرورة تبيئة الخيال، وعدم نقل الأفكار كما هي، والأمثلة حول ذلك عديدة ووافرة. كأن تجد الكاتب يصف محبوبته بأنها ذات شعر ناعم وطويل، وأنف حاد، وهي بيضاء اللون، وخدودها متوردة بحمرة الخجل، وغير ذلك من الأوصاف المأخوذة نقلاً لا واقعاً، متناسياً أنه يأخذ هذه الصفات ويكتبها دون وعيه. أما التأثير على مستوى المفردة فيأتي بدخول مفردات عديدة ومن إفـرازات الواقع الافتراضي، وكتابة نصوص مستوحاة من الإنترنت والتطبيقات، واستخدام تشبيهات جديدةٍ ومُستلَّة من مشاهد ومعانٍ وتوصيفات صارت أكثر تداولاً بالوسائط الإلكترونية بعد طغيان الثقافة الإلكترونية الحديثة، مثل: «جاري الكتابة»، و«آخر ظهور»، و«شريط الحالة»، و«مزامنة»، وغيرها من المفردات العربية التي أخذت أبعادها ومدلولاتها الجديدة من الواقع الافتراضي. ولأن المنصات الإلكترونية مفتوحة ولا ضابط لها فقد يتم أيضاً توظيف عبارات وجُمل وكلمات غير عربية، فتجد عبارات وكلمات

مثل: «أونلاين»، «بُلوك»، «لايك»، «ديس لايك»، و«ائتايم لاين»،
و«الاستوري».. واستخدام أفعال مثل «بلَّكني، وبلَّكْتُه، تاقاني وتاقيته»
بدلاً عن استخدام مفردة وفعل «حظرني، وحظرْتُه، وأشار إليّ في
المنشور»، وغيرها من العبارات المنقولة بنفس صيغها إلى العربية.

– التأثر على مستوى الإيقاع:

التأثر على مستوى الإيقاع يتضح ببروز النماذج المتعجّلة، وطغيان
ظاهرة استسهال الكتابة وإفرازات النص السريع الممزوج بالحداثة
اللغوية. النص الذي يتماهى ما بين الشعر والخواطر، والكتابة الضائعة
بين الشعرية والسرد، وما بين قصيدة النثر والقول المطلق، وقد أفرز
ذلك فائضاً في المُنتج، وندرةً على مستوى الجودة، بكثرة الناشطين
والمشتغلين بكتابة النصوص القصصية والسردية على حساب الكيف.

ثانياً: التوظيف: نماذج للمنصات المهتمَّة بالقصة:

كما ذكرنا في مستهل التقديم بأن القصة لا بد أن تواكب التطوُّر
الجديد، وتسعى لتوظيف المنصات الجديدة لتحقيق الأهداف والانتشار
وزيادة المقروئية، وفي السطور القادمة سنجري استعراضاً لبعض
النماذج والقطاعات ونقيِّم مدى نجاحها أو فشلها في توظيف المنصات
الإلكترونية لصالح كتابة ونشر القصّة، وهذه النماذج ستكون على
مستويات متعددة: الدولة ومؤسساتها الثقافية، ومؤسسات المجتمع
المدني، والجمعيات والهيئات الثقافية المعنية بالقصّة في السودان،
ودور النشر الخاصّة، والكُتَّاب.

1 – المستوى الرسمي:

على المستوى الرسمي لم نجد منصَّة رقميَّة متخصصة بفن القِصَّة أو نشاطاتها ونقدها، كما لم نلحظ أي منصَّات على مواقع التواصل الاجتماعي غير الصفحات الرسمية التي تُعنى بالنشاطات اليومية والأخبار وتتبع تحركات المسؤولين ونشر ما يتعلَّق بالقضايا السياسية والإعلامية والثقافية العامة.

2 – دور النشر السودانية:

على مستوى دور النشر، ليست هنالك منصات إلكترونية لغالبية دور النشر السودانية، ولا تمتلك معظمها موقعاً إلكترونيّاً، أو متاجر للبيع والعرض الإسفيري، ومعظم هذه الدور لا تستخدم منصات التواصل الاجتماعي، وحتى إن فعلت ذلك فهو يتم على استحياء وعبر حسابات وصفحات لا يتم تحريكها إلّا في فترات متباعدة. وإن افترضنا أن إنشاء موقع إلكتروني يعتبر مكلفاً ماديّاً، فإن إنشاء حساب إلكتروني مجاني بإحدى منصات التواصل، وإدارته، والنشر به، ليست عملية مكلفة أو معقدة بأية حال من الأحوال. والأمر هنا لا يرتبط بتخصيص الملاحظة، أو دراسة حالة دار نشر بعينها، وإنما بالاتجاه نحو الرؤية العامَّة.

3 – الهيئات والأجسام الثقافية المعنيَّة بالقصَّة:

سنأخذ مثالين لأكبر الأجسام الثقافية المعنية بكتابة ونقد القِصَّة

في السودان وهما «نادي القِصَّة السوداني» و«منتدى السرد والنقد». ونجري تقييماً لمنصاتهما الإلكترونية. فالأول يمتلك مجموعة بموقع فيسبوك قوامها عدد 1100 من العضوية[32]، والثاني أيضاً يمتلك مجموعة بالفيسبوك بها عدد 685 عضواً[33].

فآخر منشور قصصي وجدناه بمجموعة نادي القصة السوداني كان بتاريخ 12 يونيو 2021م، وهناك مجموعة من النصوص السردية لكاتب واحد فقط هو زهاء الطاهر، ويأتي عن طريق خاصة التشارك من صفحة باسم الكاتب، أي ليس من قبل مدير، أو مشرف، أو عضو أصيل بالمجموعة، ورغم ذلك لم تجد النصوص المنشورة تفاعلاً نقديّاً أو تعليقات ذات قيمة نقديّة أو فنيَّة، وهذا ما يؤشر إلى ضعف المثاقفة وقلَّة التفاعل. والمجموعة مليئة بالتنويهات والإعلانات عن النشاطات والفعاليات الثقافية كإطلاق الكتب الجديدة والإشارة إلى بعض الفعاليات الواقعية المقامة هنا وهناك. أما بخصوص النقد بالمجموعة؛ فآخر مقالة نقديّة منشورة بالمجموعة كانت منشورة بتاريخ 26 فبراير 2021م، وهي مقالة نقديّة جادة حول الرواية وكتبها الناقد البروفيسور عبد الغفار الحسن في ندوة افتراضية وفعالية بمنتدى الرواية الافتراضي، أي إن النشاط نفسه لم يكن متعلِّقاً بنادي القصَّة. وكذا الأمر بمجموعة منتدى السرد والنقد، فهي لا تعتمد أي نشاط كتابي أو نقدي ممنهج ومؤسس، هي فقط مجموعة للنشر الفردي المفتوح للأعضاء كما اتفق، وفي معظمها معتمدة على فعالية الأعضاء وترويجهم أعمالهم، والنشر عن الفعاليات والنشاطات بنفس طريقة وأسلوب مجموعة نادي القصّة.

أي إن هذه المنصات ــ رغم أنها المعنيَّة بالقصة في السودان ــ لا تقدِّم إلا نشاطات الترويج لبعض النشاطات الواقعية والفعاليات والاحتفاءات بالإصدارات الجديدة لأعضاء المنتديين، وليس هنالك أي نشاطات افتراضية، ولا ورش نقدية إسفيرية أو مناقشات، ولا حتى كتابات سردية قصصية أو نقدية إلا بقدر ضئيل.

وحتى على مستوى الواقع؛ فالأول كان نشطاً جدّاً خلال السنوات الماضية، لكن نشاطه توقَّف في السنوات الأخيرة، وعاد من جديد وأقام دورةً تدريبية واقعية وحيدة بإحدى الولايات، ثم بدأ بعدها اجتهادات لإعادة نشاطاته في الفترة القريبة الماضية، والثاني أقام نشاطاً إسفيريّاً مفيداً قوامه ندوات قليلة ومحدودة جدّاً عبر تطبيق الواتساب وتوقَّفت أيضاً. وهنا يجب القول بأن المأمول من هذه الأجسام يبقى دائماً أكثر وأكبر، وما يُقدَّم إلكترونيّاً لا يتماشى ولا يتوازى مع الطموح.

كما يمكننا تناول جسم ثالث مثلاً، يحمل صفتي الهيئة ودار النشر، كمركز عبد الكريم ميرغني الثقافي⁽³⁴⁾ بصفته من رواد العمل الثقافي بالسودان، ومن خلفية اهتمامه بأدب الرواية والقصة. فالمركز ينظم جائزة في مجال القصة القصيرة للشباب، وصلت الآن إلى دورتها العاشرة. وأنتج ونشر عشرات الكتب الورقية في مجالات عديدة منها القصة، دعماً لحركة النشر وتوثيقاً للأعمال الفائزة في مسابقاته للقصة، لكن على المستوى الإلكتروني نجده أيضاً يقف على مسافة بعيدة من المأمول، ولم ينشر كتباً أو نصوصاً قصصية.

تجارب ونماذج ناجحة:

ورغم افتقاد الساحة الافتراضية ومنصات التواصل الجهود الرسمية والجماعية الثقافية ــ وفقاً لما سبق من عرض وتحليل ــ إلا أن هناك بعض الإشراقات والاجتهادات والمساهمات الجماعية والفردية التي تظهر من وقت إلى آخر، وتبرز هنا وهناك، وتجتهد ساعية إلى تقديم المفيد للقصة القصيرة بالمنصات المتنوعة، ويمكن أن نشير هنا إلى بعض التجارب الناجحة:

ــ تجربة «معين القصة» بالواتساب:

معين للقصة القصيرة جدّاً، هي مجموعة ثقافية استطاعت أن تجتمع وترتبط في جمعية واقعية ومجموعة افتراضية عبر موقع الفيسبوك وتطبيق الواتساب، ومن خلال هذه المجموعة تجري عمليات نشر كثيف تتبعها مثاقفة ونقاشات واعية، وتصويب دائم من قبل المشرفين الذين هم كبار كتَّاب القصَّة القصيرة في السودان[35]. المجموعة أسهمت في تطوير كتابة القصة القصيرة جدّاً ببحثها وتنقيبها عن الأقلام الموهوبة الجديدة، وصقلها للمواهب وتدريبها، وتوجيهها إلى الطريق السليم، ووضعها في قائب الكتابة السردية المناسب. ورغم انغلاق أعضاء المجموعة على بعضهم البعض؛ إلا أن وجودهم داخل إطارهم الثقافي الإبداعي المغلق، مثَّل لهم نوعاً من التركيز المفيد، ومنحهم فرص التجويد والتلمذة، ولذلك فالمتابع لكتاباتهم يلحظ تشابهاً وتنميطاً وترسيخاً لمدارس كتابية متقاربة.

- تجربة «سلسلة إبداعات سودانية» للنشر الإلكتروني:

أنتجت السلسلة إصدارات إلكترونية عديدة في مجال القصة القصيرة، ونشرتها من خلال المنصات الإلكترونية ومواقع الإنترنت ومنصات النشر الإلكتروني. بعضها تُرجم إلى لغات أخرى[36]. وأقامت مسابقة في مجال القصة القصيرة[37] وأنتجت مؤلفات إلكترونية تحوي النصوص الفائزة، ونشرتها إلكترونياً، وفي الطريق عدد من المؤلفات القصصية الإلكترونية الأخرى. فبالرغم من ظهور السلسلة حديثاً فإنها بمعايير الواقع الثقافي السوداني أنجزت العديد من الأشياء المهمَّة في مجال القصة بالسودان، أهمها توفير نصوص قصصية سودانية جماعية، ودفعت بها إلى الشبكة العنكبوتية والمنصات الإلكترونية.

- تجربة منتدى «رواق القصة» الافتراضي:

ينظِّم المنتدى ندوات افتراضية عبر تطبيق الواتساب، ويمتلك صفحة بموقع فيسبوك، ونجح حتى الآن في إقامة أربع ندوات افتراضية، ناقش من خلالها عدداً من المجموعات القصصية[38]، وقُدمت من خلال الندوات أوراق نقدية رصينة وجادَّة، بلغ عددها في المجمل أكثر من ثلاثين مادَّة نقديَّة، وخلصت إلى التضمين في أربعة مؤلفات إلكترونية تم نشرها إلكترونياً عبر الوسائط. ما يُحسب للتجربة هو رصانتها واهتمامها بالمنجز في مجال القصّة القصيرة بالسودان، وتوثيقها للأعمال النقدية والندوات، وانتشار موادها السريع والمواكب إلكترونياً، وخلقها للفضاء النقدي الموائم للمثاقفة

والنقاش المفيد، مما يساعد في تطوير أدوات الكتابة ورفع مستويات الكُتَّاب والموهوبين، وكل هذه مؤشرات نجاح وتمثِّل أنموذجاً لكيفية توظيف الشبكة العنكبوتية والمنصات الإلكترونية في تصوير الكتابة والنشر وزيادة المقروئية للقصة بالسودان.

ـ تجربة مؤسسة «نيرفانا»:

أقامت مؤسسة نيرفانا دورتين من الجائزة التي حملت اسمها في مجال القصة القصيرة، وأعلنت عن بدء الدورة الثالثة، ونشرت بعض الكتب التي حوت النصوص الفائزة، لكن على المستوى الافتراضي لم تزل منصات المؤسسة تستخدم في الترويج والإعلان أكثر من توظيفها لأي نشاط نقدي أو إبداعي، لكن يُحمد للمؤسسة أنها ابتكرت فعالية إلكترونية جميلة وهي قراءة النصوص الفائزة في احتفالٍ إسفيريٍّ ينطلق بثُّه من منصتها الخاصَّة بموقع الفيسبوك.

ـ تجربة «قصص مسموعة» باليوتيوب⁽³⁹⁾:

وهي من التجارب الفردية في مجال نشر القصة بالمنصات الاجتماعية. تقوم تجربة قصص مسموعة للكاتبة والنشطة وئام حمزة، على اختيار نصوص قصصية لكتاب سودانيين وعرب ونصوص مترجمة من لغات أخرى، وتسجيلها صوتيّاً ودمجها في مقاطع فيديو مصورة، وبثها ونشرها من خلال موقع اليوتيوب ومنصات التواصل الاجتماعي. ونجحت وئام حتى اللحظة في نشر أكثر من ثمانين مقطعاً من مقاطع الفيديو المصورة لنصوص

قصصية، والتجربة أكسبت القصة قارئاً مختلفاً، وهو ذاك النوع الذي يحب الاستماع والمشاهدة عوضاً عن قراءة كتاب، ومعظم هؤلاء لم تتح له من قبل فرصة الاطلاع على النصوص القصصية المنشورة، وبما أن النصوص في الغالب لن تصلهم من خلال التلفاز أو الإذاعات المسموعة، فالقناة تمثل رافداً مهماً لهذه الشريحة.

ـ تجربة «سَينتود» [40]:

سينتود هي تجربة قدمها الكاتب محمد حسن السيد، وهو شاعر وكاتب سيناريو في الأساس، لكنه في الفترة الأخيرة ولج إلى عوالم السرد والقصة، وأنتج مجموعة مقدَّرة من النصوص القصصية القصيرة جدّاً، وما يهمنا هنا أنه قدَّمها في قوالب إلكترونية جاذبة، وبتصميمات مبهرة، وظل ينشرها عبر صفحات الفيسبوك، وتجد رواجاً كبيراً من قبل المتابعين، مما مكَّن القصة وأدخلها بأرضٍ كانت عامرة بالشِعر فقط، وأضاف لها قارئاً افتراضياً جديداً.

ميزة هذه التجربة أنها تقدِّم نموذجاً حيّاً لعملية توظيف الوسائط في وصول المُنتج الإبداعي إلى القراء، وتوضِّح وتؤكد النجاح الكبير في العمل، ويمكن تقييم ذلك من خلال التفاعل والتعليقات وعدد المتابعين، وما تحقق للفكرة من انتشار، وهو الهدف المنشود في الفن الإبداعي القصصي، والذي تهدف إليه هذه الدراسة.

وهناك تجربة شبابية قدمت أقلاماً جديدة للساحة الثقافية هي مجموعة «جيل جديد»، وهي تجربة تحتاج إلى أن تُفرد لها مساحات

تقييم ونقد بصورة موسَّعة. وبالتأكيد؛ كل هذه مجرد نماذج، ولا نستطيع القول أو الجزم بأنها شاملة، أو تغطي كل التجارب في مجال نشر القصة القصيرة بمنصات التواصل الاجتماعي، لكنها على كل حال تمثل عينة مختارة لتجارب ناجحة في المجال.

خلاصات:

من استعراض النماذج السابقة يتضح أن النشر الإلكتروني ليس نشاطاً قائماً بذاته في معظم هذه الأجسام الثقافية المعنية بِالقصّة، كما أنه ليس عاملاً مسانداً، أو فاعلاً في داخلها، أو أساسيّاً في نشاطاتها. والشاهد في الأمر أن الأجسام الثقافية الرسمية والهيئات والجمعيات، ورغم أنها البيئة التي تجمع كُتَّاب القصة والمهتمين بها، وتمثل الركائز الأساسية والهياكل المتينة وحواضن القصَّة في السودان، وكان من المتوقع فيها، وبواقع نشاطاتها الواقعية، أن تكون ناشطة افتراضيّاً وإلكترونيّاً، لا أن تكون متكلِّسة وجامدة وبهذا الخمول الإلكتروني؛ إلَّا أنها ظلت في حالة تقصير دائم، وبعيدة عن عمليات النشر الإلكتروني، وحتى الآن لم تقم بما يجب عليها من نشاطات وأدوار في فضاء العالم الجديد، وقد حان الوقت الذي يِجب فيه أن تخرج من عباءة كسلها وتكلسها وتبدأ العمل.

ومن التحليل النقدي والملاحظة للواقع الافتراضي في السودان بشكل عام، ومنصات التواصل الاجتماعي بشكل خاص، وفي عموم المهتمين بالقصة يتبيَّن أن هنالك إشكالات عديدة يمكن تلْخيصها في النقاط التالية:

1 – أنه ليست هنالك ورش نقدية جادَّة، أو ندوات تناقش فيها أعمال جيِّدة، في مجال نقد القصة القصيرة بالسودان، وإنما مجرَّد احتفاءات بإصدارات جديدة. وعلى المستوى النقدي ليس هناك مُنتج نقدي جاد ورصين، وعمل تصويبي ممنهج، إلا في أطر ضيِّقة جدّاً ونادرة، ويمكن تصنيفها كجهود فردية في الغالب.

2 – ليست هنالك صفحات أو مجموعات تفاعلية خاصَّة بكتابة القِصَّة ونقدها، ولا يتم تقديم نماذج إبداعية جادة تمنح الكتاب الشباب والقادمين دفعات متقدمة، وتقودهم نحو التعرَّف إلى التجارب وتجنبهم مزالق الأخطاء الفنية إلا بقدر يسير، ويمكن تخصيص ذلك بالإشارة إلى بعض الإشراقات القليلة.

3 – يلاحظ أيضاً طغيان الجهود الفردية على الجماعية.

ولتحليل الأسباب التي قادت إلى ما سبق من اختلالات، والاجتهاد في معرفة الواقع والسعي لمعرفة كيفية الحل؛ يمكن ذكر عدد من النقاط، أهمها في تقديرنا:

1 – إن هناك عدم اهتمام من الدولة نفسها، وذلك يتمثل في رؤيتها القاصرة للعمل الثقافي باعتباره شأناً ترفيهياً وغير مهم، وبالتالي وضعه في آخر الأولويات.

2 – من أسباب ما سبق أيضاً ضعف الوعي العام والسطحية وعدم التخطيط الإداري.

3 – ضعف التنسيق وعدم القدرة على توظيف الجماعات لتحقيق الأهداف الكلية المنشودة.

4 – هناك جوانب اقتصادية مؤثرة، فالأوضاع الاقتصادية والجري واللهث خلف لقمة العيش يمنع الكثيرين من التفرغ للنشاطات الإبداعية والنقدية والقراءة ككل، باعتبارها نشاطاً رفاهياً وغير ضروري.

5 – طابع النشاط الثقافي في السودان، وهو نشاط غير مدر للدخل في الغالب، وهذه الحقيقة تحد من النشاط الثقافي عموماً ومن باب أولى أن تحجم النشاط الثقافي الإلكتروني.

6 – وبالنسبة إلى الكتاب؛ إحساسهم بعدم الجدوى النقدية بسبب ضعف المادة الناقدة، ويأسهم من الحصول على رؤى نقدية جادَّة وتحليلات مفيدة، وحالة الإحساس بالخوف من خطر السرقات الأدبية.

7 – حالة الكسل والخمول التي تنتاب الإنسان والمجتمع.

8 – إضافة إلى كل ما سبق؛ نعتقد بأنه ورغم التطوَّر الذي حدث بسبب التفاعل الافتراضي؛ إلا أن هناك بعض التأثيرات الاجتماعية، والتي يمكن ملاحظتها في وجود أقلام مبدعة، لكنها لا تنشر أو تتفاعل نتيجةً للكبت الاجتماعي والأسري.

الهوامش:

1 – يسميه الدكتور السعيد بوطاجين «توطين الخيال»، وللمزيد من التفصيل حول الموضوع؛ يمكن الرجوع إلى ورقته (الخيال في المحكي: حالة القِصَّة القصيرة) في: اعتدال عثمان وآخرين، (القصَّة القصيرة «سؤال الواقع والخيال») إعداد: عبد الفتاح صبري، وقائع ملتقى الشارقة الثاني عشر للسرد العربي 2015م، دائرة الثقافة، الشارقة، 2016م، ص، ص 9 – 29.

2 – لسان العرب لابن منظور.

3 – راجع دراسة يمنى العيد، (القصَّة القصيرة والأسئلة الأولى.. اللغة، الأدب، الأيديولوجيا) في: محمد برادة وآخرين (دراسات في القِصَّة العربية.. وقائع ندوة مكناس)، مؤسسة الأبحاث العربية، بيروت، لبنان، الطبعة الأولى، 1986م، ص 23.

4 – للقراءة بشكل موسَّع حول تخصيص بنية القول اللغوي في بنية قصصية؛ يمكن الاستعانة بنفس المرجع السابق، ص 28 – 29.

5 – المرجع السابق نفسه.

6 – يمكن الاطلاع على رأي الكاتب إلياس خوري وتحليله للمسألة بصورة أكثر اتساعاً بأطروحته المنشورة بعنوان: (ملاحظات حول الكتابة القصصية.. اللغة، الراوي، الكاتب) في: محمد برادة وآخرين، مرجع سبق ذكره، ص 53 – 66.

7 – لؤي خليل، (الإعلام الصحفي)، دار أسامة للنشر، الأردن، عمان، الطبعة الأولى، 2013م، ص 5 – 6.

8 – كلية ومعهد شريدان للتكنولوجيا بمدينة أونتاريو الكندية، أحد أشهر المعاهد متعددة التقنيات في كندا وأمريكا الشمالية. تأسس في عام 1967م، وحائز عدداً من الجوائز.

9 – صـلاح عبد الحميـد ويمنى عاطف، (الإعـلام والفضـاء الإلكتروني)، دار أطلس للنشر والإنتاج الإعلامي، القاهرة، الطبعة الأولى، 2014م، ص 119.

10 – معتصم بابكر مصطفى، (أيديولوجيا شـبكات التواصل الاجتماعي وتشكيل الرأي العام)، سلسلة كتاب التنوير 12، مركـز التنوير المعرفي، الطبعة الأولى، 2014م، ص 118.

11 – صلاح عبد الحميد ويمنى عاطف، (الإعلام بين المعلوماتية والدبلوماسية)، دار أطلس للنشر والإنتاج الإعلامي، القاهرة، الطبعة الأولى، 2014م، ص 19.

12 – راجـع: (نظرية الشبكات الاجتماعية مـن الأيديولوجيا إلى الميثودولوجيا)، سـلسلة قضايا اسـتراتيجية، المركز العربي لأبحاث الفضاء الإلكتروني – مارس 2012م.

13 – صلاح عبـد الحميد ويمنى عاطف، (الإعلام والفضاء الإلكتروني)، مرجع سابق، ص 119.

14 – صلاح عبد الحميد ويمنى عاطف، المرجع السابق نفسه، ص 119.

15 – تعتبـر هذه الرؤية واحدة من الرؤى التي يتنباها دارسـون وإعلاميون منهم هنـاء سـرور، وللمزيد مـن التوضيحات يمكن مراجعة: هناء سـرور، (وسـائل التواصل الاجتماعي لإثراء المحتوى القومي للتنمية الاقتصادية العربية الشاملة)، منشورات الجامعة العربية (من دون معلومات نشر وتاريخ).

16 – معتصم بابكر مصطفى، مرجع سبق ذكره، ص 182.

17 – سـبق أن تعرض موقع فيسبوك للحجب في دول عديدة منها إيران وسوريا وتونس وباكستان والصين.

18 – انظـر: فهد بن عبـد العزيز الغفيلـي (الإعلام الرقمي.. ماهيتـه.. أنواعه.. آثاره)، منشورات وزارة الداخلية السعودية، الإدارة العامة للأمن الفكري.

19 – معتصم بابكر مصطفى، مرجع سابق، ص 182.

20 – راجـع: صلاح عبد الحميد ويمنى عاطف، (الإعلام والفضاء الإلكتروني)، مرجع سابق، ص 130 – 131.

21 – للمزيد من المعلومات، ولتفصيل أكثر حول أهمية ووظائف وسائل الإعلام؛ يمكـن الرجوع إلى: علي عبد الفتاح كنعان، (الإعـلام والمجتمع)، دار اليازري، عمان، الأردن، الطبعة الأولى، 2014م، ص 5.

22 – انظـر: خالد عزب، (السياسـات الإعلامية.. الدولة – المؤسـسة – الفرد)، دار أطلس للنشر والإنتاج الإعلامي، القاهرة، الطبعة الأولى، 2012م، ص 122.

23 – أُطلق على الثقافة التي تجمع بين الأفراد الذين يتفاعلون عبر شبكة المعلومات الدوليـة لفظ الثقافة السيبريـة Cyber Culture، وهي مجموعة متكاملة من النقلات النوعية على الصعيد الثقافي.

24 – راجع: هناء سـرور، (وسائل التواصل الاجتماعي لإثراء المحتوى القومي للتنمية الاقتصادية العربية الشاملة)، منشورات الجامعة العربية.

25 – انظر: الموسوعة العالمية للمعلومات (ويكبيديا).

26 – محمـد جلال هاشـم، (منهـج التحليـل الثقافـي: مشـروع الوطنيـة السـودانية وظاهـرة الثـورة والديمقراطية)، مـن دون معلومات عن دار نشـر، الخرطوم، الطبعة السادسة، 2013م، ص 44.

27 – للاطلاع أكثر حول تأثير التكنولوجيا في الثقافة والنتاج الفكري يمكن النظر في: نبيل علي، (العرب وعصر المعلومات)، سلسلة عالم المعرفة 184، الكويت، 1994م أبريل، ص 265 – 268.

28 – لؤي خليل، مرجع سابق، ص 5 – 6.

29 – يرجـى الاطـلاع على: عزام محمـد الجميلي، (الإعـلام الاجتماعي)، دار غيداء للنشر والتوزيع، الأردن، الطبعة الأولى، 2014م، ص 75.

30 – رضـا عبد الواجـد أمين، (الإعلام والعولمـة)، دار الفجر للنشر والتوزيع، القاهرة، الطبعة الأولى، 2007م، ص 105 – 106.

31 – نفس المرجع السابق.

32 – يمكن الاطلاع على المجموعة من خلال الرابط التالي:

https://web.facebook.com/groups/302812689736991

33 – راجع المجموعة بالرابط التالي:

https://web.facebook.com/groups/862905873832984

34 – «مركز عبد الكريم ميرغني الثقافي» بأم درمان: من المراكز الثقافية المهمة بالسـودان، وهو مركز ثقافي وناشـر، يقيم الفعاليات الثقافية وينظم سـنويّاً جائزة باسـم الطيب صالح للإبداع الروائي منذ العام 2002م، وهي أول جائزة تحمل اسم

الأديب السوداني الراحل، ويتنافس حولها الروائيون السودانيون. وصلت الجائزة حاليًا إلى دورتها التاسعة عشرة، ومنذ العام 2010م ينظم سنويًا جائزة الطيب صالح للقصة القصيرة للكتاب السودانيين الشباب.

35 ــ تقف على رأس جمعية معين للقصة الكاتبة المعروفة محاسن الجاك، وهي من كبار كاتبات القصة القصيرة جداً في السودان.

36 ــ أنتجت سلسلة إبداعات سودانية كتاب «تيجان الحكي»، وضم عدد ثلاثين قصَّة لعشرة كتَّاب سودانيين، وتمت ترجمة بعض نصوص المجموعة إلى اللغة الإنجليزية، ونُشرت بمجلات أمريكية، كما أنتجت كتاب «نهاية الشيطان وقصص أخرى» وفرغت السلسلة من تجهيز كتب أخرى في مجال القصة القصيرة، والقصيرة جدّاً، وأدب الثورة، والنصوص القصصية الفائزة.

37 ــ نظمت سلسلة إبداعات سودانية «جائزة سلسلة إبداعات سودانية في القصة القصيرة» ونشرت الأعمال الفائزة في كتاب إلكتروني بعنوان «نهاية الشيطان وقصص أخرى»، ويجري حاليًا فرز وتحكيم الجائزة في دورتها الثانية.

38 ــ بدأ منتدى رواق القصة الافتراضي نشاطه حديثاً ــ في فبراير 2021م ــ ونظَّم حتى الآن أربع ندوات افتراضية ناقش من خلالها عدد أربع مجموعات قصصية هي: كتاب «تيجان الحكي» جماعي، و«منضدة وأوراق» للكاتب محمد المصطفى، و«امرأة من كمبو كديس» لعبد العزيز بركة ساكن، و«عسف العسس» للهادي راضي، وسيناقش في ندوته القادمة مجموعة «13 شهراً من إشراق الشمس» لرانيا مأمون.

39 ــ يمكن الرجوع لرابط القناة باليوتيوب على الرابط:

https://www.youtube.com/channel/UC0fMV2 ــ _IzZAYc7sKFX2ccQ

تحتوي القناة على أكثر من 80 مقطعاً من مقاطع الفيديو، وتضم 1.26 ألف مشترك.

40 ــ يمكن الرجوع إلى صفحة الكاتب بالفيسبوك عبر الرابط:

https://web.facebook.com/Sayentood

القصة القصيرة ما بعد مواقع التواصل

منصور الصويم

في البدء يتوجب عليّ أن أترحم على أرواح أساتذتنا الكبار في الكتابة السردية والقصصية، ممن عبروا الدنيا أخيراً، الأستاذ إبراهيم إسحق، والأستاذ عيسى الحلو، والأستاذ عثمان أحمد. فنحن إذا أردنا الحديث عن تأسيس بنائي وجمالي للقصة القصيرة في السودان، بلا شك سنضع اسمي الأستاذين الكبيرين إبراهيم إسحق وعيسى الحلو في مقدمة من أسهموا في تأسيس وتطوير ونقل هذا الضرب من السرد إلى مدارج عالية في الفن والإبداع والتخليق الخيالي والاجتراحي، ولتجربة كليهما أثرها الباقي والمستمر في شحذ ورفد كافة التجارب القصصية التي أتت من بعدهما، ولأستاذنا عثمان أحمد أدواره الكبيرة في تفعيل الأنشطة القصصية في السودان أثناء تروسه نادي القصة السوداني، كما أسهم بكتابته القصصية في إثراء المشهد القصصي ومدّه بالحيوية والإبداع. لهم التجلة والاحترام وجزيل المحبة والتقدير، وربي يرحمهم ويسكنهم فسيح جناته.

ما قبل الانفجار:

قبل أن أتطرق للكتابة القصصية في ظل التطور التقني الكبير، وانتشار منصات التواصل الاجتماعي، وتقدير دورها وأثرها في تطور وانتشار القصة القصيرة السودانية، أود أن أعبر سريعاً بالمحطات التي سبقت هذا التطور، أو ما يمكن تسميته بالانفجار التقني والمعلوماتي، الذي أثر في كل مناحي حياتنا، ومن ضمنها الكتابة وما يتفرع عنها من نشر وذيوع وانتشار، وقبل ذلك تجريب وتطوير واجتراح في مختلف أنماط الكتابة. أنا أحد الذين تماسوا مع هذه النقلة المدهشة، أعني الانتقال من مرحلة التدوين المدرسي المقيد إلى براح حريات منصات التواصل ومساحات الإنترنت المفتوحة للجميع. ما قبل الانفتاح أو الانفجار التواصلي، لم يكن بإمكان الكاتب، القاص، الروائي، الشاعر.. إلخ، العبور إلى ضوء الشهرة، أو المقروئية دون المرور من خلال بوابة المشرف أو الأستاذ، الذي تجده غالباً قابعاً وراء مكتب متواضع بإحدى الصحف الورقية، إذن سابقاً، لم يكن بالإمكان النشر دون أن يبصم هذا المشرف، وقد يكون ناقداً، أو كاتباً ـ قاصاً مثلك ـ ، أو صحافياً مختصاً بالنشر الثقافي، فهو الوحيد الذي يمتلك مفاتيح الانتقال من عتمة الغياب إلى ضوء المقروئية والإشهار، ولا يحدث ذلك فقط بسماحه لك بالنشر في «ملفه الثقافي»، إذ لا بد أيضاً من أن يزكيك هو أو أحد أعضاء النادي القديم، بالكتابة عنك أو الإشارة إليك، ولو اقتضاباً بأن هناك «كاتباً شاباً قادماً بقوة»! هنا يمكن الادعاء بكل جرأة أنك بت كاتباً معروفاً ومعترفاً به، وأن هناك قيمة لما تكتب وتنشر، لقد صرت باختصار

كاتباً معروفاً منتمياً إلى النادي الثقافي شبه المغلق مركزياً! لكن، وبعد حدوث الانفجار الكبير، وظهور شبكات التواصل الاجتماعي، بشكليه التقليدي الأولي «المنتديات» والجديد «منصات التواصل الفورية»؛ تبدد كل ذلك وتهدم مبنى النادي الثقافي القديم على ساكنيه، وبات لا قيمة ترجى من أن تزكي أحداً أو يزكيك أحد، فالكل الآن في مضمار واحد، والكل الآن يزكي نفسه، والجائزة النهائية باتت هي: القيمة، فقط ولا شيء آخر. ميدان التنافس اتسع، وصورة المعلم، الأستاذ القديم تلاشت، والأصوات ــ من وراء حجاب ــ صارت أكثر جرأة وقدرة على المنازلة والمحاولة والتجريب والتحدي.

ما بعد الانفجار:

محسن خالد، الكاتب متعدد المشارب، المبدع الخلاق صاحب التجربة المختلفة في القص والتنظير السردي، والكتابة الشعرية الباذخة، وهو قاص وروائي، على ما أرى ينتمي إلى ذات الجيل المتماس ما بين التجربتين (قبل وبعد انفجار الإنترنت)، لكن، وبحسب متابعتي لما أنتجه وقدمه خلال السنوات الماضية، يمكنني القول إنه أحد أوائل من أسسوا للانتشار القصصي عبر مواقع التواصل الاجتماعي، وربما يكون أكثر الكتاب ــ القصاصين الذين حققوا شهرة ومقروئية عن طريق النشر في وسائط التواصل فقط دون اللجوء إلى النشر الورقي، في بعض أعماله القصصية المهمة. والنشر لدى محسن خالد ارتبط بمواقع التواصل في شكله الأولي أو التقليدي، وأعني المنتديات التي بدأت في الانتشار سودانياً مع

بداية الألفية الجديدة، وأشهرها إطلاقاً موقع سودانيز أون لاين، وهو الموقع الذي نشر من خلاله محسن خالد أكثر أعماله، وجادل خلاله ونافح عن تجربته وأسلوبه الجديدين تماماً في الكتابة القصصية والسردية، وهي تجربة شهدت امتداداً لها في موقع آخر أكثر رصانة هو موقع سودان فور أول. ما أريد قوله هنا باختصار أن محسن يمكن أن يكون أول من أسس لـ«التمرد التواصلي» وتكسير الشكل أو النمط القديم من الكتابة على مستويين، مستوى أول يتعلق بالنشر والتلقي – الجمهور، ومستوى ثان يتعلق بأسلوبية الكتابة وتقنيتها وفنياتها، فعلى المستوى الأول أخرج محسن خالد الكتابة من دائرة النخبوية لتصطدم لأول مرة بقراء من مختلف المشارب والمراقي والتجارب واللونيات، أما على المستوى الثاني فدشن محسن خالد شكلاً جديداً من الكتابة – الجسدانية، وحرر اللغة تماماً من كل قيد نقدي أو مدرسي ما قبلي، وهذا الدرب هو ما سار عليه كتّاب المرحلة الثانية من مرحلة «الانفجار التواصلي».

فيسبوك وتويتر:

مع ظهور موقعي فيسبوك وتويتر للتواصل الاجتماعي تغيرت أصول اللعبة بالكامل، وصارت الكتابة عامة شكلاً متعاطى بصورة يومية من كافة الناس على اختلاف خلفياتهم الثقافية والاجتماعية والمكانية. في لجة هذا التدفق الكتابي اليومي، كتاب السرد، لا سيما القصة القصيرة، أوجدوا لأنفسهم مساحة للكتابة، اقتلعوها قلعاً، وفرضوها قسراً بالمشاكسة والمصارعة – ثقافة المنصات – دون

أن يفلتوا قدراتهم في القص، أو يتنازلوا عن إبداعيتهم في الكتابة والتجريب، راسمين مع هذا عوالمهم الخاصة، تواصلياً، جمهورهم، وقراءهم، ومتابعيهم، وأخيراً تواصلهم مع التجارب السابقة لهم، ليس على مستوى السودان فحسب، بل على مستويات أوسع من ذلك، عربياً وأفريقياً وعالمياً.

في السودان دانت السيطرة بين مواقع التواصل الاجتماعي العالمية، لموقع فيسبوك، ووجد الجميع بمن فيهم الكتاب، أنفسهم غارقين في موجات الفضاء الأزرق المتجدد من حيث الإغراء والتحفيز والدفع صوب التنافس بلا أمد ولا نهاية. هنا، في هذا الفضاء المتوحش، ولدت تجارب قصصية وسردية جديدة، خارجة على جميع أنماط التصنيفات القديمة، خرج للعلن كتاب أكثر جرأة من حيث تقديم أنفسهم، وطرح رؤيتهم للكتابة والحياة والأشياء، برزت أصوات أقل ادعاء من حيث القيمة التعريفية للكاتب وموقعه من العالم، أماتوا الكاتب الرسول، وسخروا من الكاتب المطل على الجميع من برجه العاجي المتعالي، نزلوا إلى أرض الفيسبوك الموحلة، وقدموا إنتاجهم القصصي والسردي، متجاوراً مع نقدهم وسخريتهم اللاذعة لكل ما يدور في السودان، خاصة إبان حكم النظام البائد. هذه أصوات جديدة ومختلفة في كل شيء. تطرح مشاريعها دون اللجوء إلى مظلة حامية، أو سلطة ــ أياً كانت ــ مانعة وواهبة للأحقية والمجد.

جيل جديد ــ نموذجاً:

سأعتمد تجربة مؤسسة «جيل جديد» كأنموذج لعدد كبير من التجارب الشبابية، في الكتابة والنشر على مستوى مواقع التواصل

الاجتماعي والمدونات الجماعية في حقبة ما بعد فيسبوك وتويتر وانتشارهما الكبير داخل السودان واعتمادهما كموصلين تواصليين أساسيين بالنسبة إلى الكتاب الشباب من الجيل الجديد أو جيل الألفية. بدأت مؤسسة «جيل جديد» – حسبما يوثق مؤسسوها – بصحيفة حائطية في إحدى الجامعات الولائية (البحر الأحمر)، ثم انتقلت بعد ذلك إلى موقع التواصل الاجتماعي فيسبوك، في شكل صفحة لنشر المنتوج القصصي والنقدي المتعلق بالسرد والقصة القصيرة، واستمرت على هذه الحالة لفترة قبل أن تنتقل إلى مرحلة لاحقة بتأسيس موقع إلكتروني تحت مسمى (مجلة جديد)، في هذه المرحلة بالتحديد بدأ أعضاء المجموعة وكلهم من الشباب قيد الدراسة الجامعية وقتها، بنشر بعض الكتب الإلكترونية لبعض أعضاء المجموعة ممن اكتملت لديهم تجربة وأحقية النشر بحسب رؤى الأعضاء أنفسهم، والملاحظ أن الكتب الإلكترونية الأولى كانت في أغلبها مجموعات قصصية لأصوات شبابية بدأت تشق طريقها عن طريق المشاركة في المسابقات المحلية، لا سيما مسابقة الطيب صالح للقصة القصيرة – مركز عبد الكريم ميرغني الثقافي، وبحسب إحصائية شخصية فإن المؤسسة أصدرت خلال هذه الفترة عدد خمس مجموعات قصصية لكل من إبراهيم جعفر ومتوكل الدومة ومجاهد الدومة، وكتب أخرى تتعلق بالنقد والسرد عامة. في المرحلة الآنية انفتحت المجموعة أكثر وتوسعت مشاريعها وتطورت إلى مسماها الأخير (مؤسسة)، وأصبحت تصدر دوريتها المتخصصة في الثقافة شهرياً (مجلة جيل جديد)، محتوية على إسهامات المجموعة من الشباب في القص والنقد والسينما والموسيقى والمسرح، كما انفتحت

خلال هذه المرحلة على الأجيال السابقة نشراً ومقابلات ومساهمات تحريرية. في رأيي أن أعضاء مؤسسة «جيل جديد» من الشباب هم أبرز الأصوات القصصية التي استندت إلى مواقع التواصل في النشر، والتأسيس النقدي، والتواصل مع الآخر ــ المتلقي، المبدع. سأستعرض في المساحة التالية ثلاثة نماذج لكتّاب شباب ينتمون إلى «جيل جديد»، تعكس تجربتهم الأثر الواضح لمواقع التواصل الاجتماعي في التجربة والاختلاف والإبداعية القصصية، لكن قبل ذلك لا بد من الإشارة مرة أخرى إلى أن أكثر ما ميز تجارب هؤلاء الشباب هو الجرأة، سواء على مستوى التنظير العام، أي ما يتعلق بالكتابة عموماً ودور المثقف المفترض في تواصله مع مجتمعه وبيئته، أو ما يتعلق بالتنظير الخاص بالكتابة القصصية وما ينبغي أن تكون عليه. في النقطة الأولى الملاحظ أن أكثر هؤلاء الشباب غير منخرطين أيديولوجياً في كيانات سياسية بعينها، وبالتالي غير مقيدين بآراء محددة ثابتة ومقيدة، كما يلاحظ أيضاً تمتعهم بقدر كبير من الوضوح والصراحة، لا سيما فيما يتعلق بالمسابقات الأدبية، التي تتعامل معها الأجيال السابقة بحساسية كبيرة، وتخضعها دائماً لأسئلة (السوق والإبداع) و(الفن والترويج)، بعكس هؤلاء الشباب الذين يصرحون علناً (أيمن بيك مثلاً) أن المسابقة هدف رئيسي وأساسي، بما أنها تتيح للكاتب قدراً من الانتشار وقدراً آخر من المال يساعده ويسنده في معمعة اليومي في مقابل الإبداعي والجمالي!

أيمن بيك:

ينتمي أيمن بيك إلى جيل ومجموعة «جيل جديد»، ويعد من أكثر

القصاصين الشباب نشراً وتدويناً على موقع التواصل الاجتماعي، كما يمثل مجموعة من القصاصين الشباب برزوا وتميزوا – إلى جانب النشر الإلكتروني – من خلال المشاركة في المسابقات القصصية المحلية والعربية، ونيل عدد من الجوائز محلياً وعربياً. وفي تناولي لمنتج أيمن النصي؛ سأركز على جانبين، جانب متعلق بالتدوين الحر على مواقع التواصل الاجتماعي – فيسبوك تحديداً – ، والجانب الآخر متعلق بمنجزه القصصي حتى الآن، وهو صاحب إنتاج غزير مقارنة مع حداثة تجربته في الكتابة القصصية.

في الجانب الأول المتعلق بالكتابة والتدوين على موقع التواصل الاجتماعي فيسبوك، يتصف أيمن بيك بالجرأة والثورية في الطرح، وبدرجة ما بشيء من «المشاغبة»، لا سيما في مداخلاته واعتراضاته النقدية على بوستات الآخرين. ولعل أكثر ما يمكنني الإشارة إليه من آراء مختلفة ومغايرة للطرح العام لدى بيك، هو رأيه حول المسابقات الأدبية، الذي صرح به في بوستات متعددة على موقع فيسبوك، وضمنه أحد نصوصه القصصية، إذ لا يرى أيمن أي غضاضة في المشاركة في المسابقات – داخلياً وخارجياً – ، بل يرى أنها حق لكل كاتب، وربما اختلافه الأكبر في هذه القضية – عن سابقيه من كتّاب – أنه يصرح علناً بأنه يشارك بهدف الفوز بالمال ولأجل الذيوع والانتشار، وهذه هي الميزة الحقيقية والواضحة للجوائز دون أي تجميل أو تزويق. وهذا موقف بلا شك يختلف كثيراً عن آراء ومواقف كتاب الأجيال السابقة، الذين كان أكثرهم يتعامل بحساسية مفرطة مع موضوعة الجوائز، باعتبارها نزوعاً نحو السوق والإعلان وابتعاداً عن الإبداعية والأصالة.

أصدر أيمن بيك حتى الآن مجموعتين قصصيتين، نشر بعض نصوصهما على حسابه في فيسبوك، ويمكن من خـلال رصد هذه النصوص أن نستقرئ إضافاته كقاص على مستوى التقنيات والأساليب واللغة، وهذا هو المستوى الثاني من اشتغالنا على تجربة أيمن بيك، وهي تجربة متصاعدة في رأيي من حيث التجويد والتنويع والإبداعية. نصوص أيمن بيك المنشورة في مجموعته الأولى (أين أشيائي) تتسم بالسهولة، وقابلية التلقي لدى مختلف الأذواق والأعمار، كما تتصف بلغة سهلة لا تنحو إلى التعقيد أو الإغراق في الشعرية. أما موضوعاته فيغلب عليها الطرافة والسخرية الحارقة، إضافة إلى تميز هذه النصوص بالتشويق، وهي سمة أساسية يجب توفرها في أي نص قصصي. بحسب ملاحظتي لم يخرج أيمن في هذه النصوص (أين أشيائي) من الأساليب الكلاسيكية في القص (العالمي)، كما لا تظهر هذه النصوص تأثراً بالتجربة السودانية في كتابة القصة القصيرة، عبر مفاصلها المتنوعة، فسمت التجريبية الذي يسم أغلب النصوص القصصية السودانية يبدو غائباً هنا.

بصورة عامة يمكنني القول إن القاص أيمن بيك تمكن من خلق عوالمه القصصية الخاصة، وخلق جمهوره الخاص، مستفيداً في كل ذلك من تفاعله في مواقع التواصل الاجتماعي، وما تخلقه من روح تنافسية تدفع الجميع نحو الإنتاج المتواصل، مع الاختلاف في كون الفيسبوكيين والتويتريين يسيطر عليهم الترند – اللحظي، في حين يسيطر على تدوين أيمن بيك السرد القصصي المتصل، فبينما تموت الموضوعات في فيسبوك وتويتر بين ليلة وضحاها تنتقل لدى أيمن إلى مرحلة أكثر تخليداً واستمراراً.

من مقدمة مجموعته (أين أشيائي)، نقرأ لأيمن: «هذه مجموعة من القصص القصيرة/ كتبتها خلال فترة ممتدة من 2012م – 2017م، وكنت أنشرها على الفيسبوك من خلال صفحتي الشخصية»، ويعلل سبب نشرها في كتاب بقوله: «(...) الفيسبوك لا يعرف ما يعجبك وما لا يعجبك، إنه فقط يقوم بدفن المنشورات القديمة مهما تفاعل معها الناس (...) إن السبب الذي حثني على الإسراع وجعلني أجمع القصص في كتاب واحد هو ما بدا لي مثل التجني على كتاباتي قد بدأ يحدث، كنت أحياناً أجد قصصي مذيلة بأسماء أشخاص آخرين وفي كثير من المرات كانت تبدو وكأنها قصص كتبها شبح مجهول وكتب مكان اسمه (منقول)».

ومن الواضح هنا أن أيمن بيك يشير إلى الجانب الآخر لمواقع التواصل، المبني على لحظية التفاعل والغرق في سرابات الترند اليومية.

أيمن هاشم:

أيمن هاشم، قاص شاب، ينتمي أيضاً إلى جيل مؤسسة «جيل جديد»، ويعد أحد المساهمين في تحرير مجلتها الإلكترونية، وهو أحد الكتاب الفاعلين على مستوى النشر في موقع فيسبوك، بل يكاد يكون فيسبوك منبره الأول للنشر والتواصل والتفاعل مع متابعيه وقرائه. أيمن هاشم لم يصدر مجموعة قصصية بعد، بالرغم من أن الحصيلة النوعية لما ينشره على مواقع التواصل والإنترنت

عامة تؤهله بجدارة لعملية النشر الورقي أو الإلكتروني، وذلك يعود لأهمية تجربته، التي أرى أنها من أنضج التجارب القصصية الحديثة، سواء من حيث الموضوعات التي يشتغل عليها، أو من حيث التقنيات واللغة والميل الدائم والدائب نحو التجريب والتغريب. وإذا أردنا الإشارة بشكل مقتضب إلى ما يميز كتابات أيمن هاشم القصصية فيمكننا القول، إن موضوعات قصصه غرائبية وحلمية، ويبدو أن مراجع قصصه متعددة بتعدد قراءاته، لكن يطغى عليها الاهتمام بعجائب وأساطير المحكي الشفاهي السوداني، مستفيداً في ذلك من الإرث الصوفي الشفاهي والمدون، فهو يعيد في قصصه حكاية أحداث تاريخية واستلهامها. عالمه غني بصرياً وشعورياً، وربما يعود ذلك إلى دراسته لفن التشكيل فأمده بالقدرة على رسم صور خيالية مدهشة وآسرة.

إن كان لمواقع التواصل الاجتماعي من إضافة على مستوى التجربة القصصية، كمياً ونوعياً، فإن قصص وتجربة أيمن هاشم ستكون في مقدمة هذه الإضافة، وبالإمكان زيارة حساب الكاتب على موقع فيسبوك، والبحث والتنقيب هناك عن مدونته القصصية الفريدة.

ياسين المك:

ياسين المك، أحد شباب «جيل جديد» النشيطين في كتابة القصة القصيرة، ومثله مثل بقية العقد من الشباب القصاصين في

المجموعة، يتميز بالمغايرة والاختلاف ومحاولات اجتراح الجديد. بدأ كتابة القصة في العام 2014، وأصدر أخيراً مجموعته القصصية الأولى (مامدوت، ما يمكن حدوثه) لتشمل نصوصاً كتبها في النصف الأخير من العقد المنصرم، وككل الكتاب المتخذين من منصات التواصل الاجتماعي كوسيلة للنشر، يسهل تتبع التطور الذي طال منتوجه القصصي، والتغيرات المصاحبة لمسيرته كسارد، سواء فيما يتعلق بالسرد وتقنياته وأساليبه، أو فيما يلي العالم رؤيته والوعي به. ولعل ما يتفرد به المك قصصياً، هو اشتغاله على موضوعات الوسائط الحديثة وأثرها في وعي وجسد الإنسان، فقصصه المتعلقة بشخوص مهووسة بالتكنولوجيا والصورة تمثل أوج إبداعه القصصي، أسلوباً ومعالجة للموضوع.

تنتمي عوالم المك إلى نمط الكتابة العجائبية، ففيها يقتحم حدث غريب عالماً قاراً ومألوفاً، فمن هذا اللقاء بين العادي والعجيب وما يتركه من حيرة وإدهاش يصنع المك قصصه.

خاتمة:

هذا تطواف عام على ما أسميته أثر مواقع التواصل الاجتماعي في تطور وانتشار القصة القصيرة في السودان. ركزت في هذه الدراسة على تجارب رأيت أنها تميزت قصصياً مستفيدة من طفرة الإنترنت في السنوات الأخيرة، وبلا شك هناك تجارب أخرى مهمة، سواء انتمت إلى مؤسسة ومجموعة «جيل جديد»، أو إلى مجموعات شبابية أخرى وتستحق أيضاً التوقف عندها والإشادة بها. وقبل

أن أختم هذه الورقة لا بد أن أشير إلى تجربة أخيرة مرت سريعاً متداخلة مع سنوات «السوشيال ميديا» المنثالة؛ وهي تجربة مواقع القصة القصيرة جداً، التي ظهرت بكثافة ملحوظة قبل نحو عقد من الزمان، وشكلت ظاهرة لافتة بالنسبة إلى كتاب القصة القصيرة، لنشاط عضويتها الدؤوب وللتنافس الإبداعي الذي كان يبدو حامياً بين الجميع، لكن فجأة ـ وكأنها ترند طويل ـ اختفت تلك المواقع وتفرقت عضويتها، تنازل بعضها عن القصة القصيرة جداً، وتحول آخرون إلى القصة القصيرة، بينما اختفى بعض أخير تماماً مع اختفاء الحامل.

الفصل الخامس:

شهادات ورؤى

المغامرة والتجريب والجرأة

نبيل غالي

هي بالطبع شهادة، ولكن ليست مثل شهادة المحاكم التي يقول فيها الشاهد الحق كل الحق ولا شيء غير الحق، ولكن الشاهد مثلنا هنا، لا نقول إن شهادته لا يعتريها الباطل، بل تعتريها الموهبة. فالحق في مجال الفنون بأنواعها هو (الواقع) الذي يجري في نسيجه (الخيال)، والخيال ما هو إلا (الموهبة). فالواقع يمكن أن يكون رومانسيّاً، أو كلاسيكيّاً، أو فانتازيّاً، أو غرائبيّاً، أو عجائبيّاً، أو سحريّاً، أو حتى واقعية قذرة! هذا الحق، الواقع الفني أينما هطلت سحائبه، فخراجه عند المبدع الموهوب حتى في النقد.

في هذه الشهادة ارتأيت أن أبتعد عن دائرتي اليرقة والشرنقة، حيث الاعتماد على الحكاوي الشعبية الشفاهية ومصادر الاطلاع على مجلات ميكي وسمير والصبيان وقصص الإبراشي وكتب المكتبات المدرسية، حيث لم تكن تخلو مدرسة (أولية) في زماننا من مكتبة، أو حتى من جمعية أدبية، أو جمعية لفلاحة البساتين.

ولن نتباهى ونحن في المرحلة الدراسية الوسطى؛ إذ ما زلنا صبية نطالع مؤلفات أجاثا كريستي وأرسين لوبين، وعدداً لا يستهان به من المجلات والصحف المصرية، ولن أتوقف وأنا في مطلع شبابي بالمرحلة الدراسية الثانوية عند ملخصات لبعض الروايات باللغة الإنجليزية التي احتوى عليها المنهج الدراسي.

ولن نصرح بأنه حينما اشتد العود المعرفي لم تفارقنا الدهشة من روايات وقصص نجيب محفوظ وإحسان عبد القدوس ويوسف السباعي ومحمد عبد الحليم عبد الله، وأفلام السينما الهندية والمصرية والأمريكية. ولن يمتد بي البوح إلى الحبيبة رابطة سنار الأدبية بما احتوته من كتابة وتمثيل وتشكيل وغناء و.. ومجلة أسميناها (الزرقاء) ضربت شهرتها أرجاء الوطن وخارجه.

ولن أبحر نحو شاطئ الصحافة، حيث أقمنا أشرعة ثقافية واتخذناها مهنة إلى يوم الناس هذا، ولن نتوقف عند ما نلناه من شهادات تقديرية وجوائز وأنواط جدارة وميداليات ذهبية ووشاحات، سواء في مجال الإبداع أو النقد. ولن نغوص في أعماق تجربتي مع القصة القصيرة والنواة الأولى فيها التي قمت بنشرها بمجلة (الإذاعة والتلفزيون) عام 1968م. ولن تكون لي مقاربة لمجموعتي القصصية اليتيمة (اتكاءة تحت عيون حبيبتي) وصدورها في منتصف سبعينيات القرن الماضي، وأصبح ما لم يصدر لي من قصص قصيرة هائمة على وجهها داخل الأضابير... وكانت (الحمار) هي توقيعي الأخير على دفتر حضوري في القصة القصيرة السودانية.. ولن أتحدث عن دور مجلات (الآداب) و(الأديـب) و(العربي) التي – المجلات – أصبح لها وشمٌ في أعماقنا.

ولن أنشغل بما كنت أمارسه من شحذ لسكينة النقد التي وضعتها على رقاب مجموعات قصصية وروايات سودانية، أو حتى وقائع أوراق جوائز أدبية، وكنا لا نخشى في ذلك لومة لائم أو لئيم! كل تلك التجليات التي وضعتني في قلب المشهد الثقافي السوداني، هل أصبحت مثل سمكة بطل همينجواي في روايته (العجوز والبحر) حينما اصطادها، بيد أنها لم تكن سوى هيكل عظمي!

هي فقط شهادة.. وإن كانت مقتضبة عن مغامرة وتجريب وجرأة في أفق الإعداد الببليوغرافي، حيث لا ضير في توظيف أي لون معرفي ليصبح عنصراً فاعلاً في مسار الكتابة، من ثم كان توجهي في البدء نحو الدراسات الببليوغرافية، بالرغم من أن التصدي للعمل الببليوغرافي، وخاصة الذي يغطي مدى زمنيّاً طويلاً، تكون المعنية به المؤسسات والمراكز البحثية، وليس عمل أفراد.

ومن هنا يأتي الرهق المادي والمعنوي للفرد، إذ إن العمل على مثل هذه المؤلفات يستغرق جزءاً كبيراً من العمر. لقد كان ما اقتنيته من كتب في المجال السردي مجموعات قصصية وروايات سودانية خلال أكثر من نصف قرن من الزمان، منذ النصف الثاني من ستينيات القرن الماضي، وجدت أن بطرفي حصيلة لا يستهان بها من العناوين، إضافة إلى ما احتواه أرشيفي الخاص من صحف سيارة ومجلات سودانية، مما حفزني إلى الإقدام على طرق الإعداد الببليوغرافي الذي أتيحت لي فرصة التعرف إليه في مظان أستاذنا الجليل الراحل البروفيسور قاسم عثمان نور، قدم عناوين كثيرة في هذا المجال من ثم يعد رائد الببليوغرافيات في السودان. كما اطلعت

على العديد من الكتب التي تعنى بالببليوغرافيا في عدد من البلدان العربية، وأصبحت من بين (مراجعي ومصادري).

ما هو مؤكد أن الكتب الببليوغرافية لا علاقة لها بتقييم المادة المطروحة، ولا الحكم على جودتها أو إخفاقها، أو مدى انتسابها إلى بعض الجنس أو ذاك، لأن الببليوغرافيا حسب تعريفها وصف وتاريخ الكتب من ناحية التأليف والطباعة والنشر، من ثم فإنها تعتبر (مفاتيح) معلوماتية تعين الباحثين والدارسين من حيث التحقق من المعلومات.

وبما أن هناك (نقداً ثقافياً) فقد اجتهدت بأن يكون إعدادي الببليوغرافي (ببليوغرافيا ثقافية) إن جاز التعبير، وهي تبتعد قليلاً عن تلك الصرامة العلمية التي يحيطها بها الأكاديميون، وإن كانت الجرعة الثقافية بها، لها صلة، أي هو حصائد إحصائي، وبها إضاءة تسهم في سبر أغوار ما يدور في فضائها.

قمت بإصدار كتابين في مضمار الببليوغرافيا، أحدهما (ببليوغرافيا الرواية السودانية 1948م – 2015م)، والآخر (إبراهيم إسحق ومشروعه الإبداعي) وقمت بطباعتهما على نفقتي الخاصة، ثم فرقت دم قبائل توزيعهما على عدد من دور النشر السودانية. فانظر يا هداك الله أي عنت ومشقة ورهق مالي يطبق على عنق الكاتب السوداني: يكتب وحده.. ويطبع وحده.. ويوزع وحده.. فيا لها من مفارقة!

وها هو مخطوطي الذي أضع له اللمسات الأخيرة، ببليوغرافيا

عن القصة القصيرة السودانية يغطي الفترة من 1954م، وهو تاريخ صدور أول مجموعة قصصية سودانية، ألا وهي (غادة القرية)، للأديب عثمان علي نور، وتمتد إلى العام 2020م، أي هو حصاد إحصائي لفترة 64 عاماً، لمجموعات قصصية سودانية صدرت، وجميعها خرجت من معطف مكتبتي التي احتشدت بها.

وقبل أن أتوغل فيما توصلت إليه من نتائج وملاحظات في هذا السجل الإحصائي القصة القصيرة السودانية، أفيد ومن وجهة نظري، أن القصة قد هيمنت على المشهد الثقافي العربي، وشهدت ذيوعاً وانتشاراً منذ الثلاثينيات وحتى نهاية الألفية الثانية، أي لفترة 70 عاماً. وبدءاً من مطلع الألفية الثالثة وحتى الآن.

تقلصت ربما الإصدارات القصصية، ولكن لم تنحسر أو تتراجع القصص القصيرة المنشورة في الصحف والمجلات، بيد أن هناك أصواتاً نقدية، بل وروائية أسهمت في تضخيم مقولة إننا نعيش زمن الرواية، وأكدت موت القصة القصيرة. إن القصة القصيرة لم تمت ولم يدب الوهن في أوصالها، ولكن من حاولوا توجيه ذائقة القراء نحو الرواية كان يتلبسهم المكر.. مكر من النقاد الذين أهملوا القصة القصيرة.. ومكر من الكتّاب الذين أهملوا الاهتمام بالقصة القصيرة.. ومكر من الذين يطرحون جوائز الرواية دون المجموعات القصصية.. ومكر من بعض أساطين القصة والشعر أيضاً، إذ أصبح شغفهم بأن ينالوا صفة (روائي)!

(إن) القصة القصيرة فن صعب يفضح كاتبه إن لم يمتلك الموهبة، أما الرواية فيمكن أن تخفي في دهاليزها عيوب كاتبها (الفنية)، حيث

أصبحت كتابتها من السهولة بمكان لدى شرائح لا علاقة لها بهذا الفن من قريب أو من بعيد، ويدفعون بنصوصهم في مد جارف إلى المطابع.

عود إلى بدء حول مخطوطتي ببليوغرافيا القصة القصيرة السودانية، وفي تلخيصها مجتزأ نورد الآتي: إن ما أصدرته المطابع من عناوين قصصية سودانية لم يتجاوز الـ 400 عنوان في الفترة من (1954م – 2020م) أي خلال 66 عاماً. كان نصيب الأقلام النسائية بها 58 عنواناً لـ 37 كاتبة، ويعد ذلك نسبة ضئيلة مقارنة بمجموع ما صدر من مجموعات قصصية سودانية في تلك الفترة.

إن معظم المجموعات القصصية السودانية التي صدرت لم تحظ بطبعة ثانية. افتقدنا المشاركة الثنائية في إصدار الأعمال القصصية، والتي كانت ملمحاً من ملامح الستينيات في القرن الماضي، وكمثال (النازحان والشتاء) و(البرجوازية الصغيرة) و(قصص سودانية).

هناك بعض الأصوات القصصية من جيل الستينيات تواصل ضخ إبداعها القصصي حتى منتصف ثمانينيات القرن العشرين، ومنهم: د. الطيب زروق ومصطفى مبارك وجمال عبد الملك (ابن خلدون) ومحمود محمد مدني وعثمان الحوري وعلي المك، إضافة إلى عيسى الحلو الذي رفد القصة القصيرة السودانية بإنتاج غزير حتى العام 2017م. هناك رموز من كتاب القصة القصيرة في السودان لا نجد لهم أي مجموعات قصصية مطبوعة في كتب، ونذكر منهم: عثمان الحوري، ومحمود محمد مدني، وعثمان أحمدون.

إن تاريخ إصدار بعض المجموعات القصصية لا يعني أن ما احتوته من قصص قد كتب في الفترة ذاتها، مما يوقع الناقد في خطأ أحكام نقدية مثل مجموعة (كلاب القرية) لأبي بكرٍ خالد التي صدرت عام 1971م، بالرغم من أنها نشرت في الخمسينيات ومطلع الستينيات، وكذلك (تاجوج وحكايات أخرى) لصلاح أحمد إبراهيم.

لفت انتباهي أن هناك مجموعات قصصية اتخذت لها عناوين بالعامية السودانية مثل (ملعون أبوكِ بلد) لسيد أحمد الحاردلو، و(الشافك سعيد يا أم قُلة) لسيد أحمد العراقي، و(حكاية للزول الأكل أضنينو) لعمر حسن غلام الله.

ما بين النيل والخليج..
سطوة الكتابة الإبداعية

بثينة خضر مكي

منذ طفولتي الأولى.. وسطوة الكتابة تمتلكني.. أحس بـأنني مختلفة عن نديداتي.. مرح الطفولة وألعابها وشقاوتها تختلط عندي بنوبات من الحزن والتأمل.

قريتنا الصغيرة غرب مدينة شندي شمال السودان بمحاذاة النيل تماماً.. يجتاحها الفيضان كل عام، وينشغل السكان بمن فيهم الأطفال، في عمل المتاريس وملء الشوالات بالرمل لعمل المصدات؛ حتى لا يجتاح النيل القرية ويغمرها الفيضان. عندما نذهب خَلسة لغسل أقدامنا من مياه النيل الرابض على مشارف القرية.. تتفجر الأخيلة من تفكيري وعقلي الصغير وأنا أتمثل الغول.. السحار.. بنات الجن والجثث الغارقة التي تحدثني بحكاياتها، مما يجعلني محرومة من شغب الطفولة وقهقهاتها البريئة، وأنا أزن الأشياء بميزان أكبر.. وبدأت الكتابة منذ طفولتي الباكرة في المدرسة الابتدائية عبر الجمعية الأدبية وصحف الحائط.

عندما أتيحت لي فرصة الهجرة إلى السعودية مع زوجي، كانت الطفرة الاجتماعية الهائلة من عادات وتقاليد ونظام اجتماعي مغاير.. وأكملت تعليمي في جامعة الملك عبد العزيز بجدة.. وكانت مرحلة ثانية في بناء مسيرتي الأكاديمية.

وتوهجت ونشطت مسيرتي الإبداعية في الشارقة، التي عشت فيها سنوات عديدة.. حضرت فيها الطفرة الثقافية الكبرى في الآداب والفنون، وأتيحت لي فرصة الاختلاط بمجتمع ثقافي متطور، والمشاركة في العديد من أنشطته.. حضرت افتتاح بيت الفنون وبيت المسرح، وحضرت معارض الفنون التشكيلية وبينالي الشارقة.. وأصبحت زبوناً ملازماً لمعرض الكتاب الباذخ الذي يقام سنوياً في الشارقة.. أستمتع وأشارك في كل فعاليات عروضه الجميلة.

كتبت في صحافة الشارقة، وشاركت في مؤتمراتها ومنتدياتها الثقافية الراقية، وكان لي شرف المشاركة في تأسيس رابطة أديبات الإمارات مع الأخوات المواطنات، وعلى رأسهن الأديبات: شيخة الناخي وصالحة غابش وفاطمة محمد وأسماء الزرعوني، وأخريات مبدعات.

وجاءت مرحلة النشر.. وكان أول عمل إبداعي في كتاب طبعته على نفقتي الخاصة في الشارقة، وكان ذلك بداية التفكير في التركيز على أن تكون الكتابة الإبداعية مسيرة حياة وحرفة وهدفاً يمتلك العقل والوجدان.

ولن أستطيع أبداً نسيان الأمسيات الماطرة بالثقافة والأدب في

رحاب اتحاد كتاب الإمارات، وقد نلت شرف عضويته، ونهلت من فيض المجلات الثقافية والكتب التي كانت توزع على الأعضاء من مكتبة الاتحاد العامرة.. وللمكتبات في مدينة الشارقة، الخاصة والعامة، شأن لو تعلمون عظيم.

بائع النجوم.. صاحب النهر

عبد الغني كرم الله

(1)

في قرية بلا نور، سوى قلب أمي والفانوس الزيتي والقمر، ولدت، لصقنا النيل الأزرق، يتلوى كخيط بخور من فرط نشوته، عند بلدتي، ينفث مجاناً رائحة الطمي طوال اليوم، نشمّها دوماً، نحن والأبقار، والزهور، والديدان، شهيق جمعي طويل، نحس بأننا جزء من الأرض، والزرع، والنهر، والحياة، حيوات عدة، ذات جيرة أبدية.

لا شيء يعيد بريق الذكريات القديمة، وجنة الطفولة، كالروائح، مثل حبل السيارة، تستل من جبّ القلب، يوسف الذكريات الجميل، تتأمل بعجب «أنت الآن»، في «أنت الأمس»، في شاشة بالك، فما أكرم هذه الرائحة الغنية، المجانية.

أحسها «قطاراً سحرياً»، رائحة الطمي، لن تشمّها، حتى يوغل

بك، بأنس، إلى طينة آدم، تحس بغموض التواضع، حين تقلب جدك الأول، بين الطين الماء، ذاكرة الروائح، في رحلته العجيبة نحو حاضرنا الغني، تشعر بأيدٍ عجيبة، ترعى قافلة الحياة من الأزل، للأبد.

في الليل، نرقد في خلاء الحوش، فوقنا سماء رحيمة، وشاح عظيم مطرز بالأفلاك، وخيوط الشهب الذهبية، تلكم الأسهم التي ترمي سلم الجن، بعض فوق بعض، نحو استراق السمع لما يجري غداً، في لوح الله المحفوظ، أتعجب منهم، ومن اللوح المحفوظ؟ ماذا يخبئ لي غداً؟ ليته موزة أكبر من سفين نوح، سأطعم كل أهل قريتي، ونملها، وأرانبها، وقرودها.

كل ليلة، نتنافس أنا وأختي على حجز النجوم، كنا أعظم رأسماليين في الدنيا، دون مال، نملك «أختي وأنا» النهر وعصافير السماء وأفلاك الله في سمائها، أبيع «بنات نعش»، كلها، لأختي، بـ«حلاوة لكوم»، ما أرخص سوقنا، أغلى سلعة في سوقنا «القمر»، نبيعه بحفنة تمر، لجدي، لا نفكر في امتلاك الشمس، لا أدري السبب، قد تحرق يدي، مثل جمرة أمي وهي تصنع الشاي في الفجر، ربما تمنيت «نار إبراهيم»، كي أبيع حلقاً منها للفتيات، نار ونور عند شحمة الأذن.

كانت جلسات جدتي، ونحن نجلس تحت قدميها المحننتين، لصق «مركوبها» الأحمر المصنوع من جلد الماعز، هي ملاذنا في المساء، حين تحلق بنا بالأحاجي في آفاق من الخيال النقي، ننام على

الأرض حولها، تدغدغنا كالعادة، رائحة الطمي، وفي الصبح نجد أنفسنا في العناقريب «أسرة من جذوع الأشجار»، ممسحين بزيت السمسم، من فعل ذلك؟ حسن الشاطر؟ أم فاطمة السمحة؟ خرجوا من الحكاية وحملونا بحبّ؟ كم نجهل عظمة الأم والجدة، والناس أجمعين، وأبطال الأحاجي، حيث القوى السحرية في عضلات حسن، والجمال العذب في قلب فاطمة، ووجهها.

هل رأيتم قطرات المطر، التي تتحاشى وهي تسقط من عل ملابس دمور الطفلة؟ تمور حياة قريتي بنبض غريب، عجيب، نسكن مع الأسطورة والواقع والخيال في دار واحدة، نسمع كرامات الأولياء، ومعجزات الدراويش، وأهل الخطوة، حيث لا مسافة عندهم، يسافر كل منهم، في لمح البصر لآخر الأرض، فكنا نحلم بهم، ونحلم أن نكونهم، حتى قطرات الماء، في المطرة الغزيرة، لم تلمس جسد الطفلة المباركة، حين أرسلها جدها بعد أن ملأت له أبريق وضوء صلاة العصر، للبحث بين المقابر عن ميت، وسؤاله أين وضع أمانة التاجر، الذي استأمنه في بضاعته، حين سافر للحج، ورجعت الطفلة سعيدة، وقد دلت التاجر على بضاعته، والتي وهبها للفقراء، وصار من عشاق القرية، وسحرها، وغرائبها اليومية، هنا ولدت، وحبوت، مشيت، ولعبت، مثل هذه الفتاة، التي زاغ منها رذاذ المطر.

قيل بأني أصنع المرح، حيث إني الأصغر، ولساني ألجن في الحكي، حتى إني لا أعرف نطق «لالوب»، سوى «نعلوب»، كما أني أنطق اسم أختي «محاسم»، مبدلاً النون ميماً «محاسن»، لساني طويل رغم لجنته، أقلد جدتي، وأزيد في الحكايات، وأنقص كما يشاء

خيالي، ومن حينها أحببت الحكايات، وعوالمها السحرية، فسّرت ضحكهم إعجاباً، مثل الضفدعة الطرشاء، أتذكرون قصتها؟ التي وقعت في البير مع مجموعة من الضفادع، وهي وحدها التي قفزت للأمان، حين تصورت هتاف أخوتها في الأعلى تشجيعاً «وليس لن تصعدن، لا تتعبن المسافة طويلة»، حسبته فتنة لحديثي، حيث الطفولة جنة براءة بلا حد، نتحدث مع الحصى، ونغضب من المعزة، ونغازل شجرة السدرة، أنطقنا الله، الذي أنطق كل شيء.

شاء القدر أن يحب أخوتي الكبار الحكايات والأدب، ففي الدار الطينية البسيطة، هناك نجيب محفوظ، والطيب صالح، وألف ليلة وليلة، وتشيكوف، وأرسين لوبين، وهتشكوك، رسومات فان جوخ وأبو الحسن مدني، ورسوم أخوتي، نشأت محباً للرسم (أهناك هواية للطفل تفوق التقليد؟)، والشخبطة في كراسة الأرض، متخذاً من جدار دارنا الكبيرة لوحات بالفحم، أرسم الأبقار دون قرون، وأطيل ذيل المعزة كالنعجة، حراً في مخلوقاتي، سريالياً قبل بريتون وبيانه الشهير عن السريالية، فكم رسمت الكعبة المشرفة، في دار كل زائر للبيت المكرم، وكم رسمت القبة النبوية الخضراء الجميلة، على أعمدة البيوت وفوقها طيور سعيدة، وكنت أحب رسم التمساح، فاغراً فاهُ، لا أدري لم، أهو سحر حذره؟ كما رسم جدودي في كوش؟ كل شيء ممكن في قلب الطفل.

هل رأيتم شجرتي؟ شجرة القروش، كنت أظن أن القروش تنمو، وتزرع، كل يوم أغرس «شلن»، في ركن الدار، وأسقيه بحرص كل يوم، كي تنمو وتزهر وتثمر شجرتي، مالاً فوق مال قارون، وأشتري

شاحنة «حلاوة لكوم»، شاحنة نبق أخرى، و«ترلة» طحنية، أسعد طفل في القرية، ولكن للأسف كان أسعد طفل هو أخي الأكبر، الذي يستل الشلن بعد غرسه، ويتركني أسقي شجرتي في انتظار أحلامي، «أوراق شلن، وطرادة، وجنيه» وأظنني لليوم أسقي شجرتي، لكن شجرة الخيال، في انتظار كتاب لطيف، يصعد من جذورها الوفية.

قدماي لا تملان المشي، ألبس جوارب غبار ناعم، تعلق في قدميّ العاريتين، عند وادي الباجة وخور الدفيسة، أحب السياحة بين القرى، والنهر، والترعة، وغابة السنط، رحالة صغير، في بلدة آمنة، كنت لسان الحي، ومذياع البيت، منظار الناس لماوراء قريتي الصغيرة، لما يجري في القرى من عرس وفرح وترح، أو ضياع دجاجة، أو فقد معزة، أو حلق ذكر، أو زف عروس، فأنا من أحكي الحدث، وأنقل الصورة، لأهلي، وصحبي، سعيداً بهذا التنصيب الفطري، لنشرة أخبار عفوية، تجعل النفس تلم بما يجري حولها من حياة، وأخبار وأحداث، رسالة بريد، قبل ثورة الاتصالات المعاصرة، من الصعب تصور «أسى»، ضياع دجاجة، في قلب طفل، وفي قلب صويحبتها، (فكم عثر الرحالة الصغير على عنزة في الخور، أو دجاجة في الخلاء، وكم أكرمه أهلها بعصير ليمون بااااارد، وملء جيبه السعيد بالبلح)، لكن هل رأيتم الدجاجة وهي تطعم السواسيو فجراً؟ وهي الجائعة؟ تؤثر ولو بها خصاصة، أهناك رسالة أمومة أعظم من قلبها الصغير الكبير، وهي لم تقرأ الإنجيل، أو البخاري، كأن الضمير والحس الديني فطرة، في الأحياء والأشياء.

أظن أعذب ما في دراستي الجامعية، هي مخيمات البحث

عن الأرض والجبال والـزلازل، وطبقات الأرض، حيث درست الجيولوجيا، فكنت أسوح بين الجبال، متأملاً سحر [كراسة الأرض]، فكل طبقة من الأرض، هي كتاب عن حيوات عشات وانقرضت، تسليم وتسلم في سلسلة عجيبة، من الطين، ثم العشب، ثم الحيوان، ثم بني آدم [ذكاء أعداد تعاقبي، بترتيب طبيعي فذ]، لو سبق الحيوان العشب؟ ماذ يأكل؟ كم ذكي عقل الطبيعة، وشاعر «لأنه خلق أمي والفراشة».

في تلكم المخيمات، في عزلة الليل أتأمل النجوم، خيمة صغيرة بين الجبال، نبقة أمام بطيخة، أحس بصغرنا، بجلال الكون العجيب، كم حرمت المدن ومن خطها، من فن السماء ووشاح النجوم اللانهائي «لا حد للكون؟ لا حد للزمن؟»، نفث فلسفي فطري يغمر الروح، يزيده صوت الحياة الفطري العذب، حركة عصفور، صرير خنافس، تنشد غموض الحياة، أقارن كل هذا، مع سجن المدن، ضجيج السيارات، وعلو العمارات، فلم يعد الغروب هو الغروب، ولا الشروق هو الشروق، أليس الغروب شاعراً؟ يسقي فكرة الحنين والرحيل؟ والشروق؟ لك حرية الإحساس به، تحس بعجلة الثورة الصناعية، ولِمَ لمت حضارتنا الناس في فج واحد، وأرض الله واااسعة.

كتبت للكبار في بدء أمري، حكاية «آلام ظهر حادة»، أظنه سيرة ذاتية فكرية، لشاب يجهل الحياة، ويتحسّسها، وأظنني كنت محظوظاً مع النقد، مما شجعني على المضي في الكتابة، فكان شقيقة [شلن] [وأسد في الحافلة]، كما أني كتبت عن أمي، بعضاً من سيرتها، في حكاية بعنوان «القلب الخشبي»، ترجم للإنجليزية، كما كتبت عن

قريتي وعوالمها «من حمير، ودجاج، وكلاب»، مجموعتي القصصية الأولى «رائحة الطمي»، [ترجمت هي الأخرى]، وآخر قصة منها ترجمت قبيل شهر في دولة ناميبيا، «فتأمل علاقات الكتابة»، وهي حكاية «كلبة فاطمة».

ثم جاء الفرج من الله، صدفة، ولا صدفة، حين طلبت مني آمنة الصغيرة، ابنتي، وأخوها محمود، أن أحكي لهما حكاية ونحن في قلب الليل، فجال خاطري فيما أحفظه، ثم بغتة قلت لمَ لا أحكي لهما من رأسي، من خيالي، وقد كان، فقلت لهما «كان هناك فأر يريد أن يقيم عرسه في أكبر صالة في المدينة»، ثم جرى خيالي لتصور الصالة، ومكتب تأجير الصالات، وصاحبته الماكرة «الأرنب»، حيث أجرت لهم....... لهم.... «فيل»، فتم العرس تحت الفيل، وجرى ما جرى، وأصرا على أن أحكيها، مرة، خمساً، عشرات المرات، والغبطة تعمّ وجهيهما الطفوليين المنيرين، تلكم كانت البداية، مع عالم الأطفال، الذي ظل يسكنني للأبد.

كانت تلك حكايتي «عرس ميسون»، التي حكيتها لاحقاً في غاب فازوغلي، جنوب النيل الأزرق، عند حدود إثيوبيا الصديقة، لأطفال سمر، مرهفي الحس، قالت طفلة صغيرة «تيستو»، «يعني ما في أمطار ملونة الخريف المقبل؟» حين أدركت أن الخرطوم الذي شرب العصير ليس للسماء، بل خرطوم الفيل، وأدركت حينها لمَ يصدق الأطفال الخيال، وتلكم أعظم فضيلة، وأعظم هدية للكاتب، أن يعيش الأطفال خياله كواقع، لأنهم أحبوا «تكتوك»، المتسامح، الذي رفضته العروس، ومع هذا حل للناس مشاكلهم، حين قذف الفيل العروس

أعالي السماء، «عقلك في راسك تعرف خلاصك»، فعادت العروس للأرض سليمة، سعيدة «حتى البرد بين السحب، أرسل لها جاكتاً برتقالياً»، يفكر في كل شيء، لكل داء، دواء.

هل قلت حدود إثيوبيا؟ بل إثيوبيا، ذاتها، كتبت عنها نصاً للأطفال، أكثر دولة أهلها مقيمون معنا، اسمه (كم نهر يتدفق من إثيوبيا؟) اثنان؟ النيل الأزرق ونهر عطبر؟ لا، خمسة أنهر، هناك النهر الأسود، والنهر البني، والنهر الأصفر، كما قالت الطفلة في حصة الجغرافيا، وهي تحذر الأطفال من لمس النهر الأسود بيدهم، بل بفنجان، «فلم يكن سوى نهر القهوة التي تتدفق من التلال الإثيوبية لوجدان الشعب السوداني، هناك معماري، وفنانة تشكيلية، حلقت بهم القهوة»، فصنعوا عمارة، ولوحة تشكيلية تسر الناظرين، أما النهر الأصفر، فهو الموسيقى في عهد أكسوم، التي حجت لأذان مروي، إنها عشرة طويلة، وتبادل ثقافي وإنساني بيننا، واقتصادي، ليت كل دولة، تمسك بيد الأخرى، في حفل إفريقيا، ونرقص للحياة.

ثم جاءت الهدية الكبرى والتكريم الأعظم، بأن ما أصنعه له جدوى، كنت أسير مهندماً في طرق حي الأزهري الشعبي، وبعد سبعة شوارع من الدار، أقبلت طفلة، كانت تجلس تحت حوض شجرة مبلول، أقبلت نحوي متهللة بشوووووشة، احتوت ركبتَيَّ بيدها المحننة بالطين، وهي تصرخ «بابا غني الطماطمة»، هل تغير اسم أبي، من كرم الله، لطماطمة؟ يا إلهي، إنها قصة [طماطمة وادي قولو]، حكيتها لأطفال في روضة قربنا منذ سبعة أشهر، تحايلت كي أعرف اسمها «سوزان»، دخلت دارهم وشربت شاياً جميلاً،

وشعر قلبي بالرضا، وحكت الطفلة حكاية الطماطم لأمها، وأخواتها والشجرة قربنا «أحمدك إلهي»، شعرت بالرضا، حقاً.

هذه الحكاية، ولدت في سجن شالا، حين اعتقلنا شهوراً، لأننا قلنا لا للظلم، والجور، هناك وجدت خلوة طيبة، رغم أحزان الحبس، من دوامة الحياة العصرية، فكتبت الحكاية، ورسمتها على جدران السجن، «كم مرة حكيتها للمساجين؟ لا أدري، ورب الحكي، من قال إن عمر الأطفال يقف عند حدود الـ 18..؟ وهؤلاء يتجاوز عمرهم الـ 80، بل 82، حيث كان عم سعد أكثرهم طرباً للحكاية وعمره تجاوز الثمانين».

في الطريق إلى المدرسة، كان هذا عنوان محاضرة ومسامرة مع طالبات مدرسة الخرطوم النموذجية، بنات، كيف نجعل من الطريق للمدرسة، نصاً؟ كيف نتأمل طفلاً يسحب أمه كي تشتري له لعبة [طبخ]، وهي لا تملك روشتة الدواء؟ «كل ذلك من خلال نافذة حافلة يومية»، كيف ننظر لباب قديم مزخرف، وأول من دخله وآخر من دخله؟ كيف ننظر من نافذة الحافلة، لحافلة عكس الاتجاه، وندرك بأن لنا علاقة بهم جميعاً، (في أحد الكراسي والد معلم درسنا، أو كرسي جلس عليه صديقك قبل أسبوع، أو «جنيه» كان في حقيبتك، ثم اشتريت به رصيداً فاستقر بعد رحلة في جيب راكب فيها)، كل شيء له علاقة بنا، حقاً لا مراء، وكيف ندرك أن الطبيعة تكره افراغ، فكل ذرة تمسك بيد الأخرى، إلى ما لا نهاية، هذه المحاضرة البسيطة، جعلتني أحوم مدارس ثانوية عدة، مدرسة التميز، مدارس القبس، مدرسة أركويت، مدرسة المهدية بأم درمان، مدرسة الأم بنات،

جامعة النهضة، جامعة السودان، جامعة الخرطوم، جامعة كرري، جامعة السودان العالمية، جامعة المغتربين، لا لقهر النساء، منتدى نوار الثقافي، مكتبة الدلنج، ساحة الاعتصام، كيف ننظر للعالم حولنا ككرنفال للحكي، ونبع للجمال، حيث الواقع أغرب وأعجب من الخيال.

في إصلاحية الجريف للأطفال، ضحك الأطفال من طفل يمشي للوراء كي يكتشف نور ذاكرته، حتى حوش الصالون، أو ينظر لقفى التلفزيون، وليس شاشته، حين رأى التلفزيون أول مرة في حياته، كيف عرج الناس إلى داخله؟ وكيف أصبحوا صغاراً كأقزام؟ وكيف ركب ظهر أمه كدابة، وكيف مضى لمدرسة تبعد عنه أربعة كيلو مترات كل يوم، حافياً، مثابراً، حالماً، رغم الشوك والحسكنيت، وكيف رسم على جدران الفصول الدورة الدموية، وخريطة الهلال الخصيب، وخارطة السودان، ونهر النيل «حين رسم النيل، منع الصيادين من قتل أسماكه»، وتوضأ للحب من أمواجه في الورقة.

أحب الرسم، النحت، كل حكاياتي رسمتها، وجسدتها، ألا تحب البشرية التجسيد؟ فما بالك بالطفل الكلف بلمس كل شيء، وشمّه، وتذوّقه، ولو صابونة، فصنعت عوالم من حكاياتي بنحت الطين والورق والخشب، «حبة رمل أصبحت عين فيلي الطيني، ولا محال عود الثقاب المستعمل هي نابه الغالي»، كما أقمنا ورشة «رمل»، في مركز راشد دياب، أخبرنا الأسر قبل يومين «نريد ملابس لعب»، فكم صنعنا من «قطاطي»، وحفرنا مجرى للنيل، وصنعنا سدوداً، «نبني وتهدمها الرياح ولا نضجّ ولا نثور»، حيث الأنامل البشرية الذكية، التي تخلق من الطين كهيئة الطير.

أقمت عدة ورش، منها مثلاً، ورشة «حجيتك»، مع المركز الثقافي الفرنسي وبيت التراث، عن استلهام التراث في الحكايات، وورشة السلام والتسامح مع عديلة في مدارس أركويت، وورشة السلام مع مبادرة الأطفال، ومعهد السلام الأردني، وورشة «نهر النيل»، في مركز راشد دياب للفنون...

مسكون بأسئلة من أنا للآن، أيكفّ الطفل داخلنا عن الأسئلة؟ لذا، كانت لي مشاركات مختلفة، في شؤون ثقافية، واجتماعية، وفلسفية، وسياسية، جرت في مركز الوافر، جوته، الفرنسي، مركز الجنيد، مكتبة عم سيف، مكتبة المركز الفرنسي، منتدى اليونسكو، جامعة الرازي، وعبر الزووم، ومكتبة بحري، وجائزة غادة للأطفال، كلها تدور عمّن نحن؟ هويتنا، المخرج؟ لمَ نحلم؟ وأين يقف التطور؟ وهو الذي يشد عند المنتهى الرحال؟ أظن ثورتي هي «الحلم»، ضد أي ذاكرة، وماضٍ، مهما تجمّل، فهناك «الأجمل».

حكيت الكثير من قصص الأطفال، في حديقة الكلاكلة، الساحة الخضراء، مـدارس القبس، البلونايل، وفي عدة مدن سودانية: الخرطوم، عطبرة، الدمازين، الدلنج، الفاشر، الجنينة.. لا أكذب إن قلت لكم أحفظ للآن وجوههم، عيونهم، بل ومكان جلوسهم حولي «لا يشقى جليسهم»، نورهم يفتك بأي ظلام نسيان، حين يشرقون في ذاكرتي، كلهم، طفلاً طفلاً، وطفلة طفلة.

شاركت في وضع المنهاج لرياض الأطفال، ونحن نتأمل «سهم الطفل»، المنطلق منذ آدم في الأصلاب، بقوى واتجاه معين «نحو موهبة قدت فيه، نجار، أم مهندس، أم رسام»، ولكن هل الرأي العام،

والتربية تلحظ ذلك؟ أم تحيل شجرة المانجو في حقل قلبه، إلى شجرة جوافة؟ ونخسر الاثنين معاً، لا مانجو، ولا جوافة؟ لذا حبكت حكاياته تربوية «صح، غلط»، وتجريبها في ثماني رياض حول دارنا، هي مختبرات تجريبي الأول للحكايات، وتحديد سن الفئة المستهدفة.

أنا على يقين، أي طفل عبقري، إن وُجدت بيئة عبقرية، تعنى به قبل ميلاده، أي توفير مناخ سوي، عادل، حتى تكون أمه، وأبوه أقران حب وفهم، لا إملاء حاجة ورغبة وضرورة، وحتمية واقع، وحين ينشأ جزء من شقيه في سعد فطري، الحيوان المنوي، والبويضة، حتى يستقر في رحم أم محبة، وأب عاشق، تلف سنته الأولى، والأهم «سنة الرحم»، دفء أمان، موسيقى سكينة، وغنى قوت، أربت على كتف برناردشو، الذي قال «لا يوجد طفل ذكي، وطفل غبي»، لكن توجد ظروف غبية، وظروف ذكية، مع إيماني بالمواهب الفطرية، التي قدت في جرم كل طفل.

شكراً ابن العربي، سأختم شهادتي بحديثك الغني، عن مطلق إنسان «وتحسب أنك جرم صغير، وفيك انطوى العالم الأكبر».

(2)

كثيراً ما أجلس معه «معي»، أتفكر في أمري، أجتر الذكريات، أحاول «مثلاً»، تذكر يوم الأحد، قبل عشر سنوات، في شهر مارس، ماذا جرى لي؟

أعجز عن تذكر ولو ثانية، منه، يوم كامل، بل شهر، بل عام

414

كامل، لا أذكر منه شيئاً، أي قميص لبست؟ وأين طِين خلطت؟ أو تفاصيل وقائع جرت؟ وعيناي أي لوحات عصافير أو عيدان وزرزور وخنافس رأت؟ أأحرجني أحد؟ ألم يبالِ بجمال الحصى في كفّي؟ أم تألم حسي، من طعنة شوك سدرتنا؟ أخاطب نفسي:

(غريب أمرك أيتها الحياة، هناك شؤون عدة، تخصك، ساعات وهموم، وأحلام، مسحها النسيان، من شاشة الذكريات في سينما بالك)، أحداث أهم من معارك الكبار، وفتوحات الفاتحين: غيمة ترسم فيلا، طعم النبق في فمي، أو قطار دودة صفراء ذات بقع سوداء تجري في كفي، أو حضن خالتي، وأنا فارس يقود السواسيو، أرعى بها في الدار، أعرف مواطن الحب والقمح وأرمي لها الذرة من جيبي المليء بالحلوى، والضفادع، والنبق، ولكوم.

لا محال، تركت آثارها في مزاجي، ميولي، وذاتي، وخياراتي، وأعجز عن تذكرها تماماً، وتسجل سلبياتها، ضد مجهول، ومن عجب هو أنا.

شدّني هذا الأمر، للبحث عن كيفية التذكر، كيف نتذكر أحداثاً ربما صاغت نفوسنا، وصنعت شخوصنا، كما يصنع الخبز، من ملح وزيت وذرة وفرن، تعجن بالكف ثم نار، فأي نار، ونور، صنعت حسي، ووعيي، وميولي؟ أحس بأني أجهل ذلك، وأحس أكثر بأهمية فحص ذلك، كما قال سقراط: «حياة لا تفحص، لا يعول عليها».

أمي أجمل نساء الأرض، وأختي أجمل فتاة، وبيتنا الطيني أسعد قصر في الحياة، وسماء قريتي، أعظم قبة للجمال والحياة والسعادة،

تلك حقائق، لكن للأسف كانت في طفولتي، ضاعت هذه الفضيلة، الآن قريتي بسيطة، منسية مقارنة بعوالم العالم، فمتى أرجع لجنّة حسي، وأراها أجمل مدن الله، حقاً لا مجاز «ما أعجب عيني الطفل»، وفراسته العبقرية، أينما تولي فثمّ وجه الله، فلمَ الفتور عمّ الحسّ؟ اللهم أرني الأشياء كما هي، وليس كما يتراءى لحواسّ محدودة.

لا أبالغ هنا، قريتي حواء المدن، وأمي بلقيس الزمان، أصف الحقيقة التي تكمن في قلب الطفل الحكيم، الذي يزن الأشياء بقلبه النقي، فلا يهزم جمال الفراشة وتلاثغ موج الجدول بلمعة الماس، ميزان قلبه عادل حد الإعجاز، وحواسه نافذة لأعماق الأشياء، ترى الجوهر الأبـدي، وليس الفاني، المادي، البحت، وحتى هذا ترى جماله، ولكن لا تميل كفة إحساسها سوى للبراءة الأولى، والحياة العذرية النبيلة، التي يعيشها الطفل كبطل، في عيني الحياة، وعين أهله، وأرضه، وأمه.

من أجل كل ذلك، صرت أكتب، أي أتذكر طفولتي، وأذكر الأطفال بها، حتى الكبار «حدث وأن حكيت للكبار في الأحفاد وفي سجن شالا»، وأدركت بأن الكبار صغار، أن العبقرية، كما حكى برناردشو، هي «استعادة الطفولة»، حيث الاستحالة عادة، ومسلمة في قلوبهم العجيبة.

لكن، هل تذكّر الطفولة هيّن؟ ليّن؟ وسهل؟ أم تقطع دونه الأعناق؟ ووعر، كأنك تبحث عن قطة سوداء، في ليلة ظلماء؟ في غرفة عتماء، «والقطة أصلاً ليس موجودة؟»، كما قيل؟ بلى؟ وأصعب من ذلك.

إذن، علي أن أعكف «علي»، فمن أنا؟

أي سيرتي، كأني أعرف نفسي؟ أي مزاجي ودخيلتي، أهي تخرجي؟ أين درست؟ واشتغلت؟ أحسّ بحسرة عظيمةَ، لو كانت السيرة توصف هكذا؟.

أنا لا أعرف نفسي حتى الآن، (شروط نمو جسمي، وعاطفتي، غريزة الجوع، وسلطان النوم، وقهر النمو اليومي، لي، أو لأظافري، ومهماز طموحي، كلها، خارج، إرادتي)، كما أني أجهل «من أين أتيت»، أي نقطة انطلاق سهمي، «وسهمكم»، وأي نبال أطلقه؟ ثم إني أحلق حالياً (كسهم)، بدفع ذلك النبال القديم، ولهدف يعرفه هو؟ لم أصل له بعد، في بالي حنين لشيء ما، أجهله، يتوارى في أعمق أعماقي، سهم منطلق بقوى غريبة لهدف أغرب.

أن أراقب نفسي، بلا مرآة؟ بل في مرآة الذكريات والأخيلة؟ والذكريات صارت كالأخيلة، وهماً أو غائبة، ربما أطفّف، فالخيال كالعجين، يتشكل كما أريد، «وكل إنسان أناني، هل رأيتم سيرة تشبه السريرة؟»، لا تبدو الأشياء واضحة، إلا بعيدة عن أرنبة الأنف، فما بالكم، بأمر أقرب من الأنف، والوريد، هل سيكون واضحاً؟ بل تدحض كلمة القرب، تنسف، فلا مسافة بينك وبين نفسك، ومع هذا، تشعر بأنك في غفلة عنها، حد الشطط، وهذا القرب، بدل أن يذكي التعريف، يطمسه، طمساً، طمساً.

مستحيل ذلك، أن نبقة، أو عنبة قرب عينيك، تحجب عنك، كوكباً عظيماً، وجبلاً أشمّ، أخاف أن أكون نبقة، قرب عين قلبي، وأرى نفسي هرماً، ضخماً، يحجب حتى ضوء الشمس، لقربي من نفسي،

وبعدي عنها في ذات الوقت، وأرى حجمي، أعظم، لا لشيء، سوى أن الأشياء القريبة أكبر، سنة الطبيعة، والنفس، ومكر (الأنا)، ومن عجب قدت في كل النفوس، فطرة، ليس إلا.

لكن طالما القرب يضخم العنب، حتى تستر وراءها جبال التاكا، إذن حب «الأنا»، فطرة فيزيائية، وكيميائية، وإنسانية، وبمقدور أي شخص، أن يتذوق بيت ابن العربي الشهير «وتحسب أنك جرم صغير»، ويختمه (وفيك انطوى العالم الأكبر).

حين شرعت في كتابة «أسد في الحافلة»، حاولت تذكر الطفل أنا، الطفل عبد الغني، للحق يا لها من مسرات أن ترى أنت أنت، طفلاً نحيفاً، كث الشعر، تراقب نفسك نفسك، وبينكم أعوام وتجارب وإرث، مثل إيليا: «وطن الجدود، حدق أتعرف من أنا؟ ألمحت في الماضي البعيد فتى غريراً أرعنا؟»، ذلكم حالي.

أول تحدّ للساني، لم يكن مأطراً، ومدجناً، كنت أحب طعم الصابون، والطين؟ كل شيء أحشره في فمي، وقبله قبضة كفّي، فكيف يعود بربكم؟ حتى الشم، والتذوق عادات وتقاليد مختلفة من لسان ولسان، في رحلة العمر العجيبة، الغامضة، السحرية، إني أشم قميص يوسف، رائحة النية في قلوبنا، يشمها الأنف الأشم، الكريم، فأي جنة حس قدت في الحواس؟ علينا إيقاظها؟.

ثم جلدي، بلى جلدي، كان ليناً «تقشعر جلودهم، ثم تلين»، وهل الجسد اللين يحس مثل القوي المتحجر؟ لا وألف لا، كان جلدي يحسّ بطعم الحصى حين يمسه، طعم الرمل، كل ذرة على حدة، ملمس

أنامل النور، تداعب عنقي وجبيني، جلد خرج للتوّ من رحم آمن، قبل
أن تحجره المناخات، والفصول والصيف، والحرارة، أصبح درعاً،
كقدح السلحفاة، بدل طبل ناعم، تنقره أصابع النور، والعطر، وخفايا
أرق من ذلك، «أنامل الفكر، التي تعم الوجود»..

إن كان الإنسان هو «حواسه ومعطياتها»، فتأمل ما خسره الطفل
حين تحجرت حواسه، التي تدخل البهجة، والحياة، فكيف أتذكر
جلدي؟ تلكم هي المعضلة، كما أني كنت عارياً، ألبس البراءة الدسمة،
ويحمّم جسمي النور والعطر، في جنة دارنا، كان قميصي هو جلدي،
لا يشق على السير، أو النطّ، مثل سجن الملابس وقيد الحذاء.

أنا طفل عجوز، بدأت من آدم، لحن ذاتي أسهمت كل الأصلاب
فيه، حتى أصبحت غددي غريزية، تعمل بشكل لا إرادي فذ، عقلي،
نبض قلبي، نمو جسمي، شمي، سمعي، حدسي، وأكثر، أصبح بدني
عيد حواس متقدة، وملامحي شكلتها جينات قديمة، تحنّ للخلود من
خلالي، إذا الماضي وفيّ وطيب، الكل أسهم في بناء ذاتي، شكراً
للماضي، والحاضر؟ إنه حفل حياتي الآن، فشكراً، له، والمستقبل؟
إنه حلم خيالي؟ إذن شكراً للوقت، لا تسبوا الدهر، الدهر هو الله، كما
قال نبيّ الجمال...

لذا، شرعت في تذكر أهم «سنة» مرت في حياتي، أو شبه عام،
وهو العام الأهم في تاريخ مطلق إنسان، «عام الرحم»، فكتبت قصة
«دسوسية»، اختباء، بين طفلة وأخيها، حليمة وآدم، تلكم الطفلة التي
اختفت عن أخيها شهوراً، بل عن أبيها، ولم تكن تأكل، وإن أكلت

فتأكل وهي مغمضة الفم، ولها قدرة غطس عبقرية، شهور دون تتنفس في باطن الماء، أي مختفية في رحم أمها.

في تلك القصة، شعرت بالحيوان المنوي السعيد، يمضي غريزياً، لشقه الآخر، البويضة، ويقطع مسافة طويييييييييييييييلة «بموازين حجمه»، وبموازيننا «مثل بعد الخرطوم عن جوهانسبرج»، يشدّه رسن الرائحة، حتى يصل لقناة فلوب، ويكون «أنا»، بعد غياب طويل.

الحياة، أجمل، وأعذب وأغرب، حكاية.

احرص على الإمساك بالأفكار المراوغة

ملكة الفاضل

**قد يهون العمر إلا ســـاعة		وتهون الأرض إلا موضعا**

هكذا أنشد مجنون ليلى في مسرحية أحمد شوقي الخالدة، ولكن ماذا عن السارد... الراوي أو الحاكي؟ هل ثمة وجه للشبه بين عالم ابن الملوح وعالم السرد أو الرواية؟ وما هي العلاقة هنا؟ لا علاقة سوى أن الكل عاشق على طريقته، وما يجمع بينهم هو الارتباط بالمواقع والأماكن والمنازل.

أحسب أن لكل سارد أو حاك أو راوٍ عالمه المحتشد بالمواضع والأماكن، وهل الرواية سوى كمّ من الأشخاص والأحداث والأماكن أو المواقع؟ البيت موقع، وبيت الحبيبة موقع، والبلدة موقع، والوطن موقع، والعالم في نسخته القديمة موقع، وفي نسخته الجديدة التي صنعت منه قرية صغيرة موقع محتشد بالمواضع والأماكن والمنازل.

وبلدتي الواقعة على الضفة الشرقية للنيل الأبيض، هي أول ما

فتحت عليه عيني. بيتنا حيث جدي الذي يصلي الفجر ويبقى حتى الشروق مع كتب الفقه والتفسير، وجدتي لأبي التي كانت تنظم القصيد في مدح أخيها، أبي الذي كلما قدم من رحلة إلى المدينة (كوستي) أو العاصمة، جاء يحمل المجلات مثل: آخر ساعة والمصور وصباح الخير والحوادث وغيرها. وأمي التي تعشق وتقتني الروايات التي كنت أراها بأغلفتها الذهبية الأنيقة مثل علب الحلوى الفاخرة، طرقات بلدتنا وأهلها والدعة التي تكسو الوجوه، مدرستي الابتدائية تضج بالأجراس والوجوه، و(ست نفيسة) بثوبها ناصع البياض وسمتها المهاب تدعو طفلة مرتعدة (ومن التي لم تكن ترتعد في حضرة المعلمة أو المعلم ناهيك عن الناظرة) للوقوف أمام الصف في حصة اللغة العربية وقراءة موضوع الإنشاء بعد تصحيحه، ثم تحدث الفصل عن تميز ما كتب وكيف ينبئ عن ملكة وموهبة ستظهر مع الأيام. وكم أتمنى اليوم أن أتذكر أي كلمات قد كتبت يومها لتحظى بكل تلك الإشادة!

ونخرج من (الشوال) إلى (الكوة) التي تقع أيضاً على الضفة الشرقية للنيل الأبيض، حيث درست فيها المرحلة المتوسطة، وحيث تكرر وقوفي لأقرأ أمام الفصل مقالة في حصة التاريخ عن الثورة الفرنسية أشاد بها الأستاذ، وحيث الجمعيات الأدبية والمجلات الحائطية التي أحسبها قد أسهمت كثيراً في نمو العديد من الملكات والمواهب المختلفة لأجيال عدة. وقد شهدت تلك المرحلة أولى قصائدي، وفي داخلية مدرسة (الكوة) الوسطى كنت على موعد مع شغف القراءة الذي جعلني أقرأ على ضوء القمر، وأظنه أورثني هذه (النظارات) وحصيلة من المعرفة والتجارب تمتد حتى اللحظة، ثم

أورثني شغف الكتابة. واصلت المشوار في ثانوية كوستي للبنات من خلال أمسياتها الأدبية ومجلاتها الحائطية ومعارضها السنوية، حيث كنت أشارك بالمقالة والقصيدة، ثم القصة القصيرة، حيث كان للمسابقات والجوائز التشجيعية دور في تبين الطريق في مشوار الأدب والكتابة. الخرطوم وجامعتها المفخرة، وأم درمان حيث كلية التربية التي تخرجت فيها ببكالوريوس التربية في اللغة الإنجليزية وعلم النفس، وبتجارب ثرة من قاعاتها ومحاضراتها ورواياتها وأساتذة يفتحون مغاليق ما خفي عليك منها، بتحليلاتهم بعيدة الغور، ومكتبتها التي صارت لنا منزلاً وسكناً، ثم انحيازي لمجال الترجمة وماجستير من المعهد الإسلامي للترجمة بالخرطوم. كل تلك المشاوير تؤكد أنك في حضرة العلم والأدب تظل تلميذاً أو تلميذة مهما بلغت من العمر والشهادات والمناصب.

أول الحكي كان (الحجا) أو حكايات (حبوبة) ونحن نتحلق حولها صغاراً؛ لتحكي لنا عن الغول وفاطمة أم حجل وود النمير وفاطمة السمحة التي صارت عنوان المسرحية التي كتبتها بالشعر العامي فيما بعد. وعالم السرد المهيب تهيأ لنا أن نطرق بابه عبر الحكي العالمي، مثل روايات شارلز ديكنز وشارلوت وإيملي برونتي وألان بيتون، وغيرها من الروايات في نسخها المختصرة لتناسب المرحلة المتوسطة، والنسخة المبسطة لتناسب المرحلة الثانوية، ثم الرواية الكاملة في المرحلة الجامعية وما بعدها، ثم اقتناء وقراءة كل ما تحصل عليه من روايات لكتّاب مثل نجيب محفوظ وتولستوي الذي فتنت برائعته الحرب والسلام، وما زلت، وهوجو وهمينجواي،

وروايات كثيرة تمثل قراءة كل منها رحلة إبحار في عالم جديد، تختلف المشاهد فيه وتتشابه الرؤى والأحلام والحنين والأنين، وتكاد تتطابق العواطف والأحاسيس، فالعشق هو العشق هنا وهناك، والجوع هو الجوع والظلم وقعه واحد، وما تفعله الحرب بالناس في الشرق هو ذات ما تفعله في الغرب... الفقدان. وحدها الكلمات تستطيع تصوير الفقدان في رواية. لم أتوقف عن القراءة، أقرأ كل ما يمكنني الحصول عليه من روايات، ونصيحتي للجميع في عالم السرد هي عدم التوقف عن القراءة.

أكتب كلما تسنت لي الكتابة، وليس ذلك بالأمر الهيّن، فإن أنت طوعت الزمن فقد لا يطاوعك المكان ولا المزاج، وأحرص على وجود القلم والدفتر للإمساك بالأفكار المراوغة والكلمة الشرود، فاستعادتها والإمساك بها دون سابق تدوين قد يصير مهمة مستحيلة. وأكثر الأوقات تحرراً وعطاءً عندما تنفك في ذهنك عقدة الرواية.

إحساس لا يخبرك عنه إلا من رأى أو رأت أول عمل أدبي له أو لها منشوراً في إحدى الصحف أو المجلات، وهو قمين بأن يجعلك تعمل على إعادة الكرة والبعث بإنتاجك نثراً كان أو شعراً للصحيفة ذاتها أو لأخرى، توقاً للخروج للناس ببعض ما لامس الورق أو لوح المفاتيح من (فضفضات) الروح... أول عهدي بالنشر كان مع (صحيفة الخرطوم) التي كانت تصدر من القاهرة في التسعينيات، حيث نشرت لي أول قصة قصيرة، وكانت بعنوان (العريس)، ثم عدداً من القصائد والقصص والمقالات. بعدها دفعت بعدد من القصائد والمقالات توزعت على صحف مختلفة منها صحيفة الوطن العمانية

(مقالات عن الشاعر مصطفى سند)، والرأي العام والأخبار والجريدة أو مساهمة في بريد القرّاء في مجلة (المجلة)، وقد كنت من قرائها، وتقرير اطلعت عليه في (المجلة) أحسبه قد ألهمني قصيدة (يمة) التي نشرتها صحيفة الخرطوم ولقيت قبولاً جميلاً، وأحسب أن ذات التقرير دفع بأولى رواياتي (الجدران القاسية) للوجود. طبعت الرواية في القاهرة عام 1999م، وأعـادت طباعتها دار الريم للنشر عام 2016م. وهي العمل الذي جعلني أرى بأن عالم السرد مـْ لم يستحوذ عليك فلن يكون بمقدورك أن تكون سارداً كما ينبغي، مهما احتشد بالشخصيات والأماكن والأحداث. (الجدران القاسية) منحتني قناعة أن السرد لن يكون إن لم تضخ فيه من روحك رؤى ومشاهد وأحداثاً تكتبها أو تكتبك لتخرج للناس عملاً لا يتوانى قرّاؤه في تَأكيد إن كان بإمكانك المضي قدماً أو التقهقر، ولو إلى حين. (الجدران القاسية) وجدت حظها من الاهتمام قبل صدورها بتعقيب الأستاذ الأديب فضيلي جماع الذي كان لرأيه الإيجابي عنها دوره في حسم ترددي والدفع بها للنشر. وعقب صدورها كتب عنها الأستاذ فيِصل محمد صالح في عموده الراتب في صحيفة الخرطوم ثلاث حلقات متتالية. وكتب عنها وتناولها بالنقاش والتحليل الأستاذ أحمد عبد المكرم، له الرحمة والمغفرة، الذي ظل يقول لي مشفقاً «أخشى أن تكوني من كتاب الرواية الواحدة».

روايتي التالية (في مكان ما) جاءت بعد خمسة عشر عاماً، حسبها بطريقة زاجرة أخ أقدر رأيه، بأنها كفيلة بتأليف خمس روايات على الأقل. ولكن ماذا حدث وهل غادرت عالم السرد حقاً؟ لا أظن. هناك

روايتان رأيت أنهما لا تستحقان الخروج للناس. وأحد الإخوة يقول لي «دعي الناس يحكمون. للقارئ الحق في أن يكون الحكم». حمداً لله تعالى صدرت رواية (في مكان ما) عن دار مدارك للنشر والتوزيع، عام 2016م، ثم شاركت برواية (الشاعرة والمغني) في مسابقة الطيب صالح العالمية للإبداع الروائي في دورتها الثامنة، وفازت بالمركز الثالث. المسابقات في مراحل العمر المختلفة لا أنكر دورها في شحذ ملكة الكتابة عندي وتطويرها بالممارسة والاستمرارية. أن تواصل الكتابة فذاك نوع من المثابرة وتخطي مطبات الإحباط والتململ، وأحسبها كثيرة في مسيرة الكاتبة أو الكاتب. المشاركة إن تكللت بالفوز أو لم تقد إليه تمنحك نوعاً من الثقة تحتاجها، خاصة عند البدايات التي لا تخلو من مشقة. مشواري في المراحل الدراسية المختلفة وبعدها لم يخلُ من الجوائز في مجال الشعر والقصة. قصيدتي (زمان النصر) جاءت في المركز الأول لمسابقة نظمتها مجلة (تي في) في إطار برنامج اليونيسيف لمحاربة الجوع عام 1997م، وقصيدتي (نوافذ النور) فازت بالمركز الثالث في مسابقة كرسي اليونسكو للتصحر بجامعة الخرطوم. وفازت مسرحية (فاطمة السمحة) في مسابقة محمود صالح عثمان صالح للتأليف المسرحي، وهي مسابقة حققت لي حلم مشاهدة عمل لي على خشبة المسرح. وهكذا عالم الأدب يتحفك بالمفاجآت اللذيذة. وهكذا تضيف لك المسابقات والمنتديات فرصة الوصول للناس ولدوائر كانت بعيدة عنك بحكم الظروف والمسافات، لكن جائزتك الكبرى تظل هي القبول الذي يجده هذا العمل أو ذاك.

وكما أردد دائماً، هناك ناقدٌ كبيرٌ يتناول عملك بما يراه متفقاً مع

مقاييس مدرسته للنقد، وناقدٌ آخر صغير يتمثل في القارئ العادي الذي يدفعك بعبارة واحدة لتحسس قلمك أو لوحة المفاتيح لتواصل الكتابة أو النظم. كأن يلاقيك أحدهم لأول مرة، ويقول لك: «والله أنت بتكتب لينا شعر جميل». لاحظ عبارة «بتكتب لينا» وأثرها المباشر. والشابة التي تلتقي بك في معرض الكتاب وتقول لك: «اشتريت روايتك وقرأتها من قبل وحأشتري نسخة ثانية منها». وابنتي أول النقاد تخبرني صراحة أن النهاية التي اخترتها للرواية غير معقولة، وليست النهاية المتوقعة. وربما هذا ما قصده قارئ آخر منتقداً نهاية أخرى: «لماذا لم تختمي الرواية بعرس نوال وضياء؟». وقارئٌ يقول لك غاضباً: «كيف يكون هناك إنسان خير في المعتقلات؟ كلهم أشرار ولا وجود لشخص مثل الرائد الطيب هناك». وقارئٌ آخر يخبرك بأنه عن تجربة صادف ضابطاً مثل الرائد الطيب في تعامله... وقارئٌ صديق يهاتفك ليقول لك: «كأنك كنت هناك في الزنزانة». وآخر يسأل إن كانت كاتبة (في مكان ما) قد سبق لها العمل في المنظمات، ويبدي استغرابه حينما يعرف أنها لم يسبق لها العمل في أي منظمة. وهكذا لقاءات وعبارات تفتح في عالمك نوافذ من يقين تفتقده في حومة الواقع الماثل مثل امتحان بالغ الصعوبة.

النقد مثل كل حقل أدبي لا بد منه، ولا بد من التماهي معه واستلهام الجانب الإيجابي منه، مهما بدا سلبياً ــ إن صحت العبارة ــ، تتباين وجهات النظر لدى النقاد، فما رآه الأستاذ فضيلي جمع أمراً غير معقول وجده د. كامل إبراهيم حسن، رحمه الله، معقولاً، كما أشار في مقالته عن الرواية ذاتها.

ربما يكون هناك نوع من النقد المستتر في تصنيف الأدب نوعياً، أي أدب المرأة أو الأنثى أو الأدب النسوي، وربما تتأثر نظرة بعض النقاد بهذا التصنيف، وربما يذهب البعض إلى وصف بعض الأعمال المميزة لأديبات مميزات بأن من ورائها كتاباً ذكوراً، بحسبان أن المرأة ليست قادرة على الإبداع مثل الرجل. في اعتقادي أن التصنيف النوعي نفسه لا يخلو من غلو، فالتجارب الإنسانية هي ذاتها التي يواجهها الرجل والمرأة، وإن اختلفت الظروف، وقد يتباين التعبير عنها من رجل لامرأة، ومن رجل لرجل، ومن امرأة لامرأة، ويكون الاختلاف في الغالب هو اختلاف الأسلوب.

بعض ما كتب عن رواياتي:

كتب الأستاذ فيصل محمد صالح ضمن عموده الراتب (حلو مر) – صحيفة الخرطوم – العدد 2588.

«ورواية (الجدران القاسية) تتعرض لتجربة واقعية ومعاشة، ليس للكاتبة بالضرورة، ولكن لعشرات، بل ومئات السودانيين في السنوات العشر الأخيرة، وهي تجربة الاعتقالات التحفظية الطويلة دون محاكمة، ودون تهمة محددة. رغم هذا فليس هذا عملاً سياسياً، ولم تركز الكاتبة على البعد السياسي، وإنما كان اهتمامها بالبعد الإنساني، بالمشاعر والعواطف، وبالقبح الفظيع الذي يمثله هذا العمل. بطل الرواية محام اسمه (صلاح) هو الذي تعرض للاعتقال، ومن خلال تجربته وتجربة ضابط الأمن الذي التقى به تدخل بنا الكاتبة إلى عالم من العلاقات الإنسانية المتشابكة بكل تعقيداتها، ويمكن القول

إنها نجحت إلى حد كبير في تصوير هذه العلاقات وانعكَاساتها على تصرفات أبطال الرواية».

وعن الرواية ذاتها كتبت د. ناهد الحسن: «فبالحكايات تكتسي المعاناة بالمعنى، وتضاء الدروب للذين يسلكون ذات المجاهل. وأنا أقلب صفحات (الجدران القاسية لملكة الفاضل عمر) شعرت بعمق ورطة الوطن الذي انتقل من أحلام ملكة الدار الواعدة والمليئة بالثقة في المستقبل في روايتها (الفراغ العريض)، مروراً (بوطن الاختيار) لزينب بليل، حيث الأمل معقود بناصية التعليم المجاني الذي سيصهر الطبقات إلى أن تحول الوطن إلى سجن كبير. في هذه الرواية الحالكة في دهاليز المعتقلات يشع الوجه الإنساني لمعدن الشعب السوداني الأصيل في الذكريات تقدم ملكة الفاضل معرفة عميقة بشعبها، ورؤية مستبصرة لمقدراته الطيبة الموجودة في كل مكان، البيوت التي تفتح أبوابها لكل وافد، والتضامن الاجتماعي العابر للطبقات والإثنيات... السودان الصالح كما تعرفه وتسميه الذي سيهزم جدران الحكم القاسية بطريقته. الناس هنا وفي أي مكان لا يخططون ولا يتحركون، أو بالأصح هم ليسوا من يقومون بمحاولات لقلب النظام. إنّهم فقط سيزيحوننا جانباً ــ بكل بساطة ــ عندما يريدون بلا تخطيط ولا تآمر، فقط يجمعون على إبعادنا ــ وبكل عفوية كالشيء الطالح ــ سيجمعون على أمر واحد ويقولون لنا إلى الثكنات... لم نعد نريدكم، وسنذهب».

الأستاذة مشاعر شريف قدمت رواية (في مكان ما) في منتدى النادي السوداني للكتاب بهذه الكلمات: «تدور أحداث لرواية في مكانين وفضاءين مختلفين تمام الاختلاف، جغرافياً وأخلاقياً، في

الفضاء الأول تجاهد نوال كي تحظى برضا مديرها الأجنبي في منظمة (إندبندت) التي تعمل في مجال مساعدة ضحايا الحروب والنزاعات، وتجاهد أيضاً في محاولة نسيان حبيب راهن عليها دون أن تعلم. على الفضاء الآخر يجاهد أيوب لنيل رضا قائده في حركة (التصدي) المتمردة يقاوم ويلات الحرب برسومات تشابه حزنه ورهافة حسه. نوال موظفة نزيهة في عالم لا يعرف الاستقامة. أيوب شاب مسالم يناضل في عالم لا يعترف بالأمان والهدوء. ماذا يحدث إذا التقى العالمان؟ هذا ما ستكشف عنه ثنايا هذه الرواية البديعة المبهرة».

عن رواية (الشاعرة والمغني) كتب د. عثمان البشرى في صفحته في الفيسبوك، وهو كما تدل بعض كتاباته أديب استأثر به مجال طب العظام والروماتيزم وربما السياسة، وقد كتب في انطباعاته عن الرواية ما يلي:

«بـدءاً قراءة ملكة الفاضل مرهقة حد التعب؛ لأسباب أراها موضوعية إلى حد ما:

ـ أولها، إن الولوج إلى روايـات ملكة يتطلب الانكباب بكل الحواس نحوها... لدرجة حبس الأنفاس في كثير مواضع، فما تنتهي من فصل إلا وأصابك الوهن وملاحقة الأنفاس.

ـ الثاني ملكة الفاضل ليست من نوعية الكتاب الذين يستسهلون السرد والخيال بروايات ذات بدايات ونهايات رومانسية، فرواياتها غير متمسكة بخط واحد، فما تعلمناه من أدب الرواية، خصوصاً

ما كتبه دافي دي موربيه في روايته (ريبيكا) ذات الخط الواحد انطبعت في مخيلتنا هكذا كتابة الرواية، ولكن عند ملكة الفاضل الأمر مختلف.

ـ الثالث، أن ملكة تغوص في تفاصيل تعري دواخلنا، وتكشف زيفها، وتعكس تعاطفنا الشكلي في كثير من القضايا المفصلية التي تكون ماثلة أمامنا، ولكن نتجنبها لقلة حيلتنا وعجزنا».

تلك بعض محطات حللت بها في مشوار الواقع والخيال، الواقع كما أراه محتشداً بالخيال، وهذا ما يعين الكاتب أو القاص أو السارد على المضي قدماً في تسويد صفحاته البيضاء، مضيفاً الفصل بعد الآخر بتفاصيل قد تكون حقيقية، أو تأخذ بعض أبعادها من تفاصيل حقيقية. فـ(الغرفة الحمراء) في رواية جين إير لشارلوت برونتي، قد لا تكون في الواقع حمراء (كما كتب بعضهم)، وقد تكون رمادية أو صفراء، ولكن خيال الكاتبة هو ما كساها ذلك اللون. عندما تنطلق في السرد والكتابة تنطلق معك أفراس الخيال لتلهمك وتثري أعمالك، وإلا فستكون سردياتك مجرد تقارير عادية. العديد من المشاهد قد تمتع كاتبها أو كاتبتها بالدهشة، ولكن في رواية (الشاعرة والمغني) مشهد يثير في خاطري العديد من التساؤلات. جاء في صفحة 167: «فتاة تبدو في السادسة عشرة من العمر، وترتدي بلوزة مع الجينز، وتتطاير خصلات شعرها مع النسمات العابرة، وهي تعتلي سقف أقرب سيارة إليها. ولوهلة ساد الصمت وصوت الفتاة يعلو بإصرار وهي تلقي قصيدة (نميل). وأثناء اعتصام القيادة كانت آلاء عصام تعتلي ظهر سيارة وتلقي أبياتاً من الشعر». حينها لم تكن رواية

(الشاعرة والمغني) التي كتبت قبل الثورة قد وجدت طريقها للصدور في نسختها الإكرامية. ولجأت بتساؤلي لصديق أديب وناقد مثابر إن كان الخيال هو المحرك الأساسي للأعمال الروائية، وكانت إجابته: «نعم مع استشراف المستقبل. الرواية تتنبأ أحياناً به ويحصل».

ضفاف أخرى نهرع إليها في مشاوير الكتابة الطويلة، الترجمة تشدنا إليها روح المغامرة، كما هو الحال مع حقول الأدب المختلفة. الكتابة مغامرة بما تحمله من تحدّ، الترجمة التي نشأت باعتبارها وسيلة للتواصل بين الأفراد والمجموعات والشعوب لا تعني القاموس والديكشنري فقط، وإنما هي معركة تقتضي الاحتياط لها باللغات والجغرافيا والتاريخ والعلوم وثقافات الشعوب طالما ارتدت مجالها. ومجال الترجمة الأدبية ــ كما أجده ــ لا يخلو من ألغام، وهي تحتاج إلى النفس الطويل والصبر الجميل الذي يتطلب فهم النص قبل الشروع في ترجمته، فماذا أنت فاعل مع الشاعر الذي سُئل عن إحدى قصائده، فقال: حين كتبتها كان اثنان يعلمان ما قصدته: «الله والشاعر»، أما الآن فالله وحده يعلم ما قصدت.

أي لغة لا تخلو من مراوغة وكلمة واحدة قد يكون لها عدة معانٍ، وإن لم تستوعب النص والسياق، فقد تكون في موقف لا تحسد عليه وإن كان نظمك جميلاً وخالياً من الأخطاء الإملائية والنحوية؛ لذلك وكما أعتقد يظل المترجم أو المترجمة عرضة للاتهام بتلك التهمة التاريخية: «خيانة النص»، الترجمة حقل معطاء، ولكنه لا ينقصه البخل إن لم تمد يديك الاثنتين. ضمن برنامج الماجستير ترجمت من الإنجليزية للعربية كتاباً عن علم الأسلوب. كانت تجربة فريدة عدت

فيها بالكثير الجديد: عناوين جديدة وأسماء جديدة لكتّاب وشعراء ومدارس ومصطلحات في الأدب، أما برنامج الدكتوراه الذي لم أكمله، فقد أضاف لي معرفة بحقل جديد بدأ التخلق باعتباره حقلاً أكاديمياً في النصف الثاني من القرن العشرين له مناهجه وبرامجه وشعبه وأساتذته، ويطلق عليه علم دراسات الترجمة، وبه تتحول الترجمة من وسيلة تعليمية في تطبيقات اللغات إلى حقل أكاديمي مثل بقية الحقول.

الإبداع لا يعرف الحدود، ولكل مبدع أو مبدعة انطلاقته أو انطلاقتها التي تدفع به أو بها لكي يجد كلاهما موقعاً في عالم الإبداع، وذاك عالم لا يخلو من المنغصات، وعلى رأسها الإحباط. ما هي أسباب الإحباط؟ تتفاوت الأسباب ما بين النجاح وعدم النجاح، أو انعدام اليقين بالنجاح، والنجاح في تقديري يعني القبول الذي يجده ما تدفع به للناس. وألا تجد طريقة لتوصيل ما تريد الدفع به، فذلك إحباط من نوع آخر، يخفف منه أن الخرطوم لم تعد تقرأ فقط، وإنما هي تطبع كذلك. هناك حركة نشر تشارك فيها المراكز الثقافية بما تقدمه من منافسات، ودور النشر بما تقدمه من مبادرات، حتى الطريق إلى بلد تدور مطابعه منذ زمن طويل لم يعد محفوفاً بالصعاب والمشقة. المشقة في هذا الخمود القسري عندما يظن الكاتب أنه لم يعد قادراً على الكتابة بدون أسباب واضحة: «لا هم العيش، ولا هم الوقت، ولا هم النشر، ولا أي هم آخر»، هنا يكون الأمر مسؤولية الجميع. تخيلوا عالماً بلا شعر ولا قصة ولا رواية ولا كتاب يصحبك في رحلة سفر طويل. الهم واحد سيداتي سادتي، وأتمنى أن تتبنى أي

جهة مؤتمراً عن الإبداع والإحباط عسى أن ينعم الجميع بإبداع لا يتناوشه الإحباط، وربما تسطع في سماء الأدب أنجم جديدة.

إن جاز لنا التحدث عن أحلامنا فأنا أحلم بسرديات عابرة للقارات، روايات تتناول الهم الإنساني، بحيث تكون جائزتها انتصاراً للإنسانية، مثل رواية كوخ العم توم التي يرى البعض أنها فتحت الأعين على مأساة العبودية في الجنوب الأمريكي، ومن ثم مناهضتها. كتابة الرواية 1852م، كانت مخاطرة مليئة بالتحديات لمؤلفتها هاريت ستو، وما زال العالم يضج بالتحديات.

الفهرس

* 9 7 8 9 9 4 8 8 2 6 3 4 7 *